प्रस्तावना

प्रिय छात्रो! हमें आपके मध्य पुस्तक **राजनीतिक विचार और विचारधाराएँ** (E P S.-1/11) प्रस्तुत कर अपार हर्ष हो रहा है। पुस्तक में बहुत–सी विशेषताएँ हैं जैसे इग्नू द्वारा प्रस्तावित सम्पूर्ण कोर्स, गत वर्षों के दस प्रश्नपत्र हलसहित तथा अत्यन्त सरल भाषा–शैली।

यह पुस्तक आपकी परीक्षा को अत्यन्त सरल बनाने में सक्षम है। विद्वान लेखकों ने इसे अपने ज्ञान व अनुभवों से सजाया है। सम्पूर्ण पुस्तक प्रश्न पत्रानुसार संयोजित करने की कोशिश की गई है। हमें विश्वास है कि आप इससे अवश्य लाभान्वित होंगे। विभिन्न विश्वविद्यालयों में राजनीति शास्त्र के अध्यापन में लगे विद्वान् सहयोगी साथियों से विनम्र निवेदन है कि वे सदैव की भाँति हमारे इस प्रथम संस्करण का भी निष्पक्ष मूल्यांकन करें और अपने सुझावों से हमें अनुगृहीत करें। पाठ्य पुस्तकें तो विकासशील ज्ञान बिरवे हैं जो संरक्षण एवं प्रोत्साहन से ही पल्लवित होते हैं। आगामी संस्करण में उनके सुझावों को यथास्थान साभार सम्मिलित किया जाएगा। विद्यार्थियों को हमारी यह कृति यदि ज्ञानवर्धक और परीक्षा में अच्छे अंकों से सफलता प्राप्त करने में सहायक सिद्ध हुई तो हम अपने श्रम को सार्थक समझेंगे।

आप हमारी पुस्तकों को भारत के किसी भी राज्य/शहर में हमसे सम्बद्ध दुकानों से या सीधे प्रकाशन के पते से या वेब साइट www.gullybaba.com, www.ignouonline.com से e-mail करके भी ऑर्डर कर सकते हैं।

प्रकाशन (GPH) अपने कार्यरत बन्धुओं व लेखकों का हृदय से आभार प्रकट करता है, जिनके अथक प्रयास व लगन से पुस्तक का प्रकाशन सम्भव हो सका।
नई दिल्ली

—**प्रकाशक**

विषय-सूची

प्रश्न पत्र

राजनीतिक विचार और विचारधाराएँ
Political Ideas and Ideologies

ई.पी.एस.-1/11

हिंदी में स्नातक उपाधि (बी.ए.) हेतु

For Bachelor of Arts (B.A.)

Useful For

Delhi University (DU), IGNOU, Berhampur University (Odisha), University of Kashmir, Sambalpur University (Odisha), University of Kalyani (West Bengal), Gurukula Kangri Vishwavidyalaya (Uttarakhand), Himachal Pradesh University, Cooch Behar Panchanan Barma University (West Bengal), Ranchi University, University of Culcutta, Pune University, University of Mumbai, Andhra University, School of Open Learning (DU), Gondwana University (Maharashra), Babasaheb Bhimrao Ambedkar University (Lucknow), Dr. Babasaheb Ambedkar Marathwada University (Aurangabad), University of Madras, Netaji Subhas Open University (Kolkata), Odisha State Open University, all other Indian Universities.

Closer to Nature  We use Recycled Paper

गुल्लीबाबा पब्लिशिंग हाउस प्रा. लि.

आई.एस.ओ. 9001 एवं आई.एस.ओ. 14001 प्रमाणित कं.

Published by:

GullyBaba Publishing House Pvt. Ltd.

Regd. Office:
2525/193, 1st Floor, Onkar Nagar-A,
Tri Nagar, Delhi-110035
(From Kanhaiya Nagar Metro Station Towards Old Bus Stand)
Call: 9991112299, 9312235086
WhatsApp: 9350849407

Branch Office:
1A/2A, 20, Hari Sadan,
Ansari Road, Daryaganj,
New Delhi-110002
Ph.011-45794768
Call & WhatsApp:
8130521616,8130511234

E-mail: hello@gullybaba.com, **Website**:GullyBaba.com

New Edition

Author: Gullybaba.com Panel

ISBN:978-93-81690-02-4

Disclaimer: Although the author and publisher have made every effort to ensure that the information in this book is correct, the author and publisher do not assume and hereby disclaim any liability to any party for any loss, damage, or disruption caused by errors or omissions, whether such errors or omissions result from negligence, accident, or any other cause.

If you find any kind of error, please let us know and get reward and or the new book free of cost.

The book is based on IGNOU syllabus. This is only a sample. The book/author/publisher does not impose any guarantee or claim for full marks or to be passed in exam. You are advised only to understand the contents with the help of this book and answer in your words.

All disputes with respect to this publication shall be subject to the jurisdiction of the Courts, Tribunals and Forums of New Delhi, India only.

अध्याय – 1

राजनीतिक सिद्धांत क्या है और इसकी हमें क्यों आवश्यकता है?

प्रश्न 1 . व्यावहारिक गतिविधि के रूप में राजनीति का वर्णन कीजिए।

[June-07, Q1]

उत्तर – व्यावहारिक गतिविधि के रूप में राजनीति का मानव संभावनाओं के संगठन पर संघर्ष कहा जाता है। इस अर्थ में यह शक्ति से संबंधित है; यह कहा जाता है कि यह सामाजिक एजेंटों, एजेन्सियों और संस्थाओं के पर्यावरण, सामाजिक और शारीरिक, को व्यवस्थित या रूपांतरण करने के सामर्थ्य के बारे में होती है। यह उन संसाधनों से संबंधित है, जो इसकी क्षमता को प्रभावित करते हैं और उन शक्तियों के बारे में है जो इसके प्रयोग को आकार देते हैं। इसके अनुसार राजनीति एक आवरण होता है जिसे निजी और सार्वजनिक जीवन में बांटते हुए यह सभी समूहों, संस्थाओं और समाजों में पाया जाता है। इसकी उन सभी संबंधों, संस्थाओं और ढांचों में अभिव्यक्ति होती है, जो समाजों के जीवन के उत्पादन और पुनः उत्पादन से संबंधित होते हैं। राजनीति हमारे जीवन के सभी पहलूओं की रचना और उनके लिए शर्त निर्धारित करती है और यह सामूहिक समस्याओं के विकास, और उनके निराकरण के तरीकों का केन्द्र है।

राजनीति का नपा तुला वर्णन करना कठिन कार्य है – राजनीति की संक्षिप्त परिभाषा देना कभी भी, कहीं भी, किसी के लिए भी संभव नहीं है। राजनीति विभिन्न प्रयोगों और अर्थछायाओं का एक पद है। शायद, हम इस छोटे कथन के सबसे नजदीक पहुंच सकते हैं, जो इस प्रकार है : राजनीति वह गतिविधि है, जिसके द्वारा समूह उनके सदस्यों के बीच भिन्नता में सामंजस्य बैठाने के प्रयास के माध्यम से अनिवार्य सामूहिक निर्णयों तक पहुंचते हैं।

राजनीति की प्रकृति – निश्चय ही राजनीति एक सामूहिक गतिविधि है क्योंकि उन लोगों को शामिल करती है, जो सामान्य सदस्यता या कम से कम एक समान भाग्य का सहयोगी होना स्वीकार करते हैं। राजनीति विचारों की प्रारंभिक विविधता को स्वीकार करती है, यदि यह लक्ष्य से सम्बन्धित नहीं होती है तब कम से कम साधनों से। यदि हम सभी पूरे समय सहमत हो तो, राजनीति फिजुल होगी।

राजनीति वाद–विवाद और अनुनय के माध्यम से ऐसे मतभेदों में सामंजस्य स्थापित करती है। अतः संचार राजनीति का केन्द्र बिन्दु होता है। राजनीतिक निर्णय समूह के लिए प्राधिकृत नीति हो जाते हैं, जिन्हें यदि आवश्यक हो तो बल प्रयोग द्वारा लागू किया जाता है। राजनीति का मुश्किल से वर्चस्व हो, यदि निर्णय हिंसा के द्वारा लिये जाये लेकिन बल या इसकी धमकी सामूहिक निर्णय लेने की प्रक्रिया सुनिश्चित करती है।

राजनीति की आवश्यकता मानव जीवन के सामूहिक आचरण से उत्पन्न होती है। हम समूह में रहते हैं जिसे संसाधनों की भागीदारी, अन्य समूहों से संबंध और भविष्य की योजना के बारे में सामूहिक निर्णय लेने होते हैं। परिवार की बहस कि छुट्टी कहां बिताये, देश को युद्ध के लिए निर्णय लेना है, विश्व को प्रदूषण से हुई क्षति को सीमित करना है –सभी उदाहरण समूह निर्णय के हैं, जो उसके सभी सदस्यों का प्रभावित करत हैं। सामाजिक प्राणी होने के नाते राजनीति हमारे भाग्य का एक भाग है, हमारे पास इसका अभ्यास करने के सिवा कोई विकल्प नहीं है।

राजनीति : मानव स्थिति का अनिवार्य लक्षण है – यद्यपि 'राजनीति' शब्द का अक्सर एक निराशावादी रूप में प्रयोग होता है, सार्वजनिक अभिरूचि के अंतर्गत निजी लाभ के कारण, राजनीति वास्तव में मानवीय स्थिति की विशेषता है। यूनानी दार्शनिक अरस्तु ने तर्क दिया था कि 'मनुष्य स्वभावतः राजनीतिक प्राणी है'। इसके अनुसार उनका अर्थ मात्र यह नहीं था कि राजनीति अपरिहार्य है, बल्कि यह एक अनिवार्य मानवीय गतिविधि है, राजनीतिक कार्यकलाप की वह विशेषता है, जो हमें दूसरी उपजातियों से पूरी तरह अलग करते हैं। अरस्तु के अनुसार लोग सिर्फ राजनीतिक समुदाय में भागीदारी के माध्यम से ही अपनी सच्ची तर्कशीलता और सद्गुणी स्वभाव को अभिव्यक्त कर सकते हैं।

समूह के सदस्य बिरले ही सहमत होते हैं, कम से कम प्रारंभ में, क्या कार्य करना है। पर यदि लक्ष्यों पर समझौता भी होता है, तो साधनों पर फिर भी झगड़ा हो सकता है। फिर भी निर्णय होना चाहिए, एक तरीके से या दूसरे से और एक बार निर्णय होने पर यह समूह के सारे सदस्यों को प्रतिबद्ध करेगा। इस प्रकार राजनीति उन विधियों को समाहित करती है, जो विचारों को अभिव्यक्त किये जाने की अनुमति देती हैं और तब पूरे निर्णय को संयुक्त किया जाता है। जैसा कि **शिवली** बताते हैं, ''राजनीतिक कार्य को सामान्य समस्या का सबसे सामान्य साधन को बुद्धिमत्तापूर्ण ढंग से ढूंढ निकालना या कम से कम तर्क पूर्ण सामान्य समाधान के तरीके के रूप में समझा जा सकता है।'' दूसरे शब्दो में, राजनीति सार्वजनिक विकल्पों को समाहित करती है।

प्रश्न 2. राजनीति से आप क्या समझते हैं? [June-07, Q1]

उत्तर – किसी आम व्यक्ति के लिए 'राजनीति' वह है, जो वह समाचार पत्रों में पढ़ता है या टेलीविजन पर देखता है। यह राजनीतिज्ञों, विशेष रूप से राजनीतिक दलों के नेताओं की गतिविधियों से संबंधित है। राजनीति क्या है? राजनीति की प्रकृति को क्या निर्धारित करता है? यदि कोई राजनीतिज्ञों की गतिविधियों की अभिव्यक्ति की परिभाषा से शुरू करता है, तो

कोई कह सकता है कि राजनीति का संबंध शक्ति के लिए उनके संघर्ष में राजनीतिक वैमनस्यता से है। यह निश्चित परिभाषा होगी, जिससे सर्वाधिक लोग सहमत होंगे। संभव्यता, इस पर भी सहमति होगी कि राजनीति अंतर्राष्ट्रीय स्तर पर राज्यों के बीच के संबंध को सूचित करती है।

'राजनीति शक्ति और इसकी वितरण व्यवस्था से संबंधित है। लेकिन शक्ति शून्य में तैरती हुई कोई मूर्त्त सत्ता नहीं है। यह मानव में समाहित होती है। शक्ति एक प्रकार का संबंध होता है, जहां एक व्यक्ति दूसरे व्यक्ति की आज्ञा को मानता है, चाहे वह मानना चाहता हो या नहीं। इस प्रकार की जो परिस्थिति उत्पन्न होती है, उसे नेतृत्व, आधपित्य और अधीन की कोटि में, वर्गीकृत किया जाता है। मैक्स वेबर ने 1918 को अपना प्रसिद्ध भाषण, 'राजनीति एक पेशे के रूप में' यह प्रस्ताव करते हुए प्रारंभ किया की राजनीति पूरी तरह से विस्तृत होती है और किसी भी प्रकार की स्वतंत्र नेतृत्व वाली गतिविधि को समाहित करती है। संदर्भ चाहे जो हो, ऐसी 'नेतृत्व' जहाँ भी निहित होता है, वहां राजनीति होती है। हमारे शब्दों में, राजनीति उस किसी भी परिस्थिति को शामिल करेगी, जहां शक्ति संबंधों का अस्तित्व होता है, उदाहरणार्थ, जहां लोग बधित या दबे हुए हो, अथवा किसी प्रकार के प्राधिकार के अधीन हों। यह उन परिस्थितियों को भी समाहित करेगी जहां व्यक्ति संरचनाओं या संस्थाओं के एक सैट द्वारा दबाये जायें।

विस्तृत रूप में राजनीति आवश्यक रूप से सरकार की बात नहीं है, ना ही पूरी तरह से राजनीतिज्ञों की गतिविधियों से संबंधित है। राजनीति उन सभी संदर्भों में स्थित होती है, जहां सत्ता संरचना और नेतृत्व प्राप्त करने या इसे बनाये रखने के लिए सत्ता संघर्ष हो। इस अर्थ में कोई श्रमिक संघों या 'विश्वविद्यालय की राजनीति' के बारे में बात कर सकता है। कोई 'यौन राजनीति', पुरूषों का महिलाओं के ऊपर आधिपत्य या इस संबंध को परिवर्तन करने के अर्थ में चर्चा कर सकता है। वर्तमान समय में शक्ति के संदर्भ में नस्लीय राजनीति के बारे में विवाद है। संकुचित अर्थ में प्रत्येक कार्य राजनीति होता है, जो हमारे जीवन को प्रभावित करती है, उन संस्थाओं के माध्यम से जो राजसत्ता का प्रयोग तथा नियंत्रण करते हैं तथा जिन उद्देश्यों के लिए वे नियंत्रण का प्रयोग करती हैं।

प्रश्न 3. एक पेशे के रूप में राजनीति पर चर्चा कीजिए।

उत्तर – 1918 में मैक्स वैबर ने अपने सुप्रसिद्ध भाषण 'राजनीति एक पेशे के रूप में' से ही राजनीति को एक पेशे के रूप में प्रस्तुत किया था। यह वाद–विवाद करने के बाद कि राजनीति केन्द्रीय राजनीतिक संघ, राज्य से संबंधित है वैबर ने आगे कहा कि राज्य को, उसके कार्यों या उद्देश्यों के संदर्भ में नहीं परिभाषित किया जा सकता है। कोई कार्य ऐसा नहीं था, जो विशेष रूप से राज्य की व्याख्या करे, अंततः राज्य को निश्चित साधनों के संदर्भ में परिभाषित करने की आवश्यकता थी और ये साधन, आखिरकार, शारीरिक शक्ति थे। वैबर ने लिखा कि 'राज्य एक मानवीय समुदाय होता है, जो दिए गए क्षेत्र में शारीरिक बल के वैध प्रयोग के एकाधिकार का सफलतापूर्वक दावा करता है'।

मैक्स वेबर

यहां तीन खास तत्वों को मिलाया गया है –

1) एक दिए गया प्रदेश या भौगोलिक क्षेत्र, जिसको कि राज्य नियंत्रित करता है।

2) अपने नियंत्रण को संचालित करने के लिए शारीरिक बल का प्रयोग

3) ऐसे बल के वैध प्रयोग का एकाधिकार है।

इस वैधता को अधिकतर लोगों द्वारा स्वीकार किया जाना चाहिए। यदि सभी के द्वारा नहीं। वैबर ने निष्कर्ष निकाला कि उनके अनुसार राजनीति का अर्थ 'सत्ता में भागीदारी के लिए प्रयास करना या राज्यों के अन्तर्गत सत्ता के विभाजन या राज्य के अंतर्गत समूहों के बीच राजनीति को प्रभावित करने का प्रयास करना' है।

मैक्स वैबर के भाषण में इस बात का भी उल्लेख था कि प्रत्येक राज्य का एक विशेष सामाजिक संदर्भ के अंतर्गत अस्तित्व होता है। राजनीति का अध्ययन प्रमुख रूप से राज्य और समाज के संबंध पर आधारित होता है। राजनीति के राज्य–केन्द्रित परिप्रेक्ष्य का यह अर्थ नहीं है कि इसका अध्ययन जो समाज के विस्तृत क्षेत्र में घटित होता है उसको नजरअंदाज करे और, जैसा कि वैबर ने कहा कि यह कैसे 'सत्ता के विरतण को प्रभावित करता है'।

एक और तथ्य की अवहेलना नहीं की जा सकती है: यह राज्य सत्ता का लगातार विकास और केन्द्रीयकरण है। यदि कोई व्यक्ति राज्य के आधिपत्य को एक विशेषीकृत उपकरण के रूप में देखता है, तब आधुनिक काल का इतिहास अपने पैमाने और पकड़ के विस्तार के द्वारा सूचित किया जाता है। आधुनिक राज्य को कार्यों के उन्नतशील वैविध्य के लिए एक प्रगतिशील संयुक्त नौकरशाही की जरूरत है। इसे कड़े और अधिक मिश्रित, सशस्त्र सैनिक बलों, अधिक व्यवस्थित कल्याणकारी एजेन्सियों की जरूरत होती है और पहले की तुलना में, गतिविधियों की अधिक विस्तृत श्रेणी को अपनाता है। कार्य के राज्य क्षेत्र का यह विस्तार, इसका वृद्धि और विकास, उदारवादी–प्रजातांत्रिक प्रणालियों के अपने पूंजीवादी सामाजिक

–आर्थिक संदर्भ में और समाजवादी प्रणालियों के अपने सामूहिक आर्थिक ढांचे, दोनों पर लागू होता है। वेबर ने ऐसे विकास को एक प्रशिक्षित, दक्ष और विवेकशील प्रभावकारी नौकरशाही के उद्‌भव के रूप में देखा। बिल्कुल विभिन्न राजनीतिक और सैद्धांतिक पृष्ठभूमि वाले मार्क्स इस बिन्दु पर उनसे सहमत थे। मार्क्स ने फ्रांस में राज्य सत्ता के विकास को 'लुई बोनापार्ट के 18वीं बुमेयर' के अंतर्गत लिखा, जिसे उन्होंने आधुनिक राज्य के विशिष्ट रूप में स्वीकार किया। उन्होंने वर्णन किया कि कैसे समाजवाद अंततः राज्य को नष्ट कर देगा और समाज दमन के विशेषीकृत उपकरण के बिना अपने आप शासित होगा। वेबर का ठीक इसके विपरीत मानना था कि हमें और अधिक कर्मचारियों की जरूरत होगी ताकि समाजवाद को सामूहिक अर्थव्यवस्था और समाज को सुचारू रूप से संचालित किया जा सके।

प्रश्न 4. मैक्स वेबर के वैधता से सम्बन्धित विचार क्या थे? राजनीति विज्ञान के केन्द्रीय विषय के रूप में भी वैधता पर टिप्पणी कीजिए।

उत्तर – वैधता पर मैक्स वेबर के विचार – मैक्स वैबर के अनुसार तीन तरीकों से शक्ति के प्रयोग को उचित ठहराया जा सकता है–

1) पहले का संबंध पारंपरिक वर्चस्व से है। इसमें शक्ति को इसलिए उचित ठहराया जाता है क्योंकि शक्तिधारी परंपरा या आदत को प्रभावित करते हैं। सत्ता सदैव उनमें या उनके परिवार में निहित रही है।

2) दूसरा प्रकार, करिश्माई विधि सम्मत है। लोग शक्तिधारी का आदेश मानते हैं क्योंकि वह नेता विलक्षण योग्यता का प्रदर्शन करता है।

3) अंतिम प्रकार विधिक–तार्किक है। लोग कुछ विशेष व्यक्तियों का आदेश मानते हैं जिन्हें स्पष्ट रूप से परिभाषित कार्यक्षेत्र में विशेष नियमों के तहत आदेश देने को प्राधिकृत किया गया है।

कोई व्यक्ति यह कह सकता है कि प्रथम दो प्रकार वैयक्तिक प्रकृति के हैं। जबकि, विधिक–तार्किक प्रक्रियात्मक है। इस तरह, यह राजनीतिक सत्ता की आधुनिक संकल्पना के संगत है। यह आधुनिक संकल्पना के संगत है। जैसा कि वैबर कहते हैं, यह आधुनिक 'राज्य के सेवक' द्वारा प्रयुक्त वर्चस्व है और उन सत्ताधारियों के द्वारा भी, जो इस बात में उनके समान हैं'। यह बात स्पष्ट है कि चाहे कोई भी प्रणाली हो इसमें शक्ति प्रयोगकर्ता चाहते हें कि उनकी शक्ति की वैधता को स्वीकार नहीं करने वालों पर बल प्रयोग किया जा सकता है। किसी भी राजनीतिक व्यवस्था में, ऐसे लोग हो सकते हैं जो नियमों का पालन केवल इसलिए करते हैं, क्योंकि नियमों का पालन न करने पर दंड दिया जायेगा। स्पष्ट है कि इससे राजनीतिक व्यवस्था की स्थिरता उस मात्रा में बढ़ जाती है, जिस मात्रा में लोग ऐच्छिक रूप से नियमों या कानूनों का पालन करते हैं, क्योंकि वे संस्थापित व्यवस्था की वैधता को स्वीकार करते हैं। इस प्रकार प्रदत्त जारी इस प्रकार वे उन लोगों की सत्ता को स्वीकार करते हैं, जिन्हें नियमों के द्वारा आदेश जारी करने की शक्ति प्रदान की गई है। वास्तव में, सभी राजनीतिक व्यवस्थाएं सम्मति और बल–प्रयोग के संयोजन से ही कायम है।

वैधता राजनीति विज्ञान का केन्द्रीय विषय है – जी. राइट मिल्स के अनुसार वैधता के विचार को राजनीति शास्त्र की प्रमुख संकल्पनाओं में सम्मिलित किया गया है। राजनीति के अध्ययन का संबंध प्रमुख उन विधियों से हैं जिनके द्वारा सत्ताधारी अपनी सत्ता को उचित ठहराते हैं और इनमें भी कि वह कहां तक इसमें सफल होते हैं। किसी भी राजनीतिक व्यवस्था के अध्ययन के लिए यह महत्वपूर्ण है कि लोग विद्यमान राजनीतिक व्यवस्था को कहां तक वैध मानते हैं और इस प्रकार राजनीतिक संरचना का आधार सम्मति पर कितना है, बनिस्पत बल प्रयोग के।

सत्ता के उन वास्तविक औचित्यों को सुनिश्चित करना भी महत्वपूर्ण है, जिनको कि प्रस्तुत किया जाता है; अर्थात्, वे विधियाँ जिनके द्वारा राजनीतिक व्यवस्था को वैध बताया जाता है। जैसा कि विशिष्ट वर्गवाद सिद्धांतशास्त्री मॉस्का कहते हैं, यह किसी भी राजनीतिक व्यवस्था का 'राजनीतिक मंत्र' है। वैधता का प्रश्न तब और भी अत्यधिक महत्वपूर्ण हो जाता है , जब राजनीतिक व्यवस्थाओं के स्थायित्व और परिवर्तन की बात आती है। यह सच है कि राजनीतिक प्रणालियां उन परिस्थितियों में भी संचालित हो सकती हैं, जहां जनसंख्या का एक बड़ा भाग प्रणाली की वैधता को मानना छोड़ दे। हाल के वर्षों में दक्षिण अफ्रीका का उदाहरण दिया जा सकता है, उसी तरह पोलैंड जहां यह प्रतीत होता था कि जारूजेल्सिकि काल की उल्लेखनीय लोकप्रिय तत्वों की आंखों में थोड़ी ही वैधता थी। बात यह है कि ऐसी परिस्थिति में शासन–काल को पूरी तरह से शक्ति पर भरोसा करना पड़ता है। तब यह अपने आप को अधिक अनिश्चित स्थिति में, आघात योग्य और आकस्मिक घटनाओं के प्रभावों की जकड़ में पाता है। यह प्रणाली कुछ समय के लिए रह सकती है, परंतु जब यह सहमति के बजाय बल पर अधिक आधारित होती है, तब क्रांतिकारी परिवर्तन की स्थितियां उत्पन्न हो जाती हैं।

प्रश्न 5. राजनीति के अध्ययन के लिए ऐतिहासिक अभिगम का वर्णन कीजिए।

उत्तर – राजनीति शास्त्र के सम्बन्ध में परंपरागत अथवा ऐतिहासिक दृष्टिकोण की सबसे अच्छी विवेचना जार्ज एच. सेबाइन की रचनाओं में मिलती है। सेबाइन ने राजनीति शास्त्र की व्याख्या के लिए एक बड़ा व्यावहारिक ढंग अपनाया है। उसका सुझाव है कि राजनीति शास्त्र में हम उन सभी विषयों को ले लें जिनका विवेचन ऐसे प्रसिद्ध लेखकों की रचनाओं में पाया जाता है जो राजनीतिशास्त्री होने के नाते प्रसिद्ध हैं – प्लेटो, अरस्तु, हॉब्स, लॉक, रूसो, बैन्थम, मिल, ग्रीन, हीगल, मार्क्स इत्यादि। इन दार्शनिकों की रचनाओं में हम उन प्रश्नों को खोज निकालने का प्रयत्न कर सकते हैं जिन्हें उन्होंने राजनीतिक सिद्धांतो की सत्यता अथवा प्रामणिकता के सम्बन्ध में उठाया है। राज्य अथवा राज्य के माध्यम से प्राप्त किये जाने वाले लाभ अथवा आदर्शों से संबंध रखने वाले प्रश्न स्वाधीनता का अर्थ, जन–साधारण राज्य की आज्ञा का पालन क्यों करते हैं, राज्य की कार्यविधियों का क्षेत्र क्या है, समानता का अर्थ क्या है, ये और इस प्रकार के कुछ अन्य प्रश्न ऐसे हैं जिन्होंने सभी युगों में राजनीतिक दार्शनिकों के मस्तिष्कों को उद्वेलित किया है। इनके अतिरिक्त हम बहुत से अन्य प्रश्नों की भी एक सूची बना सकते हैं जिनका सम्बन्ध राज्य से तथा राज्य और समाज से और व्यक्ति और राज्य के आपसी सम्बन्धों से है और प्रसिद्ध राजनीतिक दार्शनिकों ने यदि उनकी चर्चा विस्तार से न भी

की हो तो हम उन्हें राजनीति शास्त्र में सम्मिलित कर सकते हैं। परंपरागत विचारकों की दृष्टि में इस प्रकार के सभी प्रश्न राजनीतिक सिद्धांत का आधार बन सकते हैं। सेबाइन और दूसरे परंपरागत लेखकों ने ऐतिहासिक दृष्टिकोणों को बहुत अधिक महत्व दिया है। सेबाइन के मत के अनुसार किसी भी राजनीतिक सिद्धांत का जन्म एक सुनिश्चित परिस्थिति के संदर्भ में होता है और इस कारण उसे समझने के लिए समय, स्थान और परिस्थितियों का पुनः गठन जिनमें उसका जन्म हुआ था, आवश्यक है। प्रत्येक राजनीतिक सिद्धांत का जन्म एक सुनिश्चित परिस्थिति में हुआ है, इसका यह अर्थ नहीं है कि भविष्य के लिए उस राजनीतिक सिद्धांत का कोई महत्व नहीं है। वास्तव में किसी भी महान राजनीतिक सिद्धांत की पहचान यही है कि वह वर्तमान परिस्थिति का विश्लेषण करती है और अन्य परिस्थितियों के सम्बन्ध में मार्ग–निर्देशन भी कर सकती है। इस प्रकार, एक अच्छा राजनीतिक सिद्धांत कुछ विशेष ऐतिहासिक परिस्थितियों की उपज होते हुए भी आने वाले सभी युगों के लिए महत्व रखता है और इसी कारण उसे आदरास्पद माना जाता है।

सेबाइन के अनुसार एक अच्छे राजनीतिक सिद्धांत में निम्नलिखित बातें होनी चाहिए – (अ) उन परिस्थितियों के सम्बन्ध में तथ्यात्मक स्पष्टीकरण हो जिन्होंने उसे जन्म दिया, (ब) कारणात्मक माने जाने वाले वक्तव्यों पर प्रकाश डाला जा सके, और (स) इस प्रकार का निर्देश दिया गया हो कि इस प्रकार की परिस्थितियों में कुछ होना चाहिए अथवा वह सही और वांछनीय वस्तु क्या है जिसे घटित होना चाहिए। इस प्रकार सेबाइन के अनुसार, प्रत्येक राजनीतिक सिद्धांत में तीन तत्व होते हैं – तथ्यात्मक, कारणात्मक और मूल्यात्मक। राजनीतिक सिद्धांतों का जन्म प्रायः इतिहास के ऐसे कालों में होता है जो तनाव और खिंचाव के काल होते हैं। ढाई हजार वर्षों से अधिक के ज्ञात इतिहास में हमें लगभग पचास–पचास वर्षों के ऐसे दो काल मिलते हैं जिनमें, बहुत ही सीमित प्रदेशों में, राजनीति–दर्शन का तेजी के साथ विकास हुआ – (1) एथेन्स में, जहां ईसा से पहले की तीसरी और चौथी शताब्दियों के बीच, जब प्लेटो और अरस्तू ने अपने महान ग्रंथ लिखे और (2) इंग्लैंड में 1640 और 1690 के बीच , जब हॉब्स, लॉक और अन्य विचारकों ने अपने राजनीतिक सिद्धांतों का विकास किया। यूरोप के बौद्धिक इतिहास में ये दोनों ही काल महान परिवर्तनों के काल रहे हैं, इस कारण सेबाइन ने ठीक ही कहा है कि महान राजनीतिक सिद्धांतों का जन्म राजनीतिक और सामाजिक संकटों के गर्भ से होता है। इसका यह अर्थ नहीं है कि वे संकटों में से उत्पन्न होते हैं, परन्तु यह कि उनका जन्म उस प्रतिक्रिया में से होता है जो इस प्रकार के संकट विचारकों के मन में उत्पन्न करते हैं। इस कारण किसी भी राजनीतिक सिद्धांत को समझने के लिए यह आवश्यक हो जाता है कि हम उस समय, स्थान और परिस्थिति–विशेष का गहराई से अध्ययन करें जिसमें उसका विकास हुआ था। यह आवश्यक नहीं है कि राजनीतिक चिन्तक अपने समय की राजनीति में सक्रिय भाग लें, परन्तु उस संकट की प्रतिक्रिया उसके मस्तिष्क में होती है और वह संकट का समाधान निकालने के लिए चिंतन की गहराई में डूबता है और वहीं से राजनीतिक सिद्धांत का जन्म होता है। **सेबाइन** ने ठीक ही कहा है कि राजनीतिक सिद्धांतों की भूमिका दो प्रकार की होती है – एक ओर तो उनका सम्बन्ध चिंतन की गहराइयों से होता है और दूसरी ओर वे ऐसी आस्थाओं और निष्ठाओं को जन्म देती हैं जो नयी

ऐतिहासिक परिस्थितियों के निर्माण का कारण सिद्ध होती हैं। इतिहास का प्रत्येक विद्यार्थी जानता है कि सभी महान सामाजिक और राजनीतिक क्रांतियों का जन्म बौद्धिक क्रांतियों में से हुआ है – वह फ्रांस की 1789 की क्रांति है कि जिस राजनीतिक सिद्धांत का हम अध्ययन कर रहे हैं, वह सही है अथवा गलत, सारगर्भित है अथवा मूखर्तापूर्ण, प्रामाणिक है अथवा अविश्वसनीय।

प्रश्न 6. राजनीति के अध्ययन के लिए समाज शास्त्रीय अभिगम पर टिप्पणी कीजिए।

उत्तर – अनेक समसामयिक लेखकों ने राजनीति विज्ञान के क्षेत्र को और अधिक व्यापक बनाने का प्रयास किया है, जिसमें राज्य ही नहीं बल्कि समाज को भी शामिल किया जा सके। यह एक ऐसा दृष्टिकोण है जो स्पष्टतः कैटलिन द्वारा प्रतिपादित किया गया है। कैटलिन राजनीति को अरस्तू के संदर्भ में प्रयोग करना चाहेंगे, एक ऐसा संदर्भ जिसमें राजनीति में वे सभी क्रियाकलाप शामिल होते हैं जो समाज के संरक्षण में किए जाते हैं। कैटलिन राजनीति विज्ञान को समाजशास्त्र से अभिन्न मानते हैं। उन्होंने इस अभिगम के कई गुणों की ओर ध्यान आकर्षित किया है :

1) यह विद्यार्थी को सम्पूर्ण समाज के संबंधों और इसकी संरचना के अध्ययन की अनुमति देता है, न कि समाज के एक टुकड़े का जो यूरोप के एक हिस्से में पंद्रवहीं और सत्रहवीं शताब्दी के बीच कृत्रिम तौर पर गठित हुआ और अब जिसका ''आधुनिक राज्य'' के रूप में वर्णन किया जाता है।

2) यह उसके अध्ययन को समाज के एक सामान्य सिद्धांत से जोड़ता है जिसे राजनीतिवेत्ता मात्र अपने संकट काल में अनदेखा कर सकते हैं। यह ऐसा कुछ है जो सर्वाधिक आधुनिक राजनीतिवेत्ताओं द्वारा नहीं किया गया है।

3) यदि राजनीतिवेत्ता राज्य अपने विश्लेषण की इकाई के रूप में लेता है, उस स्थिति में संभव है कि वह दिन–प्रतिदिन होने वाली राजनीतिक घटनाओं से संबंधित जनजातीय और जनसामान्य ब्यौरों की ओर ध्यान न दे, जिन्हें वह तब तक नहीं समझ सकता जब तक वह उन्हें समाज में हो रही घटनाओं से न जोड़े। वर्तमान में कई राज्य हैं परन्तु उन्हें राजनीति के विश्लेषणार्थ, व्यष्टिगत इकाई के रूप में नहीं माना जा सकता। पहले उनके मूलभूतस्वरूप को समझना पड़ेगा।

4) यदि राजनीतिवेत्ता संस्थाओं के परे जाने का निर्णय लेता है और कार्यों और प्रक्रियाओं का अध्ययन करता है, तो उसके लिए एक इकाई का विश्लेषण अधिक आसान होगा। कैटलिन ने राजनीति के अध्ययन के लिए प्रमुख चिन्तन के रूप में अपने पक्ष में नियंत्रणोन्तुख घटना के अध्ययन का विकल्प चुना है। नियंत्रण के कार्य से उनका तात्पर्य है ''व्यष्टियों के कार्य''। कैटलिन को राजनीति की उस परिभाषा पर कोई आपत्ति नहीं होगी जैसा वी.ओ.के. ने ''शासन के अध्ययन'' के रूप में की है बशर्ते हम ''शासन'' को नियंत्रण के पर्याय के रूप में स्वीकार करें, न कि संस्थाओं के पर्याय के रूप में, जैसा कि राष्ट्रपति अथवा मंत्रिमंडल के लिए किया जाता है। राजनीति को 'सत्ता और प्रभाव का अध्ययन' भी पुकारा जा सकता है, यदि हम

स्पष्टतः समझ पाएं कि ''प्रभाव शासन नहीं है'', अथवा मैक्स वेबर के शब्दों में, ''सत्ता के लिए संघर्ष अथवा सत्तासीनों को प्रभावित करना'', तथा ''इस प्रकार राज्यों के बीच और राज्यों के भीतर संगठित समूहों के बीच संघर्ष को अंगीकार करना' है।

प्रश्न 7. नियामक और अनुभवजन्य राजनीतिक सिद्धांतों के बीच अन्तर बताइए।

उत्तर – राजनीति विज्ञान के विभिन्न अभिगमों को व्यापक तौर पर दो श्रेणियों में बांटा जा सकता है – एक तरफ अनुभवजन्य–विश्लेषणात्मक अथवा वैज्ञानिक–व्यवहारात्मक अभिगम तथा दूसरी तरफ विधिक ऐतिहासिक अथवा नियामक दार्शनिकीय अभिगम तथा इनमें से प्रत्येक अभिगम की दूसरे के साथ इस प्रबलन के साथ हदबंदी है कि जो मूल्यों के साथ तथ्यों अथवा तथ्यों के प्रति मूल्यों पर आरोपित है। इस सम्बन्ध में दो विरोधी स्थितियाँ उनके द्वारा उठाई गई हैं जिनका रॉबर्ट डाल द्वारा अनुभवजन्य सिद्धांतवादियों और परा–अनुभवजन्य–सिद्धांतवादियों के रूप में वर्णन किया गया है। अनुभवजन्य सिद्धांतवादी मानते हैं कि तथ्यों पर आधारित मात्र अनुभवजन्य राजनीति विज्ञान ही संभव है, जबकि दूसरे, परा–अनुभवजन्य सिद्धांतवादियों का मत है कि राजनीति का अध्ययन यथार्थतः वैज्ञानिक न तो हो सकता है और न ही होना चाहिए। यह विरोधाभास मुख्यतः दो प्रमुख मुद्दों के इर्द–गिर्द घूमता है :

1) क्या राजनीतिक विश्लेषण तटस्थ हो सकता है?
2) क्या राजनीतिक विश्लेषण तटस्थ होना चाहिए?

प्रथम स्थिति में अनुभवजन्य सिद्धांतवादियों का निश्चित मत है कि क्या अनुभवजन्य प्रस्थापनाएं सत्य हैं अथवा गलत; इस मूल्य–आधारित प्रश्न पर विचार करने की आवश्यकताओं के बिना राजनीति के बारे में हमारे विश्वासों को पृथक् करना अथवा उनका परीक्षण करना संभव है। अनुभवजन्य तौर पर क्या सच है, इस बात 'सही' पर निर्णय, क्या होना चाहिए सही निर्णय से भिन्न होगा। क्या मूल्य ईश्वरेच्छा से व्युत्पन्न होते हैं अथवा प्राकृतिक नियमों से अथवा पूर्णतः प्रकृति के अधीन हैं, जैसा कि यथार्थवादी मानते हैं। तथ्य हम सभी के विचारार्थ हैं और अनुभवजन्य परीक्षणों के अधीन हो सकते हैं, जबकि मूल्यों का इस तरीके से परीक्षण नहीं किया जा सकता। क्या सामान्यतः अथवा किसी विशेष देश में लोकप्रिय सरकारों की स्थिरता किसी भी प्रकार से साक्षरता, बहुदलीय प्रथाओं, समानुपातिक प्रतिनिधित्व, द्वि–दलीयतंत्र पर निर्भर है, क्या यह एक सदस्यीय निर्वाचन क्षेत्र के तहत श्रेष्ठतम कार्य कर सकती है, ऐसे प्रश्न है जिसका इस तथ्य की ओर ध्यान दिए बिना परीक्षण किया जा सकता है कि क्या वे सही अथवा गलत राजनीतिक तंत्रों से जुड़े हुए हैं। दूसरी तरफ परा–अनुभवजन्यवादी मानते हैं कि प्राकृतिक विज्ञान में कैसी भी स्थिति हो, तथ्य और मूल्य एक–दूसरे के साथ इतनी निकटता से अन्तर्ग्रथित हैं कि राजनीति के अध्ययन में कोई भी व्यापक सिद्धांत उनके अनुसार निरपवाद रूप से मात्र इस सिद्धांत में तथ्यगत विवरणियों की अनुभवजन्य वैधता के मूल्यांकनों पर आधारित नहीं होगा, अपितु उसमें उस सिद्धांत में वर्णित राजनीतिक घटनाओं, प्रक्रियाओं तथा प्रथाओं की नैतिक गुणवत्ता भी होगी। अतः परा–अनुभवजन्यवादियों के अनुसार यह विचार करना एक भ्रम है कि राजनीति का पूर्णरूपेण उद्देश्यपरक सिद्धांत हो

सकता है।

प्रश्न 8. राजनीतिक सिद्धांत, राजनीतिक विज्ञान और राजनीतिक चिंतन के बीच भेद कीजिए।

उत्तर – आमतौर पर राजनीतिक चिंतन राजनीतिक विज्ञान व राजनीतिक सिद्धांत शब्दों का प्रयोग विद्वानों द्वारा अदल–बदल कर किया जाता है। किन्तु इनमें काफी भेद होते हैं। राजनीतिक सिद्धांत और राजनीति–विज्ञान के बीच भेद आधुनिक विज्ञान द्वारा पनपी बौद्धिक मान्यताओं में आम बदलाव की वजह से पैदा हुआ है। राजनीतिक–विज्ञान ने राजनीति और राजनीतिक व्यवहार के विषय में सत्याभासी निष्कर्ष और नियम देने का प्रयास किया है। राजनीतिक–विज्ञान राजनीतिक दृश्यघटना, प्रक्रियाओं एवं संस्थाओं पर और वास्तविक राजनीतिक व्यवहार पर उसे दर्शनशास्त्रीय अथवा नीतिशास्त्रीय निकष के अधीन कर प्रकाश डालता है। वह सर्वोत्तम राजनीतिक व्यवस्था संबंधी प्रश्न को संज्ञान लेता है, जो कि एक बृहतर और एक अधिक बुनियादी प्रश्न का हिस्सा है, नामतः उस जीवन का आदर्श रूप जो कि मनुष्य को एक वृहत्तर समुदाय में रहकर जीना चाहिए। तत्काल और स्थानीय प्रश्नों का जवाब देने की प्रक्रिया में यह चिरस्थायी मुद्‌दे को उठाता है; जो कि इस बात का कारण है कि क्यों सैद्धांतिक मूल ग्रंथों का अध्ययन इस नियम पद्धति का एक महत्वपूर्ण घटक बनता है। राजनीति–विज्ञान में किसी भी चिरसम्मत उत्कृष्ट साहित्य में महान् साहित्य कृतियों के अनिवार्य तत्व होते हैं, जो कि अपने स्थानीय परिवेश में रहकर भी जीवन व समाज की चिरस्थायी समस्याओं को निबटाता है। इसमें, शाश्वत ज्ञान का सार–तत्व होता है और वह किसी एक संस्कृति, स्थान, जन–समाज अथवा समय की नहीं, बल्कि समग्र मानव जाति की धरोहर होती है।

प्रत्येक सिद्धांत अपनी प्रकृति में एक स्पष्टीकरण होता है। विशिष्ट राजनीतिक सिद्धांतों को किसी घटना के सही अथवा अंतिम अवबोध के रूप में नहीं लिया जा सकता है। किसी घटना का अर्थ हमेशा नए दृष्टिकोणों से भावी व्याख्याओं हेतु खुला रहता है, हर एक सिद्धांत राजनीतिक जीवन में एक विशिष्ट दृष्टिकोण अथवा महत्व की दृष्टि से व्याख्या और विश्लेषण करता है। इसके अतिरिक्त, राजनीतिक सिद्धांत अपने प्रयत्न में आलोचनात्मक होता है, क्योंकि वह ऐसी राजनीति का लेखा–जोखा प्रस्तुत करता है जो साधारण लोगों की राजनीति से ऊपर होता है। राजनीतिक सिद्धांत और राजनीति–विज्ञान के बीच कोई तनाव नहीं होता, क्योंकि वे अपनी सीमाओं व क्षेत्राधिकार के लिहाज से ही भिन्न होते हैं, अपने उद्‌देश्य में नहीं। राजनीतिक सिद्धांत विश्लेषण, वर्णन, स्पष्टीकरण एवं समालोचना के उद्‌देश्य से विचार, धारणाएं एवं सिद्धांत प्रस्तुत करता है जो कि बदले में राजनीतिक–विज्ञान में शामिल कर लिए जाते हैं।

वहीं राजनीतिक–दर्शन सामान्य प्रश्नों के उत्तर प्रदान करता है, जैसे – न्याय क्या है, अधिकार–संबंधी संकल्पनाएं, 'जो है' और 'जो होना चाहिए' के बीच भिन्नता, तथा राजनीति के वृहत्तर मुद्‌दे। राजनीतिक–दर्शन मानवीय राजनीतिक सिद्धांत का हिस्सा है, क्योंकि वह

संकल्पनाओं के बीच अंतर्संबंधों को स्थापित करने का प्रयास करता है। यह कहना शायद ठीक होगा कि हर एक राजनीतिक–दार्शनिक एक सिद्धांती होता है, हालांकि हर राजनीतिक सिद्धांती कोई राजनीतिक–दार्शनिक नहीं होता है। राजनीतिक–दर्शन एक जटिल कार्यकलाप है, जो कि सबसे अच्छी तरह उन कई तरीकों का विश्लेषण करके समझा जाता है जिनको जाने–माने विद्वानों ने अपनाया होता है। किसी एक दार्शनिक और किसी एक ऐतिहासिक काल के बारे में नहीं कहा जा सकता कि उसने इसे निष्कर्ष रूप में परिभाषित किया है– चित्रकला से हम जो कुछ भी समझते हों उससे कहीं अधिक वह समझता है जो कि उसका चित्रकार है अथवा जिसने उस चित्रकला स्कूल का अभ्यास किया हो।

सिद्धांत और दर्शन से अलग राजनीतिक चिंतन समग्र समुदाय का ही चिंतन है, जिसमें उसके सुस्पष्ट भागों जेसे पेशेवर राजनीतिज्ञों, राजनीतिक टीकाकारों, समाज सुधारकों व किसी समुदाय के साधारण व्यक्तियों के लेख और भाषण होते हैं। यह चिंतन राजनीतिक संधियों पांडित्यपूर्ण लेखों, भाषणों, सरकारी नीतियों व निर्णयों, तथा पद्य तथा गद्य के रूप में भी हो सकता है जो लोगों के संताप हर ले। चिन्तन समयबद्ध होता है, उदाहरण के लिए, बीसवीं सदी का इतिहास। संक्षेप में, राजनीतिक चिंतन में वे सिद्धांत शामिल होते हैं जो राजनीतिक व्यवहार, और उसके मूल्यांकन हेतु मूल्यों व उस पर नियंत्रण हेतु तरीकों को स्पष्ट करते हैं। इस प्रकार राजनीतिक सिद्धांत, चिंतन से भिन्न, किसी एक व्यक्ति द्वारा निराधार कल्पना की ओर संकेत है, जो प्रायः व्याख्या के आदर्शों के रूप में संधियों में सुस्पष्ट होते हैं। इसमें संस्थाओं के सिद्धांत आते हैं, जिनमें राज्य के, कानून के, प्रतिनिधित्व के और चुनाव के सिद्धांत शामिल हैं। पूछताछ का तरीका तुलनात्मक और व्याख्यात्मक होता है। राजनीतिक सिद्धांत साधारण राजनीतिक जीवन से जन्म लेने वाली प्रवृत्तियों व कार्रवाइयों को स्पष्ट करने और एक प्रसंग विशेष में उनके विषयक साधारणीकरण करने का प्रयास करता है: यह राजनीतिक सिद्धांत संकल्पनाओं व परिस्थितियों के बीच संबंधों के विषय में अथवा उनसे संबद्ध होता है। राजनीतिक–दर्शन राजनीतिक सिद्धांतों के बीच विवादों को हल करने या समझने का प्रयास करता है, जो कि प्रदत्त परिस्थितियों में समान रूप से स्वीकार्य प्रतीत हो सकते हैं।

राजनीतिक विचारधारा एक ज्ञानकृत और सर्वग्रहणशील सिद्धांत है, जो उसे प्राप्त करने की एक विस्तृत योजना के साथ मानव स्वभाव और समाज का एक सम्पूर्ण और सार्वत्रिक रूप से व्यवहार्य सिद्धांत देने का प्रयास करता है। जॉन लॉक को प्रायः आधुनिक विचारधाराओं का जनक कहा जाता है। मार्क्सवाद भी एक चिंतन संबंधी श्रेष्ठ उदाहरण है, जो कि इस कथन में समेटा जा सकता है कि दर्शनशास्त्र का उद्देश्य है – दुनिया को बदलना न कि सिर्फ उसकी व्याख्या करना। समस्त राजनीतिक चिंतन राजनीतिक दर्शन है, तथापि इसका विलोम सत्य नहीं है। 20वीं सदी में फासीवाद, नाज़ीवाद, साम्यवाद व उदारवाद जैसे अनेक विचारधाराएं दिखाई दीं। राजनीतिक चिंतन की एक विशिष्ट विशेषता उसकी मतांधता है, जो राजनीतिक–दर्शन से भिन्न, आदर्श समाज को साकार करने संबंधी अपने उद्देश्य के कारण

आलोचनात्मक समीक्षा को सूचित और हतोत्साहित करती है। गैमाइन एवं सैबाइन के अनुसार, राजनीतिक चिंतन राजनीतिक सिद्धांत का एक प्रतिवाद है क्योंकि चिंतन हाल ही में जन्मी होती है, और आशावाद के प्रभावाधीन आत्मपरक, असत्यापनीय मूल्य अधिमानों पर आधारित होती है। गैमाइन, इसके अतिरिक्त, एक राजनीतिक सिद्धांती को एक प्रचारवादी से भिन्न मानते हैं, उनके अनुसार जबकि पूर्ववर्ती के पास मुद्दों की एक गूढ़ समझ होती है, परवर्ती तत्काल प्रश्नों से संबद्ध होता है।

इसके अलावा, जर्मीनों भी, प्लैटो की ही भांति मत और ज्ञान के बीच भेद करते हैं जहां परवर्ती राजनीतिक सिद्धांती का आरंभ–बिन्दु होता था। हरेक राजनीतिक सिद्धांती की दोहरी भूमिका होती थी – एक वैज्ञानिक और दार्शनिक की, और किस तरीके से वह अपनी भूमिकाएं विभाजित करता है, उसके मिजाज और दिलचस्पियों पर निर्भर होगा। केवल इन दो भूमिकाओं के संयोजन द्वारा ही एक सार्थक तरीके से ज्ञान प्राप्त करने में मदद मिल सकती है। किसी सिद्धांत का वैज्ञानिक घटक सुसंगत और महत्वपूर्ण लग सकता है, यदि लेखक राजनीतिक जीवन के उद्देश्यों की कोई पूर्वकल्पित धारणा रखता हो। दार्शनिक आधार उसी तरीके में प्रकट होता है जिसमें वास्तविकता का वर्णन होता है।

संक्षेप में, राजनीतिक सिद्धांत तटस्थ और निष्पक्ष होता है। विज्ञान के रूप में, यह जो कुछ भी अव्यक्त अथवा सुव्यक्त रूप से वर्णन किया जा रहा हो, उस पर कोई निर्णय देने का प्रयास किए बगैर राजनीतिक बखान करता है। दर्शनशास्त्र के रूप में, आचार–व्यवहार के नियम निर्धारित करता है जो कि समग्र समाज के लिए, न कि महज कुछ व्यक्तियों या वर्गों के लिए उत्तम जीवन सुनिश्चित करेंगे। सिद्धांती, सिद्धांत रूप में, स्वयं किसी भी एक देश अथवा वर्ग अथवा दल की राजनीतिक, व्यवस्थाओं में कोई व्यक्तिगत रूचि नहीं लेगा। इस प्रकार की दिलचस्पी के अभाव में, वास्तविकता संबंधी उसका दृष्टिकोण और उत्तम जीवन संबंधी उसकी कल्पना धूमिल नहीं होंगे, न ही उसका सिद्धांत कोई विशेष होगा। किसी भी चिंतन का अभिप्राय समाज में सत्ता की एक व्यवस्था विशेष को न्यायसंगत ठहराना होता है। सिद्धांतवादी एक हितबद्ध पक्ष होता है : उसका हित बातों का पक्ष लेने में हो सकता है, चूंकि वह उसकी यथास्थिति की आलोचना करेगा – इस उम्मीद से कि सत्ता का एक नया वितरण अस्तित्व में आयेगा। निष्पक्ष निर्धारण की बजाय हम युक्तिपरकता पसंद करते हैं। तटस्थ विवरण की बजाय हमारे पास वास्तविकता की एक विकृत तस्वीर है।

प्रश्न 9. राजनीतिक सिद्धांत के उपयोग अथवा प्रयोजन बताइए।

उत्तर – अर्नोल्ड ब्रेख्त के शब्दों में, ''यह राजनीतिक सिद्धांतशास्त्री का कार्य है कि वह समाज के राजनीतिक जीवन की ज्वलंत तथा अंतर्निहित समस्याओं को और लोगों से जल्द देख ले तथा उनका अधिक चौकसी के साथ विश्लेषण करे।' उसके प्रयोजन इस प्रकार हैं:

1) भूतकालीन राजनीतिक सिद्धांत तथा नये सिद्धांत वैज्ञानिक नियमों की रचना में तथा सार्वजनिक नीति प्रस्तावित करने में मूल्यवान सिद्ध हो सकते हैं। वे एक वैज्ञानिक मॉडल (नमूने) का काम कर सकते हैं।

2) वे राजनीतिक नीति–निर्माताओं को संशोधित नैतिक मान का (Revised Ethical Norms) उपलब्ध कर सहायता प्रदान कर सकते हैं।

3) राजनीतिक सिद्धांतकार राजनीतिक दर्शन के निर्माण हेतु स्पष्ट नैतिक या दैवीय (Theologial) तथ्य, तर्क तथा व्यावहारिक जगत का ज्ञान आदि को परस्पर संबद्ध कर सकते हैं।

4) राजनीतिक सिद्धांत एक अवधारणात्म ढांचा, संचालनात्मक अवधारणाएं तथा तार्किक संबंधों के स्रोत के रूप में राजनीति विज्ञानियों के लिए उपयुक्त सिद्ध हो सकते हैं।

5) रजानीतिक सिद्धांत शास्त्री वैज्ञानिक विश्लेषण के लिए अवधारणाएं उपलब्ध करा सकते हैं तथा 'राजनीतिक दल', 'दबाव गुट' आदि जैसी समस्याओं को हल करने में योगदान दे सकते हैं।

6) राजनीतिक सिद्धांत तथ्यों का वर्णन करते समय उनमें समुचित संबंध के सुझाव देकर राजनीति–वैज्ञानिकों की सहायता कर सकते हैं।

7) राजनीतिक सिद्धांतविद् अतीत में हुए, अनुसंधान की आलोचना कर वर्तमान नमूनों (मॉडल) का पूर्ण बनाने में सहायक हो सकते हैं।

संक्षेप में, राजनीतिक सिद्धांत, राजनीतिक वैज्ञानिकों को लिए तथा अच्छे जीवन की उपलब्धियों में प्रचुर रूप में सहायक हो सकते हैं।

प्रश्न 10. राजनीतिक सिद्धांत का अध्ययन क्यों आवश्यक है? तर्क दीजिए।

उत्तर – राजनीतिक सिद्धांत राजनीतिक विज्ञान में एक मुख्य मर्मक्षेत्र है। राजनीतिक सिद्धांत पढ़ाने का मतलब छात्रों को एक चिन्तर परंपरा से अवगत कराना है ताकि वे इसके साथ रचनात्मक रूप से कार्य कर सकें। राजनीति–सिद्धांत पढ़ाने का अर्थ विश्लेषणात्मक एवं व्याख्यात्मक कौशलों, नैतिक एवं दार्शनिक निर्णयन् एवं सामाजिक व ऐतिहासिक ज्ञान प्राप्ति में सहायता करना भी है ताकि किसी चिन्तन परंपरा की सराहना की जा सके, उनके दावों को प्रस्तुत किया जा सके, और उनके तथ्यों का उचित प्रयोग किया जा सके। राजनीतिक सिद्धांत समूहबोधक मानव अस्तित्व के उचित संगठन विषयक विवेचन है। यह राजनैतिक जीवन को समझने से संबद्ध है क्योंकि यह सत्ता के सार्वजनिक प्रयोग द्वारा परिभाषित होता है। 'राजनीतिक' बातों के अन्वेषण को परंपरागत रूप से 'उत्तम जीवन' के स्वरूप में एक परिपक्वेच्छा के रूप में समझा गया है। प्राचीन काल से ही, उत्तम जीवन को एक तर्क–जीवन के रूप में अभिलक्षित किया गया है, जिसका दूसरों के साथ स्वतंत्रता में बांटा जाता है और जो न्याय पर आधारित होता है। राजनीतिक सिद्धांती इस जीवन के घटकों का वर्णन करते हैं, इसकी वांछनीयताओं पर मनन करते हैं, इसकी प्रयोगक्षमता का मूल्यांकन करते हैं, और उसकी उपलब्धि का दावा करते हैं।

राजनीतिक सिद्धांत सदा ऐसी दुनिया में अवस्थित रहता है जिसके विषय में वह बात करता है और जिसके प्रति वह स्वयं को संबोधित करता है। वस्तुतः हाल ही में ऐसा हुआ है कि राजनीतिक सिद्धांत शिक्षाविदों द्वारा व उन्हीं के लिए मुख्यतः प्रयोग किए जाने वाली कथावस्तु

बन गया है। पूर्वकाल में राजनीतिक सिद्धांती एक कार्यकर्ता, एक सरकारी कर्मचारी अथवा एक कलाकार भी हो सकता था। यहां तक कि वे वर्ग के लिए लिखते थे। वरन् इसलिए करते थे कि उनका मानना था कि उन विचारों को सार्वजनिक, राजनीतिक, अथवा नैतिक महत्व का होना चाहिए और उन तरीकों के विषय में एक दृष्टिकोण विकसित करने में अपरिहार्य होना चाहिए जिनमें राज्य व्यवस्था संगठित हो या समझती जाती हो। उनको काफी निश्चित राजनीतिक परिस्थितियों द्वारा ही उनके चिंतन एवं लेखन में अभिप्रेरित किया गया है जिनमें उन्होंने स्वयं का पाया है अथवा कुछ मामलों में जिनको उन्होंने उत्पन्न करने में मदद की है। राजनीतिक सिद्धांत के विकासक्रम में ऐसे अनेक उदाहरण आते हैं जहां उनके समय के विवाद एवं तनाव सामने आये और उन अवधारणों पर प्रत्युत्तर में उन्होंने नई अवधारणाओं को खोजा और विकसित किया जो कि, वे मानते थे, अपने वर्तमान को सार्थक करने व भविष्य पर अपनी पकड़ मजबूत करने के लिए काफी उपयुक्त थी। राजनीतिक सिद्धांत, एक अर्थ में, हमेशा किसी प्रकार की असफलता एवं दोष सिद्धि के कारण ही विषय वस्तु जैसी नहीं है जैसी वह हो सकती थी, अथवा होनी चाहिए, और यहां से आगे किसी बात के समाधान हेतु आवश्यकता के साथ समाप्त हो जाता है। इस प्रकार, यह हमेशा आसपास की दुनिया को बदल डालने और सामूहिक सामाजिक अस्तित्व की परिस्थितियों को सुधारने द्वारा अभिप्रेरित रहता है।

राजनीतिक सिद्धांत को हमेशा विशिष्ट परिस्थितियों एवं राजनीतिक चिन्तकों के समक्ष आयीं समस्याओं द्वारा परिभाषित किया जाता है। राजनीतिक सिद्धांत को समझने के लिए हमें उन संकल्पनाओं के इतिहास, जिन पर ये चिंतक अपना मार्ग प्रशस्त करते हैं, के साथ–साथ उन समस्याओं को भी समझना पड़ता है जो कि उन्होंने माना कि उनके सामने आती हैं और जिनको लेकर ही उनका कार्य होता है। यह उन तरीकों में भी एक महत्वपूर्ण प्रयोग हो सकता है जिनसे अब हम इस विषय में सोचते हैं कि कैसे और क्यों हमारा सामाजिक प्रतीय उन बातों से निकल आया जो अतीत में हुई और उनसे भी जो हमारे सामने आने वाले लोगों द्वारा सोची गई। उनके विषय में जानना हमें यह अर्थ प्रदान कर सकता है कि हमारे मूल्य, मानदण्ड, और नैतिक अपेक्षाएं क्यों हैं जो कि हमें यहां इस रूप में प्राप्त हुए। इस विचार से हम देख सकते हैं कि क्या ये मूल्य हमारी वर्तमान परिस्थिति में अब तक कारगर हैं। हम उन परिप्रेक्ष्यों को समझने का प्रयास कर सकते हैं जिनमें वे मूलतः जन्में अथवा हम उन विशेष हितों का आलोचनात्मक मूल्यांकन भी कर सकते हैं जो कि साधे जाने के लिए व्युत्पन्न किए गए हों।

प्रश्न 11. राजनीतिक सिद्धांत के पुनरूत्थान पर टिप्पणी कीजिए।

उत्तर – 20वीं शताब्दी के मध्य में बहुत से प्रेक्षकों ने जल्दी से राजनीतिक सिद्धांत के निधन की सूचना फैला दी। उस समय इसके पतन की बातें होने लगी किंतु 30 के दशक में राजनीतिक सिद्धांत ने साम्यवाद, फासीवाद और नाज़ीवाद के सर्वसत्तात्मक सिद्धांतों के विरोध में उदारवादी लोकतांत्रिक सिद्धांत के बचाव के उद्देश्य से धारणाओं के इतिहास का अध्ययन शुरू कर दिया। लैसवैल ने मानव व्यवहार पर नियंत्रण रखने के संभावित उद्देश्यों को लेकर एक वैज्ञानिक सिद्धांत की स्थापना करने का प्रयास किया, जो कि मरियम द्वारा बताए गए उद्देश्यों एवं मार्ग पर आगे बढ़ना ही था। क्लासिकीय परंपरा से भिन्न,

वैज्ञानिक राजनीतिक सिद्धांत का वर्णन करता है न कि निर्धारण। पारंपरिक अर्थ में राजनीतिक सिद्धांत आरेन्ड्र थियॉडर अडोना, मारक्युस, लिओ स्ट्रौस आदि की रचनाओं में जीवित रहा। उनके दृष्टिकोण अमेरिकी राजनीति विज्ञान के भीतर विस्तृत विचारों से नाटकीय रूप से भिन्न हैं, क्योंकि वे उदारवादी लोकतंत्र, विज्ञान और ऐतिहासिक प्रगति में विश्वास करते थे। वे सभी राजनीति में राजनीतिक मसीहावाद और रामराज्यवाद को अस्वीकार करते हैं। आरेन्ड ने मुख्य रूप से मनुष्य की अनुरूपता और दायित्व पर ध्यान केन्द्रित किया, जिसके साथ ही वह व्यवहारवाद की अपनी आलोचना शुरू कर देती है। उन्होंने निश्चयतापूर्वक कहा कि मानव स्वभाव में अनुरूपताओं हेतु व्यावहारिक अनुसंधान ने मुनष्य को केवल रूढ़िबद्ध करने की दिशा में ही योगदान दिया है।

स्ट्रौस ने आधुनिक युग के संकट से उबरने हेतु क्लासिकीय राजनीतिक सिद्धांत के महत्व को फिर से दोहराया है। वह इस प्रस्थापना से सहमत नहीं है कि समस्त राजनीतिक सिद्धांत एक प्रदत्त सामाजिक–आर्थिक हित को प्रतिबिम्बित करता प्रकृति में वैचारिक है, क्योंकि अधिकांश राजनीतिक चिंतक सामाजिक विद्यमानता में सही व्यवस्था के सिद्धांत को जान लेने की संभाव्यता द्वारा ही अभिप्रेरित होते हैं। एक राजनीतिक दार्शनिक को मुख्य तौर पर सत्य में रूचि रखनी चाहिए। विभाजित मान्यताओं का अध्ययन संसक्ति और संगति को ध्यान में रखते हुए किया जाता है। राजनीतिक सिद्धांत में उत्कृष्ट साहित्य के लेखक अधिक श्रेष्ठ हैं, क्योंकि वे प्रतिभासम्पन्न व्यक्ति होते थे और उन्हें उनकी कृतियों के हिसाब से ही आंका जाना था। स्ट्रौस 'नव' राजनीतिक–विज्ञान के तरीकों और प्रयोजनों पर सूक्ष्म दृष्टि डालते हैं और निष्कर्ष निकालते हैं कि क्लासिकीय राजनीतिक सिद्धांत, खासकर अरस्तू के, से तुलना किए जाने पर यह दोषपूर्ण है। अरस्तू के अनुसार, किसी भी राजनीतिक–वैज्ञानिक को निष्पक्ष रहना पड़ता है, क्योंकि उसके पास मानवीय साधनों की एक अधिक व्यापक और स्पष्ट समझ होती है। राजनीतिक–विज्ञान और राजनीतिक–दर्शन तद्रूप हैं, क्योंकि सैद्धांतिक और व्यावहारिक पहलुओं वाला विज्ञान दर्शनशास्त्र के तद्रूप हैं। अरस्तू का राजनीतिक–विज्ञान राजनीतिक वस्तुओं का भी मूल्यांकन करता है, व्यावहारिक मामलों में दूरदर्शिता की स्वायत्तता की रक्षा करता है और राजनीतिक कार्रवाई को अनिवार्यतः नीतिशास्त्रीय के रूप में देखता है। इन आधारवाक्यों को व्यवहारवाद अस्वीकार करता है, क्योंकि वह राजनीतिक दर्शन को राजनीतिक–विज्ञान से अलग करता है और उसके स्थान पर सैद्धांतिक एवं व्यावहारिक विज्ञानों के बीच भेद को रखता है। यह व्यवहारमूलक विज्ञानों से व्युत्पन्न हुआ तो मानता है परन्तु ठीक उसी भांति नहीं होते जैसे कि क्लासिकीय परंपरा मानती है। आशावाद की भांति व्यवहारवाद भी अनर्थकारी है, क्योंकि वह परम सिद्धांतों के संबंध में ज्ञान से इनकार करता है। उनका दिवालियापन प्रत्यक्ष है, क्योंकि वे असहाय दिखाई पड़ते हैं जो सर्वसत्तावाद के उदय के चलते सही या गलत तथा उचित या अनुचित में भी भेद नहीं कर पाते हैं। स्ट्रौस इतिहासवाद संबंधी ईस्टन के दोषारोपण का प्रत्युत्तर देते हुए कहते हैं कि यह नया विज्ञान ही राजनीतिक सिद्धांत में पतन हेतु उत्तरदायी है, क्योंकि उसने नियामक मुद्दों संबंधी अपनी समग्र उपेक्षा की वजह से पश्चिमी देशों के आम राजनीतिक संकट की ओर इशारा किया और

उसे दुष्प्रेरित किया।

वोगलिन राजनीतिक–विज्ञान और राजनीतिक सिद्धांत को अविभाज्य और इस प्रकार का बताया कि एक दूसरे के बगैर संभव नहीं है। राजनीतिक–विज्ञान कोई विचारधारा, कल्पनालोक अथवा वैज्ञानिक कार्यप्रणाली नहीं बल्कि एक प्रयोगात्मक विज्ञान है जो व्यक्ति और समाज दोनों में सही व्यवस्था संबंधी है। इसको व्यवस्था संबंधी समस्या का आलोचनात्मक और आनुभाविक रूप से सूक्ष्म परीक्षण करना पड़ता है।

सिद्धांत समाज में मानव अस्तित्व विषयक कोई मत प्रकटन मात्र नहीं है, अपितु यह अनुभवों के एक निर्णायक वर्ग की विषयवस्तु की व्याख्या द्वारा अस्तित्व के अर्थ को सूत्रबद्ध करने का एक प्रयास है। उसका तर्क यादृच्छिक नहीं है बल्कि वह उन अनुभवों के पूर्णयोग से वैधता व्युत्पन्न करता है, उसे आनुभाविक नियंत्रण हेतु स्थायी रूप से संदर्भ लेना चाहिए।

प्रश्न 12. राजनीतिक सिद्धांत के विकास पर टिप्पणी कीजिए। [June-06, Q1]

उत्तर – राजनीतिक सिद्धांत इस दुनिया को प्रभावित करता है जिसमें हम रहते हैं और हमारी प्राथमिकताओं को प्रभावित करता है। यदि हम इसके विकास की बात करें तो इसमें विकास सदैव उन परिवर्तनों को प्रतिबिम्बित करता है जो हमारे समाज में होते रहते हैं। राजनीतिक सिद्धांत विभिन्न कालों में उभरने वाली चुनौतियों की प्रतिक्रिया स्वरूप पैदा होते हैं। हेगेल का ''जब अधिकार की छाया का सूत्रपात होता है तब मिनरवा का उल्लू उड़ान भरता है'' के रूप में चरितार्थ राजनीतिक सिद्धांत का प्रतीकार्यत्मक स्वरूप बहुत ही सहज ग्राह्य है।

तथापि, हम भलीभांति ध्यान दें कि राजनीतिक चिंतन जो सामाजिक परिवर्तनों के परिणामस्वरूप भी उद्‌भूत होती है, समय और स्थान से बंधी हुई है और इसीलिए उस सिद्धांत से भिन्न है जो ऐसे अवरोधों को तोड़ देता है तथा भिन्न स्वरूप और मूल के राजनीतिक घटनाक्रम को समझने और समझाने में अपनी योग्यता सिद्ध करता है। इसका कारण यह है कि सिद्धांत विचारधाराओं और पूर्वाग्रहों से परिष्कृत और परिमार्जित होते हैं तथा उन पर कतिपय सिद्धांतों पर पहुंचते हैं, जो मात्र कालरहित ही नहीं है, अपितु उन्हें ज्ञान भी पुकारा जा सकता है। राजनीतिक उदारवादी सैद्धांतीकरण का पक्ष लेते समय मात्र अपनी सनक और अतिकल्पना की पूर्ति के लिए ही नहीं, अपितु उन सिद्धांतों की तलाश के लिए विचारों का अनुगमन करते हैं जिनकी समझ जीवन को बेहतर बना सकती है। इस उद्यम में सिद्धांतवादी कुल मिलाकर सजीव राजनीतिक स्थिति से अभिप्रेरित होते हैं। राजनीतिक सिद्धांत के इतिहास से पता चलता है कि समष्टियों सैद्धांतीकरण के औजारों को किस प्रकार स्निग्ध (Smooth) बनाया है, जिसके माध्यम से उनके पीछे विभिन्न मान्यता प्राप्त सिद्धांतों, प्रथाओं और मान्यताओं पर प्रश्नचिन्ह लगा तथा भविष्य के लिए ब्लूप्रिंट तैयार किया गया।

तथापि, यह सत्य है कि सिद्धांत के लिए यह प्रेरणा हमेशा कई प्रकार की विफलता और संबद्ध दोषसिद्धि से प्राप्त होती है कि वस्तुओं को एक उत्कृष्ट समझ के बेहतर बनाया जा सकता है और अन्ततः उनका समाधान किया जा सकता है। इसलिए, राजनीतिक सिद्धांत का कार्य एक उड़ता हुआ जवाब मुहैया कराने तथा एक तालमेल की स्थिति से संतुष्ट रहने तक ही सीमित नहीं है। अपितु इसे समस्या की जड़ तक पहुंचना होता है तथा वैकल्पिक सिद्धांतों के रूप में

उसका उपचार तलाशना पड़ता है। इस प्रकार, सिद्धांतवादी मात्र हस्तगत समस्याओं के बारे में ही नहीं, अपितु उनसे परे भी विचार कर सके।

यहां हमें राजनीतिक सिद्धांत को कला अथवा कविता से पृथक करना होगा। दर्शन, प्रतिक्रिया और चिंतन के शब्दों में, राजनीतिक सिद्धांत और कला तथा कविता जैसे अन्य रचनात्मक क्रियाकलापों के बीच अधिक अन्तर नहीं है। तथापि, राजनीतिक सिद्धांतवादी और एक कवि के बीच अन्तर यह है कि राजनीतिक सिद्धांतवादी का आवेग और अनुसंधान एक निश्चित स्वरूप के चैतन्य कार्य हैं, जबकि कविता का कार्य एक सहज क्रिया है। अतः यह सृजनात्मकता नहीं है परन्तु चैतन्यता कविता को एक सिद्धांत की प्रास्थिति अनुमत नहीं करती।

प्रश्न 13. राजनीतिक सिद्धांत की प्रमुख संकल्पनाएं कौन सी हैं? टिप्पणी कीजिए।

उत्तर – राजनीतिक सिद्धांत में तीन संकल्पनाएं हैं जो इस प्रकार हैं:

1) ऐतिहासिक संकल्पना – सेबाइन ऐतिहासिक संकल्पना के एक प्रमुख समर्थक हैं। उनके मतानुसार, राजनीतिक सिद्धांत का स्वरूप क्या है जैसे प्रश्न का उत्तर विस्तार से दिया जा सकता है, अर्थात् अमुक सिद्धांत ने ऐतिहासिक घटनाओं और विशिष्ट स्थितियों में प्रतिक्रिया की है। दूसरे शब्दों में, राजनीतिक सिद्धांत इस परिप्रेक्ष्य में उसे स्थिति–आश्रित हो गए हैं, जिसमें प्रत्येक ऐतिहासिक स्थिति एक समस्या की जनक है जिसका सिद्धांत द्वारा दिए गए समाधानों के माध्यम से निदान किया जाता है।

राजनीतिक सिद्धांत की यह परिकल्पना परंपरा से हटकर है। कॉब्बन भी मानते हैं कि पंरपरागत संविधि जिसमें ऐतिहासिक बोध पूर्णता को प्राप्त होता है, राजनीतिक सिद्धांत की समस्याओं पर विचार करने का सही तरीका है।

यह सत्य है कि विगत, सिद्धांत–निर्माण के हमारे प्रयास में एक मूल्यवान मार्गनिर्देशक के रूप में कार्य करता है और हमें सिखाता है कि हम अपनी मौलिकता के बारे में अत्यधिक आश्वस्त न हो। इससे यह संकेत भी मिलता है कि साधनों पर प्रकाश डालने के अतिरिक्त उन तरीकों से भिन्न विचार करना संभव है जो प्रचलित और प्रमुख हैं। ऐतिहासिक जानकारी हमें विगत पीढ़ियों की विफलताओं का भी बोध कराती है तथा उन्हें वर्तमान सामूहिक जानकारी से जोड़ती है तथा हममें कल्पनाशीलता का संचार करती है। इसके अतिरिक्त, ऐतिहासिक संकल्पना हमारे नियामक दर्शन में भी महत्वपूर्ण योगदान करती है।

आलोचना – इस संकल्पना पर अन्य विश्वास मूर्खता से रहित नहीं है। राजनीतिक सिद्धांत नामक परियोजना की उत्कृष्टता यह है कि यह प्रत्येक स्थिति में अनोखा तथा पहेलियों से भरा हुआ है। इस प्रकर, विगत की योग्यता कभी–कभी अनावश्यक होती है, तथा यदि कोई इस पहलू से असावधान है तब यह बाधा भी बन जाती है। अतः एक निश्चित सार से परे राजनीतिक सिद्धांत में इस अभिगम की उपयोगिता संदिग्ध है, क्योंकि यह सदैव अप्रचलित काल के अप्रचलित विचारों से जुड़ा होता है। इन विचारों के सुग्राह्य मूल्य बने रहते हैं परन्तु सैद्धांतिक कार्य पर्याप्त स्थिति में आगे नहीं बढ़ पाते हैं।

2) नियामक संकल्पना – इस संकल्पना को दार्शनिकीय सिद्धांत अथवा नीतिविषयक सिद्धांत भी कहा जाता है। नियामक संकल्पना इस विश्वास पर आधारित है कि विश्व और उसके अनुभवों की सहायता से तर्क, प्रयोजन और परिणाम के संदर्भ में विवेचना की जा सकती है। दूसरे शब्दों में, यह मूल्यों के बारे में दार्शिनिकीय अटकलबाजी का मूर्त रूप है।
आदर्शवादी प्रश्न करेंगे कि राजनीतिक संस्थाओं का क्या परिणाम होगा? व्यष्टि और अन्य सामाजिक संगठनों के बीच संबंध को क्या नाम दिया जाएगा? समाज में कौन से प्रबन्ध प्रतिदर्श अथवा आदर्श हो सकते हैं तथा यह किन नियमों और सिद्धांतों द्वारा विनियंत्रित होंगे। कोई यह कह सकता है कि उनके चिंतन नैतिक हैं और प्रयोजन, एक आदर्श स्वरूप का निर्माण करना। इस प्रकार ये वे सिद्धांतकार हैं, जिन्होंने हमेशा अपनी सशक्त कल्पना के माध्यम से राजनीतिक विचारों के क्षेत्र में 'राम राज्य' की कल्पना की है।
नियामक राजनीतिक सिद्धांत प्रबलता से राजनीतिक दर्शन के प्रति प्रवृत्त है, क्योंकि यह उससे बेहतर जीवन का ज्ञान प्राप्त करता है तथा उसे निरपेक्ष मानदंडों के सृजन के लिए अपने प्रयास में फ्रेमवर्क के रूप में भी प्रयोग करता है। वस्तुतः सैद्धांतीकरण के इसके यंत्र राजनीतिक दर्शन से उधार लिए गए हैं और इसीलिए, यह संकल्पनाओं के बीच अन्तर्संबंध स्थापित करने की मांग करता है तथा घटनाक्रम और सिद्धांत में ससक्तता की तलाश करता है जो दार्शिनिकीय दृष्टिकोणों के प्रतीकात्मक उदाहरण हैं।
लियो स्ट्रौस ने नियामक सिद्धांत के मायने की जोरदारी से वकालत की है और तर्क दिया है कि राजनीतिक वस्तुएं स्वभावतः अनुमोदन अथवा अनुमोदन के अध्याधीन होती है तथा उन्हें अच्छे अथवा बुरे तथा न्यायसंगत अथवा न्यायपूर्ण से अन्यथा किसी अन्य संदर्भ में निर्णीत करना कठिन है।

आलोचना – आदर्शवादियों की समस्या है कि वे अपने द्वारा पोषित मूल्यों का दावा करते समय उन्हें सार्वभौमिक एवं निरपेक्ष चित्रण करते हैं। वे यह महसूस नहीं करते हैं कि भलाई के लिए निरपेक्ष मानक के सृजन की उनकी उत्कृष्ट इच्छा दोष रहित नहीं है। नीति विषयक मूल्य समय और स्थान के प्रति सापेक्ष हैं जो उनमें प्रचुर व्यक्तिपरकता का प्रतीक है तथा निरपेक्ष मानक के किसी सृजन की संभावना को व्यक्त करता है। यह याद रखना हमारे लिए अधिक श्रेयस्कर होगा कि एक राजनीतिक सिद्धांतकार भी विश्व के निर्धारण में एक सापेक्ष उपस्कर (Instrument) है तथा ये सूक्ष्मदृष्टियां कई घटकों से प्रतिवांछित होते हैं जो स्वरूप में चिंतन का प्रतीक हैं।

3) अनुभवजन्य संकल्पना – 20वीं शताब्दी में वर्चस्व कायम करने वाला राजनीतिक सिद्धांत नियामकवादी नहीं है, अपितु अनुभवजन्य राजनीतिक सिद्धांत के रूप में ज्ञात एक अन्य संकल्पना है जो अनुभवजन्य प्रेक्षणों से सिद्धांतों को प्राप्त करती है।
अनुभवजन्य राजनीतिक सिद्धांत उन सिद्धांतों को अंगीकार नहीं करता है जो मूल्य निर्धारणों में अंतर्ग्रस्त है। अतः स्वाभाविक तौर पर नियामक राजनीतिक सिद्धांत अभिमतों और प्राथमिकताओं की मात्र विवरणी के रूप में मूर्तिमान है।

राजनीतिक सिद्धांत के क्षेत्र को वैज्ञानिक और उद्देश्यपरक बनाने के लिए मूल्य–मुक्त सिद्धांत के लिए आंदोलन की शुरूआत हुई जो क्रियाशीलता हेतु एक अधिक विश्वास दिशानिर्देशक था। इस नई अवस्थिति को प्रत्यक्षवाद के रूप में जाना गया।

प्रत्यक्षवाद के आकर्षण के तहत, राजनीतिक सिद्धांतकार ने ऐसे सिद्धांत के आधार पर राजनीतिक घटनाक्रम के बारे में वैज्ञानिक जानकारी प्राप्त करने में लग गए, जिसे अनुभवजन्य तौर पर सत्यापित एवं सिद्ध किया जा सकता था और इस प्रयास में दर्शन विज्ञान का मात्र अनुबद्ध बनकर रह गया। सिद्धांत के इस जोड़–तोड़ ने एक ऐसे निःस्पृह पर्यवेक्षक के रूप में सिद्धांतकार की भूमिका का भी चित्रण किया जो सभी वचनबद्धताओं से परिमार्जित तथा सभी मूल्यों से रहित हो।

राजनीतिक सिद्धांत में यह प्रायोजना ज्ञान के उस अनुभवजन्य सिद्धांत पर आधारित थी, जो यह परीक्षण करने के लिए क्या सच है और क्या झूठ अपने पास पूर्ण सक्षम मानदण्ड पाए जाने का दावा करता है। इस मानदण्ड का निचोड़ सिद्धांत के परीक्षण और सत्यापन में निहित है।

जब राजनीतिक सिद्धांत इस प्रभाव के तहत आगे बढ़ रहा था, एक तथाकथित क्रांति का प्रादुर्भाव हुआ जो 'व्यवहारमूलक क्रांति' से नियंत्रणकारी स्थिति में पहुंच गई और इसने अध्ययन और अनुसंधान के संपूर्ण क्षेत्र को नए अभिलक्षणों का समर्थन करने अपनी गिरफ्तार में ले लिया। इसमें सम्मिलित था :

(क) विश्लेषण में प्रभावात्मक तकनीक को प्रोत्साहन

(ख) नियामक फ्रेमवर्क की समाप्ति तथा अनुभवजन्य शोध को बढ़ावा देना जो सांख्यिकीय परीक्षणों के प्रति सुग्राह्य हो सकती है

(ग) वैचारिक इतिहास की अस्वीकृति और उसका बहिष्कार

(घ) सूक्ष्म–अध्ययन पर जोर क्योंकि यह अनुभवजन्य व्यवहार के प्रति अधिक सहज अनुगामी था।

(ङ) निशिष्टीकरण का गुणगान

(च) व्यष्टि के व्यवहार से आंकड़ों की प्राप्ति तथा

(छ) मूल्य–मुक्त शोध के लिए तीव्र चाह।

वस्तुतः व्यवहार मूल्य वातावरण एक सिद्धांत–विरोधी स्थिति से अतिप्रभावित हुआ। यह उनके लिए अनुकूल सिद्ध हुआ जिन्होंने परंपरागत अर्थ में सिद्धांत को परिष्कृत किया। सिद्धांत का व्यंग्यचित्र बनाया गया तथा उसे चिंतन, अमूर्तपद, अधिमानसिका तथा आदर्श राज्य का पर्याय बनाया गया। कुछ दुस्साहसियों ने सिद्धांत को उद्यम के रूप में विदा करने का समर्थन भी किया।

तत्पश्चात् तब *तर्कसंगत प्रत्यक्षवाद* प्रत्यक्षवाद के पुनः जीवनप्रद अवतार के रूप में दृष्टिगोचर हुआ तथा इसके पदक्रम में विटजेन्सटीन जैसे भारी–वजनदार शामिल थे, दृष्टिकोण में कोई अधिक अन्तर नहीं आया। एक मात्र अन्तर यह था कि प्रत्यक्षवादी राजनीतिक सिद्धांत के क्षेत्र को वैज्ञानिक बनाना चाहते थे, जबकि तार्किक प्रत्यक्षवादियों ने इसे अमूर्तरूप तथा अयुक्त

संगत घोषित कर दिया और इसलिए यह वैज्ञानिक ज्ञान के दायरे से बाहर था।
परन्तु यह अवस्था लंबे समय तक नहीं रही क्योंकि संपूर्ण जानकारी त्रुटिपूर्ण थी। यहां तक कि उद्देश्यपरक जानकारी प्राप्त करने के जोश में, उन्होंने चिंतन को वास्तविकता के एक पहलू में बदल दिया तथा चिंतन और वास्तविकता के बीच सुस्पष्टता को अस्पष्ट कर दिया। इस प्रकार, वे शीघ्र ही विज्ञान के कुछ दार्शनिकों की ईर्ष्या और क्रोध का भाजन बने जिन्होंने विज्ञान के प्रति अनुवर्ती – प्रत्यक्षवादी अभिगम हेतु एक दर्शन प्रस्तुत किया। कार्ल पॉपर ने वैज्ञानिक ज्ञान के मानदंड के रूप में 'मिथ्याकरण' का सिद्धांत अवधारित करके एक नई स्थिति को जन्म दिया तथा तर्क दिया कि सभी ज्ञान अनुमान विषयक अस्थायी था तथा सत्य से पर्याप्त दूरी पर था। विज्ञान के दर्शन में वास्तविक मोड़ अथवा सफलता का क्षण वह था, जब थॉमस कुन, इमरे लाकाटोस तथा मैरी हैसे ने तथाकथित उस वैज्ञानिक सिद्धांत की निंदा की जो राजनीतिक सिद्धांत का सर्वनाश कर रहा था तथा एकीकृत विज्ञान की धारणा का बहिष्कार करके प्रत्यक्षवासी आदर्श की साख समाप्त कर दी और इसे प्राकृतिक वैज्ञानिक व्यवहार की अनुचित जानकारी के रूप में घोषित किया। इसका निचोड़ अथवा तर्क यह था कि विज्ञान मानवीय, क्रियाकलापों के रूप में उन विवेचनाओं से अनुप्राणित था जो सार्थकता, संचार तथा स्पष्टता से युक्त था।

आलोचना – कुन की पुस्तक *द स्ट्रक्चर ऑफ साइंटिफिक रिवॉल्यूशन* ने प्रत्यक्षवादी सिद्धांत की कमियों और विफलताओं के प्रत्यक्षीकरण में अग्रणी की और इसमें दर्शाया कि सभी मान्यताएं जानकारी और अंतर–विषयक संचार के साधन के रूप में विवेचना पर निर्भर थी। कुन ने प्रबलता से तर्क दिया कि यह मात्र उपयुक्त संगत समागम नहीं थे जो सार्थक फ्रेमवर्क के गठन के पीछे प्रच्छन्न स्थिति में थे, अपितु विवेचना और समालोचना द्वारा निर्मित युक्ति संगत संभाषाओं के माध्यम से भी सूचित किए गए थे।

प्रश्न 14. राजनीतिक सिद्धांत में आधुनिक अथवा समसामायिक संकल्पना की मूल विशेषताएं बताइए। [Dec-06, Q1]

उत्तर – औद्योगिक क्रांति, बुर्जुआ (सफेद पोश) वर्ग के उदय, तथा ई.स. 1500 के बाद सामाजिक, आर्थिक क्षेत्रो में हुए बुनियादी बदलाव ने आधुनिक राजनीतिक सिद्धांतों के निर्माण के पथ प्रशस्त किया। आधुनिक राजनीतिक सिद्धांत के मुख्य लक्षण हैं : अनुभूतिवाद पर बल, स्वप्नजीवी चिंतनों के प्रति असंतोष, राजनीति को एक विज्ञान बनाने की साध, कार्यकारण परंपरा पर आधारित वैकल्पिक समाज का दर्शन, तथा राजनीतिक एवं सामाजिक विज्ञानों के निहित तथ्यों का आलोचनात्मक परीक्षण। आधुनिक संकल्पना के निम्न लक्षण ध्यान देने योग्य हैं–

अनुभूतिवाद – यह तथ्यों या वास्तविकताओं से सरोकार रखता है। इसमें राजनीति का अध्ययन हितों के रूप में किया जाता है। वह राजनीति के अध्ययन में 'मूल्यों' का स्थान नहीं मानता। वह ऐसे सामान्य अनुमानों के निर्माण से सरोकार रखता है जो समकालीन राजनीतिक

घटनाचक्र का वर्णन एवं स्पष्टीकरण कर सकें। व्यापक तौर पर, वह तथ्यों को एकत्रित करने की पद्धति को बहुत महत्व देता है तथा मूल्यपरक निर्णय देने से बचने का अथवा नैतिक विवादों में फंसने से बचने का प्रयास करता है। उसका गुण यह है कि वह राजनीति के अध्ययन को यथार्थ के संसार से जोड़ता है। यह मनुष्य के वस्तुपरक व्यवहार से ही अपना सरोकार रखता है।

व्यवहारवाद – दूसरे विश्व युद्ध के बाद, यह आधुनिक राजनीतिक सिद्धांत की प्रभावी प्रवृत्ति बन गया। उसने खोजबीन की सर्वश्रेष्ठ पद्धति के तौर पर विश्लेषण की संख्यात्मक पद्धतियों के व्यवस्थित उपयोग को बढ़ावा दिया। व्यवहारवादियों के अनुसार, राजनीतिक सिद्धांत एक ऐसी गतिविधि है, जिसके अर्थ है 'क्या है' का स्पष्टीकरण करना, न कि 'क्या होना चाहिए' का।

प्रत्यक्षवाद – ऑगस्ट कॉम्टे ने 19वीं सदी में प्रत्यक्षवाद की नई धारा का प्रचलन किया। वह समूची अनुमानपरक, गृहित कल्पानात्मक, वायवीय या भावगम्य, देवशास्त्रीय तथा दर्शनशास्त्रीय धारणाओं का खंडन करता है। उसके दो अर्थ हैं। एक के अनुसार तथ्यों को मूल्यों से अलग किया जाता है और दूसरे में घटना का निरीक्षण किया जाता है।

नव–प्रत्यक्षवाद – इसे तार्किक प्रत्यक्षवाद भी कहा जाता है। यह प्रत्यक्षवाद का संशोधित रूप है। वह भौतिकवादी या व्यवहारवादी आधार पर खड़ा होकर दर्शनशास्त्रीय शब्दावली का निराकरण करता है।

मिथ्याकरण – **कार्ल पॉपर** के अनुसार सिद्धांत या छद्म–सिद्धांत मात्र किसी एक दृष्टिकोण के पूंजीकरण की व्याख्या होते हैं। एक सिद्धांतकार द्वारा प्रतिपादित एक सिद्धांत या मत, अन्य किसी सिद्धांतकार द्वारा मिथ्या ठहराया जा सकता है।

पाठ–व्याख्या–भेद – पीटर विंच, आल्फ्रेड शूटज तथा चार्ल्स टेलर 'पाठ–व्याख्या–भेद' सिद्धांत के मुख्य प्रतिपादक हैं। उनके अनुसार राजनीतिक सिद्धांत विभिन्न कोणों से देखे जाने पर विभिन्न अर्थ प्राप्त करते हैं। किसी पाठ की विभिन्न विद्वानों द्वारा ली गई व्याख्या से कोई नया दृष्टिकोण या मत प्रस्तुत हो सकता है, वह विद्यमान मत को खंडन या बचाव कर सकता है या प्रतिद्वंद्वी मतों में से किसी को चुन सकता है।

पार–अनुभूतिपूरक सिद्धांत – यह एक नया विचार है तथा तथ्यों एवं मूल्यों के बीच विरोध का शमन करने का प्रयास करता है। इस विरोध के स्थान पर वह 'मूल्यों तथा तथ्यों' के बीच एक सामंजस्य की रचना करना चाहता है। जॉन डीवी तथा फेलिक्स कॉफमेन, महान अनुभूतिवादियों की अनुभूतिपरक खोजों में एक मूल्य व्यवस्था की खोज को देखते हुए उसी पर बल देते हैं।

उत्तर–व्यवहारवाद – डेविड इस्टन द्वारा प्रस्तुत यह सिद्धांत क्रांतिकारी व्यवहारवादी राजनीतिक सिद्धांत की प्रति क्रांति के रूप में सामने आया। वह राजनीतिक सिद्धांत के आदर्शात्मक तथा अनुभूतिपरक दिशाओं में हुए विभाजन को ध्यान में रखकर, पहले की कीमत पर दूसरे का पृष्ठपोषण करता है।

प्रश्न 15. पश्चिमी शास्त्रीय परंपरा में राजनीतिक बहसों का स्वरूप स्पष्ट करो।

उत्तर – पाश्चात्य परंपरा जिसमें प्लेटो से लेकर मार्क्स तक की कृतियां शामिल हैं, में मुख्य रूप से निम्नलिखित बिंदु बहस का विषय रहे। न्याय क्या है? क्या मानवाधिकार है और यदि ऐसा है तो वे क्या हैं? राज्य की क्या भूमिका होती है? क्या व्यक्ति जन की परिभाष्य आवश्कयताएं हैं और यदि ऐसा है तो उन्हें पूरा करने की जिम्मेदारी किसकी है? क्या सरकार को अधिक से अधिक लोगों की अधिक से अधिक खुशहाली हेतु प्रयास करना चाहिए और यदि, ऐसा होना चाहिए तो इस अनुष्ठान में अल्पसंख्यकों का क्या स्थान है? कौन सी बात सरकार को वैधता और किसी राज्य को संप्रभुता प्रदान करती है? संसाधनों पर किस प्रकार के दावे योग्यता अथवा गुण–दोष संबंधी मान्यता को सगुण बनाते हैं? शेष समाज पर अपना नैतिक दृष्टिकोण थोपने में बहुमत कहां तक न्यायोचित है? क्या हम सामाजिक नैतिक दृष्टिकोण संस्थाओं का पर्याप्त लेखा–जोखा प्रस्तुत कर सकते हैं? सरकार का सर्वोत्तम स्वरूप क्या है?

सामान्यतया, यह शास्त्रीय परंपरा उत्तम जीवन की प्रकृति के साथ, उन संस्थागत प्रबंधों के साथ जो मनुष्य को पनपने के लिए आवश्यक होंगे, सम्बद्ध रही है ताकि उनकी आवश्यकताएं पूरी हों अथवा उनकी युक्तिसंगत क्षमताएं स्पष्टतया अनुभव की जाएं। साथ ही, इन बातों के साथ एक पूर्वाग्रह देखा गया है कि कानून, न्याय, सरकार के सर्वोत्तम रूप, व्यक्तियों के अधिकार एवं कर्तव्यों के साथ, और समाज के वितरणकारी संगठन के साथ राजनीतिक रूप से सही क्या है? राजनीतिक सिद्धांत सही और उत्तम विषयक ही होते थे और ऐसी ही होती थी, राजनीतिक बहसें। इस दृष्टि से देखे जाने पर, राजनीतिक दर्शन की विषयवस्तु काफी कुछ नैतिक दर्शन का ही भाग और अंश थी। राजनीतिक बहसों ने नैतिक मुद्दों अथवा युक्तिसंगत आधार पर नैतिक और राजनैतिक सत्य के दावों को निपटाने के एक स्पष्ट उद्देश्य से नैतिक तर्कणा का रूप ले लिया।

राजनीतिक बहसें राजनीति की मूल प्रकृति विषयक कुछ सच्चाइयों को बताने की मंशा रखती थीं, ताकि ऐसे दावे कर सकें जिन्हें वस्तुपरक और आत्मपरक रूप से वैध माना जा सके। यह सच्चाई और वस्तुपरकता विभिन्न मान्यताओं पर आधारित होती थी : कभी कारण विषयक, कभी प्रयोगाश्रित विषयक, कभी संस्था विषयक, और आवसरिक रूप से रहस्योद्घाटन। साथ ही, किसी ज्ञानमीमांसात्मक साक्ष्य का भी आह्वान किया जाता था जैसे कारण अथवा अनुभव, ताकि मौलिक मानवीय आवश्यकताओं, लक्ष्यों, उद्देश्यों संबंधों और इनके उपयुक्त शासन रूपों को जो राजनीतिक विज्ञान में प्रवेश पा गए हों, सत्य मान लिया जाए। उदाहरण के लिए

प्लैटो, हॉब्स, हेगेल और मिल ने यह संज्ञानात्मक आधार, कम से कम अंशतः तैयार किया जिस पर राजनीतिक दर्शन में दावों को पेश किया गया।

इस परंपरा में राजनीतिक बहसें इस प्रकार कुछ स्वतः सिद्ध सत्य, स्वयंसिद्धियों, अथवा सत्य या ज्ञान की प्रकृति विषयक मान्यताओं से राजनीतिक सच्चाइयों अथवा सत्यार्थ दावों विषयक निष्कर्षों की दिशा में बढ़ीं। चूंकि, दार्शनिकों ने स्वयं ही संज्ञानात्मक सत्य के मानक निर्धारित किए थे, उनकी राजनीतिक बहसों की वैधता को सिर्फ आंतरिक रूप से जांचा जा सकता है। किसी सिद्धांत–मुक्त मानदंड हेतु अपील का प्रश्न ही नहीं था। यदि आपने इस धारणा अथवा सिद्धांत के आधार वाक्य को स्वीकार कर लिया, तो निष्कर्ष की वैधता से बचने का कोई रास्ता ही नहीं था। यह बात बहरहाल अलग थी कि जब कभी आधार वाक्यों पर विवाद हो जाये – यदि उसके संज्ञानात्मक दावे आपत्तियोग्य हों।

वस्तुतः शास्त्रीय परंपरा का इतिहास यह दर्शाता है कि राजनीति दार्शनिकों द्वारा निकाले गए निष्कर्षों में बड़ी भिन्नताएं थीं, इस तथ्य के कारण कि उनके आधार वाक्यों अथवा ज्ञानमीमांसा में भिन्नता थी। ऐसी स्थिति में ऐसी धारणाओं के महत्व के संबंध में एक बात उभर कर आयी। यह पूछा जाने लगा कि राजनीति संबंधी इस प्रकार के सभी प्रतिद्वंद्वी सिद्धांतों की क्या प्रासंगिकता है, जिनमें से प्रत्येक राजनीतिक नैतिकता विषयक सत्य धारण करने का दावा करता था, जब इन राजनीतिक एवं नैतिक सिद्धांतों के संज्ञानात्मक आधार की उपयुक्तता को निर्धारित करने का कोई मापदण्ड नहीं था। इस प्रकार के प्रश्न का सामना करने के लिए प्रत्यक्षवादीजन सबसे आगे रहे।

प्रश्न 16. नियामक सिद्धांत की समीक्षा करते हुए आनुभाविक परंपरा में बहसों के स्वरूप पर चर्चा कीजिए।

उत्तर – भाषाई दर्शन से प्रभावित प्रत्यक्षवाद ने नियामक राजनीतिक सिद्धांत को काल्पनिक, आधारहीन, अर्थहीन और बकवास बताया और अस्वीकार कर दिया।

विटजैन्सटीन, जिन्होंने तार्किक प्रत्यक्षवादी सिद्धांतों को प्रेरित किया, तीन शोध–विषयों को आगे बढ़ाया था, जो कि हमारे लिए यहां नियामक सिद्धांत के खिलाफ उदाहरण स्पष्ट करने में रोचक होंगे। पहला था – तर्कशास्त्र व गणित, जिसमें पुनरूक्तियां शामिल थी, दूसरा भाषा, जो कि सत्य–प्रकार्यात्मक प्राधार रखती है और उसके मूल तत्व हैं – विभिन्न नाम, और तीसरा, कोई भी नीतिशास्त्रीय अथवा नैतिक कथन निश्चित संज्ञानात्मक सूचना नहीं दे सकते हैं।

प्रथम को श्रमसम्पादित करते हुए विटजैन्सटीन ने कहा कि गणित का मूल प्राधार तर्कशास्त्र से व्युपन्न किया जा सकता है और इस अर्थ में गणित की सच्चाइयां पारंपरिक है, न कि अंकों और उनके संबंध के विषय में 'तथ्यों' की उद्‌घाटक कहा जा सकता है। कि मूल शब्दों की कुछ परिभाषाओं और निष्कर्षण नियमों की एक विशेष समझ को लेकर गणितीय सच्चाई के

समग्र प्राधार को उत्पन्न किया जा सकता है। परन्तु सत्य के ये रूप मूल शब्दों में व निष्कर्षण नियमों संबंधी अपनी परिभाषाओं पर निर्भर करते हैं। एक अर्थ में वे पारिभाषिक रूप से सत्य है। ऐसा लग सकता है कि हम गणित में नई खोजें करते हैं, परन्तु ऐसा सिर्फ इसलिए है कि परिभाषा के दूरवर्ती परिणामों को पहले से जान पाना कठिन होता है और उन्हें बड़ी ही जटिलता और श्रमसम्पादन द्वारा सुलझाना पड़ता है।

दूसरा शोध–विषय यह है कि भाषा एक ऐसा प्राधार रखती है जिसको तार्किक विश्लेषण द्वारा अनावृत किया जा सकता है। यह विश्लेषण भाषा को सत्य–प्रकार्यात्मक के रूप में प्रकट करेगा। यह कहा जा सकता है कि भाषा में जटिल प्रस्थापना, जिसे हम सूचना पहुंचाने में प्रयोग करते हैं, संघटक प्रस्थापनाओं में विश्लेष्य के रूप में दर्शायी जा सकती है। स्पष्ट है कि इस प्रक्रिया को रोकना पड़ता है और हमारे पास भाषा के मूल निर्माण खण्ड रह जाते हैं, जिन्हें विटजैन्सटीन 'प्रारंभिक प्रस्थापनाएं' कहते हैं। इन प्रारंभिक प्रस्थापनाओं में विभिन्न नाम होते हैं : (1) वे सीधे अर्थ प्रदान करती हैं, बजाय दूसरी प्रस्थापना की मध्यमस्थता के, और (2) वे दुनिया से सीधा संबंध रखती हैं।

फलतः यदि भाषा के अर्थपूर्ण प्रयोगों को इस तथ्य पर निर्भर करना पड़ता है कि नाम सीधे लक्ष्यित वस्तुओं का संदर्भ देते हैं, तब इसके स्पष्ट परिणाम नैतिक और राजनैतिक चिंतन हेतु होते हैं। यदि नियामक राजनीतिक रचनाओं में दी गई ये प्रस्थापनाएं इस विश्लेषण की गुंजाइश योग्य नहीं हैं तो वे सार्थक नहीं है। लक्ष्य या तो भौतिक वस्तुएं होती हैं या फिर प्रत्यक्ष इंद्रिय अनुभव। राजनीतिक भाषा इस प्रकार गहरे संकट में पड़ जाती हैं, कारण लक्ष्यित वस्तुओं का संदर्भ देने के लिए उत्तम, न्याय, अधिकार जैसे शब्दों को किस अर्थ में विश्लेषित किया जा सकता है?

अंतिम विषय–विशेष से यह ऊपर चर्चित निष्कर्ष ही निकलता है। नैतिक और मूल्यांकनकारी भाषाएं आमतौर पर इस सत्य–प्रकार्यात्मक विश्लेषण को स्वीकार नहीं करती और नैतिक लक्ष्यों को किसी संज्ञानात्मक सार्थक तरीके से व्यक्त नहीं किया जा सकता है। केवल भौतिक वस्तुओं के मूल अनुभवों का वर्णन करती ये प्रस्थापनाएं ही सार्थक हो सकती हैं। इससे यह बात सामने आती है कि किसी प्रस्थापना को वैध होने के लिए आनुभाविक रूप से प्रमाण्य होना चाहिए, जिसके लिए उस प्रस्थापना को प्रत्यक्ष भाव अनुभव का संदर्भ देना चाहिए अथवा वह अनुभव सिद्धांततः स्पष्ट उल्लिखित होना चाहिए, यदि प्रत्यक्ष रूप से उपलब्ध भाव अनुभव शामिल न रहा हो।

आनुभविक परंपरा में बहसों का स्वरूप – प्रत्यक्षवाद ने नियामक राजनीतिक सिद्धांत को अस्वीकार किया, उसने प्राकृतिक विज्ञानों की कार्यप्रणाली पर आधारित राजनीतिक तथ्यों के एक वैज्ञानिक अध्ययन को बढ़ावा दिया। इस परंपरा के भीतर रहकर राजनीतिक तर्क की प्रकृति में एक महत्वपूर्ण बदलाव आया, क्योंकि अब विषयवस्तु के साथ–साथ वह कार्यप्रणाली

भी, जिस पर वह अपने तर्कों को सही ठहरा सकती, नियामक सिद्धांत वाली कार्यप्रणाली से भिन्न थी।

इन तर्कों की विषयवस्तु के संबंध में, राजनीतिक तर्क केवल अनुभवाश्रित राजनीतिक व्यवहार एवं राजनीतिक अवधारणाओं के तर्काधारित विश्लेषण विषयक ही हो सकते हैं। राजनीति के अध्ययन के संबंध में, इन तर्कों के लिए अपेक्षित था कि अभिकथनों को किसी अनुभवाश्रित भाव संतोष के शब्दों में परिभाषित किया जाए। बदले मे, इसके लिए अपेक्षित था कि तर्क व्यवहारात्मक दृष्टिकोण पर आधारित हों, ताकि राजनीतिक रूझानों का अध्ययन किया जा सके, साथ ही वे सामाजिक एवं राजनीतिक तथ्यों हेतु एक व्यक्तिवादी रूपान्तरवादी दृष्टिकोण पर आधारित भी हों। परवर्ती का निहितार्थ था किसी प्रकार का कार्यप्रणालीगत व्यक्तिवाद, ताकि राज्य, समुदाय, राज्यतंत्र जैसी सामाजिक समष्टियों से संबंधित संकल्पनाओं को ऐसे कथनों की श्रृंखला में रूपांतरित किया जा सके जो व्यक्तियों के केवल आनुभाविक रूप से अवगम्य व्यवहार का संदर्भ दे सके। प्रभावतः राजनीतिक तर्क पराभौतिकीय कल्पनाओं से मुक्त किए गए और पूरी तरह से मूल्य–निरपेक्ष बन गए, जिनको कि जांचा और सत्यापित किया जा सकता था, क्योंकि ये तर्क अनुभवाश्रित दृश्यघटनाओं के विषय में थे।

राजनीतिक बहसें, इस पंरपरा में, मनुष्य और समाज विषयक प्रागनुभविक तर्क को अस्वीकार करती थीं, और तथ्यपरक और सांख्यिकीय परिपृच्छाओं को आधार बनाती थीं। यह जानकारी के सिद्धांत पर आधारित होता था जो अनुभव को एकमात्र प्रामाणिक ज्ञानाधार के रूप में लेता था। इस प्रकार के प्राधार में राजनीतिक बहसों का उद्देश्य अवलोकनीय दृश्यघटनाओं को स्पष्ट करना ही होता था और इन बहसों की प्रामाणिकता को परखने का मापदण्ड थे : आंतरिक सामंजस्य, ऐसी अन्य बहसों के लिहाज से संगति जो संबद्ध दृश्यघटनाओं को स्पष्ट करने का प्रयास करती हों, तथा उन अनुभवाश्रित पूर्वानुमानों को सामने लाने की क्षमता जिनको कि अवलोकन के विरूद्ध जांचा जा सके। इन बहसों का सत्य दावा न्यायसंगत सिद्ध किया जा सकता था, यदि वह या तो सत्यापन सिद्धांत से मेल खाता हो या फिर पॉपर के मिथ्या–दर्शन सिद्धांत से। प्रत्यक्षवादियों के बीच व्यवहारवादियों ने मिथ्या–दर्शन सिद्धांत को ही अपनाया। यदि बहस को मिथ्या सिद्ध नहीं किया जा सकता था तो फिर वह महज पुनरूक्तिपूर्ण ही होती थी; यथा, केवल परिभाषा द्वारा सत्य, और इस प्रकार निरर्थक। बहसों को प्रमाणित होने के लिए मिथ्या सिद्ध करने लायक होने चाहिए तभी उन्हें वैज्ञानिक विधि पर आधारित कहा जा सकता है।

प्रश्न 17. आधारवादी और उत्तर–आधारवादी सिद्धांतों में बहसों की प्रकृति बताइए।
उत्तर – 70 के दशक में रॉल्स, नॉजिक, वाल्ज़र, ड्वोर्किन, ग्रेविथ व अन्य के हाथों राजनीतिक सिद्धांत में एक नियामक बदलाव देखा गया। शायद, भाग्य बदलने के सबसे बुनियादी कारणों में एक कारण दर्शनशास्त्र में एक कार्यकर शक्ति के रूप में प्रत्यक्षवाद का ह्रास रहा है। बड़े पैमाने पर यह ह्रास स्वयं सिद्धांत को सही सिद्ध करने में अशक्त होने के

कारण है। इसके साथ ही, नियामक राजनीतिक सिद्धांत के पुनरूद्धार हेतु एक प्रेरक वातावरण गहरे नैतिक संकट द्वारा बनाया गया जिसका कि पश्चिमी सभ्यता कर रही थी। इस विचार ने, इसी कारण, जड़ पकड़ ली कि समाज को एक नैतिक आधार की आवश्यकता होती है, यथा उन विश्वासों की एक श्रृंखला की, जो कि या जो वह रखता है या उसे रखने चाहिए, जबकि धारणा यह है कि व्यावहारिक कारण निर्मूल और यादृच्छिक होता है, यदि वह एक ऐसे स्वीकृत मूल्यों की श्रृंखला पर आधारित न हो जो कि उस समाज के लिए प्रमाणिक माने जाते हों। परन्तु यदि मूल्य व्यक्तिपरक हों, जो कि प्राथमिकता के आधार पर हो सकता है, तब हम मूल्यों पर सहमत कैसे होंगे? नियामक राजनीतिक सिद्धांत, दूसरी ओर, कहता है कि यह समझौता संभव है, यदि कुछ ऐसे आम सिद्धांतों की श्रृंखला स्थापित की जाये जो फिर आत्मपरक विचारों के बीच सामंजस्य एवं/अथवा विभिन्न मूल्यों के बीच अधिनिर्णय का आधार प्रदान कर सके। निर्णायक प्रश्न तब यह होगा कि हम आम सिद्धांतों की उस श्रृंखला को हासिल कैसे करे। इस प्रश्न के दो उत्तर या तरीके हैं – पहला है आधारवादी सिद्धांतों के अनुसार व दूसरा उत्तर–आधारवादियों के अनुसार।

आधारवादी सिद्धांत – हम नैतिकता के मूल्यों अथवा मानकों की एक ऐसी श्रृंखला तैयार करें जो कि सार्वत्रिक, परासांस्कृतिक और अन्तरात्मपरक रूप से प्रामाणिक हो। नैतिकता के इन मानकों को ऐसे आधार कहा जा सकता है जो विशिष्ट संस्कृतियों, परिस्थितियों एवं विशेष इतिहासों से कलुषित नहीं हुए। *नॉउनमैल सैल्फ (कैन्ट), एब्सॅल्यूट स्प्रिट* (हेगेल)), *प्रोलिटैरिएअ* (मार्क्स), *आइडियाज ऑर फॉर्म्स* (प्लेटो), जैसी कृतियों को शामिल करने वाले अधिवृतांत एक युक्तियुक्त आधार पर निर्णयन एवं औचित्य–प्रतिपादन हेतु एक ऐसा ही आधार प्रदान कर सकते हैं। नैतिक सिद्धांतों की दूसरी इस प्रकार की सार्वत्रिक आधारिक श्रृंखला हो सकती थी (1) उपयोगितावाद (2) कैन्ट का नीतिशास्त्र और (3) मानव स्वभाव एवं मानवधिकारों संबंधी कुछ अवधारणाए। उपयोगितावाद से परे, इन आधारिक सिद्धांतों में से अधिकांश, जहां तक कि जानकारी है, गूढ़ तर्कशक्ति पर ही आधारित है। अभी हाल ही के दिनों में, सार्वभौमिक युक्तिपरक नैतिकता को जन्म देने का प्रयास किया गया है, या तो प्रक्रियात्मक युक्तियों पर जोर देकर, जैसे रॉल्स का अज्ञान का परदा, या फिर न्यूनतम नीतिशास्त्रीय प्रतिबद्धता की अवधारणा पर विचारों का आदान–प्रदान, जैसे कि प्राथमिक वस्तुओं संबंधी रॉल्स की अवधारणा जिन्हें कि किसी भी व्यक्ति द्वारा इच्छित समझा जाता है, या फिर जैसा कि ग्रेविथ की प्रभाव की न्यूनतम शर्त संबंधी अवधारणा में है। आधारवादियों के राजनीतिक तर्क, तदनुसार, उन शब्दचिन्हों पर आधारित हैं जो कि मनुष्य, समाज एवं स्वयं की प्रकृति संबंधी एक सामान्य, परन्तु अनिवार्यकृत विवरण प्रस्तुत करते हैं, और युक्तिपरकता एवं वस्तुनिष्ठता संबंधी जिनके मापदंड ऐसे ही शब्दचिन्हों पर आधारित हैं जो कि मनुष्य, समाज एवं स्वयं की प्रकृति संबंधी एक सामान्य, परन्तु अनिवार्यकृत विवरण प्रस्तुत करते हैं, और युक्तिपरकता एवं वस्तुनिष्ठता संबंधी जिनके मापदण्ड ऐसे ही शब्दचिन्हों से व्युत्पन्न किऐ जाते हैं, जिनको कि सार्वत्रिक रूप से व्यवहार्य एवं वैध माना जाता है।

उत्तर आधारवादी सिद्धांत – वैसे तो अनेक उत्तर–आधारवादी सिद्धांत दृष्टिगत होते हैं, परन्तु यहां हम अन्तर्थृत राजनीतिक तर्क की प्रकृति को स्पष्ट करने के लिए केवल साम्यवादियों को ही लेंगे। उनका कहना है कि हमें किसी सार्वत्रिक, सैद्धांतिक नैतिक आधार की आवश्यकता नहीं है, और न ही स्पर्धी मूल्यों के बीच निर्णयादेश हेतु वांछित सिद्धांतों की श्रृंखला एक समुदाय विशेष में अव्यक्त होती है। इस अव्यक्त को सुव्यक्त और स्पष्ट बनाना होता है। राजनीतिक लाभ दुर्बोध तर्कणा द्वारा निर्धारित नहीं होते हैं, न ही उन्हें निर्मुक्त लघुकृत नैतिक अभिकर्ताओं द्वारा स्वतंत्रतापूर्वक चुना जा सकता है। ये विशिष्ट समुदायों की जीवन–पद्धतियों से जन्म लेते हैं और उन्हीं में व्यक्त होते हैं। साम्यवादी तर्कों को व्याख्यात्मक भाषायी सिद्धांत से समर्थन मिला, उदाहरण के लिए, *फिलोसॉफिकल इन्वेस्टिगेशन* और *दि ब्लू बुक* में विटजैन्सटीन के नवीन लेखों से, जो कि व्यावहारिक तर्कणा हेतु किसी बाह्य युक्तिपरक आधार हेतु खोज पर विचार करते हैं जैसी कि मिथ्या धारणा है, क्योंकि यदि उनको पाया भी जा सकता, तो वे, वस्तुतः व्यावहारिक धर्मसंकट के संबंध में निष्क्रिय ही होते। किसी जीवन–पद्धति के लिए हमें किसी सैद्धांतिक आधार की जरूरत नहीं होती। व्यावहारिक कारण सोफिया (विवेक), यथा वस्तुपरक ज्ञान के न्यायसंगत दावों के विषय में नहीं है, वरन् फ्रोन्सैसिस (निर्णय) के विषय में है, यथा किसी परिस्थिति विशेष में व्यावहारिक विचारात्मतक निर्णय की क्षमता। राजनीतिक तर्क की प्रकृति चूंकि उस विधितंत्र पर निर्भर होती है जिसमें उसे रूपायित किया जाता है चलिए, उत्तर–आधारवादी राजनीतिक सिद्धांत में राजनीतिक तर्क की व्याख्या करने हेतु एक उदाहरण के रूप में राजनीतिक सैद्धांतीकरण के लिए स्वयमर्थक संतुलन संबंधी रॉल्स की कार्यप्रणाली पर एक सरसरी नजर डालते हैं। एक व्याख्या उपयुक्त होगी। रॉल्स को उसकी कुछ धारणाओं के लिए आम तौर पर एक आधारवादी के रूप में प्रस्तुत किया गया है, जैसा कि रॉल्स के निर्णय संबंधी माइकल सैडल की समालोचना में आता है, परन्तु साधारणतया स्वयमर्थक संतुलन संबंधी रॉल्स की कार्यप्रणाली को स्वभावतः उत्तर–आधारवादी के रूप में ही स्वीकार किया जाता है।

स्वमर्थक संतुलन की विधि का तकाजा है कि अपने सामान्यता के सभी स्तरों पर समझे गए निर्णयों के विरूद्ध हम उसकी जो कर एक प्रदत्त नैतिक अथवा राजनीतिक दृष्टिकोण का मूल्यांकन करें। यथा, हम उसके आंतरिक संबंधों और सतही सत्याभास (उनका समर्थन करते तर्कों के साथ) के लिहाज से इस सिद्धांत को समाविष्ट करने वाले दुर्बोध सिद्धांतों की सामान्य संगति को समझें, हम, तदोपरांत, उन विशिष्ट निर्णयों की जांच करें जिनको कि इस प्रकार के सिद्धांत विश्व में निर्दिष्ट उदाहरणों के विषय में अर्थसूचित करते हैं; साथ ही, हम उसके दुर्बोध सत्याभास, आंतरिक संगति एवं विशिष्ट उदाहरणों में 'अन्तर्दर्शी पर्याप्तता' को ध्यान में रखते हुए उसकी समस्त ग्राह्यता हेतु समग्र सम्वेष्टन पर विचार करें।

स्वयमर्थक संतुलन नियामक दावों की वैधता का एक सुसंगत विवरण है। यह 'आधारवाद' से इस बात में भिन्न है कि वह यह मांग नहीं करता कि हम असंदिग्ध प्रथम सिद्धांतों से आगे बढ़े और सिर्फ उनसे ही एक आनुमानिक तर्क के माध्यम से निष्कर्ष निकाल लें। इसका मतलब है कि नियामक सिद्धांत हमेशा ही नई शर्तों के आलोक में समीक्षा अधीन होते हैं, जो कि या तो नैतिक सिद्धांतों के संबंध में होती हैं या फिर दुनिया के उन पहलुओं से संबंधित जिनके प्रति इन सिद्धांतों को अपनाया जाना होता है। व्याख्या की, तदनुसार, राजनीतिक सैद्धांतीकरण में निभाये जाने के लिए एक भूमिका होती है और तथ्य यह भी है कि राजनीतिक निर्णय कदाचित् ही पक्के होते हैं, बल्कि वे हमेशा नई अन्तर्दृष्टियों अथवा जानकारी के आलोक में पुनर्विचार के लिए प्रस्तुत रहते हैं।

आधारवादी सिद्धांतों में राजनीतिक तर्क, तदनुसार, सामाजिक सत्यता के विषय में आम सोच अथवा तर्कणा को नहीं छोड़ते हैं। परन्तु यह तर्क हमेशा एक सामाजिक रूप से स्थापित दृष्टिकोण से होता है, जो कि इस धारणा पर आधारित होता है कि हमारी सामाजिक रूचि और सामाजिक मूल्य ही हमारे विचारों को रूपायित करते हें और कि हमारा सामाजिक बोध भी सामाजिक जीवन को रूपायित करने का ही एक हिस्सा है। यहां एक बहुस्तरीय तर्क सन्निहित है जो कि विश्लेषणात्मक तर्कशक्ति, आनुभाविक आंकड़ों, नियामक स्पष्टीकरण एवं व्याख्या के बीच विश्वास पैदा करता है। राजनीतिक तर्क आमतौर पर जटिल होते हैं और संशोधक सीमाओं को लांघकर सामने आते हैं, विशेषतः विटजैन्सटीन की भाषा–नीति की सीमाओं को। वस्तुनिष्ठता एवं युक्तिपरकता जिनका कि राजनीतिक तर्क औचित्य–प्रतिपादन हेतु आह्वान करते हैं, प्रासंगिक होते हैं, क्योंकि ऐसा कोई प्रासंगिक स्वतंत्र विचारधारा नहीं है जिस पर कि सामाजिक व्यवहारों को परखा जा सके। तदनुसार, किसी राजनीतिक तर्क में सत्यता हेतु कसौटियां – सही और गलत – भाषा–नीति एवं प्रसंग हेतु पूरी तरह आंतरिक होती है।

अध्याय –2

राजनीतिक परम्पराएँ

प्रश्न 1. भारतीय राजनैतिक चिंतन की विशेषताएं बताइए। **[June-06, Q2]**

उत्तर – प्राचीन भारतीय राजनीतिक चिंतन की कुछ अपनी मौलिक विशेषताएं हैं जिनके कारण यह पाश्चात्य राजनीतिक चिंतन से अलग विशिष्टता रखता है। ये निम्न प्रकार हैं:

1) वर्ण–व्यवस्था सामाजिक आधार के रूप – प्राचीन भारतीय समाज को कार्यों के आधार पर चार वर्णों में बांटा गया था–

(i) ब्राह्मण (जो समाज में पुरोहित का कार्य करते थे तथा सामाजिक नियमों तथा परंपराओं के अनुपालन कराने की इनकी जिम्मेदारी थी। ज्ञान पर इनका एकाधिकार था)।

(ii) क्षेत्रिय (ये लोग योद्धा वर्ग से संबंध रखते थे। समाज तथा राज्य में कानून–व्यवस्था स्थापित करना तथा शत्रुओं से रक्षा करना इनका प्रमुख दायित्व था)।

(iii) वणिक् अथवा वैश्य (यह वर्ग व्यापार करता था समाज की आर्थिक क्रियाओं का केन्द्र था)।

(iv) शूद्र अथवा सेवक (यह वर्ग उपरोक्त तीनों वर्गों की सेवा करता था तथा इसी से जीवन–यापन करता था)। प्राचीन भारतीय राजनीतिक चिन्तन में चतुर्वर्ण–व्यवस्था का प्रमुख स्थान है। लगभग प्रत्येक राजनीतिक विचारक ने इसका समर्थन किया है।

2) आश्रम–व्यवस्था – प्राचीन भारतीय समाज की एक अन्य महत्वपूर्ण विशेषता आश्रम–व्यवस्था थी। मानव जीवन को चार भागों में बांटा गया था –

(i) ब्रह्मचर्य आश्रम

(ii) गृहस्थ आश्रम

(iii) वानप्रस्थ आश्रम

(iv) सन्यास आश्रम।

व्यक्ति को अपने जीवन के प्रारंभिक 25 वर्ष तक ब्रह्मचर्य आश्रम का पालन करना अनिवार्य था। यह व्यक्ति का ज्ञान प्राप्ति का काल था। इसके पश्चात् उसे विवाह करके 25 वर्ष गृहस्थाश्रम में बिताने अनिवार्य थे। इसके पश्चात् 50 से 75 वर्ष तक वानप्रस्थ आश्रम का काल था। वानप्रस्थ आश्रम में व्यक्ति को गृहस्थ की सभी वस्तुओं का त्याग करके जंगल में रहना था। इस काल में व्यक्ति को शनैःशनैः गृहस्थ से लगाव समाप्त करके एकांत में रहने का

अभ्यास करना होता था। चौथा आश्रम सन्यास आश्रम था जो वानप्रस्थ के पश्चात् आरंभ होता था। सन्यास आश्रम में व्यक्ति को दैवी साधना में ही लीन रहना होता था। यह मोक्ष प्राप्ति का रास्ता था।

3) आध्यात्मिक दृष्टिकोण की प्रधानता –प्राचीन भारतीय राजनीतिक चिंतन में आध्यात्मिक दृष्टिकोण की प्रधानता दिखाई देती है। प्राचीन भारतीय समाज में जीवन का लक्ष्य भौतिक सुख प्राप्त करना नहीं था। मानव जीवन का अन्तिम लक्ष्य ईश्वर की प्राप्ति था। जिसे व्यक्ति अनुशासित तथा क्रमबद्ध तरीके से ही प्राप्त कर सकता था। राजा को धर्म का पालन करने का निर्देश का उल्लेख प्राचीन भारतीय ग्रंथों में मिलता है। राज्य का स्वरूप, राजा के दायित्व, व्यक्ति तथा राज्य के बीच संबंध राजा की शक्तियां आदि सभी पहलुओं पर प्राचीन भारतीय विचारकों द्वारा आध्यात्मिक दृष्टिकोण से ही विचार किया गया है। प्राचीन भारतीय चिन्तन में 'इह लोक'' की अपेक्षा 'परलोक' को अधिक महत्व दिया गया। प्राचीन भारतीय चिंतन का यह आध्यात्म प्रधान दृष्टिकोण इसकी अनूठी विशेषता है।

4) व्यक्ति साध्य नहीं है – प्राचीन भारतीय चिन्तन की एक उल्लेखनीय विशेषता व्यक्ति को साधन के रूप में निरूपित करना। साध्य तो ईश्वरानुभूति अथवा 'मोक्ष' है जिसके लिए प्रत्येक व्यक्ति को प्रयासरत रहना चाहिए। इस साध्य को प्राप्त करना मानव जीवन का लक्ष्य है। व्यक्ति को धर्म, अर्थ तथा काम की प्राप्ति करते हुए अन्त में मोक्ष के लिए कार्य करना चाहिए। भारतीय विचारकों ने धर्म, अर्थ तथा काम की प्राप्ति की मोक्ष की प्राप्ति से पहले इसीलिए जरूरी बताया है जिससे कि व्यक्ति अपने सामाजिक दायित्वों को पूर कर सकें। भारतीय विचारकों ने मोक्ष की परिकल्पना सबसे अन्त में की है जिससे कि व्यक्ति समाज के सदस्य के रूप में अपने सभी दायित्वों को पूरा करने के बाद मोक्ष के मार्ग पर चल सके। ये चारों पुरूषार्थ प्रत्येक व्यक्ति के लिए आवश्यक हैं।

5) प्राचीन भारतीय चिन्तन में धर्म का स्थान – प्राचीन भारतीय चिन्तन में धर्म का अत्यंत महत्वपूर्ण स्थान रहा है। धर्म से अभिप्राय किसी मत अथवा पूजा–विधान से नहीं है। प्राचीन भारतीय चिन्तन में धर्म से अभिप्राय सामाजिक व्यवहार के वे नियम हैं जिनके आधार पर समाज का संगठन खड़ा होता है। जैसे अग्नि का धर्म जलाना तथा पानी का धर्म डुबोना है। इसी प्रकार प्रत्येक व्यक्ति का अपने परिवार, जाति तथा समाज के प्रति कर्तव्यों का पालन ही धर्म है। इस प्रकार धर्म प्राचीन भारतीय चिन्तन का आधार है।

6) धर्म राजनीति के आधार के रूप में – प्राचीन भारतीय राजनीतिक चिन्तन में राजनीति धर्म द्वारा नियंत्रित होती थी। परन्तु धर्म द्वारा राजनीति के नियंत्रण का अर्थ इस्लामिक राज्यों की तरह 'धार्मिक राज्य' नहीं था। प्राचीन भारतीय ग्रंथों में राजा को धर्म, अर्थ तथा काम को प्राप्त करते हुए अन्त में मोक्ष प्राप्ति की सलाह दी गयी है। राजा को अपने धर्म पालन के प्रति विशेष जागरूक रहना चाहिए। 'राजधर्म' के अन्तर्गत राजा के गुणों, दायित्वों तथा उसके

उद्देश्यों का वर्णन है। प्राचीन भारतीय ग्रंथों के अनुसार राजा सर्वशक्तिमान तो था परन्तु उस पर धर्म तथा नैतिकता के बंधन थे। वह नैतिकता के विरूद्ध आचरण नहीं कर सकता था। प्रजा के सुख तथा कल्याण की अभिवृद्धि की राजा का लक्ष्य था। राजा के लिए त्रयी (साम, ऋक तथा यजुर्वेद) आन्वीक्षिकी तथा दण्डनीति का ज्ञान का अध्ययन आवश्यक बताया गया है। इनके ज्ञान से धर्म–अधर्म तथा अर्थ–अनर्थ का ज्ञान होता था। प्राचीन भारतीय ग्रंथों में धर्म–युद्ध का उल्लेख है। धर्म युद्ध से अभिप्राय ऐसे युद्ध से है जिसमें दोनों पक्ष नैतिकतापूर्ण नियमों (जैसे निहत्थे शत्रु पर वार न करना आदि) का पालन करते हुए युद्ध करें। इस प्रकार प्राचीन भारतीय चिन्तन में धर्म तथा नैतिकता को राजनीति के आधार के रूप में स्वीकार किया गया है।

7) राज्य तथा समाज के बीच स्पष्ट भेद नहीं – प्राचीन भारतीय राजनीतिक चिन्तन में यूनानी विचारकों की भांति राज्य तथा समाज के बीच स्पष्ट भेद नहीं किया गया। यूनानी विचारकों के लिए राज्य तथा समाज दो अलग सत्ताएं थीं। परन्तु प्राचीन भारतीय विचारकों में दोनों के बीच भेद का अभाव पाया जाता है।

8) प्राचीन भारतीय चिनतन समन्वयवादी है – भारतीय चिंतन की एक मुख्य विशेषता इसके अन्तर्गत विभिन्न दृष्टिकोणों के बीच समन्वय का पाया जाना है। भारतीय चिंतन में आध्यात्मकवाद की ओर झुकाव है तो लोकायत की विचारधारा नास्तिकवाद पर आधारित है। चारूवाक का दर्शन पूर्णतः भौतिकवादी तथा सुखवाद पर आधारित है। बौद्ध तथा जैन कालीन साहित्य भी प्राचीन भारतीय राजनीतिक चिंतन का ही अंग है। इसके पश्चात् भारत में मुस्लिम शासन आरंभ हुआ। मुस्लिम शासकों ने भारत की सामाजिक व्यवस्था के साथ छेड़–छाड़ नहीं की तथा राज्य का स्वरूप, राजा के कार्य तथा राज्य के उद्देश्य लगभग वही रहे जो प्राचीन भारतीय विचारकों द्वारा परिभाषित किए गए।

प्रश्न 2. आद्य राजनीतिक चिंतन की प्रकृति क्या थी?

उत्तर – पश्चिमी जगत में यह धारणा रही है कि ''भारत ने राजनैतिक चिंतन के क्षेत्र में कोई योगदान नहीं किया' अथवा भारतीय चिंतन में धार्मिक एवं पंथीय विचारों की ही प्रमुखता रही। किंतु, इस दौरान वेदों, ब्राह्मण ग्रन्थों, उपनिषदों, रामायण तथा महाभारत जैसे महाकाव्यों, धर्मशास्त्रों, स्मृति–ग्रन्थों (मनु, याज्ञवल्यका तथा शुक्र के), बौद्ध–बांगमय, तथा अर्थशास्त्र (विशेषकर कौटिल्य के) परंपरा उल्लेखनीय रहीं। वास्तविकता यह है कि भारत में सभ्यता के प्रारंभिक चरण से ही संगठित–व्यवस्थित जीवन को सर्वश्रेष्ठ बनाने की दिशा में प्रयत्न किए गए।

वेदव्यास

नामावली की समस्या – यह भ्रम राजनीति के लिए प्राचीन भारत में प्रयुक्त अनेक समांतर शब्दों के कारण पैदा हुआ है। इसके अनेक नाम थे, यथा : राजधर्म – जिसका अर्थ है शासक के कर्तव्य, क्षत्रविद्या – वह ज्ञान जो शासक को रखना चाहिए, राज्यशास्त्र – शासन काल अथवा राज्य–विज्ञान, दण्डनीति – दण्ड दिन जाने हेतु आचारशास्त्र, नीतिशास्त्र – शासक व शासित दोनों के जीवन को नियमित करने वाला नीति–विज्ञान, अर्थशास्त्र – भूमि–अर्जन और रखरखाव की कला।

मत्स्यन्याय की संकल्पना – प्राचीन भारत में हमारे पास प्राकृत अवस्था संबंधी पाश्चात्य अवधारणा के समतुल्य एक शब्द है। इसको 'मत्स्यन्याय'' कहा जाता है, यथा बड़ी मछली द्वारा छोटी को खा जाने की अवस्था। प्राचीन भारतीय राजनीतिक चिंतन में हम ''मत्स्यन्याय'' शब्द पाते हैं जो कि बल प्रयोग अथवा दण्ड के अभाव में कार्यव्यापार की अवस्था को स्पष्ट करता है। बल–प्रयोग को राज्य के पीछे परम आदेश समझा जाता है। साथ ही इस बात पर भी जोर दिया जाता है कि बल प्रयोग यादृच्छिक रूप से नहीं किया जा सकता है और यह देखने के लिए अनेक नियंत्रण लगाये गए हैं कि वह व्यक्ति जिसे शासन करने का अधिकार सौंपा गया है, अपनी मर्जी से बल प्रयोग न करे।

दण्ड की अवधारणा – दण्ड शब्द अपने आप में व्यापक है। मूल रूप से इसका अर्थ होता है डण्डा। ब्रह्मचारियों तथा सन्यासियों से डण्डा रखने की अपेक्षा की गई है। राजा का डण्डा उसकी कानून का उल्लंघन करने वालों को दण्ड देने की शक्ति का प्रतीक माना जाता है। सतपथ ब्राह्मण में राजा को अदण्डनीय माना गया है, अर्थात्, एक ऐसा व्यक्ति जिसे दण्ड नहीं दिया जा सकता। मनुस्मृति में भी डण्डे को राजा की शाही शक्ति का प्रतीक माना जाता है क्योंकि इसके माध्यम से वह अपराधियों को दण्ड दे सकता है तथा ऐसा करके वह शांति तथा व्यवस्था कायम रख सकता है। कौटिल्य ने भी इस अवधारणा की विस्तृत व्याख्या की है। उनके अनुसार, दण्ड का संबंध भौतिक वस्तुओं के अर्जन, संरक्षण, विकास तथा वितरण से है। इस संदर्भ में, दण्डनीय से अभिप्राय केवल अपराधियों को सजा देने मात्र से ही नहीं है,

बल्कि इसका सम्बन्ध सभी प्रकार के सामाजिक तथा राजनैतिक अनतर्सम्बन्धों से भी है, चाहे उनका सम्बन्ध राजा, मंत्रियों तथा सेना से भी क्यों न हो। सेना तथा दण्ड की अवधारणा को शारीरिक दण्ड के कानूनी अधिकार, जो शान्ति तथा व्यवस्था बनाए रखने के लिए अनिवार्य है, के रूप में देखने से यह मालूम होता है कि भारतीय विचारकों ने शारीरिक शक्ति के प्रयोग को राजनीति के लिए कितना महत्वपूर्ण माना। आध्यात्मिक उद्देश्यों तथा दुनियां में शांति बनाए रखने के लिए इसे अत्यंत आवश्यक मानकर भारतीय विचारकों ने अपने राजनैतिक चिन्तन में शारीरिक, कानूनी तथा सैनिक शक्ति को सर्वोच्च स्थान प्रदान कर दिया। लेकिन, इन सबका यह अभिप्राय बिल्कुल नहीं है कि वह हिंसा के केन्द्रीकरण की मूल्यों पर आधारित प्रशंसा करते थे। राजशाही को सर्वोच्च इसलिए नहीं माना गया कि वह शारीरिक शक्ति हासिल करने की क्षमता रखती है, बल्कि इसलिए कि वह इस शक्ति का प्रयोग धर्म की प्राप्ति के लिए करती है। इस प्रकार, भारती चिंतन में दण्ड व्यवस्था राजनीति का सार न होकर, राजा द्वारा निर्देशित सहकारिता तथा आंगिक सामाजिक वास्तविकता की प्राप्ति में सहायक है।

कौटिल्य

दूसरे शब्दों में, भारतीय चिंतन में दण्ड एवम् दण्डनीति को अत्यंत महत्वपूर्ण स्थान दिया है। कौटिल्य ने इसका महत्व दर्शाते हुए कहा कि त्रयी, आन्वीक्षिकी तथा वार्ता का महत्व एवम् प्रगति, दण्ड व्यवस्था के प्रभावपूर्ण संचालन पर आधारित है। राजनीति तो दण्डनीति के साथ प्रारंभ होती है तथा उसकी के आधार पर कायम रहती है, जब दंड नीति का उचित रूप से प्रयोग किया जाता है तो जनकल्याण की प्राप्ति होती है तथा समाज धन–धान्य से परिपूर्ण होता है। यदि ऐसा नहीं किया गया तो राज्य में अव्यवस्था तथा अराजकता फैल जाएगी। इसीलिए, दण्ड को धर्म की संज्ञा भी दी गई हे और उसे त्रिवर्ग विद्या (धर्म, अर्थ, काम) के नाम से भी पुकारा गया है।

धर्म और राजनीति का समन्वय – प्राचीन भारतीय व्यवस्था में धर्म राजनीति के प्रत्येक पक्ष

से सम्बन्धित था। यह राज्य के चरम तथा तात्कालिक उद्देश्यों को स्पष्ट करता था और निश्चित करता था कि उन उद्देश्यों को पूरा करने में किन नैतिक अथवा अनैतिक साधनों का अवलंबन करना चाहिए। यह माना गया कि राजा अपने तात्कालिक लक्ष्यों (धर्म, अर्थ, काम) को प्राप्त करता हुआ, अपने अंतिम एवं चरम लक्ष्य (मोक्ष) को प्राप्त कर सकता है।

प्राचीन भारतीय चिन्तकों ने धर्म, नैतिकता तथा विधि में कोई अन्तर नहीं माना, उन्हें आमतौर पर एक–दूसरे का पर्यायवाची ही माना। वैदिक साहित्य में इसे कानून तथा व्यवहार का प्रतीक माना गया। उपनिषदों ने इसे सामाजिक कर्तव्यों के रूप में वर्णाश्रम धर्म का पर्यायवाची माना। महाभारत में धर्म को राजधर्म, प्रजाधर्म तथा मित्रधर्म जैसे सामाजिक तथा राजनैतिक कर्तव्यों का प्रतीक माना गया, इसमें सद्‌गुणों तथा सामाजिक–नैतिक–धार्मिक विचारों का एक अद्‌भुत सम्मिश्रण देखा गया।

प्रश्न 3. भारतीय राजनैतिक चिंतन के स्रोत क्या थे? इनकी कमियां भी बताइए।

उत्तर – सदियों पूर्व भारत में राजनीति का कोई स्वतंत्र और स्वायत्त शिक्षा विषय नहीं समझा जाता था। हमें राजनीति की अवधारणाओं का उन स्रोतों के जमघट से खोज निकालना पड़ता है, जिनमें मनुष्य जीवन के बड़े प्रश्नों के बारे में वर्णन है, जो मुख्य तौर पर स्वाभावतः धार्मिक और दार्शनिक होते हैं। ऐसा कोई एक मूलपाठ नहीं है, जिसमें राजनीति ही राजनीति हो। राजनीति के अध्ययन हेतु मुख्य स्रोत हैं :

1) वैदिक साहित्य;
2) धर्मसूत्र एवं स्मृतियां;
3) महाकाव्य एवं पुराण
4) अर्थशास्त्र
5) बौद्ध एवं जैन साहित्य;
6) सिक्के एवं चीनी लेख
7) अन्य साहित्य–स्रोत एवं पुरालेखशास्त्र

ऊपर उल्लिखित स्रोतों में से अधिकांश चूंकि स्वभावतः धार्मिक हैं उनमें से राजनीति संबंधी तथ्यों को पृथक करना बहुत मुश्किल है। धर्मशास्त्र समाज व राजनीति की एक आदर्शीकृत तस्वीर प्रस्तुत करते हैं जो वास्तविकता को शायद ही दर्शाते हैं। अधिकतर विद्वानों ने जो भारतीय राजनीतिक चिंतन में उलझे हैं, इन स्रोतों को सत्य मान लिया है, यद्यपि उनके काल, स्थान व प्रामाणिकता अनिश्चितताओं से भरे पड़े हैं।

इन सब के बावजूद एक और मुश्किल है कि भारतीय राजनीति पर अधिकांश पुस्तकें राष्ट्रवादी आंदोलन के दौरान लिखीं गयी जो कि इस उद्देश्य को लेकर था कि पश्चिम के विद्वानों की साम्राज्यवादी विचारधारा का खण्डन करना है। साम्राज्यवादी विचारधारा कुछ पश्चिमी विद्वानों द्वारा विकसित की गयी जिन्होंने प्राचीन भारतीय इतिहास अध्ययन करने का प्रयास किया था। भारतीय इतिहास संबंधी उनकी समझ दो मान्यताओं पर आधारित थी। ये मान्यताएं हैं :

क) प्राचीन भारतीयों के मुख्य पूर्वकरणीय कार्य दर्शनशास्त्रानुकूल थे और उनमें राजनीतिक अथवा भौतिक सिद्धांत का अभाव था।

ख) भारतीय जन राष्ट्रीयता का बोध कभी नहीं कर पाये।

इन निष्कर्षों के व्यवहारिक निहितार्थ भारत में स्वशासन की मांग के प्रति खतरनाक थे। उनका अर्थ था कि भारतवासी अपने भौतिक जगत को कायम रखने में अक्षम हैं और इसी कारण अंग्रेजों को उनके लिए उसे संभालना चाहिए। दूसरा निहितार्थ यह था कि चूंकि भारतीयों को राष्ट्रत्व की कोई समझ नहीं है, इसलिए यह उनकी परंपरानुकूल ही होगा कि वे निरंकुश शासन के अधीन किए जाएं।

भारतीय राष्ट्रवादी एतिहासकारों ने साम्राज्यवादी विचारधारा का खंडन करने के लिए ढेरों साहित्य मथ डाला। भगवान लाल इन्द्रजीत, भण्डारकर, आर.एल. मित्र, बाल गंगाधर तिलक और फिर के.पी. जायसवाल, आर.के. मजूमदार, बी.के. सरकार साम्राज्यवादी विचारधारा की असत्यता को सिद्ध करने के लिए भारतीय इतिहास संबंधी अपनी ही व्याख्या को लेकर सामने आये। उन्होंने कड़ा दावा किया कि प्राचीन भारत में जो भी प्रचलित था, कोई एकतंत्रीय शासन नहीं था बल्कि एक मर्यादित राजतंत्र था। के.पी. जायसवाल ने अपनी *हिन्दू पॉलिटी* में तर्क प्रस्तुत किया कि प्राचीन भारतीय राज्य व्यवस्था अंशतः एथेन्स की तरह समानता प्रधान समाज वाली और ग्रेट ब्रिटेन की भांति संवैधानिक राजतंत्रों वाली थी। उन्होंने निष्कर्ष निकाला कि ''हिंदुओं द्वारा की गई संवैधानिक प्रगति की बराबरी संभवतः कभी नहीं हुई है प्राचीन काल की किसी राज्य व्यवस्था का आगे निकलना तो दूर की बात है।''

राष्ट्रवादी आन्दोलन के दौरान लोगों के बीच आत्म–विश्वास का अहसास जगाने के लिए राष्ट्रवादी विद्वानों के योगदान की तारीफ किए जाते समय हमें इस अभिगम की मर्यादाओं को भली प्रकार समझ लेना चाहिए। आर.एम. शर्मा, एक जाने–माने इतिहासकार ने भारतीय राजनीतिक चिंतन के अध्ययन हेतु इस राष्ट्रवादी एवं पुनर्जागरणवादी अभिगम की चार महत्वपूर्ण सीमाएं बतायीं। वे हैं :

1) प्राचीन हिन्दू संस्थाओं की एक अघा देने वाली अराधना द्वारा उसने मुसलमानों को विमुख करने की प्रवृत्ति दर्शायी।

2) यह अभिगम अतीत के मूल्यों का एक झूठा आभास कराता है। उसने इस तथ्य को दरकिनार कर दिया कि चाहे राजतंत्र हो या गणतंत्र, दो उच्च वर्ण दो निम्न वर्णों पर हावी रहे जिनको कि सभी राजनीतिक पदों से आमतौर पर बाहर ही रखा गया।

3) अनेक भारतीय जन प्राचीन भारतीय राज्य–व्यवस्था के धार्मिक पहलुओं की वास्तविकता मानने से शर्माते थे और इस अपराध–बोध को मानो छुपाने के लिए कोई कसर नहीं छोड सकते थे। उन्हें कम ही अहसास था कि पाश्चात्य विश्व तक में 18वीं शताब्दी के पूर्वार्ध तक धर्मतंत्र का ही बोलबाला था।

4) एक श्रेष्ठतर सभ्यता सिद्ध करने की धुन में आदिम जातियों के क्रम–विकास के आलोक में जैसा कि मानव–विज्ञान से पता चलता है, उसने शायद ही प्राचीन संस्थाओं के अध्ययन में

कोई रूचि दिखाई हो। आरंभिक भारतीय राजनीतिक चिंतन के अध्ययन में हमें ऊपर उल्लिखित सीमाएं ध्यान में रखनी पड़ती हैं।

प्रश्न 4. भारतीय राजनीतिक पंरपरा में बौद्धों के योगदान का वर्णन करो।
उत्तर – भारतीय राजनीतिक परंपरा में बौद्धों का योगदान इस प्रकार था:

राजपद की उत्पत्ति – ब्राह्मणवादी साहित्य की तुलना में हम बौद्ध साहित्य में राजपद का एक भिन्न रूप पाते हैं। दैविक उत्पत्ति सिद्धांत को स्वीकार नहीं किया जाता। राज दरबार के लिए चुनावों से संबंधित हमारे पास जातक कथाओं में असंख्य उदाहरण हैं। कुछ जातक कथाओं में निर्वाचित राजा का वर्णन है, जोकि पुरोहित अथवा बुजुर्गों द्वारा उसके गुणों अथवा उसके *महाजन–सम्मत* अर्थात् जो सभी को स्वीकार्य हो, के आधार पर चुना जाता था। आमतौर पर अच्छे परिवार के क्षत्रियों को चुना जाता था, परन्तु जाति राज दरबार हेतु इस चुनाव में कोई बाधा नहीं थी। कम से कम दो कथाओं में हम पाते हैं कि राजदरबार के लिए ब्राह्मण चुने गए। एक अन्य जातक कथा में हम पाते हैं कि एक निम्न जाति का आदमी राजा चुना गया। प्रजापीड़क सिद्ध होने पर उपचार स्वभावतः एक आम बगावत था जिसके हमारे पास असंख्य उदाहरण हैं। ये विद्रोह निम्नलिखित आधारों पर उचित ठहराए जाते थे :

1) राजपद प्रजाजनों व उनके द्वारा निर्वाचित व्यक्तियों के बीच एक अनुबंध से ही जन्मा है।
2) राजा के सर्वसत्ताक अधिकार प्रजाजनों की रक्षा तथा गलत करने वालों को दण्ड देने तक ही सीमित है और वह कानून सी सीमाबद्ध है। जनता ने जातक कथाओं के प्रमाण द्वारा, एक लंबे समय तक अपने अधिकार और विशेषाधिकार कायम रखे। उन्होंने अपनी महत्ता कुछ अपनी संख्या से और कुछ अपने संगठनों से व्युत्पन्न की।

बौद्ध संघ की लोकतांत्रिक प्रकृति – प्रोफेसर रिस डेविस का मत है कि बौद्ध संघ लोकतांत्रिक सिद्धांतों पर आधारित था। उनके अनुसार, बौद्ध संघ ''एक प्रकार का गणतंत्र था जिसमें सभी कार्यवाहियां उसके सदस्यों की उन नियमित सभाओं में सहमति प्राप्त प्रस्तावों द्वारा निपटाई जाती थीं, जो कुछ स्थापित विनियमों के पालन व कुछ निश्चित शब्दा–रूपों के प्रयोग के अधीन आयोजित की जाती थीं। ये शब्द–रूप व पारित प्रस्ताव 'कामा नाकास' कहलाते थे।''
बौद्ध व्यवस्था का लोकतांत्रिक स्वरूप इस तथ्य द्वारा और अधिक स्पष्ट होता है कि इन नियमों व संकल्पों के अतिरिक्त *महावग्ग* और *कुलवग्ग* से हमें यह भी पता चलता है कि :
1) बौद्ध संघ के पास सभा में रखे जाने वाले प्रस्तावों के स्वरूप से संबंधित नियमों का एक निकाय होता था।
2) गणपूर्ति का नियम लागू था।
3) भिन्न मत होने की दिशा में बहुमत के वोटों पर छोड़ दिया जाता था।
4) जटिल मामलों को समितियों के निर्णय पर छोड़ दिया जाता था।

5) दूरवासियों के वोट आदि मामलों के संबंध में संभवतः निश्चित नियम होते थे।
फिर भी, इस बात के प्रमाण नहीं है कि बौद्ध संघ में प्रक्रिया जो मूल रूप से धार्मिक व्यवस्था थी, 'गणसंघ' में प्रकट होती ही थी, जो कि एक राजनीतिक संघ था। परन्तु किसी भी दशा में बौद्ध द्वारा परिकल्पित राजनीतिक विचार अलग हटकर था और धर्मशास्त्री अथवा अर्थशास्त्र के राजनीतिक चिंतन से बहुत भिन्न था। इस बात का प्रमाण राज्य की उत्पति संबंधी बौद्ध सिद्धांत में मिलता है।

राज्योद्भव का सिद्धांत – राज्य की उत्पत्ति संबंधी सिद्धांत *दीघनिकाय* में पाया जाता है। इसके अनुसार, धरती पर मेल–मिलाप और खुशहाली का एक सुनहरा युग आया हुआ था और लोग चूंकि धर्मात्मा थे, एक सुख–शांति पूर्ण जीवन व्यतीत करते थे। पर एक लंबी अवधि में जाकर लोग लोभी और स्वार्थी हो गए। तदोपरांत अन्य बुराइयाँ भी चुपके से चली आयीं। इस आदर्श राज्य का अंत हो गया। तब लोग अपने बीच सबसे अच्छे आदमी के पास पहुंचे और उससे एक समझौता किया। उसका काम था गलत करने वालों को दंडित करना और बदले में लोगों ने उसे अपनी फसल का एक हिस्सा देने का वायदा किया। लोगों द्वारा चुना गया वह व्यक्ति 'महा सम्मत' या 'महा निर्वाचित' कहलाया।

शासकों के प्राधिकार की आवश्यकता महसूस की गई क्योंकि लोग भ्रष्ट हो गए थे, परिणाम स्वरूप राज्य अस्तित्व में आया। परन्तु फिर भी अपराधियों में भगवान बुद्ध ने शासक द्वारा कठोर दण्ड दिए जाने के भय का महत्व अपराधों के निवारक के रूप में बताया। सामाजिक क्रम–विकास संबंधी बौद्ध सिद्धांत का विशिष्ट अभिलक्षण यह है कि यह निरंतर, नैतिक और दैहिक पतन ही है जिसने सामाजिक व राजनीतिक व्यवस्था की आवश्यकता को जन्म दिया। इस क्रमिक ह्रास का एक प्रत्यक्ष परिणाम सामने आया – उत्तरोत्तर क्रम में संपत्ति, राज्य व समाज संबंधी संस्थाओं का उदय। यह मनुष्य का और अधिक पतन ही था जिसने उस राजपद की संस्था की ओर प्रवृत्त किया जो समुदाय और विशिष्टतम व्यक्ति के बीच अनुबंध के परिणामस्वरूप अस्तित्व में आया। सामाजिक वर्ग का उदय, ब्राह्मणवादी सिद्धांत की तुलना में, व्यवसायों के स्वैच्छिक चयन संबंधी एक युक्ति युक्त सिद्धांत द्वारा स्पष्ट किया जाता है। इस सामाजिक व्यवस्था में क्षत्रिय ब्राह्मणों से ऊपर स्थान पाता है। यह हमेशा ऐसी व्यवस्था रही जिससे कि वे मुकरते रहे कि राजा का सीमाबंधन वर्णाश्रमधर्म को कायम रखना ही था। उन्होंने क्षत्रिय वर्ण के प्रति राजपद के सीमाबंधन से भी इंकार किया। वे उस पुण्यात्मकता में विश्वास नहीं करते थे जिसमें राजा का शरीर परिवेष्टित रहता था।

न्यायनिष्ठा का सिद्धांत – बौद्ध साहित्य में दण्ड की कोई अहम् भूमिका नहीं है। धर्म को अधिक सकारात्मक तरीकों से कायम रखा जाना है। न्यायानिष्ठा का सिद्धांत धर्म संबंधी ब्राह्मणवादी संकल्पना से भिन्न है। यह सद्गुण संबंधी पाश्चात्य संकल्पना के ज्यादा निकट है। ब्राह्मणवादी साहित्य के अनुसार, राजा के लिए नीति–सिद्धांतों की एक अलग श्रृंखला है। आम आदमी के लिये जो अधर्म है राजा के लिए धर्म हो जाता है, जब वह

सामाजिक व्यवस्था की रक्षा करने में लगा होता है। इसको राजधर्म कहा जाता है। *भगवतगीता* और *महाभारत* दोनों राजधर्म की संकल्पना का विस्तृत स्पष्टीकरण आम नागरिकों के द्वारा व्यवहृत धर्म से भिन्न के रूप में प्रस्तुत करते हैं। बौद्धजन भी यह मानते हैं कि राज्य का मुख्य उद्देश्य सामाजिक व्यवस्था की रक्षा करना है। परन्तु इस व्यवस्था को नैतिकता की भाषा में अधिक समझा जाता है ओर धर्म राजा की सभी गतिविधियों के लिए मानक अवश्य हो। आंतरिक व विदेश दोनों नीतियों के मार्गदर्शन में ईमानदारी ही न्यायनिष्ठा का सिद्धांत है। ईमानदार राजा के लिए न्यायनिष्ठा ही राजा है। राजा भी निति–सिद्धांतों को उसी श्रृंखला से जुड़ा है जिससे कि उसके प्रजाजन। राजा ही आदर्श प्रस्तुत कर अपनी जनता की खुशहाली या दुख लाता है। राजनीतिक न्यायनिष्ठा, इस प्रकार समझे जाने पर, ही सृष्टि संबंधी एक ब्राह्मणीय सिद्धांत के स्तर को छूने लगती है। यह एक अतिश्योक्तिपूर्ण व्याख्या लग सकती है, परन्तु इस बात से इंकार नहीं किया जा सकता कि राजा का आचरण उसके प्रजाजनों के व्यवहार को विचारणीय रूप से प्रभावित करता है। न्यायनिष्ठा के सिद्धांत का विस्तार उस में विश्व–शासक अथवा चक्रवर्ती की संकल्पना को शामिल कर के किया गया है। ऐसे शासक के सहजगुणों में न सिर्फ देश और विदेश में सार्वभौम सर्वोच्चता व सफल प्रशासन शामिल है, आंतरिक प्रशासन के लिहाज से, न्यायनिष्ठा शासक व उसके प्रजाजनों के बीच पारस्परिक प्रेम और स्नेह का भी संकेत करती है। विदेश–संबंधों के क्षेत्र में, चक्रवर्ती की राज्य–विजय बल द्वारा नहीं, वरन् न्यायनिष्ठा द्वारा होती है। न्यायनिष्ठा के सिद्धांतों का मतलब है– उचित दृष्टिकोण, उचित अभिप्राय, उचित वाणी, उचित कर्म, उचित कर्मठता, उचित प्रयास, उचित प्रवृत्ति, आदि।

प्रश्न 5. चीनी इतिहास के घटनाक्रम को प्रभावित करने वाले पारिस्थतिक तत्वों का वर्णन करो।

उत्तर – अपने चरमोत्कर्ष पर अनेक चीनी साम्राज्य इतने विशाल और शक्तिशाली थे जितना इतिहास में और कोई साम्राज्य देखने को नहीं मिलता। चीनी इतिहास के घटनाक्रम को प्रभावित करने वाले पारिस्थितिक तत्व इस प्रकार हैं –

1) सुविस्तृत हिमालय और उससे जुड़ी पर्वतमाला चीन को पश्चिम और दक्षिण–पश्चिम स्थित भारतीय उपमहाद्वीप से अलग करती है; वृहद मध्य एशियाई घास के मैदान उत्तर में फैले हैं, प्रशान्त महासागर पूर्व में लहाराता है; और भारत–चीनी प्रायद्वीप दक्षिण में स्थित है। इस पार्थक्य के बावजूद चीनी की अत्यधिक समृद्धि ने हजारों सालों तक उत्तर से घुड़सवार विजेताओं और दूर–दूर जल–थल से व्यापारियों को आकर्षित किया।

2) बर्फ से ढ़के विशालकाय पहाड़ उन महानदियों की आपूर्ति करते हैं जो देश के मानचित्र पर सर्पाकार आकृति में नजर आती हैं, धरती पर बाढ़ लाती हैं, खासकर अपने डेल्टा क्षेत्रों में। ह्वांगो, या पीली नदी, और यांग्त्जे सबसे बड़ी हैं और सर्वाधिक प्रसिद्ध भी। ह्वांगहो अपने साथ ढेरों मिट्टी/बालू आदि लाती है। जो उनके उतार पर वहीं जम जाती है, और इस कारण यांग्त्जे की भांति वहां खेने की उपयुक्त जमीन नहीं रहती; परन्तु इन नदियों को नहरों का जाल बिछाकर बढ़ा दिया गया, जो कि तीसरी शताब्दी ईसा पूर्व पश्चात् तीव्र प्रेरित सम्राटों की

झोंक में आकर बनती रही। 20वीं शताब्दी तक जलमार्गों की बगल में यातायात किफायती था और सड़कों पर कहीं अधिक महत्वपूर्ण।

3) अपने गर्म दक्षिण और ठण्डे उत्तर व पश्चिम के बीच चीन परिस्थितिकियों की एक विस्तृत व्यूह रचना प्रस्तुत करता है। यांग्त्जे के यिंचित मैदान चावल उत्पादन के लिए विश्व के मुख्य भूभाग रहे हैं; चीन की और ऐतिहासिक रूप से महत्वपूर्ण पैदावार में शामिल हैं – गेंहू, चाय, रेशम, नमक। खनिजों की भी एक श्रृंखला लम्बे समय से कोयला, लोहा, तांबा, टिन, चांदी, जेड़ व खनिज तेल के उत्पादन हेतु दोहित की जाती रही हैं। प्रौद्योगिकी के लिहाज से चीन 14वीं शताब्दी तक विश्व में अग्रणी रहा।

4) दो हजार से भी अधिक सालों तक चीनवासी साम्राज्यीय राज्यों के तहत रहे, तीसरी शताब्दी ईसा पूर्व से लेकर बीसवीं शताब्दी तक क्षेत्रीय शक्तियों ने स्वायत्तता एवं स्वाधीनता के विभिन्न मानदंडों का दावा किया। चीनी इतिहासकार इन कालावधियों का राजतंत्रीय अक्षमता से पैदा हुई अव्यवस्था के क्षणों के रूप लिया करते थे। ऐसे काल सिर्फ किसी ऐसे नए राजवंश के उदय के साथ ही समाप्त हो सकते थे, जो शासन हेतु 'स्वर्ग की आज्ञा' से सम्पन्न हो।

5) अनेक बार पड़ोसी साम्राज्यीय राज्यों ने, चीन और उससे लगे मध्य एशियाई घास के मैदानों के लिए, उनके बीच विचारधाराओं, स्रोतों, प्रथाओं व प्रेरणाओं के कुछ चिरस्थायी रूप समाविष्ट किए हैं। एक नए राजवंश की स्थापना के लिए चीन के भीतर से ही महत्वकांक्षी लोग सामने आ सकते थे, परन्तु अक्सर वे उत्तर से भी आये। पुनः चीन में भारत की भांति नए राजवंशों की स्थापना उत्तर के घुड़सवार यावर विजेताओं, अथवा चीन में उनके साम्राज्य (1276–1367) द्वारा भी की गयी। तथापि, चीन पर शासन करना उसके जटिल समाज, अर्थव्यवस्था, राज्य–व्यवस्था, पारिस्थितिकी, व प्रौद्योगिकी के साथ घुड़सवार विजेताओं का काम नहीं था। उसे कुछ खासकी दरकरार थी; और वो विद्वानों के एक ऐसे वर्ग द्वारा प्रदान किया गया जो कन्फ्यूशस व अन्य प्राचीन गुरूओं से शिक्षा प्राप्त थे और उन्होंने एक सम्राट के अधीन शासन करने की परंपरा को जन्म दिया।

प्रश्न 6. कन्फ्यूशसवादी विचारधारा कैसे पनपी? इसके प्रमुख विचार व महत्ता बताइए। [Dec-06, Q2]

उत्तर – कन्फ्यूशसवादी विचारधारा के जन्मदाता छठी और पांचवीं ईसा पूर्व के एक चीनी विद्वान कन्फ्यूशस है। उनकी व अन्य प्राचीन की शिक्षाओं ने शासन को चीनी परंपरा को एक सांचे में ढ़ाला है: सामाजिक एवं राजनैतिक व्यवहार के लिए और साम्राज्य को जटिल, प्रभावशाली कर्मकाण्डों की रचना के लिए सम्मानित मार्गदर्शकों के रूप में एक कन्फ्यूशसवाद ने राज्य के कार्यकलापों में नैतिकता के महत्व का प्रतिपादन किया, और शांति, मानवता और लगन जैसे मूल्यों का एक साम्राज्य पर शासन करने की विचारधारा के रूप में, यद्यपि चीनियों ने वैधिकवाद को पहले अपनाया।

शिह हयुआंग–ति

शिह हयुआंग–ति, प्रथम चीनी साम्राज्य चिन के संस्थापक ने 221 ईसा पूर्व में कन्फ्यूशसवादी परंपरा को उसके नीतिवाद समेत रद्द कर दिया। यहां तक उन्होंने इसकी पुस्तकों को जला डालने का आदेश दिया। इसकी बजाय उन्होंने वैधिक चिंतन में विश्वास दिखाया जोकि सख्त कानूनों, सम्राट की इच्छापूर्ति और किसी भी विरोध को बर्दाश्त न करने के साथ एक कठोर एवं प्रभावशाली राज्य की धारणा का समर्थन करता था। इसकी परिणति चौदह वर्ष बाद विद्रोह में हुई, नसीहतों का एक स्रोत इस विषय पर कि किसी राजवंश को असफलता से बचने के लिए एक राजवंश को किन बातों से बचना चाहिए। इसको कन्फ्यूशसवादियों के मध्य फिर हमेशा एक बुरे उदाहरण के रूप में याद रखा गया, यद्यपि जटिल और प्रायः परभक्षी पड़ौसियों से घिरे एक विशाल साम्राज्य के कार्यकलाप, वास्तव में अकेले कन्फ्यूशसवादी नैतिकता पर टिके नहीं रह सकते थे। साम्राज्य चलाने में कानूनी प्रवृत्तियां आम नहीं थीं, हालांकि कोई भी स्वयं को कानून वाला नहीं कहता था। चीन वासियों के पास एक विशाल सेना थी, और उक्त साम्राज्यीय राज्य बल प्रयोग से कभी पीछे नहीं हटा– आंतरिक अथवा बाह्य रूप से।

कन्फ्यूशसवादी परंपरा किसी भी तरह निष्क्रिय विचारों की कोई अपरिवर्तनशील संस्था नहीं रही। कन्फ्यूशस के लगभग चार शताब्दियों पश्चात् उससे जुड़े विचार धीरे–धीरे साम्राज्य वैधता–सिद्धांत में समाविष्ट किए जाने लगे। एक पूर्व कालीन राजपद, चू के बारे में यह प्रचार किया गया कि राजा 'ईश्वर के पुत्र' होते हैं, जिनके पास शासन करने का स्वर्ग से मिला आदेश होता है। चू के विघटन के बाद, आने वाली शताब्दियों (चौथी व तीसरी, ईसा पूर्व) जिन्हें 'संघर्षरत राज्य' काल के नाम से जाना जाता है, में अनेक छोटे राज्यों और उनके बीच काफी संघर्ष देखने को मिला। इनमें से कोई भी अनन्य रूप से स्वर्ग का कृपा पात्र होने संबंधी चू जैसा दावा कायम नहीं कर सका – और उक्त धारणा धीरे–धीरे समाप्त हो गयी। कन्फ्यूशस एक केन्द्रीय सत्ता के अभाव वाले इस विग्रह काल में काम करते और पढ़ाते थे। इस प्रकार की सत्ता अल्पकालीन चिन साम्राज्य (221–207 ईसा पूर्व) के साथ ही स्थापित हो पायी।

चू, संघर्षरत राज्य, चिन वंशः यह हैन वंश की पृष्ठ भूमि थी इसके राजनैतिक प्रबंध चिन की व्यवस्थाओं जैसे ही थे। चिन और हैन दोनों ही सफलतापूर्वक बल प्रयोग कर सत्ता में आये

फिर भी हैन सम्राट चिंतित थे: चिन वंश जैसा अंत टालने के लिए क्या करें? उनकी मुख्य समस्य थी: उन्हें यह तथ्य सही ठहराना था कि अपने पूर्वजों को हटाने में उन्होंने बल प्रयोग किया था और साथ ही यह दर्शाना था कि उनके प्रतिद्वंद्वियों के लिए उन्हें हैन को, हटाने के लिए बल प्रयोग अनुचित होगा। उनके विद्वान सलाहकार जिस पर उस प्रकार के स्वर्गीय आदेश को लेकर चलते रहे जिस पर कि पहले चू राजाओं ने स्वयं दावा किया था। तुड़चड न्शू (179–104 ईसा पूर्व) नामक एक विद्वान ने राजवंशीय स्थायित्व सुनिश्चित करने के लिए विचारों का महत्वपूर्ण संयोजन प्रस्तुत किया; परंतु यह दो या तीन शताब्दियों में विचारों एवं व्यवहारों के क्रम विकास में बस एक ही कदम था – जिसमें उन विभिन्न विद्वानों व पदाधिकारियों का योगदान था जो अनेक प्रकार के तत्वों पर जोर देते थे।

सरल रूप से कुछ विचार निम्न थे :

– एक ब्रह्माण्डीय दृष्टिकोण, जिसमें समग्र ब्रह्माण्ड – स्वर्ग, पृथ्वी और मनुष्यों के कार्यकलाप, सभी को एक ही व्यवस्था का हिस्सा समझा जाता था। राजा की ब्रह्माण्डीय व्यवस्था के सामंजस्य को बनाये रखने में निर्णयकारी समझा जाता था – उसके अपने चरित्रवान, अनुकरणीय आचार–व्यवहार के माध्यम से।

– स्वर्ग/ईश्वर सब कुछ रचता है, और मानवीय क्रियाकलापों में एक सक्रीय दिलचस्पी बनाये रखता है। जब असामान्य घटनाएं दिखायी पड़ती हैं (आकाश में कोई अपरिचित वस्तु, बाढ़ अथवा अज्ञात प्रकार का पौधा या प्राणी), ये ईश्वर द्वारा भेजे गए संकेत होते हैं। ये संकेत, जैसे की बाढ़ और सूखा, आकाश में असामान्य दृश्य –संचालन की अस्वीकृति का संकेत दिए जाने के रूप में देखे जा सकते हैं, या फिर असाधारण जैविक रूपों से संबंधित खबरों की व्याख्या शासन धारी राजवंश पर ईश्वर के आर्शीवाद चिन्हों के रूप में की जा सकती है, अथवा शासन करने संबंधी नए ईश्वरीय आदेश के साथ एक नए राजवंश के सन्निकट उदय के रूप में। यदि इस प्रकार के सगुनों को विद्वानों द्वारा पहचान लिया जाए और समझ लिया जाए, तो उचित प्रत्युत्तर तैयार किए जा सकते हैं।

– स्वर्ग ताओ की रचना करता है, यथा मानवीय क्रियाकलाप के लिए अपरिवर्तनशील मूल सिद्धांत, परंतु लोगों को अपनी विभिन्न एवं पविर्तनशील परिस्थितियों हेतु उचित तरीकों से ताओं प्रयोग करने होते हैं।

आने वाली शताब्दियों में कन्फ्यूशसवाद नामक पैकेज विकसित होता रहा। इसमें एक जटिल विचार–समूह समाहित किया गया, क्योंकि इसके अनुयायी अपनी बदलती परिस्थितियों के प्रति अपनी परंपरा में उपलब्ध विचारों को लागू करने का प्रयास करते थे।

यह कन्फ्यूशसवादी परंपरा ही थी जिसने आने वाले समय में पदाधिकारियों की राजशक्ति पर अधिकार रखा। तुड ने एक साम्राज्य चलाने में कन्फ्यूशसवादी की शिक्षाओं के महत्व पर बल दिया, और सुझाया कि इन शिक्षाओं में पारंगत विद्वान सरकार में नियुक्त किए जाएं। सातवीं शताब्दी ईस्वी में एक कन्फ्यूशसवादी पाठ्यक्रम में परीक्षाएं पास करना प्रतिष्ठापूर्ण साम्राज्यीय नौकरशाही में प्रवेश करने के लिए और आगे बढ़ने में एक महत्वपूर्ण माध्यम बन गया। सर्वाधिक महत्व, इसी कारण इन व इन से संबंधित पाठ्यक्रमों को जारी रखने, सीखने व

आगे बढ़ाने को दिया गया; और इन परीक्षाओं के लिए निर्धारित पाठ्यक्रम कन्फ्यूशसवादी सिद्धांत के लिए भी एक सशक्त माध्यम हो गया। चीन में विद्वानों को प्राप्त ऊंची प्रतिष्ठा में यह शिक्षा एक महत्वपूर्ण अवयव था, जो उस सत्ता समृद्धि से नितांत परे थी जो पद पर रहते हुए सफलता के साथ साथ आती थी।

प्रश्न 7. चीन में सम्राट व उसके पदाधिकारियों के बीच क्या सम्बन्ध था?

उत्तर – जिस तरह भारत में मुगल साम्राज्य के लिए कहा गया है कि सम्राट ही उसका ''मुख्य प्रेरणास्रोत'' होता था उसी प्रकार चीन में भी सम्राट एक मुख्य स्रोत की तरह ही था। चीन में विद्वान–पदाधिकारियों की कोई परंपरा नहीं थी, और 7वी शताब्दी तक उन्हें एक व्यापक परीक्षा पद्धति के माध्यम से चुने जाने की शुरूआत हो रही थी। धन्य है उनका साझा ज्ञान, कुशलताएं, प्रेरणाएं व परंपराएं जो कि वे विशालकाय साम्राज्यों (तांग, मिंग, चिंग) को चलाने हेतु अधिकारी वर्ग के विशाल तानेबानों को बनाने में सक्षम थे। उनका वेतनमान पूर्व–औपनिवेशिक भारत में रहे किसी भी वेतन मान से हर तरह से ऊँचा ही था। इस नौकरशाही के पास एक साझा विचारधारा व परंपरा, और राजवंश के प्रति निष्ठा पर्याप्त रूप से इतनी थी कि यह अक्षम सम्राटों के रहते हुए भी कम कर सके। 12वीं शताब्दी में यह तंत्र, उत्तरी आक्रमणकारियों के दबाव के तहत उत्तरी राजधानी के हाथ से निकल जाने और नए सिरे से यांग्त्जे के दक्षिण को राजधानी बनाने के बावजूद जुड़ा रहा। जब सम्राट असफल हो गए तो साम्राज्य पर गंभीर खतरा मंडराने लगा।

सम्राट को स्वर्ग का पुत्र माना जाता था इसलिए उसे कानून तथा वैधता का स्रोत भी माना जाता था। एक सम्राट जिसे अपने आप पर भरोसा होता तो वह अपने हित, अथवा नजरिये पर खतरे को भांप कर अधिकारी–तंत्र को एक तरफ कर अपना रास्ता निकाल लेता था। शुरूआती शताब्दियों में सम्राट को बहुत हद वंशानुक्रमिक अभिजात्य तंत्र की सत्ता को मान्यता दे देनी पड़ती थी, जिसके भी सदस्य अग्रणी पदाधिकारीगण होते थे। सुंग (960–1275) तक आते–आते अभिजात तंत्र ऐसे शासक वर्ग को रास्ता दे चुका था जो सम्राट की चापलूसी अभिजात्यतंत्र से कहीं अधिक करता था। इसके बाद सम्राट के हाथों में और अधिक सत्ता संकेन्द्रण तथा उसका विरोध करने पर और कड़े दण्ड का प्रावधान हो गया। 15वीं शताब्दी तक सैन्सोरेट वस्तुतः ''विरोध प्रदर्शन'' संबंधी अपना पहले का काम छोड़ चुका था। वह सिर्फ एक निगरानी एजेन्सी बना रहा, जिससे सैन्सोरेट एक ऐसा साधन बन गया जिसे सम्राट व उसके अभिकर्ता नौकरशाही और व्यापक रूप से समाज पर नियंत्रण करने में प्रयोग कर सकते थे।

अपने अधिकारी वर्ग के संबंध में सम्राट कितना शक्तिशाली था इस बात में प्रकट होता था कि उसकी उपस्थिति में किस प्रकार व्यवहार करना है। राजवंशों के पास से गुजरने पर उनसे जिस व्यवहार की अपेक्षा की जाती थी, वह उत्तरोत्तर और दासोचित होता गया। तांग (618–906 ईस्वी) के काल में पदाधिकारीगण सम्राट के साथ बैठ सकते थे; सुंग (960–1275 ईस्वी)

के काल में उन्हें बैठे हुए सम्राट के समक्ष खड़ा होना पड़ता था; और मिंग (1368–1644 ईस्वी) व चिंग (1645–1911 ईस्वी) के काल में उनसे अपेक्षा की जाती थी कि साष्टांग दण्डवत करें और सम्राट के सामने घुटने टेंकें।

प्रश्न 8. चीनी साम्राज्यीय इतिहास में राजवंशीय घटना चक्र की रूपरेखा प्रस्तुत करें।

उत्तर – राजवंशीय चक्र राजवंशों में बार–बार होने वाले उत्थान और पतन का एक प्रतिमान है। जहां कि चीनी साम्राज्य के राजवंशीय चक्र का प्रश्न है तो उनमें पहचान्य चरणों के साथ, आगे बढ़ने की दिशा में प्रवृत्त रहा। चूंकि पढ़ा–लिखा वर्ग व अन्य वर्ग अपने हितों के पीछे तत्परता के साथ लगे रहे, ऐसी परिस्थितियां पैदा हुई कि जिन्होंने अगले चरण के निर्माण की अनुमति दे दी।

राजवंशीय संस्थापक, और कभी–कभी उसके आसन्न उत्तराधिकारीगण, प्रायः एक उल्लसित प्रेरणा के साथ काम करते थे, अपने आद्य के गति वेग को किंचित जारी रखते हुए। अपनी उत्प्रेरक शक्ति व सत्ता के साथ, एक चकितकारी पैमाने पर संसाधनों पर नियंत्रण रखते हुए, संस्थापक महत्वाकांक्षी योजनाओं को जारी रख सकता था : सैकड़ों किलोमीटर लंबी नाविक नहरें खुदवाना, या विशाल महल बनवाना; दूरगामी विजय अभियान चलाना, किसी महान साम्राज्यीय पुस्तकालय अथवा प्रमुख साहित्यिक या एतिहासिक अध्ययनों व संकलनों संबंधी सभा को कार्याधिकार सौंपना। अल्पकालिक सुई वंश (589–617 ईस्वी) ने, सातवीं शताब्दी के प्रथम दशक में, लगभग दो हजार किलोमीटर नहरें, चालीस डग चौड़ी, बलपूर्वक श्रम प्रयोग द्वारा बनाई, जिसमें महिला श्रमिकों ने भी काम किया।

इस पैमाने पर कार्य प्रबंधन करने की आवश्यकता थी। दूसरी ओर, सुशिक्षित वर्ग को उम्मीद थी कि साम्राज्य चलाने के लिए उनकी सेवाएं ली जाएंगी; और उनकी विचारधारा ने उन्हें समझाया कि सम्राट की सेवा ही करनी चाहिए। यहां तक कि यह बाध्यता एक विदेशी, उत्तरी सम्राट पर भी लागू हुई : वह व्यक्ति जो अपनी कर्मशक्तियों के बल पर शासन करेगा गुप्त रूप से भीतर ही भीतर नष्ट हो जायेगा क्योंकि उसे कागजी कार्यवाही के ऊंचे–ऊचे ढेर पढ़ने पड़ेंगे, ओर अपने फैसले देने पड़ेंगे, साथ ही अक्सर उसको अपने पदाधिकारियों के बीच कभी न समाप्त होने वाले फूटकारी झगड़े से जूझना होगा।

उक्त राजवंश के एक और आगे के दौर में, इस प्रकार की दिनचर्या से उकता कर, तत्कालीन शासनकारी सम्राट दिल बहलावों से भी लाभ उठा सकता था – राजभवन में अनेक संगीत समारोह काव्य या चित्रकारी, शाओवादी कर्मकाण्ड, एक उदाहरण में बढ़ईगिरी। साम्राज्य चलाने का काम वह अपने विश्वस्त पदाधिकारियों पर छोड़ दिया करता था। कभी–कभी वह अपने महल में कुछ उपकृत नंपुसकों पर भी भरोसा करता था, जिनमें वह कहीं अधिक विश्वास रखता था। ये कार्यकर्ता, बदले में, अपने निजी, गोपनीय कार्यों के प्रति स्वयं को समर्पित कर देते थे। पारिवारिक दायित्वों संबंधी उनकी समझ उन्हें हर उपलब्ध साधन द्वारा

अपने परिवारों के हितों को बढ़ावा देने के लिए अपने पद, ऊंचा या नीचा का इस्तेमाल करने को उकसाती थी। उच्च पदाधिकारीगण बड़ी–बड़ी भूसम्पत्तियां अर्जित कर सकते थे–यहां तक कि नपुंसक जन भी परिवार रखते थे : ऐसे परिवार जिनमें उनका जन्म हुआ हो; बल्कि कभी–कभी वे राजमहल में ''अनेक'' महिला भृत्यों में होते, और ''दंपत्ति'' बच्चों को गोद ले लेता ताकि कुछ–कुछ संपूर्ण परिवार जैसा बन सके – अपनी सभी हितों के साथ; और नपुसंकों के लिए ऐसी कोई विचारधारा तक नहीं थी जो उनके दुष्कर्मों से उन्हें रोके।

ये पदाधिकारीगण आम तौर पर साधारण किसानों की जमीनों पर कब्जा कर अपनी सम्पत्तियां बनाते थे – जो शक्तिशाली पदाधिकारियों का विरोध नहीं कर सकते थे। चूंकि भूमिहीन निराश्रयों की कतारें बढ़ती जाती थीं, कोई बाढ़ अथवा अनावृष्टि किसी बड़े राजद्रोह को उकसाने के लिए आग में घी का काम कर देती थी। एक महान साम्राज्य का यथार्थ आकार दिक्कतें पेश करता था। आवश्यक सूचना एकत्र करना, उसके महत्व का मूल्यांकन करना, और उचित उपाय निकालना इस प्रकार के विशाल आकार एवं जटिलता वाले किसी समाज में धीमी प्रक्रियाएं थीं। इसी बीच साम्राज्य शायद अव्यवस्था के गर्त में जा रहा था – किसी नए साम्राज्य–निर्माता के लिए रंगमंच तैयार करता हुआ। चीन राजवंशी घटनाचक्रम के एक दूसरे दौर में कदम रखने को था।

प्रश्न 9. आधुनिक विश्व में कन्फ्यूशसवादी विचारधारा का क्या हश्र हुआ?

उत्तर – कन्फूयशसवादी विचारधारा का लगभग दो हजार वर्षों तक चीनी सरकार पर वर्चस्व रहा। कन्फूयशसवाद की राजनीतिक, नैतिक एवं बौद्धिक सर्वोच्चता को नौंवी शताब्दी–मध्य तक कोई गंभीर चुनौती नहीं मिली। उस समय तक यूरोपीय व अन्य विदेशी व्यापारिक, सुसमाचारों, व अन्य हित चीन में गहरे पैठ चुके थे। आने वाले दशकों में चीन के शासक और विद्वजन जागरूक होने लगे, उत्तरोत्तर अधिक प्रख रूप से, कि कन्फूयशसवादी परंपरा के पास पश्चिमी चुनौती, जिसमें न सिर्फ व्यापार शामिल था, बल्कि बल–प्रयोग के साथ–साथ विज्ञान एवं प्रौद्योगिकी समेत विश्वसनीय ज्ञान तक पहुंच भी शामिल थी। अतः वे अपनी ही परंपरा के मोह में विभक्त होने लगे, क्योंकि उन लोगों को चीनी विद्वानों की स्थिति कुछ–कुछ ऐसी थी जैसे कि पंडितों, उलेमाओं की, और दूसरे प्रकार के पारंपरिक ज्ञान की आवश्यकता थी, साथ ही जो आध्यात्मिक एवं नैतिक उन्नति के लिए पर्याप्त हो; यद्यपि पाश्चात्य ज्ञान की आवश्यकता तकनीकी विषयों में पड़ सकती थी।

अंतिम झटका 20वीं शताब्दी के आरंभ में लगा। कन्फूयशसवादी ज्ञान के प्रति व्यापक निष्ठा हेतु एक विशेष तर्क हमेशा रहा : साम्राज्यीय परीक्षाओं हेतु पाठ्यक्रम – जो कि सरकारी रोजगार सुनिश्चित करने के लिए निर्णयकारी होती थीं। पदोपरांत, 1905 में, सरकार ने यह संबंध तोड़ दिया; अतः साम्राज्यीय परीक्षाएं अब उम्मीदवारों के ज्ञान को कन्फूयशसवादी परंपरा पर नहीं परखतीं। इसके मुख्य विषयों में महारथ हासिल करने हेतु मुख्य प्रेरणा समाप्त हो गयी, और ऐसा ही कन्फूयशसवादी विचारधारा में जन हित के साथ हुआ, जो कि सरकार

व समाज को संगठित करने हेतु एक मात्र संभव आधार था, यद्यपि वह चीन के इतिहास एवं परंपरा के हिस्से के रूप में सम्मान पाता रहा। आदर्शों के रूप में अपने परिवार एवं अपने पूर्वजों के प्रति समर्पण कायम रहा। एक वैकल्पिक विचारधारा हेतु चीनी खोज ने उन्हें कन्फ्यूशसवाद तथा 1949 में महाक्रांति की ओर प्रवृत्त किया; साथ ही उसके नेतागण कन्फ्यूशस व उनके विचारों को मन से दूर करना चाहते थे। तथापि, कुछ प्रेक्षकों का विश्वास है कि चीनी साम्राज्यीय परंपरा साम्यवादी चीन की सत्तावादी शैली में और सामूहिक लोगों हेतु वैयक्तिक उद्देश्यों को वश में रखने हेतु उसकी क्षमता में प्रकट होगी।

प्रश्न 10. खलीफा होने के लिए क्या योग्यताएं होनी चाहिए? उनका चुनाव किस प्रकार किया जाता है तथा खलीफा के प्रति निष्ठा को स्पष्ट कीजिए। [Dec-06, Q11(ii)]

उत्तर – इसना आशरिस के अलावा लगभग सभी मुस्लिम विचारक खलीफा की योग्यताओं के मुद्दे पर एकमत हैं; अन्तर मात्र विभिन्न राजनीतिक विचारकों द्वारा निर्धारित शर्तों की संख्या में हो सकता है। उदाहरणार्थ, मवार्डी ने सात शर्तें अवधारित की हैं, जबकि ईब्न खालादून उन्हें घटाकर पांच रखते हैं। गज्जाली कुछ आशोधनों के साथ उन्हीं योग्यताओं को प्रस्तुत करते हैं। उनमें अधिकांश ने इस्लामी शरिया का ज्ञान, शरीर और दिमाग को स्वस्थता, एक न्यायप्रिय चरित्र और कुरैशियन वंशानुगता को निर्धारित किया है। खलीफा की योग्यताएं निम्नवत् हैं :

1) खलीफा मुस्लिम होना चाहिए।

2) उसे सौम्य तथा प्रौढ़ होना चाहिए।

3) उसे पुरूष होना चाहिए, क्योंकि एकमात्र पुरूष ही राजकाज की भारी जिम्मेदारियों को वहन कर सकता है।

4) वह एक स्वतंत्र पुरूष होना चाहिए न कि एक दास जो अपने कर्तव्यों का स्वतंत्रता से निर्वाह नहीं कर सकता है।

5) वह शारीरिक और मानसिक दोषों से मुक्त होना चाहिए।

6) वह इस्लाम के निर्धारित दंडों को लागू करने तथा इस्लामी राज्य की रक्षा करने और राज्य में शांति और व्यवस्था बनाए रखने में सक्षम और बहादुर होना चाहिए।

7) खलीफा के लिए न्याय एक महा पूर्वापेक्षा है।

8) उसके लिए इस्लाम का ज्ञान और उसके व्यावहारिक निहितार्थ भी आवश्यक हैं, क्योंकि इस जानकारी के बिना वह इस्लामी संकल्पनाओं और प्रथाओं के अनुसार राज्य को नहीं चला सकता है।

खलीफा के कार्यालय में गैर–कुरैशी का चुनाव इसे निष्प्रभावी कर देता था। इसी प्रकार, शाहरस्तानी ने भी निर्णय दिया है कि इमाम कुरैशी की जाति से जुड़ा होना चाहिए। इब्न खालादून की इस मुद्दे को लेकर चर्चा और दलीलें सम्पूर्ण परिदृश्य को इसके उचित परिप्रेक्ष्य में पेश करती हैं। इमाम हनवल के अनुसार बताया गया है, 'जब अमीर (नेता) के चुनाव का प्रश्न उठता है और हमें एक अनुभवहीन पवित्र पुरूष तथा कम पवित्र परन्तु

राजकाज में अधिक अनुभवी पुरूष के बीच में चुनाव करना पड़े तो कम पवित्र और अधिक अनुभवी पुरूष को प्राथमिकता दी जानी चाहिए।'' इमाम हनबल ने पैगम्बर के एक हदीस (कुरान का कथन) के द्वारा इस मत का समर्थन किया है। पैगम्बर मुहम्मद के उन साथियों को कोई प्रशासनिक स्थिति प्रदान नहीं की गई, जो अपनी पवित्रता के लिए उल्लेखनीय थे, परंतु उन्हें प्रशासन का कोई अनुभव नहीं था। अबूजार ने जो पैगम्बर से कहा, के बारे में मुस्लिम कहता है, ''ठीक है आप मुझे एक सार्वजनिक कार्यालय में नियुक्त नहीं करेंगे?'' पैगम्बर ने कहा, ''अबूजार तुम कमजोर हो और प्राधिकार एक न्यास है'' अबूजार वास्तव में बहुत ही पवित्र और खुदा से डरने वाला पैगम्बर का साथी था। यह चर्चा करने योग्य है कि खरीजित खलीफा के कार्यालय को सभी मुस्लिमों के लिए खोलते हैं।

खलीफा के चुनाव के लिए क्रियाविधि –कुरान और सुन्नाह में ऐसा कोई स्थान नहीं है जहां खलीफा के निर्वाचन का एक विशिष्ट तरीका उन लोगों से जुड़ा हुआ है जिनके कार्य स्वंय उन्हीं के बीच परिषद् द्वारा तय किए जाते हैं। यह परामर्श होता है न कि नेता चुनने के लिए एक निश्चित और निर्णायक क्रियाविधि। अधिकांश मुस्लिम राजनीतिक विचारक खलीफा का चुनाव बयात (निष्ठा की शपथ) द्वारा करने पर बल देते हैं। उनमें जो खलीफाई का पात्र है, उन्हें निम्न के द्वारा खलीफाई के लिए चुना जाए:

1) पैगम्बर के पदनाम द्वारा;
2) शासक प्राधिकारी के पदनाम द्वारा ; और
3) वास्तविक सत्ताधारक के पदनाम द्वारा।

एक समय में एक खलीफा – इस्लामी नीति में खलीफा मात्र एक खलीफा हो सकता है। इस मुददे को लेकर पैगम्बर की स्पष्ट परंपराएं हैं। पैगम्बर की मृत्यु के बाद 632 ईसवी में बानी सैदाह के सकूफा में आयोजित बैठक भी इस मुद्दे पर सहायता करती है। उस बैठक में अन्सरों (सहायकों) द्वारा यह मांग उठाई गई थी कि खलीफा के रूप में एक अमीर अन्सरों से तथा दूसरा अमीर मुहाजिरों (प्रवासियों) से चुना जाए, परन्तु वहाँ विद्यमान मुस्लिमों द्वारा इस मांग का अनुमोदन नहीं किया गया।

खलीफा के प्रति निष्ठा – इस्लामी कथाओं और प्रथाओ में खलीफा और उसकी सरकार के प्रति निष्ठा को इस्लामी राज्य के सभी नागरिकों का धार्मिक कर्तव्य बताया गया है। परन्तु यह निष्ठा सीमित और सशर्त है, क्योंकि यह केवल अच्छाई में अनिवार्य है, जिसे शरियत के आदेश की पूर्ण संस्वीकृति के रूप में माना गया है। जब तक खलीफा और इमाम सामान्यतः इस्लाम के मूल्यों का समर्थन करता है और अपने लक्ष्यों और उद्देश्यों को नहीं छोड़ता है, उसकी आज्ञा का पालन किया जाना चाहिए। सुराह अलनिसा, कुरान का छंद 59, अपने अनुयायियों को प्राधिकारी की आज्ञा मानने के लिए निम्न शब्दों में आदेश देता है, ''जो हम पर विश्वास करता है, अल्लाह का हुक्म पालन करे और पैगम्बर और आपके अनदर उसकी सत्ता का हुक्म माने। यदि आपके अन्दर विद्यमान किसी वस्तु के बारे में मतभेद है, तो उसे

अल्लाह अथवा उसके पैगम्बर से कहो...''सत्ताधीन आदमी में निष्ठा अल्लाह और उसके पैगम्बर में निष्ठा की मातहत है। जब तक शासक अल्लाह और उसके पैगम्बर का आदेश मानते हैं, तब तक उनका हुक्म पूरा करना मुस्लिमों का कर्तव्य है, परन्तु जब वे अल्लाह और पैगम्बर की अवज्ञा करते हैं, तब मुस्लिम उनकी आज्ञा पालन के लिए बाध्य नहीं रह जाते। कुरानी दृष्टिकोण को पैगम्बर के उन कई कथनों से बल मिलता है जिनमें मुस्लिमों को उस शासक के आदेश का पालन नहीं करना चाहिए जो अल्लाह और उसके पैगम्बर के आदेश के विरूद्ध है।

प्रश्न 11. सिसरों के मानव स्वभाव और राज्य सम्बन्धी विचारों पर टिप्पणी कीजिए।

उत्तर – सिसरो को विचार–मौलिकता का श्रेय दिया जाता है तथा यह कहा जाता है कि वह प्लेटो, अरस्तू और स्टॉइक दर्शन से प्रभावग्रस्त था। उसकी ओजपूर्ण और धाराप्रवाही शैली में उसके व्यक्तित्व की छाप स्पष्ट रूप से दिखलायी पड़ती है। उसके अग्रलिखित राजनीतिक विचार उल्लेखनीय हैं :

1) **मानव–स्वभाव और समानता** – सिसरो ने मानव–स्वभाव और प्रकृति को आधार बनाकर समानता के सिद्धांत को प्रस्तुत किया है। इसके अनुसार मनुष्य धन और विद्वता में भले ही असमान हो सकते हैं, परन्तु प्रकृति ने सबको समान बनाया है। अच्छे–बुरे का ज्ञान सबों में पाया जाता है। गुणों को प्राप्त करने की क्षमता सभी मनुष्यों में पायी जाती है। स्वभाव और सामान्य विशेषताओं में सर्वत्र समानता का दर्शन किया जा सकता है। सिसरो के निम्नलिखित शब्द मर्मस्पर्शी हैं : यदि मनुष्य और मनुष्य में किसी प्रकार का अंतर होता तो सब मनुष्यों के लिए एक ही परिभाषा का प्रयोग न किया जाता।'' इस प्रकार सिसरो के अनुसार मनुष्यों और भिन्न–भिन्न समाजों में केवल बुनियादी अन्तर देखने को मिलता है। बुद्धि, विवेक और भले–बुरे के ज्ञान की क्षमता सबों में रहती है।

सिसरो ने दासप्रथा को कृत्रिम और अस्वाभाविक बतलाया है। विश्व एकता और विश्व बन्धुत्व के सिद्धांत का संदेश उसके दर्शन की प्रधान विशेषता है। **प्रो. सेबाइन** का कहना है कि सिसरो ने मानव–समानता पर एक तथ्य के बजाय एक नैतिक आवश्यकता के रूप में जोर दिया है।

2) **राज्य–सम्बन्धी विचार** – सिसरो ने राज्य के सम्बन्ध में समझौता अथवा शक्ति–सिद्धांत को अस्वीकार किया है। उसका कहना है कि राज्य एक 'कॉमनवेल्थ' है। राज्य की उत्पत्ति तभी होती है जब मनुष्यों की एक पर्याप्त संख्या कानून और अधिकारों के बारे में सहमत होती तथा सामूहिक हित के लिए कार्य करने की इच्छा प्रकट होती है। मनुष्यों का प्रत्येक समूह, जैसा कि सिसरो मानता है, राज्य नहीं हो सकता। राज्य जनता का संगठन है। यह जनता की सम्पत्ति होता है। इसके कार्यों में प्रत्येक व्यक्ति का हिस्सा होता है। सामूहिक कल्याण को प्राप्त करना तथा न्याय की स्थापना करना राज्य का उद्देश्य है। यह नहीं मना जाना चाहिए कि राज्य एक अनुबन्धजनित संस्था है। लोगों ने राज्य की स्थापना के लिये कोई समझौता या अनुबंध नहीं

किया। शक्ति, स्वार्थ, कमजोरी आदि के चलते भी राज्य का आवर्भाव नहीं हुआ। चूंकि मनुष्य में सामूहिकता की प्रवृत्ति पायी जाती है, अतः इस प्रवृत्ति ने सबों को कानून, न्याय और सामूहिक कल्याण को चरितार्थ करने के लिए राज्य के रूप में संगठित किया। सिसरो ने राज्य के संदर्भ में जन–सहमति और सामूहिक हिस्सेदारी का विचार देकर निरंकुश शासनों का तिरस्कार किया है।

प्रश्न 12. रोम के गणतंत्र तथा राजनीतिक संस्थाओं पर टिप्पणी कीजिए।

उत्तर – ईसा पूर्व चौथी शताब्दी में रोम के गणतंत्र की उत्पत्ति हुई और उसने विशिष्ट राजनीतिक संस्थाओं को विकसित किया। ये संस्थायें उस काल की देन थी जिस वक्त लोगों और राज्यों के बीच घनिष्ठ संपर्क थे। लोकप्रिय सभा और सीनेट दो प्रमुख संस्थायें थीं और वे कानून के अधिनस्थ थे। प्रत्येक प्रमुख निर्णय सभा में लिये जाते थे और यहां तक कि महान जनरलों को भी सीनेट से विचारित जनादेश प्राप्त करना पड़ता था।

कुलीन और निम्न वर्ग – रोमन समाज दो वर्गों, कुलीन और निम्न वर्ग में विभक्त था। कुलीन वर्ग आबादी के मात्र 10 प्रतिशत थे, लेकिन वे अधिकारिक शक्तियों का प्रयोग करते क्योंकि उनके पास सामाजिक प्रतिष्ठा, रीति रिवाज, धार्मिक अधिकार और धार्मिक– सप्रंदाय थे। दूसरी तरफ निम्न वर्ग अधिक संख्या में गरीब थे, जिसकी वजह से उन्हें राजनीतिक शक्तियां प्राप्त नहीं थीं। प्राचीन रोम में सामाजिक संबंध संरक्षक अनुयायी ढांचे पर आधारित था। अनुयायी स्वतंत्र व्यक्ति होता था और दूसरे के संरक्षण के लिए कटिबद्ध था और इसके बदले उसे उनसे सुरक्षा प्रदान की जाती थी। अनुयायी अपने संरक्षक को अपने पास उपलब्ध हर प्रकार के साधनों से उन्हें सार्वजनिक जीवन में सहायता पहुंचाता था और संरक्षक उसे आर्थिक तथा वैधानिक समर्थन प्रदान करता था।

जन प्रतिनिधियों का शासन – गणतंत्र का शासन दो चुने हुए प्रतिनिधियों के द्वारा चलाया जाता था। आपातकाल में तानाशाही का चयन किया जा सकता था। सामन्यतया, जनप्रतिनिधि का चुनाव एक साल के लिए होता था। जन–प्रतिनिधियों को सर्वोच्च प्रशासनिक शक्तियां प्राप्त थीं। वे सेवा के प्रधान होते थे और उन्हें कानूनों की व्याख्या और प्रयोग करने का अधिकार था। राजनीतिक गतिविधि का केन्द्रबिन्दु विधायिका नहीं थी, बल्कि कार्यपालिका थी। दोनों जन प्रधान एक दूसरे से सलाह–मशविरा लेने के बाद निर्णय लेते थे। उन्हें एक दूसरे पर वीटो का अधिकार था। अतः वे जन–विरोधी निर्णय नहीं ले सकते थे।

रोमन राजनीतिक संस्थाएं :–

1) लोकप्रिय सभा – लोकप्रिय सभा की पहचान रोम के लोगों से थी। यह सभा शायद गणतांत्रिक रोम की सबसे महत्वपूर्ण संस्था थी। लोकप्रिय सभा का जारी किया गया आदेश रोम के संप्रभु लोगों द्वारा आदेश माना जाता था। प्रस्ताव लोकप्रिय सभा और सीनेट के नाम से पास किया जाता था। सभा कानून बनाती थी, युद्ध और शांति का प्रस्ताव पास करती थी और सबसे महत्वपूर्ण, जन–प्रतिनिधियों का मनोनयन करती थी। जन–प्रतिनिधियों के नामों का प्रस्ताव सीनेटर अपने पद के आधार पर करते थे। शुरू के काल में लोकप्रिय सभा शक्तिशाली थी, लेकिन धीरे–धीरे सीनेट शक्तिशाली बन गई। ई.पू. प्रथम शताब्दी में, सीनेट ने कानून बनाने की शक्ति प्राप्त की। अंततः सभा सीनेट के द्वारा नियंत्रित होती थी, क्योंकि उनके पास सर्वोच्च प्रतिष्ठा और धन था।

2) सीनेट – रोमन गणतंत्र की शक्तिशाली संस्था सीनेट थी। प्रारंभ में सीनेट की पूरी सदस्यता तीन सौ थी, लेकिन ऑगस्टस के काल में यह बढ़कर 600 हो गई। सीनेट के सदस्यों का चुनाव कुछ लोगों द्वारा होता था। गणतंत्र के अन्तर्गत सीनेट के प्रभाव और प्रतिष्ठा का, मुख्यतया कारण इसके सदस्यों को व्यवहारिक रूप से प्रशासनिक और राजनीतिक अनुभव होना था। सीनेट एक शक्तिशाली संस्था थी। इसके पास प्रशासनिक शक्ति नहीं थी, लेकिन यह चुने हुए अधिकारियों को घरेलू और विदेश नीति, वित्त और धर्म पर सलाह देती थी। इसके पास युद्ध और शांति की घोषणा तथा विदेशों से संधि करने का अधिकार था। ईसा पूर्व प्रथम शताब्दी के अंत तक इसकी शक्ति बढ़ी। इसे वैधानिकता प्राप्त थी और यहां तक महान शासकों को भी अपने जनादेश का समर्थन इससे लेना पड़ता था क्योंकि इसे जनता का समर्थन प्राप्त था। सीनेट में असहमति होती थी, फिर संरक्षक अनुयायी का संबंध इसके कार्य कलाप में महत्वपूर्ण भूमिका निभाता था। रोमन सभा और सीनेट के साथ, दण्डाधिकारियों के न्यायालयों का न्याय के प्रशासन में महत्वपूर्ण भूमिका थी।

प्रश्न 13. राज्य की यूनानी अवधारणा पर टिप्पणी कीजिए।

उत्तर – राज्य की संस्था ने यूनानियों के राजनीतिक जीवन को बहुत हद तक प्रभावित किया। राज्य उनके लिए सिर्फ एक भौगोलिक इकाई नहीं थी, बल्कि व्यक्तियों का समुदाय था।

यूनानियों ने सदैव स्वीकारा था कि नगर–राज्य जीवन के उच्चतर लक्ष्यों की प्राप्ति के लिए एक साधन था।

राज्य की प्रकृति संबंधित दो विचारधाराएं – प्राचीन यूनान में राज्य की प्रकृति संबंधित दो विचारधाराएं थीं। पहली विचारधारा का मानना था कि राज्य एक प्राकृतिक संस्था था। प्लैटो और अरस्तू इस मत के समर्थक थे। दूसरे मत के समर्थकों का मानना था कि राज्य एक प्राकृतिक संस्था नहीं था, बल्कि लोगों के रिवाजों और परंपराओं की उपज थी।

राज्य एक प्राकृतिक संस्था इसलिए मानी जाती थी, क्योंकि यह सामाजिक और ऐतिहासिक विकास, मूल्यों और उद्देश्य के संदर्भ में उच्चतम संघ था। यह परिवार से गांवों के माध्यम से राज्य तक संघों की विकास की अंतिम अवस्था है। राज्य संपूर्ण था, वहां दूसरी संस्थायें उसके अंग थे। राज्य एक संपूर्ण रूप से नैतिक मूल्यों का नेतृत्व करते हुए लोगों को एकजुट रखते थे। इस प्रकार यह नागरिकों से अविभाज्य था, क्योंकि यह सभी मानवीय आवश्यकताओं की पूर्ति करता था और अपने आप में पर्याप्त था।

सुखमय जिंदगी के लिए राज्य की आवश्यकता – यूनानी मानते थे कि राज्य एक अनिवार्य संस्था थी, क्योंकि सिर्फ राज्य के अंतर्गत, हम जीवन के अपने लक्ष्यों की पूर्ति कर सकते थे। प्लैटो के अनुसार मात्र आदर्श राज्य में ही हम खुशहाल और संतुष्ट जीवन यापन कर सकते थे। अरस्तू मानते थे कि परिवार और गांव का अस्तित्व जीवन की सुरक्षा तथा सहयोग के लिए था, लेकिन राज्य का अस्तित्व सिर्फ जीवन के लिए नहीं था, बल्कि सुखमय जिन्दगी के लिए था। राज्य मनुष्य के सर्वोत्तम अच्छाइयों और नैतिक कर्तव्यों का निर्वाहन करता था। इस प्रकार यूनानियों के लिए राज्य मात्र प्रादेशिक या राजनीतिक इकाई नहीं था बल्कि विशेष उद्देश्यों और लक्ष्यों की एक नैतिक इकाई था। यह मनुष्य को अच्छी जिंदगी जीने के लिए योग्य बनाता था।

प्रश्न 14. रिक्त स्थानों की पूर्ति कीजिए।

1) प्राचीन रोमन राज्य प्रथम .... राज्य था।

2) गणतांत्रिक रोम में, दो वर्ग पैट्रिशियन और .... थे।

3) प्राचीन रोम में, गणतंत्र का अंत .... के शासनकाल में हुआ।

4) कौंन्सटैन्टाईन ने .... धर्म को गले लगाया।

उत्तर – 1) विश्वव्यापी 2) प्लेबियन्स 3) ऑगस्टीस (4) ईसाई

ख) सहीं अथवा गलत के निशान लगाइये।

1) पैट्रिशियन समाज के नियम वर्ग से ताल्लुक रखते थे।

2) सम्राट ऑगस्टीन ने इसाई धर्म को गले लगाया।

3) प्लेबियन ने पैट्रिशियन द्वारा इस्तेमाल किये जाने वाले अधिकारों को प्राप्त करने में

सफलता प्राप्त की।

उत्तर – (1) गलत (2) गलत (3) सही

प्रश्न 15. उदारवादी और मार्क्सवादी परंपरा के बीच महत्वपूर्ण अन्तर बताइए।

उत्तर – उदारवादी और मार्क्सवादी परंपरा के बीच महत्वपूर्ण मतभेद हैं। ये मतभेद उस समय विशिष्ट रूप ग्रहणकर लेते हैं जब एक परंपरा के अलग–अलग रूपांतरों की दूसरे रूपांतर से तुलना की जाती है।

1) उदारवाद मानवीय प्रकृति की एक सापेक्षत, नियम और पूर्णांकित धारणा को ग्रहण करता है। मानवीय प्रकृति, इस धारणा में, यौक्तिकता और उस माध्यम से ओतप्रोत है जो इसे पूर्ण बनाता है। दूसरी तरफ, मार्क्सवाद मानवीय प्रकृति को एक ऐतिहासिक उत्पाद के रूप में देखता है। यह सामाजिक रिश्तों जिनमें यह अवस्थित है, की भ्रमित गति में मूर्तिमान होता है और बदले में, उन महत्वपूर्ण सामाजिक रिश्तों को कायम रखता है। जबकि मार्क्सवाद मानवीय यौक्तिकता और उसके अभिकरण से इंकार नहीं करता, यह तर्क देता है कि वे प्रचलित सामाजिक रिश्तों द्वारा परिणाम होते हैं और उन्हें ध्यान में रखना पड़ता है।

2) अभिकरण पर बल देते हुए, उदारवादी परंपरा प्रायः मानवीय अस्तित्व की स्वतंत्रता और समान अतीन्द्रीय स्थितियों की ओर उन्मुख होती हैं और वे विधिक और राजनीतिक व्यवस्था को अधिक प्राथमिकता देते हैं। चूंकि मार्क्सवादी विश्वास करते हैं कि ये मानवीय अभिकरण प्रचलित सामाजिक रिश्तों में फंसे होते हैं, वे आवश्यकता को महत्व देते हैं और वे घटक जो उन्हें अहम बनाते हैं, मानवीय प्राथमिकताओं को मूर्तरूप देते हैं और उन्हें दिशानिर्देश देते हैं। वे स्वतंत्रता और समानता का विस्तार करने के लिए प्रतिबंधों और रणनीतियों की रचना करते हैं।

3) मार्क्सवादी एक ऐतिहासिक सिद्धांत के प्रति योगदान करते हैं और तर्क देते हैं कि समाज परिमाणात्मक और गुणात्मक, दोनों परिवर्तनों से गुजरते हैं। पूर्ववर्ती उत्पादक बलों में वृद्धि करता है तथा तदनुरूपी राजनीतिक विधिगत और सांस्कृतिक बदलाव होते हैं। उत्तरवर्ती प्रचलित सामाजिक तथा राजनीतिक और आर्थिक प्रबंधनों का निरूपण करता है जो ऐसे रिश्तों का समर्थन करते हैं। सामान्यतः उदारवादी सामाजिक अभिकरणों की ऐतिहासिक कथाओं को गंभीरता से नहीं लेते। इसके स्थान पर वे, परिकल्पना के तौर पर, उन्हें तथा समाज और राज्य जिसमें वे रहते हैं को सक्षम बनाते हैं, जिससे मानव प्राणी के कतिपय लक्षणों को विशेष रूप से दर्शाया जा सके, जैसाकि हॉब्स अथवा लोक सामाजिक संविदा के गठन से पहले करते हैं।

4) उदारवाद वास्तविकता को समझने के लिए मानवीय दिमाग के प्रति और अधिक पूर्वाभिनय करने के लिए अभिमुख होता है। मार्क्सवाद उसके व्यक्तिपरक मूल्यांकन की बजाए वस्तुपरक

यथार्थता के क्षेत्र की सीमित करना चाहता है। इसके अतिरिक्त, यह उत्तरवर्ती के मुकाबले पूर्ववर्ती को प्राथमिकता देता है। तथापि, मार्क्सवाद इस बात से सहमत है कि विचार जब वे पृथाएं बन जाते हैं अथवा लोगों के दिल और दिमाग पर काबू कर लेते हैं, स्वतंत्र अधिकारक बन सकते हैं।

5) उन संकल्पनाओं और वर्गों में उल्लेखनीय अंतर है, जिनका प्रयोग मार्क्सवाद सामाजिक विश्लेषण और ऐडवोकेसी के लिए करता है, उदारवाद की तुलना में। उदारवाद के लिए संकल्पनाएं और वर्ग, जैसे कि ''मानवीय'' अधिकार और स्वतंत्रता, असैनिक समाज, प्रतिनिधित्व, शक्तियों का पृथकीकरण, जनमत, न्याय और समानता उसके निरूपण के प्रति संकेन्द्रिक हैं। तथापि, मार्क्सवाद का अपना फ्रेमवर्क संकल्पनाओं के निकाय के रूप में है, जैसे वर्ग और वर्ग संघर्ष, उत्पादन की स्थितियां, उत्पादन गठजोड़ और उत्पादक बल, आधार और बृहद ढांचा अधिक विनियोग, राज्य क्रांति और संक्रमण।

6) मार्क्सवाद समाज की मौलिक इकाइयों के रूप में सामाजिक वर्गों पर बल देता है। यह व्यष्टि अभिकरण को पूरी तरह कम नहीं आंकता, अपितु सामाजिक वर्गों के प्रति ऐतिहासिक भूमिका आरोपित की जाती है। कुल मिलाकर, उदारवाद, व्यष्टिगत युक्तिसंगत अभिकर्ता को विशेषाधिकार प्रदान करता है और उसको सार्मथ्य देता है कि वह स्वतंत्र निर्णय ले और अपना जीवन व्यतीत करे।

7) मार्क्सवाद एक वर्ग विभाजित समाज में चल रही प्रक्रियाओं की ओर ध्यान आकर्षित करता है, जो मानव जीवन के विकास पर रोक लगाता है और उसे विकृत कर देता है तथा मानव प्राणियों को समृद्ध संभावनाओं अथवा उनके जीवन पर अन्वेषण करने से वंचित रखता है। सामान्यतः उदारवाद व्यक्तियों को सहभागी आकांक्षाओं के सीमित क्षेत्र तक बांधे रखता है और उन्हें जिस प्रकार के इंसान वे बनना चाहते हैं, अपनी स्वतंत्रताओं का प्रयोग करते हुए उसके लिए आजाद छोड़ देता है। कुल मिलाकर, उदारवाद की तुलना में मार्क्सवाद मानव कार्यों और प्रकृति से उनके संबंध के एक व्यापक विश्लेषण प्रदान करने के लिए अग्रसर होती है।

8) मार्क्सवाद इतर–विश्व नहीं है। यह विश्व को हमारे अंत और उद्देश्यों के बारे में आगाह करता है। तथापि, इसमें कतिपय आध्यात्मिक तलाश शामिल है क्योंकि यह वस्तुओं को स्वतंत्र रूप से अवधारित करके स्वयं की समृद्ध रचना निर्धारित करता है। जहां उदारवाद के भीतर परिव्याप्त विचारों की लड़ी है, जो इस विश्व में मानवीय संघर्ष को सीमित करती है, यह मानव प्राणियों के लोकोत्तर और इतर–विश्व के संघर्षों को समायोजित करने के लिए अधिकाधिक खुला है। उदारवाद आसानी से आध्यात्मिक तथा विश्वेतर तलाश के लिए अधिक स्थान उपलब्ध करता है।

9) मार्क्सवादियों के पास संक्रातिक निरूपण की एक भलीभांति संरचित और भावप्रवण संकल्पना है। उदारवादी विद्यमान मानवीय स्थितियों को शाश्वत और स्थायी बनाने के लिए प्रवृत्त होते हैं और यदि वे राजनीतिक सुधारवाद को अंशदान करते हैं, यह अंतिम प्रयास के रूप में संकीर्णता से परिगत होता है। मार्क्सवादियों के लिए संक्रांतिक निरूपण को सामाजिक रिश्तों में बदलाव के हिसाब से कार्यसूची में स्थान दिया जाता है, जबकि उदारवादियों के लिए यह अधिकारों और न्याय की रक्षा में नैतिक कार्रवाई है।

10) मार्क्सवादी और उदारवादी राज्य की भूमिका और आवश्यकता की संकल्पना पर एक–दूसरे से मतभेद रखते हैं। उदारवादी राज्य को अपरिहार्य बुराई के रूप में स्वीकार्य करते हैं। इसको नकारने से इसे भोगने की अपेक्षा अधिक हानि होती है। मार्क्सवादी समाज में अखंडनीय वर्ग प्रतिरोधवाद की स्थिति में उद्भूत एक ऐतिहासिक उत्पाद के रूप में राज्य को मानते हैं। समाज का प्रतिनिधित्व करने का दावा करते हुए, यह समाज के ऊपर शासन करता है और अभिभावी वर्गों के हितों को सुनिश्चित करता है। वे तर्क देते हैं कि राज्य वर्ग संघर्षों और वर्ग संबंधों के विघटन से मलीन हो जाएगा।

11) उदारवादी रूपांतरों की तुलना में मार्क्सवाद के विभिन्न रूपांतरों के बीच प्रमुख मतभेद भी है। मार्क्सवादी परंपरा के कई बार के रूपांतरों ने स्वयं को अपने प्रवर्त्तक पूर्वजों की सम्पत्ति को विश्वस्त धारकों के रूप में माना। लेनिनवाद ने मार्क्स और एंजिल्स के अनन्य वारिस होने का दावा किया। इसी प्रकार, माओवाद ने स्वयं को मार्क्स, एंजिल्स और लेनिन की सम्पत्ति का उत्तराधिकारी घोषित किया। तत्पश्चात्, उदारवादी रूपांतरों में मुश्किल से स्वयं को पूर्ववर्त्ती रूपांतरों के विश्वस्त स्वरों के रूप में दावा करते हैं। वे दार्शनिक और नैतिक सहज संबंध का दावा करते हैं न कि वफादार निरंतरता का।

12) मार्क्सवादी परंपरा में, यद्यपि अनुवर्ती ने परंपरा की अनन्य वसीयत का स्वयं के लिए दावा किया, वे वस्तुतः वृद्धिगत रूप से अनन्य हो गए। इस छवि के साथ कि यह प्रामाणिक की प्रतीक थी, सहयोजित इस प्रकार की अनन्यता से दावा करने वालों के बीच में संघातिक संघर्ष हुए। तथापि, उदारवादी परंपरा ने आंतरिक मतभेदों और संघर्षों पर एक बड़ी कार्रवाई की अनुमति दी। एक की जीत से दूसरे का उन्मूलन संभव नहीं था। मार्क्सवादी रूपांतर, सभी का प्रतिनिधित्व करने के उनके दावे के बावजूद सीमित हो गए, जबकि उदारवादी रूपांतर पंरपरा के सच्चे और विशाल धारकों के रूप में आवश्यक रूप से स्वयं की दावेदारी के बिना, विशाल परंपरा कायम करने में सक्षम थे।

प्रश्न 16. समतावादी उदारवादी पर टिप्पणी करो।

उत्तर – समतावादी उदारवाद, उदारवाद का एक महत्वपूर्ण रूपांतर है जो हाल के वर्षों में सन्निबद्ध हुआ है। जॉन रॉल्स की *ए थ्यौरी ऑफ जस्टिस* (1971) ओर *पॉलिटीकल लिबरलिज्म* (1893) में प्रस्तुत अग्रणी रचना ने इस परिप्रेक्ष्य के विस्तार के लिए एक महान

योगदान किया है। *ए थ्यौरी ऑफ जस्टिस* उपयोगितावाद की समीक्षात्मक है जो लोकनीति और संस्थाओं की निष्पक्षता का निर्धारण करने के लिए निबल सकल संतुष्टियों को नियोजित करता है। राल्स महसूस करते हैं कि ऐसी स्थिति से उस बहुसंख्यवाद जो अधिकारों के द्वारा उपयोगिता को प्राथमिकता नहीं देता, के स्वरूप का समर्थन करने वाली प्राथमिकता से पूर्व अच्छाई का निर्धारण करके और दूसरों की संतुष्टि के लिए मानव व्यक्तियों को सहायक बनाने के लिए प्रवृत्त होने से स्वतंत्रता को कम आंकने का जोखिम बना रहता है।
उपयोगितावाद के सिद्धांत के विरूद्ध और इम्मानुएल कांत के नैतिक सिद्धांत पर कटाक्ष करते हुए रॉल्स तर्क देते हैं न्यायप्रिय व्यवस्था ''अपने अंत से पहले स्वयं'' और ''भलाई से पहले अधिकार'' के सिद्धांतों के आधार पर होनी चाहिए। यह स्वयं ही है जो विचारों और रूचियों के माध्यम से व्यक्ति का मार्ग अवधारित करते हुए कतिपय पूर्व–प्रदत्त माना जाता है, चूंकि यह हमारे क्रियाकलाप को निमंत्रित करने वाले कतिपय पूर्व लक्ष्यों के प्रति वचनबद्ध नहीं होता। रॉल्स ऐसे सिद्धांतों के सूत्रीकरण के लिए सामाजिक संविदा युक्ति का आश्रय लेते हैं जिन सिद्धांतों पर अपनी सामाजिक और राजनीतिक संस्थाओं का आधार प्रदान करने के लिए सभी सहमत हो सकते हैं। ये सिद्धांत है। :

(1) प्रत्येक व्यक्ति को सर्वाधिक व्यापक मौलिक स्वतंत्रता, जो दूसरों के लिए समान स्वतंत्रता के अनुरूप हो, का समान अधिकार है,

(2) सामाजिक और आर्थिक स्वतंत्रताएं इस क्रम में व्यवस्थित की जाएं कि वे दोनों (क) न्यूनतम लाभ प्राप्त को अधिकतम लाभदायक हों तथा (ख) उन कार्यालयों और स्थितियों से जुड़ी हों, जो अवसर की निष्पक्ष समानता के शर्तों के अधीन सभी के लिए खुली हो। इनमें प्रत्येक सिद्धांत के अपने परिमाण होते हैं। प्रथम सिद्धांत विशिष्ट अधिकारों और कर्तव्यों को जन्म देती है जैसे बोलने की स्वतंत्रता, सभा, अंतश्चेतना, व्यक्तिगत सम्पत्ति और मतदान और कार्यालय बनाने के संबंध में राजनीतिक स्वतंत्रता। दूसरा सिद्धांत धन और शक्ति का निष्पक्ष वितरण विनियमित करता है। रॉल्स इन सिद्धांतों के आधार पर एक संवैधानिक, विधिक, न्यासंगत और नागरिक जीवन का प्रस्ताव करता है।

राजनीतिक उदारवाद में, रॉल्स को लगता है कि *ए थ्यौरी ऑफ जस्टिस* में उनके द्वारा प्रस्तुत संकल्पना में उन्होंने बहुलता को हिसाब में नहीं लिया है, अपितु जीवन के युक्तिसंगत व्यापक लक्ष्यों की ओर ध्यान दिया है जो आधुनिक लोकतांत्रिक समाज में प्रचलित हैं। इस प्रयोजनार्थ वह निष्पक्षता के तौर पर स्वतंत्रत–अचल विचार को न्याय के रूप में देखने का प्रस्ताव करता है जिस पर जिंदगी के युक्तिसंगत तरीके सहमत हैं और उसके साथ, एक अतिव्याप्त आमराय पर पहुंचता है। तदनुसार, वह दोनों सिद्धांतों में संशोधन करते हैं जो कि *ए थ्यौरी ऑफ जस्टिस* में एक सीमा तक प्रस्तावित किया। ये सिद्धांत तीन घटकों पर जोर देते हुए उदारवाद के समानतावादी स्वरूप का समर्थन करते हैं और उसकी अभिव्यक्ति करते हैं। ये तीन घटक हैं :

(क) राजनीतिक स्वतंत्रताओं के उचित मूल्य की प्रतिभूति जो उनके शुद्ध औपचारिक मूल्य के अनुरूप नहीं है

(ख) अवसर की निष्पक्ष समानता और

(ग) भिन्नता का सिद्धांत जिसके अनुसार सामाजिक और आर्थिक असमानताओं को समायोजित करना, ताकि न्यूनतम लाभ प्राप्त करने वालों को अधिकतम लाभ उद्भूत हो।

प्रश्न 17. निम्नलिखित पर टिप्पणी कीजिए

(1) लेटिन मार्क्सवाद (2) भारतीय मार्क्सवाद

उत्तर – (1) लेटिन मार्क्सवाद – विकसित विश्व, विशेषकर संयुक्त राज्य अमेरिका के साथ अपने रिश्तों में प्रदर्शित पराधीनता और शोषण लैटिन अमेरिकी मार्क्सवाद में एक महत्वपूर्ण प्रकरण रहा है। अर्थव्यवस्था और सत्ता का स्थानीय ढांचा जो पराधीनता और शोषण के प्रस्तुतीकरण में दुस्संधि करता है, अपनी जनश्रुति में प्रबलता से चित्रित होता है। वर्चस्व प्रणाली के प्रस्तुतीकरण में राज्य की निग्रही भूमिका के होते हुए, लैटिन अमेरिकी मार्क्सवाद ने राजनीतिक सत्ता के पथ पर कब्जा करने में अत्यधिक ध्यान दिया है। सशस्त्र संघर्ष और विरोध इस केन्द्रीयता के अपरिहार्य परिणाम रहे हैं। लैटिन अमेरिका में कैथोलिक गिरजाघर एक शक्तिशाली मौजूदगी है। मार्क्सवादी संगठनों के तत्वाधान में सुधारवादी आन्दोलनों में प्रायः गिरजाघरों द्वारा तत्परता दिखाई गयी है। इस दिशा में एक प्रमुख प्रयास धर्मशास्त्र के एक रूपांतर का निर्माण करना है, जिसे 'उदारवादी धर्मशास्त्र' का नाम दिया गया।

2) **भारतीय मार्क्सवाद** – लंबे समय तक भारतीय मार्क्सवाद ने सोवियत तथा चीनी मार्क्सवाद से मार्गदर्शन में आश्रय लिया। तथापि, इसने निम्नलिखित मुद्दों पर अपनी निजी कोशिश करने का प्रयास किया है :

(i) इसने भारतीय राष्ट्रवाद के साथ सामंजस्य बिठाने का प्रयास किया है, जिसके गठन में इसने चीन की कम्यूनिस्ट पार्टी से विपरीत कोई विशेष भूमिका नहीं निभाई।

(ii) जन आन्दोलन, विशेषकर जिन्होंने अपने उद्देश्यों के अहिंसक प्राप्ति की घोषणा की, भारतीय राष्ट्रवाद के मध्य में रहे हैं। मार्क्सवाद इस पैमाने पर मुश्किल से ही आंदोलनों में प्रस्तुत हुआ है। भारतीय साम्यवाद इन आंदोलनों में भली–भांति प्रस्तुत होते समय और उनमें से कुछ को अपने नेतृत्व में अग्रणी के रूप में प्रस्तुत करते समय पर्याप्त रूप से प्रतिबिम्बित नहीं हुआ है।

(iii) भारतीय साम्यवाद ने संसदीय लोकतंत्र का विरोध किया और इसके समक्ष बड़ी संख्या में सैद्धांतिक मुद्दे उठाए हैं। तथापित, वर्षानुवर्ष, यह चुनावी व्यावहारिकतावाद के भीतर पूर्णरूपेण अवशोषित होने से स्वयं को बचाव का प्रयास करते समय, अपनी मांगों के प्रति स्वयं को समायोजित करता रहा है।

(iv) महान् भारतीय विविधता, विकास के असमान स्तर और बहुलवाद भारतीय साम्यवाद के समक्ष उसे विभिन्न दिशाओं में खींचकर और समय–समय पर विघटन पैदा करके महान् चुनौतियां पेश की हैं। अब तक, इन सामाजिक वास्तविकताओं से निपटान के लिए इसने थोड़ी व्यावहारिक क्षमता का प्रदर्शन किया है, यद्यपि इसने इस प्रयोजनार्थ राजनीतिक गठजोड़ अथवा गठबंधन बनाने के लिए महान पटुता का परिचय दिया है।

अध्याय –3

राज्य को समझना

प्रश्न 1. राज्य से आप क्या समझते हैं? इसके तत्व क्या–क्या हैं? यह अन्य संस्थाओं से किस प्रकार भिन्न है?

उत्तर – अरस्तु के मतानुसार, ''राज्य परिवारों तथा ग्रामों का एक समूह है जिसका उद्देश्य एक पूर्ण तथा आत्मनिर्भरता का जीवन प्राप्त करना है जिससे हमारा अभिप्राय एक सुखी तथा सम्मानित जीवन है। यह परिभाषा आधुनिक दृष्टिकोण से तो दोषपूर्ण है क्योंकि इस परिभाषा के अनुसार राज्य को व्यक्तियों का समुदाय नहीं बल्कि संगठित समुदायों का समुदाय माना गया है तथा राज्य को एक आत्मनिर्भर इकाई के रूप में माना गया है जबकि आज किसी भी राज्य के लिए आत्मनिर्भरता प्राप्त करना संभव नही है। परन्तु प्राचीन यूनान में प्रचलित परिस्थितियों में संदर्भ में यह परिभाषा ठीक है।

सिसरो प्राचीन रोम के महान दार्शनिक सिसरो ने राज्य की परिभाषा देते हुए कहा, ''राज्य एक बहुसंख्यक समाज है जो कि एक सामान्य भावना के आधार पर संगठित हुए है जिसमें समाज के सभी लोग आपसी हितों में अधिकारपूर्ण तथा स्वाभाविक रूप से भागीदार हैं।' इस परिभाषा में भी राज्य के तत्वों की बजाए लक्ष्यों पर अधिक ध्यान दिया गया है।

आधुनिक परिभाषाएं – राज्य की आधुनिक परिभाषाओं में राज्य के लक्ष्य पर इतना ध्यान नहीं दिया जाता जितना कि उसके अनिवार्य तत्वों पर जो कि राज्य की रचना के लिए आवश्यक हैं। कुछ प्रमुख राजनीति विचारकों की परिभाषाएं इस प्रकार हैं। **ब्लशली** का कहना है कि, ''किसी निश्चित प्रदेश में राजनीतिक रूप से संगठित राष्ट्रीय मानव समूह को राज्य कहते हैं।

वुडरो विल्सन ने ब्लशली से मिलती–जुलती परिभाषा में कहा कि, ''राज्य किसी एक निश्चित भू–भाग पर कानून के लिए संगठित जन–समुदाय है।

हॉलेण्ड के अनुसार राज्य मनुष्यों का एक ऐसा समुदाय है जो किसी प्रदेश पर बसा हुआ है और जिससे बहुसंख्या की अथवा एक वर्ग विशेष की इच्छा, उस बहुमत अथवा वर्ग की शक्ति के कारण विरोधियों पर लागू की जाती है।

ऊपर दी गई सभी आधुनिक परिभाषाओं में राज्य के तीन तत्वों – मानवीय तत्व, भूक्षेत्र तथा शासन का उल्लेख किया गया है। पर इसमें से किसी भी परिभाषा में राज्य के एक और महत्वपूर्ण तत्व प्रभुसत्ता का उल्लेख नहीं है। इसलिए इन्हें अपूर्ण माना जाता है। गार्नर, गैटल तथा लास्की की परिभाषाएं राज्य के तत्वों की दृष्टि से पूर्ण तथा संतोषजनक मानी जाती हैं।

इन सभी परिभाषाओं में राज्य के चारों तत्वों को सम्मिलित किया गया है।

लास्की के अनुसार, ''राज्य एक प्रादेशिक समाज है जो शासन और प्रजा में बंटा हुआ है और जो अपने निर्धारित क्षेत्र में अन्य सभी संस्थाओं पर सर्वोच्च सत्ता रखता है।''

गैटेल और गार्नर ने एक सी परिभाषाएं दी हैं।

गार्नर की बहुचर्चित परिभाषा के अनुसार, ''राज्य काफी अधिक संख्या में मनुष्यों का एक सा समुदाय है जो कि एक निश्चित भू–भाग पर स्थायी रूप से बसा हुआ हो, जो बाहरी नियंत्रण से पूर्णतया या लगभग स्वतंत्र हो और जिसकी एक संगठित सरकार हो जिसके आदेशों का पालन विशाल जन–समुदाय के द्वारा स्वाभाविक रूप से किया जाता हो।

राज्य के चार आवश्यक तत्व – प्रो . गार्नर की परिभाषा से यह स्पष्ट पता लगता है कि राज्य के चार आवश्यक तत्व हैं–

1) मानव समुदाय अथवा जनसंख्या; 2) भू–क्षेत्र; 3) शासन; 4) संप्रभुता। पहले दो तत्व जनसंख्या और भू–क्षेत्र राज्य के भौतिक तत्व हैं। शासन राजनीतिक तत्व तथा संप्रभुता आत्मिक तत्व है इनमें से किसी भी एक तत्व के न होने से राज्य का अस्तित्व समाप्त हो जाता है। राज्य के अनिवार्य तत्वों की दृष्टि से गार्नर की परिभाषा सर्वश्रेष्ठ मानी जाती है।

राज्य के चार तत्वों – जनसंख्या, भूक्षेत्र, शासन तथा प्रभुसत्ता – में अन्तिम तत्व प्रभुसत्ता ऐसा तत्व है जो कि राज्य को अन्य मानव समुदायों से अलग करता है। कोई मानवीय समुदाय, जो प्रभुसत्ता संपन्न नहीं है, राज्य नहीं कहला सकता। प्रभुसत्ता के अंग्रेजी पर्याय शब्द 'सावरेन्टी (Sovereignty) की उत्पत्ति लैटिन भाषा के शब्द सुपरनुस (Superanaus) से हुई जिसका अर्थ इस भाषा में सर्वोच्च शक्ति (Super=Supreme + Anus = Power) है अर्थात राज्य की प्रभुसत्ता का अर्थ राज्य की सर्वोच्च शक्ति से है। इस गुण के कारण ही राज्य अपने निर्धारित क्षेत्र में कोई भी कानून बना सकता है, कोई भी आज्ञा दे सकता है और उसके क्षेत्र में रहने वाले सभी नागरिक तथा उनके समुदाय राज्य के अधीन हैं। वे उसकी आज्ञायें या कानूनों का पालन करने के लिए बाध्य हैं। यदि कोई उसके किसी कानून या आज्ञा का उल्लंघन करता है तो राज्य उसे दण्ड दे सकता है। दूसरी ओर राज्य किसी भी बाहरी शक्ति के अधीन नहीं है। वह बाहरी नियंत्रण से पूर्णतया स्वतंत्र है। अतः राज्य आंतरिक रूप से सर्वोच्च है तथा बाहरी रूप से स्वतंत्र है।

प्रश्न 2. निम्नलिखित पर टिप्पणी करो।

उत्तर –(1) राज्य की उत्पत्ति व प्रकृति संबंधी उदारवादी सिद्धांत – 16वीं और 17वीं शताब्दियों में नए पूंजीवाद वर्ग (मध्यवर्ग) का उदय हुआ, उदारवाद की धारणा उन प्रतिक्रियात्मक बलों के खिलाफ एक प्रगामी विद्रोह के रूप में सामने आयी जिनका प्रतिनिधित्व सामंतवाद, चर्च और राजतंत्र करते थे। यह व्यक्ति के अधिकारों व स्वतंत्रता पर आधारित लोगों की सहमति संबंधी मान्यता हेतु एक आवाज थी। व्यक्ति संबंधी इसकी अवधारणा 'पुरोगामी व्यक्ति' की अवधारणा थी और यह लोकतांत्रिक सरकार की स्थापना हेतु एक राजनीतिक आंदोलन था।

यह सिद्धांत मनुष्य की उदारवादी धारणा पर आधारित है जो अपने स्वयं की स्वतंत्र इच्छा रखने वाले, इस संसार में एक स्वतंत्र अभिकर्ता रूपी संबंध है, वह व्यक्तियों, उनके स्वभाव, गतिविधियों, रूचियों एवं उद्देश्यों को आपेक्षित भूमिका दिलवाता है। राज्य को एक आवश्यकता, एक संस्था – बुरी हो या भली – के रूप में देखा जाता है, जो समाज में कानून व व्यवस्था, शांति व न्याय कायम कर सके। राज्य समग्र समाज के आम हित को साधने के लिए होता है। इसको मानव–कल्याण की एजेंसी के रूप में देखा गया है, जोकि व्यक्ति के जीवन और संपत्ति को सुरक्षित करेगा। इसको मनुष्य के नैतिक और सामाजिक विकास में योगकारी माना जाता है। उदारवाद राज्य और समाज के बीच भेद करता है और कहता है कि राज्य समाज के लिए है, न कि समाज राज्य के लिए।

राज्य के प्रकार्यों पर उदारवादी दृष्टिकोण समय–समय पर बदलते रहे हैं। 17वीं शताब्दी के दौरान, पूंजीवादी वर्ग – जिसने उदारवाद का समर्थन किया – की आवश्यकताएं भिन्न थीं और 18वीं, 19वीं व 20वीं शताब्दियों के दौरान, इस वर्ग की आवश्यकताएं बदली, जिससे समाज में राज्य की एक भिन्न भूमिका आवश्यक हो गई। 18वीं एवं आरंभिक 19वीं शताब्दी का सैद्धांतिक उदारवाद जो अल्पतम प्रकार्यों वाले नकारी राज्य का समर्थन करता था, 19वीं सदी के उत्तरार्ध एवं आरंभिक 20वीं सदी में आधुनिक उदारवाद में बदल गया जिसने कल्याणकारी प्रकार्यों वाले सरकारी राज्य का समर्थन किया।

सैद्धांतिक उदारवाद को अन्य नामों से भी जाना जाता है, यथा ''लेज–फैयरे (Liassez-faire) अथवा पुलिस राज्य सिद्धांत, अथवा व्यक्तिवाद सिद्धांत जो राज्य को एक आवश्यक बुराई मानता है। आवश्यक, मनुष्य के स्वार्थपरक स्वभाव के कारण और बुरा, क्योंकि यह स्वार्थपरक स्वतंत्रता का शत्रु है। राज्य और वैयक्तिक स्वतंत्रता को एक–दूसरे के विपरीत के रूप में देखा जाता है और सैद्धांतिक उदारवाद व्यक्ति की गतिविधियों के क्षेत्र को बढ़ाकर और राज्य की गतिविधियों के क्षेत्र को घटाकर उसको अधिक स्वतंत्रता प्रदान करता है। राज्य का कार्य है व्यक्ति को भौतिक सुरक्षा प्रदान करना ताकि वह राज्य हस्तक्षेप के बिना अपने व्यक्तित्व को विकसित कर सके। संक्षिप्ततः इसका अर्थ है अल्पतम राज्य प्रकार्य एवं अधिकतम वैयक्तिक स्वतंत्रता। ऐडम स्मिथ ने एक आर्थिक आधार पर इसका समर्थन किया और बैन्थम ने एक नैतिक और राजनैतिक आधार पर। तदोपरांत उदारवाद अथवा आधुनिक उदारवाद को 'कल्याणकारी राज्य का सिद्धांत' 'संशोधनवादी, अथवा सुधारवादी उदारवाद' भी कहा जाने लगा। यहां, राज्य को महज एक आवश्यक बुराई नहीं समझा जाता, बल्कि यह भी माना जाता है कि राज्य सामाजिक कल्याण के अनेक कार्य कर सकता है, सन्तुलन ला सकता है और जनसाधारण की सामाजिक–आर्थिक मांगों को पूरा कर सकता है। अनेक विचारकों मिल, फ्रीमैन, हॉब्हाउस, लिण्डसे, कीन्स, टॉनी, कोल, बार्कर, लास्की एवं मैकाइवर ने राज्य के सरकारी कार्यों संबंधी सिद्धांत दिया।

इस प्रकार, उदारवादी राज्य के बढ़ते लोकतंत्रीकरण ने सभी वयस्कों को मताधिकार दिलवाकर

राज्य को अर्थव्यवस्था में महत्वपूर्ण हस्तक्षेप की नीतियाँ शुरू करने के लिए मजबूर कर दिया। इसका अर्थ काराधान एवं राज्यीय अनुदान के माध्यम से सम्पन्नतरों से अल्पसम्पन्नों को संसाधन हस्तांतरिक करना भी है। अल्पतम राज्य से भिन्न, जो उदारवादी राज्य का मूल स्वरूप था, कल्याणकारी राज्य से अपील की गई कि जनकल्याण को अपना मुख्य कार्य–व्यापार बनाये। कल्याणकारी राज्य महज एक चुनावी दबाव का जवाब नहीं था, बल्कि आम जनता के बीच उनकी शक्ति संबंधी चेतना जगाने हेतु प्रत्युत्तर भी था, जो मजदूर संघो जैसी संस्थाओं एवं जनमत के माध्यम से व्यक्त हुआ। परन्तु कल्याणकारी राज्य को सैद्धांतिक अल्पतम राज्य से एक क्रांतिक परिवर्तन के रूप में नहीं देखा जाना चाहिए। इसकी बजाय, हमें इसको जनता को अधिकतम रियायत जाने के एक प्रयास के रूप में देखना चाहिए जो कि एक उदारवादी, पूंजीवादी बाजार अर्थव्यवस्था की आवश्यकताओं के अनुरूप हो।

उदारवाद, 20वीं सदी के अंतिम वर्षों में, नव–उदारवाद के एक नए रूप में बदल चुका है। इसको सैद्धांतिक राजनीतिक अर्थव्यवस्था के विचारों की ओर लौटने के रूप में लिया जा सकता है। नव–उदारवादी लक्ष्य है 'राज्य की सीमाओं की ओर वापसी', संक्षेप में कि अनियमित पण्य (market) पूंजीवाद से दक्षता, वृद्धि और व्यापक सम्पन्नता आयेगी। राज्य का नव–उदारवादी दृष्टिकोण फ्रेड्रिक हयेक एवं मिल्टन फ्रीडमैन जैसे अर्थशस्त्रियों तथा रॉबर्ट नोजिक जैसे दार्शनिकों के लेखों में देखा जाता है।

2) **राज्य से सबंधित मार्क्सवादी दृष्टिकोण** – मार्क्सवादी धारणा के चिन्तकों ने राज्य के कार्यों सम्बन्धी दो प्रकार के विचार व्यक्त किये हैं – एक ओर तो उन्होंने पूंजीवादी समाज में राज्य द्वारा किए जाने वाले कार्यों का विश्लेषण किया है और दूसरी ओर उन्होंने समाजवादी राज्य में राज्य द्वारा किए जाने वाले कार्यों की रूप–रेखा निश्चित की है। राज्य के कार्यों सम्बन्धी मार्क्सवादी सिद्धांत के इन दोनों प्रकार के कार्यों का संक्षेप में वर्णन इस प्रकार है :–'
पूंजीवाद समाज क्या होता है? – किसी समाज को पूंजीवादी या समाजवादी विशेषता प्रदान करने का मूल आधार उस समाज में उत्पादन के साधनों के स्वामित्व का रूप होता है। जिसमें उत्पादन के साधनों का स्वामित्व लोगों के वैयक्तिक हाथों में हो और जहां उत्पादन का उद्देश्य मालिकों द्वारा अधिक से अधिक वैयक्तिक लाभ प्राप्त करना हो, उस समाज को पूंजीवादी समाज का नाम दिया जाता है। ऐसे समाज में श्रमिकों को अपना श्रम कुछ वेतन के बदले में बेचना पड़ता है। उत्पादन के साधनों के मालिकों का उद्देश्य अधिक से अधिक लाभ प्राप्त करना और श्रमिकों के श्रम का मुख्य उद्देश्य अधिक से अधिक वेतन प्राप्त करना होता है।

कार्ल मार्क्स

पूंजीपति समाज में राज्य के कार्य – मार्क्सवादी सिद्धांत के अनुसार पूंजीवादी समाज में राज्य द्वारा मुख्य रूप में निम्नलिखित कार्य किए जाते हैं–

1) दमनकारी कार्य – मार्क्सवादी सिद्धांत के अनुसार राज्य अपनी सहायक संस्थाओं और साधनों के द्वारा समाज की प्रमुख श्रेणी के हितों के विकास के लिए प्रयत्न करता है और इस उद्देश्य के लिए अनिवार्य नियमों तथा कानूनों का निर्माण करता है। राज्य के कानूनों तथा नियमों का उद्देश्य जहां समाज की प्रमुख श्रेणी के हित की रक्षा करना होता है वहां इसके साथ–साथ कमजोर श्रेणियों का दमन करना भी होता है। प्रसिद्ध मार्क्सवादी विद्वान **मिलीबैंड** के कथनानुसार, ''मार्क्सवादी दृष्टिकोण के अनुसार राज्य का हस्तक्षेप सदैव ही पक्षपाती होता है। इसके हस्तक्षेप का उद्देश्य प्रमुखता की वर्तमान प्रणाली को स्थिर रखना होता है। राज्य का उद्देश्य यद्यपि इस प्रणाली को स्थिर रखना ही होता है।'' अन्य शब्दों में, इस बात के बावजूद कि पूंजीवादी राज्य द्वारा समाज भलाई और अनेक प्रकार के अधिकारों की भी व्यवस्था की जाती है, परंतु पूंजीवादी राज्य निर्धनों तथा श्रमिकों के हितों के विरूद्ध पूंजीपतियों और एकाधिकारियों के हितों की रक्षा करता है। मार्क्सवादी सिद्धांत के अनुसार राज्य पूंजीपतियों और एकाधिकारियों के हितों की रक्षा करता है। मार्क्सवादी सिद्धांत के अनुसार राज्य पूंजीवाद के सर्वोच्च रूप की अभिव्यक्ति है। इसलिए इसके द्वारा श्रमिकों या अधीन श्रेणियों के लोगों का दमन और शोषण किया जाता है।

2) श्रेणी संघर्ष को तेज करना – मार्क्सवादी सिद्धांत राज्य को पूंजीवाद का सर्वोच्च रूप या प्रतीक मानता है। इस सिद्धांत के अनुसार जैसे–जैसे औद्योगिक विकास की गति तेज होती है, वैसे–वैसे राज्य के दमनकारी कार्य बढ़ते ही जाते हैं। इसका कारण यह है कि आर्थिक और औद्योगिक विस्तार से राज्य के हस्तक्षेप का क्षेत्र बढ़ता है। जिन श्रमिकों का शोषण होता है वे व्यापारिक संघों के रूप में संगठित होते हैं। पूंजीवादी राज्य शासक श्रेणी के हितों की सुरक्षा के लिए व्यापारिक संघों के आंदोलनों को कुलचने का प्रयत्न करता है। व्यापारिक संघों के नेताओं को ललचाने और खरीदने के भी प्रयत्न करती है और इसके साथ राज्य भी अपने दमनकारी कार्यों का क्षेत्र कानूनी रूप या किसी और विधि के द्वारा बढ़ाने का प्रयत्न करता है। इसका परिणाम यह निकलता है कि राज्य पूंजीवादी समाज में श्रेणी संघर्ष को और अधिक तेज करने

के लिए जिम्मेदार बनता है।

3) समाजवादी प्रणाली के औचित्य को दर्शाने का प्रयत्न करना – शास्त्रीय उदारवादी विचारकों ने राज्य को एक आवश्यक बुराई बताया था। फिर वह समय आया जब समकालीन उदारवादियों ने राज्य को एक आवश्यक गुण या वरदान माना। परन्तु राज्य के ऐसे रूप को उचित दर्शाने के लिए उदारवादी चिन्तकों ने राज्य को अनेक ही प्रकार के सामाजिक भलाई और सामाजिक कल्याण के कार्य अर्पित करने पर बल दिया। राज्य के कार्य कुछ आवश्यक कार्यों तक ही सीमित नहीं रहे वरन् शैक्षणिक, सांस्कृतिक, सामाजिक, नैतिक और यहां तक कि कुछ धार्मिक स्वरूप के कार्य भी राज्य के क्षेत्र में सम्मिलित कर लिए गए। ऐसे कार्य केवल सैद्धांतिक रूप में ही नहीं वरन् व्यावहारिक रूप में राज्य के अधिकार क्षेत्र का अटूट भाग बने। परन्तु मार्क्सवादी सिद्धांत ने राज्य के कल्याणकारी स्वरूप को या राज्य के विशाल अधिकार क्षेत्र को अपने ही दृष्टिकोण से विचारा। इस सिद्धांत के चिन्तकों ने यह मत प्रस्तुत किया कि राज्य को कल्याणकारी कार्य अपिर्त करने का उद्देश्य पूंजीवादी प्रणाली पर आधारित कल्याणकारी राज्य समस्त समाज का राज्य हो सकता है और ऐसा राज्य समाज की विरोधी श्रेणियों में एकता या समन्वय स्थापित कर सकता है। संक्षेप में, मार्क्सवादी सिद्धांत के अनुसार पूंजीवादी समाज के राज्य द्वारा जो कल्याणकारी कार्य किए जाते हैं, उनका उद्देश्य समाजवादी प्रणाली को औचित्य या तर्कशीलता प्रदान करना होता है।

4) आर्थिक कार्य – प्राचीन उदारवादियों ने आर्थिक क्षेत्र में राज्य के हस्तक्षेप या राज्य द्वारा आर्थिक कार्य किए जाने का विरोध किया था। उनका ऐसा विरोध उस समय के पूंजीवाद की सुरक्षा के लिए आवश्यक था, क्योंकि उस समय राजनीतिक शक्ति पूंजीपतियों के हाथ में नहीं थी। जब 19वीं शताब्दी के अन्त में और विशेषतः 20 शताब्दी में राजनीतिक शक्ति पर उद्योगपतियों और व्यापारिक पूंजीपतियों का अधिकार हो गया तो उन्होंने आर्थिक क्षेत्र में राज्य के उन्मुक्त हस्तक्षेप की जोरदार पुष्टि की। मार्क्स का यह दृढ़ मत था कि राज्य के हस्तक्षेप के बिना पूंजीवाद पूर्ण रूप में विकसित नहीं हो सकता। अपनी कृतियों में कार्ल मार्क्स ने यह विचार व्यक्त किया है कि पूंजीवादी उत्पादकीय प्रणाली में एकाधिकारियों का विकास होता है। ऐसा विकास आर्थिक शक्ति का केन्द्रीयकरण करता है। ऐसी स्थिति राज्य की निर्देशक भूमिका के बिना नियमित रूप से संभव नहीं हो सकता। अमेरिका, जापान, इंगलैंड इत्यादि देशों में जहां कहीं भी पूंजीवादी प्रणाली के अधीन उत्पादकीय विकास हुआ है वहां राज्य के अत्यन्त महत्वपूर्ण भूमिका निभाई है। मार्क्सवादी सिद्धांत राज्य को पूंजीवादी समाज का 'सरकारी प्रतिनिधि' मानता है।

5) अन्तर्राष्ट्रीय कार्य – मार्क्सवादी सिद्धांत के अनुसार प्रत्येक राष्ट्रीय राज्य अपनी सीमाओं के भीतर अपनी प्रमुखता और शासक श्रेणी के हितों की रक्षा करता है। राज्य को ऐसी रक्षा अन्य राष्ट्रीय राज्यों की शासक श्रेणियों के हितों की अपेक्षा भी करनी पड़ती है। प्रत्येक राष्ट्रीय राज्य के प्रमुख और शासक श्रेणी के अपने आर्थिक, राजनीतिक और सामाजिक हित होते हैं।

इसलिए प्रत्येक राष्ट्रीय राज्य अपनी शासक श्रेणी के हितों की रक्षा अपनी सीमाओं के भीतर ही नहीं करता वरन् अन्तर्राष्ट्रीय क्षेत्र में और अन्य राष्ट्रीय राज्यों की शासक श्रेणियों के मुकाबले में भी ऐसी भूमिका निभाता है। इस तथ्य को प्रसिद्ध मार्क्सवादी विद्वान **कार्ल ब्रेपर** ने इस तरह वर्णन किया है, ''अन्य राष्ट्रीय राज्यों की शासक श्रेणियों की अपेक्षा एक राष्ट्रीय राज्य अपनी शासक श्रेणी के संयुक्त कार्यों का प्रबन्ध करता है। राष्ट्रीय सीमाओं में स्थित भिन्न भिन्न राज्य व्यापार कच्चे माल, पूंजी, वाणिज्य, लाभ आदि के लिए परस्पर प्रतियोगिता करते हैं। प्रत्येक राष्ट्रीय राज्य का यह कार्य है कि वह सभी विरोधियों की तुलना में अपनी शासक श्रेणी के हितों की सुरक्षा और विकास करे।''

प्रश्न 3. संप्रभुता की परिभाषा देते हुए इसकी विशेषताएं बताइए। [Dec-06, Q11(iii)]

उत्तर– प्रभुसत्त मूल लैटिन शब्द (Super anus) से व्युत्पन्न हुआ है, जिसका अर्थ है सर्वोच्च। राज्य प्रभुसत्ता या संप्रभुता का अर्थ है राज्य की वह सर्वोच्च शक्ति जिससे ऊपर और कोई शक्ति अस्तित्व में नहीं हैं। संप्रभुता की अवधारणा विभिन्न विद्वानों द्वारा दृष्टिकोणों से देखी तथा परिभाषित की गई है।

ग्रोशियस के अनुसार, ''उस व्यक्ति में निहित सर्वोच्च राजनीति शक्ति जिसके क्रियाकलाप किसी दूसरे व्यक्ति के अधीन नहीं होते और जिसकी इच्छा का उल्लंघन नहीं किया जा सकता।''

बोडिन के अनुसार, ''राज्य की अपने नागरिकों तथा प्रजाजनों पर वह सर्वोच्च सत्ता जो कानून द्वारा प्रतिबंधित नहीं होती।

जेलिनेक के अनुसार, ''संप्रभुता राज्य का वह लक्षण है, जिसके कारण अपनी स्वेच्छा के अलावा अन्य किसी कानूनी बंधन से मुक्त होती है तथा अपने अतिरिक्त किसी अन्य सत्ता द्वारा सीमित नहीं होती।'

ड्यूजिट के अनुसार, ''प्रभुसत्ता राज्य की आदेश–शक्ति है, वह राष्ट्र की इच्छा शक्ति है, जो राज्य के रूप में संगठित हुई है, वह राज्य के भूप्रदेशों में स्थित व्यक्तियों को बिना शर्त आदेश देने का अधिकार है।'

विलोबी के अनुसार, ''प्रभुसत्ता राज्य की सर्वोच्च संकल्प शक्ति है।

पोलॉक के अनुसार, ''यह वह शक्ति है जो न तो अस्थायी होती है, न प्रतिनियुक्त, न ही ऐसे किन्हीं नियमों के अधीन, जिन्हें वह बदल नहीं सकती।'

प्रभुसत्ता की निम्नलिखित विशेषताएं हैं –

1) पूर्णता अथवा असीमता
2) अविभाज्यता
3) अनन्यता
4) सार्वभौमिकिता अथवा सर्वव्यापकता
5) स्थायित्व
6) अदेयता

1) पूर्णता अथवा असीमता – संप्रभुता एक पूर्ण तथा असीम शक्ति है। यह किसी अन्य शक्ति के अधीन नहीं है। राज्य की सीमाओं में रहने वाले सब व्यक्ति तथा उनके समुदाय संप्रभु की शक्ति के अधीन होते हैं। बाहरी तौर पर भी वह स्वतंत्र है। कोई राज्य उसके मामलों में हस्तक्षेप नहीं कर सकता और न ही किसी बात को मानने के लिए उसे मजबूर किया जा सकता है। संप्रभु की कानून बनाने वाली शक्ति पर कोई सीमाएं नहीं होती। वह कोई भी कानून लागू कर सकता है। जहां तक अंतर्राष्ट्रीय कानूनों, संधियों आदि का प्रश्न है वे भी प्रभुसत्ता को सीमित नहीं करते हैं। वे वहीं तक लागू होते हैं जहां तक राज्य स्वेच्छा से उनका पालन करते हैं। उनका पालन करने के लिए राज्य को बाध्य नहीं किया जा सकता। परन्तु अनेक विद्वान राज्य की निरंकुशता और असीमता को स्वीकार नहीं करते। वे समझते हैं कि राज्य की शक्ति पर कई सीमाएं हैं। एक ओर तो नैतिकता, धर्म, परंपराएं, रीति–रिवाज, जनमत आदि राज्य की शक्ति को सीमित करते हैं। राज्य कानून बनाते समय इनका उल्लंघन नहीं कर सकता। उन्हें ध्यान में रखना पड़ता है। दूसरी ओर विद्रोह की आशंका' भी राज्य की शक्ति पर अंकुश लगाती है। स्वेच्छाचारी शासकों के लिए सदा विद्रोह की आशंका बनी रहती है तथा उन्हें संयम से कार्य करने के लिए विवश करती हैं। **ब्लंशली** के अनुसार, ''पृथ्वी पर कोई भी पूर्णतया स्वतंत्र नहीं हो सकता। राज्य तक भी पूर्णरूप से सर्व–शक्तिमान नहीं हो सकता, क्योंकि बाहरी तौर पर उसके ऊपर अन्य राज्यों के अधिकारों की सीमाएं हैं और आंतरिक रूप से वह अपने स्वभाव तथा अपने सदस्यों के अधिकारों के कारण सीमाओं के अंतर्गत रहता है। परंतु यह सीमाएं वहीं तक हैं जहां तक राज्य उन्हें स्वीकार करता है। कानूनी रूप से राज्य की शक्ति असीम तथा पूर्ण है।

2) अविभाज्यता – संप्रभुता की एक विशेषता यह बताई जाती है कि वह अविभाज्य है अथवा इसको बांटा नहीं जा सकता। वास्तव में अविभाज्यता, असीमता अथवा पूर्णतया का ही एक लक्षण है। यदि संप्रभुता को विभाजित कर दिया जाये तो इसका अर्थ यह हुआ कि राज्य की शक्ति बंट गई। बंटने के उपरांत कोई भी शक्ति असीम अथवा पूर्ण नहीं रह सकती। जैसा कि **काल्हन** के द्वारा कहा गया, ''संप्रभुता एक पूर्ण वस्तु है। उसका विभाजन करना उसे नष्ट करना है। अर्ध संप्रभुता की बात वैसी ही है जैसे कि हम आधे वर्ग या त्रिभुज की बात करें। अतः प्रभुसत्ता का विभाजन नहीं किया जा सकता। यदि हम कहे कि एक राज्य में संप्रभुत्ता दो व्यक्तियों या दो व्यक्ति समूहों में बंटी है तो इसका अर्थ यह हुआ कि वहां कोई भी संप्रभु नहीं है क्योंकि उन दोनों में किसी एक के पास भी संपूर्ण अथवा असीम शक्ति नहीं रह गई।
पर कुछ विचारकों ने इस लक्षण की सच्चाई को नहीं माना। उनका कहना है कि संघ राज्यों में राज्य की संप्रभुता को केन्द्र और राज्यों के बीच बांटा जाता है। परंतु यह भ्रमपूर्ण बात है। वास्तव में संघ राज्यों की संप्रभुता का बंटावारा नहीं किया जाता बल्कि शासन के कार्यों का बंटवारा होता है। कुछ काम केन्द्रीय सरकार को सौंपे जाते हैं तथा कुछ राज्यों की सरकारों को। संप्रभुता एक ही स्थान पर केन्द्रित रहती है।

3) अनन्यता – अनन्यता का अर्थ है कि राज्य में केवल एक ही संप्रभु हो सकता है, एक से

अधिक नहीं। वह लक्षण पहले और दूसरे लक्षण पर आधारित है। यदि सप्रंभुता पूर्ण अथवा असीम है तो वह बंट नहीं सकती और यदि वह बंट नहीं सकती तो वह कभी एक से दो नहीं हो सकती, सर्वोच्च शक्ति तो सदा एक ही हो सकती है एक से अधिक नहीं।

4) सार्वभौमिकता अथवा सर्वव्यापकता – राज्य की सीमा क्षेत्र के भीतर जितने भी व्यक्ति तथा उसके समूह तथा वस्तुएं आती हैं उन सब पर राज्य का अधिकार है। राज्य स्वयं कुछ छूट दे सकता है। परन्तु कोई मनुष्य या मनुष्यों का समुदाय अपने आपको राज्य के क्षेत्राधिकार से अलग नहीं रख सकता। राज्य के भीतर कुछ समुदायों को जो स्वायत्तता प्रदान की जाती है जैसे कि विश्वविद्यालय, श्रमिक संघ, धार्मिक संघ आदि वे राज्य के कानूनों की सीमाओं के अंतर्गत ही कुछ नियम आदि बना सकते हैं।

5) स्थायित्व – राज्य एक स्थायी संस्था है। संप्रभुता राज्य का एक अनिवार्य तत्व है। बिना संप्रभुता के राज्य नहीं बन सकता है। अतः जब राज्य स्थायी है तो संप्रभुता भी स्थायी ही होनी चाहिए क्योंकि यदि राज्य नहीं है तो संप्रभुता नहीं है और यदि संप्रभुता नहीं है तो राज्य भी नहीं हो सकता। अतः संप्रभुता का स्थायी होना स्वाभाविक ही है। राज्य के स्थायित्व के साथ ही संप्रभुता का स्थायित्व जुड़ा हुआ है। संप्रभुता तभी समाप्त होगी जब राज्य समाप्त होगा और राज्य तो स्थायी है। सरकार बनती–बिगड़ती रहती है परन्तु उसका राज्य की निरंतरता पर कोई प्रभाव नहीं पड़ता।

6) अदेयता – संप्रभुता का अंतिम लक्षण उसकी अदेयता है अर्थात् राज्य अपनी संप्रभुता को त्याग कर अपने से अलग नहीं कर सकता अथवा किसी को दे नहीं सकता। वास्तव में प्रभुसत्ता राज्य की आत्मा के समान है। यह राज्य का आत्मिक गुण है। राज्य संप्रभु के द्वारा ही कानून बनाता है। संप्रभुता के अभाव में राज्य में कानूनहीनता की स्थिति अर्थात् अराजकता की स्थिति उत्पन्न हो जाएगी और अराजकता का अर्थ है राज्यहीनता। अतः संप्रभुता राज्य का अदेय गुण है। यदि कोई राज्य अपनी संप्रभुता को किसी दूसरे राज्य को दे देता है या उसकी संप्रभुता उससे छिन जाती है तो पहले राज्य का अस्तित्व समाप्त हो जाता है और वह दूसरे राज्य का केवल एक भाग बन जाता है। **लीबर** ने ठीक ही कहा है, जिस प्रकार अपने फलने–फूलने के अधिकार को छोड़कर एक वृक्ष नष्ट हो जाएगा, और एक मनुष्य अपना विनाश किए बिना अपने प्राणों तथा व्यक्तित्व को किसी दूसरे को हस्तांतरित नहीं कर सकता उसकी प्रकार राज्य से संप्रभुता को पृथक करने का अर्थ राज्य को समाप्त करना है।

प्रश्न 4. विधिसंगत एवं राजनीति संप्रभुता के बीच अंतर कीजिए।

उत्तर – कानूनी प्रभुसत्ता से अभिप्राय किसी समाज में ऐसी सर्वोच्च सत्ता से है जिसे कानून बनाने के पूर्ण अधिकार प्राप्त हों तथा उसके ऊपर कोई कानूनी सीमाएं न हों। राज्य का प्रत्येक निवासी तथा उनके सभी समुदाय उन कानूनों के लिए बाध्य होते हैं। प्रत्येक राज्य में ऐसी सर्वोच्च सत्ता होती है। उसके द्वारा कोई भी नए कानून बिल्कुल बेकार हो चुके हैं उन्हें रद्द भी

किया जा सकता है। निरंकुश राजतंत्र में यह शक्ति राजा में निहित होती है परन्तु आधुनिक लोकतंत्रीय व्यवस्था वाले राज्यों में यह अधिकार जनता द्वारा निर्वाचित सभाओं में होते हैं जैसे कि ब्रिटेन में यह शक्ति संसद के पास है। **गार्नर** के मतानुसार, ''कानूनी प्रभुसत्ता वह निश्चित सत्ता हे जो राज्य के सर्वोच्च आदेशों को कानूनी रूप से व्यक्त कर सके। वह सत्ता ऐसी होनी चाहिए जो दैवी नियमों, नैतिकता के सिद्धांतों, जनमत आदि का अतिक्रमण कर सके।'' **डायसी** के अनुसार, ''कानूनी प्रभुसत्ता कानून बनाने वाली वह शक्ति है जो अन्य किसी भी कानून द्वारा सीमित नहीं होती। कानून संप्रभु की इच्छा ही कानून है।

वैधानिक और राजनीतिक प्रभुता के बीच सम्बन्ध – प्रत्यक्ष लोकतंत्री शासन में वैध और राजनीतिक प्रभुता में कोई अन्तर नहीं होता और वे क्रियात्मक रूप में मिल जाती है, क्योंकि विधि निर्माण में जनता का प्रत्यक्ष हाथ होता है। किन्तु अप्रत्यक्ष लोकतंत्र में जनता के प्रतिनिधि विधि निर्माता होते हैं। ऐसी स्थिति में जन–प्रतिनिधियों से निर्मित व्यवस्थापिका वैधानिक सम्प्रभुता और इस वैधानिक सम्प्रभुता पर नियंत्रण रखने वाले निर्वाचक राजनीतिक सम्प्रभु कहलाते हैं।

कानून निर्वाचक समूह की इच्छा के अनुरूप होना चाहिए और व्यवस्थापिका सभा को सब तरह से उनके आदेश का पालन करना चाहिए। यदि व्यवस्थापिका ऐसा नहीं करती, तो निर्वाचकों और व्यवस्थापिका में एक–दूसरे के साथ सामंजस्य नहीं रहता और इनमें परस्पर राजनीतिक संघर्ष प्रारंभ हो जाता है। वैध और राजनीतिक सम्प्रभुता दो भिन्न वस्तुएं नहीं हैं। वे राज्य की प्रभुत्ता के दो पक्ष हैं, यद्यपि उसकी अभिव्यक्ति भिन्न मार्गों से होती है। अतः इन दोनों के बीच अधिकाधिक सामंजस्य स्थापित किया जाना चाहिए। **प्रोफेसर रिची** ने ठीक कहा है कि ''श्रेष्ठ शासन की समस्या अधिकांश में वैधानिक सम्प्रभुता तथा राजनीतिक सम्प्रभुता के मध्य पारस्परिक सम्बन्ध स्थापित करने की समस्या है।''

एक श्रेष्ठ व्यवस्था के अन्तर्गत वैधानिक सम्प्रभुता को राजनीतिक सम्प्रभुता की इच्छा के दर्पण के रूप में कार्य करना चाहिए। वैध प्रभुता या सत्ता राजनीतिक प्रभुता या सत्ता की इच्छा के विरूद्ध आचरण करने का साहस नहीं कर सकती। यदि वह ऐसा करती है तो वैध सत्यता राजनीतिक असत्यता में परिणत हो जाती है।

प्रश्न 5. संप्रभुता के विभिन्न स्रोत बताइए।

उत्तर – संप्रभुता के विभिन्न स्रोत इस प्रकार हैं :

राजतंत्र की संप्रभुता – राज्य की संप्रभुता सोलहवीं सदी में सम्राट की शक्ति से पहचानी गई। ऐसा इसलिए हुआ क्योंकि व्यक्तिगत स्वतंत्रता और सर्वोच्चता स्थापित करने के लिए, राजाजन संघर्ष छेड़ते थे, जिससे संप्रभुता की अवधारणा ने जन्म लिया। जब प्रतिद्वन्द्वियों पर सफलता मिल जाती थी, तो संप्रभुता राजाओं को प्रदान कर दी जाती थी। राजा संप्रभु होता था और यह भी कहता था, ''मैं ही राज्य हूं।'' इस सिद्धांत ने राजा को सम्पूर्ण कानून व प्राधिकार का स्रोत बना दिया, वह कोई गलती नहीं कर सकता था, अधीनस्थों को सरकारी

आज्ञापालन दर्शाना होता था। तथापि, आधुनिक लोकतंत्र क्रांतियों के रास्ते सामने आया व इस प्रकार, इस सिद्धांत को समाप्त कर दिया और राजागण सरकार के अहमत्वपूर्ण भाग बन गए।

प्रजा की संप्रभुता – इस सिद्धांत को जन–संप्रभुता सिद्धांत के रूप में भी जाना जाता था, जिसका अर्थ था कि प्रजा ही सर्वोच्च सत्ता रखती है और प्रजाजन ही सभी शक्तियों का स्रोत है। इसका मतलब हे कि राज्यों की संप्रभुता न तो ईश्वर पर आधारित है और न ही आरक्षित सत्ता पर, प्रत्युत राजा की इच्छा पर आधारित होती है। जन–संप्रभुता हेतु मांग 1 5वीं सदी में परिषदी आन्दोलन के समर्थकों द्वारा चर्च के प्राधिकार संबंधी विरोध स्वरूप उठायी गई। परन्तु आधुनिक युग में, यह रूसो के नाम से जुड़ी है, जिसने 1 8वी सदी में इसका समर्थन आम–इच्छा संबंधी अपने सिद्धांत में किया। जन–संप्रभुता के सिद्धांत ने फ्रांसीसी सम्राट को अपदस्थ कर दिया , वह अमेरिकी क्रांति का कारण बनी ओर निरंकुशता के विरूद्ध सभी क्रांतियों के पीछे ज्वलंत धारणा रही है। यह सिद्धांत यूरोप को राजतंत्रों का कब्रिस्तान बनाने के लिए भी जिम्मेदार है। इस प्रकार, जन–संप्रभुता यूरोप में एक सशक्त क्रांतिकारी विचार के रूप में उभरी है। यह सिद्धांत ही प्रस्तुतः सभी आधुनिक लोकतंत्रों का आधार है।

संप्रभुता : संविधान निर्माण शक्ति के रूप में – जन–संप्रभुता सिद्धांत ने जब राजसी संप्रभुता को उखाड़ फेंकने व लोकतांत्रिक सरकारें स्थापित करने संबंधी काम पूरा कर लिया, तो संप्रभु सत्ता संबंध फिर से परखा गया। 1 9वीं शती में यह काम अनेक कानूनों का था, जो इस निष्कर्ष पर पहुंचे कि संप्रभुता उस व्यक्ति/व्यक्तियों के निकाय में पायी जाती है जो राज्य का संविधान रचते हैं अथवा जो एक बार संविधान बन जाने के बाद, उसमें संशोधन संबंधी कानूनी अधिकार रखते हैं। इस सिद्धांत ने, जो कि अनिवार्य रूप से स्वभावतः विधिवेत्तावादी है, निम्न परिणाम दिए : किसी राज्य में सर्वोच्च कानून उसका संविधान होता है। सिद्धांतों का यह निकाय सरकार का ढांचा तैयार करता है, उसके अधिकारों की रूपरेखा बनाता है, और राज्य के उसके नागरिकों के साथ संबंध स्थापित करता है। इस प्रकार, सरकार संविधान द्वारा अपनी शक्ति में मर्यादित रहती है, और उस निकाय की तुलना में निम्न स्थिति पर रहती है जो इस बुनियादी कानून को बना या बदल सकता है। जो कोई भी संविधान रचता है राज्य का सर्वोच्च कानून बनाता है और अपनी स्पष्ट इच्छा व्यक्त करता है, इसी कारण वह संप्रभु हो सकता/सकती है। कुछ राज्यों में, राष्ट्रीय विधायिका इस शक्ति का प्रयोग करती है, अन्य में संविधान–निर्माण हेतु एक विशेष साधन अथवा एक विशेष प्रक्रिया–क्रम की आवश्यकता होती है।

कानून–निर्माण शक्ति संबंधी संप्रभुता – यह सिद्धांत संप्रभुता को कानून के अनुसार सरकार में सभी कानून–निर्माता–निकायों के कुलयोग में ढूंढता है। राज्य में सभी निकाय, राज्येच्छा की अभिव्यक्ति में स्वयं को कानूनी रूप से बांटते हुए संप्रभु भी होते थे। इनमें शामिल थे – न्यायालय (क्योंकि वे कानून रचते थे), प्रशासनिक प्रदाधिकारीगण (चूंकि उनके

पास विवेकाधिकार थे), निर्वाचक (क्योंकि वे मामले चुनावों व जनमत–संग्रह के माध्यम से निबटाते थे) और ऐसे ही अन्य विशेष निकाय। यह सिद्धांत राज्य व सरकार प्रत्येक को एक इकाई समझता है और संप्रभुता दोनों में निहित होता है, परन्तु प्रयोग सरकार द्वारा की जाती है। इस प्रकार, समग्रता में, राज्य एक इकाई है परन्तु इसका अधिकार प्रयोग सरकार के अनेक अंगों के बीच बांटा जाना होता है। इस प्रकार, यह सिद्धांत जन–संप्रभुता संबंधी सिद्धांत की अस्पष्टता और भ्रमात्मक सोच से बचता है। संप्रभुता अन्ततोगत्वा राज्य में ही रहती है, परन्तु उसकी सरकार द्वारा निर्मित और प्रदत्त कानूनों के माध्यम से ही संप्रभुता अभिव्यक्त की जा सकती है।

प्रश्न 6. लोकतंत्र और नागरिक समाज में संबंध बताइए।

उत्तर – लोकतंत्र और नागरिक समाज एक दूसरे से जुड़े हुए हैं। एक स्वस्थ उदारवादी लोकतंत्र को जीवन्त और ऊर्जा से भरपूर नागरिक समाज के सहयोग की आवश्यकता होती है। लोकतंत्र–नागरिक समाज अन्तर्संबंध विषय–विशेष का आधार ***तॉकवि*** के अमेरिकी राजनीति विषयक उत्कृष्ट लेखों में देखा जा सकता था।

हाल के वर्षों में अनेक विद्वान हुए हैं, जिन्होंने इस लोकतंत्र–नागरिक समाज संबंध को लोकतंत्र के विभिनन प्रतिरूपों में विकसित किया है। इस प्रकार एक प्रतिरूप है, 'लोकतंत्र का संस्थागत प्रतिरूप' जैसा कि सुनील खिलनानी, पॉल ट्रस्ट एवं बेंजामिन बार्बर द्वारा विकसित किया गया। उनके अनुसार, सत्ता का विकेन्द्रीकरण इकाइयाँ न्यास, संस्था व लोकतंत्र की ओर अभिनत होती हैं। परन्तु लघुतर समुदायों के निर्माण का आधार सर्वधर्म समभावी समानता है, न कि आरोप्य। इस परिप्रेक्ष्य के समर्थक राज्य के केन्द्रीकृत प्राधिकार के आलोचक हैं, जिसको कि वे बहुत अधिक प्रभावशाली मानते हैं। वे अपनी उम्मीदें समुदायों अथवा पश्चिमी लोकतंत्रों में विकेन्द्रीकरण से जोड़ते हैं। नागरिक समाज का प्ररिप्रेक्ष्य उस साहित्य से जुड़ा है, जो समाजवादी समाजों के पतन के चलते, खासकर पूर्वी यूरोप में, उद्‌गमित हुआ। यहां, नागरिक समाज सर्वसत्तात्मक राज्य के मुकाबले उभरकर आया। व्यक्तिजनों के अधिकार, जिनका सर्वसत्तात्मक राज्य–व्यवस्था के दौरान अतिक्रमण किया गया था, नागरिक समाज में सुरक्षा प्रदान किए जाएंगे, ऐसा सोचा गया।

नागरिक समाज की विद्यमानता किसी समाज में लोकतंत्र के विस्तार क्षेत्र को भी इंगित करती है; यथा औपचारिक लोकतंत्र जैसे चुनाव, बहुदलीय प्रणाली अथवा एक लोकतांत्रिक संविधान। इसी के साथ, यहां इसका अर्थ लोकतांत्रिक प्रतिमानों व मूल्यों की विद्यमानता भी होता है, जैसे एक दूसरे की संस्कृति व दृष्टिकोणों की सहिष्णुता के साथ मतभेदों का सहअस्तित्व। गैलनर के अनुसार, लोकतंत्र की सांस्थानिक धारणा नागरिक समाज की सांस्थानिक धारणा के मुकाबले कम बोधगम्य है। नागरिक समाज विवाद और बहस का एक अखाड़ा है। ***नीरा चन्धोक*** कहती है कि नागरिक समाज एक ऐसा स्थल है, जहां व्यक्तिजन एक दूसरे के सहयोग से अपने प्रतिमान तय करते हैं। यह उनके जीवन में बसता है, जो अपने पर राज्य थोपे जाने पर आपत्ति करते हैं। वे राज्य से अपने सवालों का जवाब मांगते हैं।

नागरिक समाज का हर समूह अपनी निर्दिष्टता, यथा सांस्कृतिक को कायम रखने का हकदार होता है। जो स्वतंत्रता व समानता के सिद्धांतों पर आधारित होती है। मनोरंजन मोहन्ती के अनुसार, नागरिक समाज संगठनों को ''प्राणी समाज'' कहा जा सकता है, क्योंकि ये संस्थाएं राज्य पर संदेह करती हैं और एक समतावादी और लोकतांत्रिक व्यवस्था बनाने के लिए कठोर प्रयास करती है।

नव–तॉकवियन लोगों की एक नयी पीढी, जिनमें सबसे प्रसिद्ध है रॉबर्ट पुट्नम, ने 1990 के दशक से लोकतंत्र की आधारशिला के रूप में नागरिक समाज की अवधारणा को पुनः जीवित किया। **पुटनम** ने 'सामाजिक पूंजी' नामक एक अवधारणा को लोकप्रिय बनाया, जिसका अर्थ है ''सामाजिक संगठनों के अभिलक्षण, यथा आस्था, प्रतिमान और नेटवर्क''। लोकतंत्र व सामाजिक पूंजी के बीच संबंध उत्तर व दक्षिण इटली भर में स्थानीय सरकारों के विभिन्न कार्यनिष्पादन संबंधी पुटनम के प्रसिद्ध अध्ययनों में से एक से निकला है। इनकी पुस्तक का दावा है कि उत्तर इटली ने आमतौर पर दक्षिण इटली की अपेक्षा बेहतर संस्थागत कार्यनिष्पादन को प्रोत्साहन दिया, क्योंकि यहां परिस्थितियाँ ऐतिहासिक रूप से उन नागरिक मामलों में अधिक जन–भागीदारों से जुड़ी है, जो समाज में बेहतर अन्तवैयक्तिक एवं सांस्थानिक विश्वास की उपलब्धता से स्वयं उत्पन्न हुई।

प्रश्न 7. नागरिक समाज के मूल लक्षण बताइए।

उत्तर – डायमण्ड के अनुसार, नागरिक समाज के लक्षण इस प्रकार ब्यौरेवार प्रस्तुत किए जा सकते हैं:

1) नागरिक समाज ही संगठित सामाजिक जीवन का कार्यक्षेत्र है, जो कि सार्वजनिक स्वैच्छिक, स्वयं–उत्पन्न, कम–से–कम अंशतः स्वयं–समर्थक, राज्य से स्वतंत्र और एक कानूनी व्यवस्था अथवा साझा नियमों की श्रृंखला द्वारा बाध्य होता है। यह आमतौर पर ''समाज'' से इस बात में भिन्न होता है कि इसमें एक सार्वजनिक क्षेत्र में सामूहिक रूप से काम करने वाले नागरिक शामिल होते हैं।

2) नागरिक समाज निजी उद्देश्यों की बजाय सार्वजनिक उद्देश्यों से संबंध रखता है। यह निजी क्षेत्र और राज्य के बीच खड़ी एक मध्यवर्ती दृश्य–घटना है। इस प्रकार, यह संकुचित समाज को बहिष्कृत करता है : वैयक्तिक एवं पारिवारिक जीवन तथा अन्तर्मुखी सामूहिक कार्य, और यह आर्थिक समाज को बहिष्कृत करता है : वैयक्तिक व्यापार–सामवायों के लाभार्जन करते उद्यम।

3) नागरिक समाज किसी न किसी तरह राज्य से संबंध रखता है, परन्तु राज्य का नियंत्रण, अपने हाथ में लेने का प्रयास नहीं करता, वह ''पूरी की पूरी राज–व्यवस्था पर शासन'' करने का प्रयास नहीं करता।

4) नागरिक समाज के दायरे में बहुवाद और वैविध्य भी आता है। इसमें आर्थिक, सांस्कृतिक, सूचनात्मक व शैक्षणिक हित समूह, विकासात्मक, विषयोन्मुखी एवं नगर समूहों सहित, औपचारिक व अनौपचारिक संगठनों का एक विस्तृत क्षेत्र आता है। इसके अतिरिक्त नागरिक

समाज में वो भी आता है, जिसे थॉमस मेत्जर ''वैचारिक पण्यक्षेत्र'' (ideological marketplace) कहते हैं, यथा सूचना व विचारों का प्रवाह, जिसमें वो शामिल हैं जो राज्य का मूल्यांकन और आलोचना करते हैं।

5) चौथे से यह बात सामने आती है कि नागरिक समाज किसी व्यक्ति अथवा समुदाय की संपूर्ण हित–श्रृंखला का प्रतिनिधित्व करने का प्रयास नहीं करता। इसकी बजाय भिन्न–भिन्न हित–पहलुओं का प्रतिनिधित्व करते हैं अथवा उनको अपने दायरे में लाते हैं।

6) नागरिक समाज को नागरिक समुदाय की अधिक स्पष्ट रूप से लोकतंत्र को बढ़ावा देती दृश्य–घटना से अलग समझा जाना चाहिए। डायमण्ड का तर्क है कि नागरिक समुदाय नागरिक समाज के मुकाबले एक अधिक विस्तृत और अधिक संकीर्ण संकल्पना दोनों हैं ; अधिक विस्तृत इस लिहाज से कि इसमें संस्थाओं के सभी प्रकार (संकुचित समेत) आते हैं; अधिक संकीर्ण इस लिहाज से कि इसमें सिर्फ दायित्वों के इर्द–गिर्द समतल रूप से संरचित संस्थाएं ही होती हैं जो कि कमोबेश अन्योन्य, सहकारी, सम्मित और विश्वासपूर्ण होती है।

अध्याय –4

सत्ता, प्राधिकार और वैधता

प्रश्न 1. सत्ता का अर्थ स्पष्ट करते हुए बताइए कि राजनीतिक सिद्धांत में सत्ता की संकल्पना किस प्रकार की गई है?

उत्तर – सत्ता रोजमर्रा की बातचीत का एक व्यापक शब्द है। इस शब्द का प्रयोग आमतौर पर बिना सोचे समझे किया जाता है। किंतु यदि ध्यान दिया जाए तो इसे समझना काफी मुश्किल है। सत्ता को जीवन के विभिन्न स्तरों पर देखा जाता है – सरकारी प्रशासन, नौकरशाही, चुनाव, परिवार व समाज की संरचनाओं में। स्कूल में गलती करने वाले किसी छात्र को एक अध्यापक द्वारा डांटे जाने, एक शक्तिशाली राज्य द्वारा अपने पड़ोसी अथवा किसी आतंकवाद संगठन द्वारा किसी ठिकाने पर बम गिराये जाने के खिलाफ युद्ध किये जाने के उदाहरणों में सत्ता का प्रयोग होता है। अतः यह देखना बहुत जरूरी हो जाता है कि इन उदाहरणों में सटीक रूप से क्या सर्वमान्य है और वे किसी प्रकार इस संकल्पना को सही ठहराते हैं।

राजनीतिक सिद्धांत में सत्ता की संकल्पना – राजनीति सिद्धांत में सत्ता ही केन्द्रीय विषय है, चाहे वह उस कानून में लिपटी हो जो योग्यता प्रदान करता है अथवा उस प्राधिकार में जो स्वेच्छापूर्वक उसकी आज्ञापालन करता है और उसे कायम रखता है। सत्ता शक्ति है, जो कानून के नाम पर राज्य द्वारा प्रयोग की जाती है। सत्ता राजनीति–सिद्धांत के प्रति केन्द्रिक है, क्योंकि वह राज्य के विषय में गंभीर होती है, जो कि शक्ति है। यह ऐसी विचारधारा है, जो यथार्थवादियों से सम्बद्ध है। दूसरी ओर, वे विधिवेत्तागण जो राज्य को एक न्यायिक संस्था मानते हैं, दावा करते हैं कि राज्य से जुड़े अनिवार्य और उत्तम बल की धारणा यादृच्छिक नहीं है वरन् यह योग्यताप्राप्त बल है; और आसान शब्दो में, यह 'कानून के नाम पर' प्रयोग किया जाने वाला बल है। कारण यह है कि राज्य निश्चित प्रक्रियाओं व विदित नियमों के अनुसार प्रयुक्त सत्ता की धारणा से निकट से जुड़ा है। इस प्रकार, सत्ता कानून की भाषा में व्यक्त बल है; यह एक नियमित और एकरूप रीति में योग्यताप्रदत्त और व्यक्त बल है।

सत्ता की संकल्पना को और अधिक पुष्ट करने के लिए कानूनज्ञों ने राज्य की संकल्पना को उसे कुछ अनिवार्य सहजगुणों के साथ पहचान कर परिष्कृत किया है। अब इसके अनुसार, राज्य एक राजनीतिक समाज है और किसी प्रदत्त राजनीतिक समाज में, एक सर्वोच्च सत्ता

होती है। (सूमा पोटैस्टा (Summa Potestas), जैसा कि रोमन कानूनज्ञ सिसरो इसे पुकारते हैं), जिससे यह कानून उद्भूत होता है। यह सर्वोच्च सत्ता, जिसकी व्याख्या जॉन ऑस्टिन 'सम्प्रभुता' के रूप में करते हैं, राज्य को अन्य संस्थाओं से भिन्न करती है। सम्प्रभुता की संकल्पना का निहितार्थ यह है कि निर्णायक प्राधिकार सत्ता ही है। मुख्य बात यह है कि राज्य के भीतर एक संप्रभु सत्ता होती है जो, चाहे प्रजा के पास हो या फिर राजा के पास, कानून का स्रोत होती है। यह कानून द्वारा शर्तबन्द सत्ता होती है, चाहे उनके दृष्टिकोण से जिनके ऊपर यह प्रयोग की जाती है अथवा सत्ता के वास्तविक धारक के दृष्टिकोण से।

एक अन्य महत्वपूर्ण बात जिसको यहां स्पष्ट किये जाने की जरूरत है, यह है कि संप्रभु सत्ता बलपूर्वक शासन को एक कानूनवत् शासन में बदल देती है। इस प्रकार हॉब्स राज्य को कोई बलप्रयोग की दृश्यघटना नहीं मानते हैं, वरन् एक सत्ता की दृश्य घटना मानते हैं, जिसकी संप्रभुता ही सर्वोच्च और सबसे महत्वपूर्ण अभिव्यक्ति है। 'असभ्यावस्था' से 'सभ्य समाज' की ओर अवस्थान्तर गमन ही उस बलपूर्वक शासन से अवस्थान्तर गमन है, जहां कानून संबंधी कोई सुरक्षा नहीं होती, जहां मानवीय संबंध सुरक्षित होते हैं। साथ ही, ठीक जिस प्रकार राज्य विशुद्ध बलप्रयोग नहीं है, अतएव हॉब्स के अनुसार संप्रभुता मनमानी इच्छा नहीं है। संप्रभु प्रतिनिधि को लोगो की सुरक्षा मुहैया कराने का दायित्व सौंपा जाता है। इस कारण से वह उस यथार्थ कारण की अवहेलना नहीं कर सकती है, जिसके लिए उसे संप्रभुता सौंपी गई है। इस प्रकार, प्राधिकरण, न कि आदतन आज्ञापालन, ही है जो संप्रभु बनाता है, जो बलप्रयोग को सत्ता में बदल देता है।

दो सदियों बाद, एलैक्जैंडर हैमिल्टन ने पूछा, ''सत्ता क्या है, बस कुछ करने की योग्यता अथवा मानसिक शक्ति?'' 20वीं सदी–मध्य में, हैरॅल्ड लैसवैल और अब्राहम कप्लान ने सत्ता का अर्थ इस प्रकार लगाया – ''कृत्य.. अन्य कार्यों को प्रभावित अथवा निर्धारित करते'। उसके कुछ ही समय पश्चात्, रॉबर्ट डाल ने सत्ता को इस रूप में परिभाषित किया– किसी दूसरे से कुछ करवाने की एक कर्ता की योग्यता ताकि परवर्ती 'अन्यथा न करे'। उसी समय, हालांकि हन्न अरेन्द्त ने दावा किया कि सत्ता निस्संग अभिकर्ताओं अथवा कर्ताओं की जायदाद नहीं, बल्कि एक साथ मिलकर काम करने वाले समूहों अथवा समष्टियों की है।

जहां तक कि दूसरे लेखकों के दृष्टिकोणों का संबंध है, यह निश्चित रूप से इस संकल्पना का अर्थ अनेक पहलुओं में समझने में मदद करती है। फ्रेड्रिक के अनुसार, सत्ता एक विशेष प्रकार का मानवीय संबंध' है, जबकि टॉनी के लिए, 'यह एक व्यक्ति अथवा समूह की क्षमता है, जिससे वह अपनी मर्जी के मुताबिक दूसरों के व्यवहार को संयत करता है।'। जबकि साम्यवादी नेता माओ जिडोंग सत्ता के बारे में सोचते थे कि ''बन्दूक की नली से निकलती है'', गांधी जी, शांति के अग्रदूत, इसे प्रेम और सत्य की शक्ति के रूप में लेते थे। सत्ता यानि शक्ति को विभिन्न आधारों पर विभिन्न बातों का श्रेय दिया जाता है। उदाहरण के लिए, हम आर्थिक शक्ति, सैन्य सत्ता, दिमागी ताकत, राजनीतिक/कार्यकारी सत्ता और सामाजिक

शक्ति/सामर्थ्य की बात करते हैं। इन सब शक्ति–भेदों में प्रधान विषय का अर्थ है 'योग्यता' अथवा 'क्षमता'। बहरहाल, हम एक सर्वमान्य व्यापक परिणाम निकालते हैं, कि सत्ता उन बाह्य प्रभावों व दबावों का कुल योग है जो किसी व्यक्ति अथवा व्यक्ति–समूह को एक अपेक्षित दिशा में चला सकती है।

प्रश्न 2. सत्ता के उदारवादी लोकतांत्रिक और मार्क्सवादी सिद्धांत में अंतर कीजिए।

उत्तर – उदारवादी लोकतांत्रिक सिद्धांत – उदारवादी लोकतांत्रिक सिद्धांत में सत्ता को विकासात्मक और निष्कर्षात्मक क्षमताओं के साथ पहचाना गया है। दूसरे शब्दों में, सत्ता का अर्थ है मानवीय क्षमताओं के प्रयोग और विकास संबंधी योग्यता। इसके दो पहलू हैं, निष्कर्षात्मक और विकासात्मक, जिनको क्रमशः नैतिक और आनुभाविक आयाम कहा जा सकता है। चूंकि किसी व्यक्ति द्वारा अपनी क्षमताओं का प्रयोग व विकास किए जाने की योग्यता ''सत्ता'' बन जाती है, इसको मनुष्य की विकासात्मक शक्ति कहा जा सकता है और यह एक गुणात्मक लक्षण लिए होती है। इसके अलावा, आदमी को अपनी क्षमताओं का प्रयोग इस प्रकार करना चाहिए, ताकि वह दूसरों से लाभ प्राप्त कर सके। यह बात निष्कर्षात्मक शक्ति की धारणा की ओर अभिमुख करती है। यहां हम देखते हैं कि सत्ता का उदारवादी सिद्धांत राजनीतिक सत्ता संबंधी धारणा को मुद्रा–शक्ति से जोड़ता है। चुनाव, प्रचार, अनुनय, नियंत्रण आदि सभी मुद्राशक्ति की भूमिका से ही नियंत्रित होते हैं। यही कारण है कि लाखों लोगों की नियति अक्सर राष्ट्र की मुद्रा पर एकछत्र अधिकार रखने वाले दर्जन भर परिवारों द्वारा ही नियंत्रित की जाती है। तथापि, यह सिद्धांत लोकतंत्र के आधिक्यीकरण पर भी जोर देता है, ताकि मानवहित–परायणता मूल्यों को नुकसान न पहुंचे।

मार्क्सवादियों के विचार – मार्क्सवादियों का कहना है कि जिन लोगों के हाथों में उत्पादन के साधन – भूमि, श्रम व पूंजी होते हैं, वे ही उस देश के शासक होते हैं। राजनीतिक सत्ता समाज की मौजूदा आर्थिक स्थिति का प्रतिबिम्ब होती है। मार्क्सवादियों ने मानव इतिहास को छः युगों में बांटा हैं। प्रत्येक युग की अपनी कुछ आर्थिक विशेषताएं थीं। उदाहरण के लिए, आदिम साम्यवादी युग में प्रकृति की हर वस्तु पर सबका समान अधिकार था। उसके बाद 'दासता का युग' आया और फिर 'सामंती युग'। सामंती युग में उत्पादन का मुख्य साधन 'भूमि' बन गई। भूमि पर स्वामित्व सामंतों का था। इसलिए 'शासनतंत्र' पर भी उन्हीं का अधिकार था। चौथा युग 'पूंजीवाद' का है। उत्पादन के सभी साधन–भूमि, कल, कारखाने आदि पूंजीपतियों के कब्जे में है। इसलिए राजनीतिक सत्ता भी उन्हीं के पास रहती है। पांचवां युग 'श्रमिकों की तानाशाही' का होगा। कुछ समय पहले तक रूस में ऐसी ही स्थिति थी। श्रमिकों की तानाशाही के दौरान संसद, कार्यपालिका, प्रशासन, सेना व पुलिस, सभी मेहनतकश जनता के नियंत्रण में आ जाते हैं। छठा ओर अंतिम युग 'पूर्ण साम्यवाद' का होगा। इस युग में न सिर्फ 'उत्पादन' ही अधिकतम होगा, बल्कि 'वितरण प्रणाली' भी न्यायसंगत होगी।

प्रश्न 3. प्राधिकार क्या है? इसके विभिन्न प्रकार कौन से हैं?

उत्तर – राज्य के तीन पहलू राजनीतिक वास्तविकताओं को समझने के लिए आवश्यक हैं। ये पहलू हैं – बल, सत्ता और प्राधिकार। राज्य की धारणा हमें सत्ता का स्मरण करती है, जो निश्चित प्रक्रियाओं व ज्ञान नियमों के अनुसार प्रयोग की जाती है। राज्य कानून के नाम पर प्रयोग किया जाने वाला बल ही तो है। बल उस समय सत्ता बन जाता है, जब राज्य के कानूनों द्वारा निर्धारित की गई निश्चित प्रक्रियाओं द्वारा उसके व्यवहार से यादृच्छिकता के तत्व को हटा दिया जाता है। निश्चित नियमों के अनुसार प्रयुक्त इस सत्ता की मान्यता इन नियमों के अधीनता–स्वीकरण हेतु बाध्यता की मान्यता को इंगित करती है। इस अर्थ में 'राज्य' शब्द इन बाध्यताओं हेतु एक संदर्भ शब्द प्रदान करता है। यह महज एक ऐसे बल को इंगित नहीं करता, जो वास्तविक रूप से अस्तित्व में है, अथवा यह सत्ता जो कुछ निश्चित नियमों के अनुसार स्वयं का अनुभव कराती है, बल्कि एक प्राधिकरण को इंगित करता है जो प्राधिकार–प्राप्त एवं व्यवहार में न्यायोचित माना जाता है।

जर्मन समाजशास्त्री, मैक्स वैबर ने प्राधिकार के तीन प्रकार सामने रखे हैं – कानूनी, परम्परागत, और चमत्कारी। वेबर के अनुसार तीनों प्रकार के इन भेदों को एक वैध प्राधिकार, अर्थात् ऐसे प्रकार के प्राधिकार के रूप में समझा जा सकता है, जिसका इन समाजों के लोगों द्वारा बल, शक्ति या हिंसा के प्रयोग के बिना ही अपने आप अनुपालन किया जा सकता है।

1) कानूनी प्राधिकार – वेबर आधुनिक प्रकार के राज्य को बुद्धिसम्पन्न–कानून की संज्ञा दी है। अधिकारी तंत्र बुद्धि संपन्न कानूनी प्राधिकार का सर्वोत्तम उदाहरण है। नागरिक, अधिकारी की सत्ता के अधीन होता है, क्योंकि उसे (अधिकारी को) वे शक्तियाँ एक वैध प्रणाली द्वारा आवंटित की गयी होती हैं। ऐसे अधिकारी का प्राधिकार स्वीकार करते समय हम यह नहीं पूछते हैं कि अधिकारी का व्यक्तित्व अत्यंत आकर्षक व मोहक है अथवा नहीं। या क्या उसे कानूनी तौर पर उस पद पर नियुक्त किया गया है अथवा नहीं, और वह जो काम मुझे करने के लिए कहता है, क्या वह काम कानून द्वारा उसे दी गई शक्तियों के अधीन है या नहीं।

2) परंपरागत प्राधिकार – परंपरागत प्राधिकार दीर्घकाल प्रथा के आधार पर प्रदान किया जाता था। परंपरागत समाज में लोग कुछ खास तरीकों से कार्य करते हैं, या कुछ लोगों की सत्ता को अपने ऊपर स्वीकार कर लेते हैं, क्योंकि उनका यह विश्वास होता है कि इन नियमों का अनुसरण अति प्राचीन काल से किया जा रहा है। धार्मिक प्राधिकार इसी प्रकार का होता है। उदाहरण के लिए, हमारे देश में कुछ लोग किसी खास तरीके से कार्य करने का समर्थन इसलिए नहीं करते हैं कि वे तर्क द्वारा उसको उचित ठहरा सकेंगे, बल्कि इसलिए ऐसा करते हैं, क्योंकि ये कार्य पारंपरिक रूप से किए जाते रहे हैं। और इसका मूलाधार कोई न कोई तर्क ही होगा। वे पूछेंगे कि जो प्रथा अत्यंत दीर्घकाल से अपनायी जा रही है क्या वह पूर्णतया निराधार हो सकती है? आदिवासी सरदारों, गांव के बड़े–बूढ़ों, द्वारा प्राधिकार का प्रयोग

ऐसे विश्वासों पर ही आधारित होता है।

3) चमत्कारपूर्ण प्राधिकार – वेबर ने प्राधिकार के तीसरे और अत्यंत रोचक रूप का उल्लेख किया है, जिसे उन्होंने, 'चमत्कार पूर्ण अधिकार' की संज्ञा दी। इतिहास में हम प्रायः यह पाते हैं कि लोग कुछ ऐसे नेताओं की सत्ता को स्वीकार करने या उन्हें सत्ता प्रदान करने के लिए तैयार होते हैं, जिनकी शक्ति न तो परंपरा में निहित होती है और न ही बुद्धिसंगत–कानूनी प्रणालियों में। वे ऐसे नेता नहीं हैं जिनकी जनता के बीच कोई पारंपरिक प्रतिष्ठा है, न ही वे संवैधानिक प्रणाली के अंतर्गत कोई हैसियत रखते हैं। इस प्रकार के नेता कभी–कभी इतिहास में अत्यंत महत्वपूर्ण कार्य कर जाते हैं। ऐसे नेता सामान्य रूप से चमत्कारी नेताओं के रूप में जाने जाते हैं। लोग उन्हें अपना समर्थन प्रदान करते हैं और उनकी आज्ञा का पालन करते हैं, क्योंकि उनके विचारों में अत्यधिक स्पष्टता होती है। लेनिन को, जिसने रूसी क्रांति का नेतृत्व किया या महात्मा गांधी को प्रतिष्ठा या लोगों की निष्ठा बेधड़क ही नहीं मिली। इसका कारण यह था कि लोग समझते थे कि उनमें नेतृत्व के असाधारण व्यक्तिगत गुण थे और वे जिस उद्देश्य की पूर्ति के लिए कार्यरत थे, उसकी पूर्ति में उन्होंने अत्यधिक सफलता प्राप्त की।

प्रश्न 4. सत्ता और प्राधिकार के बीच संबंधों पर प्रकाश डालिए।

उत्तर – आमतौर पर सत्ता और प्राधिकार का प्रयोग एक साथ या एक दूसरे के पर्यायवाची के रूप में किया जाता है। परन्तु इसमें एक भेद किया जाना आवश्यक है। दोनों शब्द भिन्न गुण धर्मों को दर्शाते हैं। परन्तु उनकी तार्किक व्याकरण गलत समझे जाने के कारण मुश्किल पैदा हुई है। तथापि, यह भिन्न नहीं, बल्कि उन सम्बद्ध हस्तियों के नाम हैं, जिनमें से एक न एक पर हम किसी न किसी प्रकार निर्भर रहते हैं।

जब हम किसी मंत्री को ये या वो करने का अधिकार दिए जाने की बात करते हैं, हमारा आशय उसे प्राधिकार दिए जाने से होता है। जीन बोदां अपनी पुस्तक **द सिक्स बुक्स ऑफ रिपब्लिक** में कहते हैं, ''संप्रभुता राज्य की निरंकुश और शाश्वत सत्ता होती है, यथा, शासन की सर्वोच्च सत्ता।'' उनका विवेचन यह छाप छोड़ता है कि संप्रभुता का अर्थ शब्द के सहज भाव में सत्ता ही है। यदि निरंकुश सत्ता से बोदां का अभिप्राय प्रभावी आदेश जारी करने की योग्यता से है, सटीक रूप से इस सत्ता कहा जायेगा। यदि उनका अभिप्राय हकदारी अथवा आदेश जारी करने और उनका पालन कराए जाने के अधिकार से ही है, तो उसे प्राधिकार कहा जायेगा। संप्रभुता की उनकी यह व्याख्या स्पष्ट करती है कि उनका अभिप्राय प्राधिकार से है, जबकि 'निरंकुश सत्ता' संबंधी उनकी अभिव्यक्ति का प्रयोग पूर्ववर्ती का संकेत देती है।

प्रोफेसर राफैल अपनी पुस्तक **प्राब्लम ऑफ पोलिटिकल फिलोसेपि** में ''सत्ता'' शब्द के तीन भिन्न अर्थ लगाते हैं। प्रथम, सत्ता अथवा शक्ति का सबसे व्यापक अर्थ सहज रूप से योग्यता ही है। हम डायनेमो की शक्ति, राजनीतिक शक्ति अथवा इच्छा शक्ति के लिए एक ही शब्द

का प्रयोग करते हैं। दूसरे, हम सत्ता की बात एक सामाजिक संदर्भ में करते हैं, जब हम सत्ता को योग्यता के एक विशिष्ट प्रकार के रूप में लेते हैं, यथा दूसरे लोगों से वह काम कराने की योग्यता जो हम उनसे करवाना चाहते हैं। कोई व्यक्ति दूसरों से वह काम कराने के योग्य हो सकता है जो वह करना चाहता है, क्योंकि वह एक विशेष पद पर आसीन है, अथवा क्योंकि वह, उनके इंकार करने पर उनके लिए मुश्किल पैदा करने की शक्ति रखता है। ये दो उदाहरण राजनीतिक सत्ता व्यवहार को दर्शाते हैं और विवाद की स्थितियों से दूसरा प्रसिद्ध है। तीसरे, दमनकारी सत्ता होती है, जो हम दूसरों की अनिच्छा होने पर उनसे वह काम करवाने के लिए उच्च बल प्रयोग करने की धमकी का प्रयोग करते हैं, जो हम करवाना चाहते हैं। चूंकि दमनकारी सत्ता राजनीतिक संघर्ष में इतनी विख्यात है कि ''सत्ता'' शब्द, जिसका अर्थ पहले किसी भी प्रथम की योग्यता था, बाध्यकरण से जुड़ गया है।

इस प्रकार ''सत्ता'' शब्द के तीन अर्थ होते हैं जो ऊपर उल्लिखित हैं और इसको सशक्तीकरण के साथ अथवा उसके बगैर प्रयोग किया जा सकता है। जब हम किसी को कानूनी शक्तियां देने की बात करते हैं, तो अक्सर 'सत्ता' का अर्थ 'प्राधिकार' लेते हैं। एक सत्ताधारक व्यक्ति के पास एक पद–विशेष होता है (यथा, एक मंत्री अथवा एक राष्ट्रपति); इसका मतलब है कि उसके पास प्राधिकार है और इस स्थिति की बदौलत वह दूसरों से उस काम को कराने में समर्थ है ,जो वह उन्हें करने को कहता है, उसकी सत्ता प्रयोग का प्रधिकार ही है। यही कारण है कि 'सत्ता' शब्द का प्रयोग 'प्राधिकार' का अर्थ बताने के लिए किया जा सकता है।

प्रश्न 5. वैधता का अर्थ स्पष्ट करते हुए वैधता और प्राधिकार के बीच संबंध स्पष्ट कीजिए।

उत्तर – किसी सरकार या राज्य की वैधता को मूलरूप से यह संकेत मिलता है कि लोग शासन के संबंध में उसके दावे को स्वीकार करने के लिए तैयार हैं। यदि लोगों को सामान्य रूप से यह विश्वास है कि सरकार या राज्य का शासन करने का एक सुनिश्चित अधिकार प्राप्त है, तो हम कह सकते हैं कि सरकार के पास वैधता है। उदाहरण के लिए, हमने देखा कि जब हम अपनी बात मनवाने के लिए बड़ों का प्राधिकार स्वीकार करते हैं, तो हम उनकी सत्ता की वैधता को स्वीकार करते हैं। यदि डाकुओं का गिरोह मेरे घर में घुस आता है और मुझे एक हजार रूपये देने के लिए कहता है, तो मैं इसे अपनी निजता और जीवन का एक बड़ा हमला समझूंगा और इसका प्रतिरोध करने का यथासंभव करूंगा। यदि कुछ आयकर अधिकारी कर के रूप में मुझसे एक हजार रूपये वसूल करने आते हैं, तो मैं न चाहे हुए भी बिना अधिक प्रतिरोध के सामान्य रूप से उसकी अदायगी करूंगा। अंततः इन दोनों स्थितियों में जो धन खोने जा रहा हूं, वह एक ही है, फिर इन दोनों स्थितियों में क्या अंतर है? यह अंतर इस तथ्य में है कि कर अधिकारियों के मामले में, उनके द्वारा मुझ पर प्रयोग की जाने वाली शक्ति की वैधता को मैं पहचानता हूं। मैं संभवतः राज्य के प्रतिनिधियों को धनराशि की अदायगी करना बहुत पसंद नहीं करूंगा। किंतु मैं यह समझता हूं कि उनके द्वारा मुझसे की जाने मांग मनमानी मांग नहीं है। इन दोनों उदाहरणों में कुछ शक्ति का तत्व शामिल है, चोरों के मामले में यह

प्रत्यक्ष शक्ति का प्रयोग है, कर अधिकारियों के मामले में अप्रत्यक्ष शक्ति का प्रयोग है। किन्तु एक मामले में सत्ता पूर्णतया मनमानी है, दूसरे में यह वैध है।

इससे हम एक दूसरा भेद भी कर सकते हैं। वैधता का संबंध इस बात से नहीं है कि हम किसी दल विशेष या उसकी सरकार को पसंद करते हैं या नहीं करते हैं। इसका क्षेत्र अत्यंत व्यापक है और यह एक सामाजिक गुण है। पहले तो किसी सरकार के बारे में तभी यह कहा जा सकता है कि उसके पास वैधता है, जब अधिकांश लोग शासन पर उसके अधिकार को स्वीकार कर लें। थोड़े से लोगों की रूचि और उनकी स्वीकृति को ही वैधता नहीं माना जाना चाहिए। सैनिक शासन के मामले में प्रायः साधारण नागरिकों के पास सरकार का प्रतिरोध करने के कोई साधन नहीं होते और वे सत्ता के सामने घुटने टेक देते हैं। थोड़े से लोग, जो सैनिक अधिकारी हों या जिन्हें सैनिक शासन से लाभ हुआ हो, जोर–शोर से उसका गुणगान कर सकते हैं, किन्तु इससे वह शासन वैध, रेडियो, दूरदर्शन पर नियंत्रण हो सकता है और संभव है कि वे किसी भी हालत में सरकार की आलोचना करने की अनुमति न दें। किंतु इससे भी वह शासन वैध नहीं हो जाता। इसे तभी वैध कहा जा सकता है, जब लोग बिना ज़ोर जबरदस्ती के उसके शासन का अधिकार स्वीकार कर लें।

प्राधिकार और वैधता में सम्बन्ध – प्राधिकार और वैधता राजनीतिक विश्लेषण में सर्वाधिक मौलिक और स्थायी मुद्दों में से एक रहे हैं। राजनीति–दार्शनिकों, राजनीति–वैज्ञानिकों व समाजशास्त्रियों ने एक लंबे समय से स्वयं को जन–प्राधिकार और सरकार को समझने हेतु उपयोगी साधन स्वरूप इन अवधारणाओं की छान–बीन में लगा रखे हैं। इन अवधारणाओं को, तथापि इस रूप में देखा जाना चाहिए कि वे गत कुछ शताब्दियों में ही विकसित हुई हैं। ये, इस प्रकार, उन विभिन्न सूत्रों को प्रकट करने के रूप में भी देखी जा सकती है, जिन्होंने अपने क्रम–विकास में ऐतिहासिक रूप से योगदान दिया है।

साधारणतया प्राधिकार को सत्ता का एक रूप समझा जाता है। जबकि सत्ता व्यक्ति के वातावरण को प्रभावित और परिवर्तित करने की क्षमता अथवा योग्यता को इंगित करती है, प्राधिकार परिवर्तन लाने की क्षमता के साथ–साथ परिवर्तन करने के अधिकार का भी संकेत करता है। प्राधिकार को, इसी कारण, सत्ता के एक संशोधित रूप में देखा जा सकता है, जहां सत्ता को न्यायसम्मत माना जाता है। इसका अर्थ है कि प्राधिकार किसी भी प्रकार के दमन अथवा छल–कपट पर निर्भर नहीं करता, जबकि इसकी बजाय, आज्ञापालन और अनुपालन के कर्तव्य का आह्वान करता है। स्वैच्छिक अथवा संघर्ष आज्ञापालन, जो परिवर्तन लाने के लिए अनिवार्य है, करवाने के लिए, प्राधिकार को सही होने के दावे प्रस्तुत करने पड़ते हैं। वैधता प्राधिकार को सत्यता और औचित्य के गुण प्रदान करती है, जिसके द्वारा आज्ञापालन और अनुपालन का कर्तव्य के रूप में, न दमन और बल प्रयोग के परिणामस्वरूप आह्वान किया जाता है। इस प्रकार, प्राधिकार जब वैधता से जुड़ा हो तो उसे ''वैध सत्ता'' के रूप में लिया जा सकता है।

प्राधिकार और वैधता के अर्थों की इस व्यापक व्याख्या से हमें यह स्पष्ट हो जाना चाहिए कि वे अवधारणाएं व्याख्यात्मक और नियामक दोनों ही श्रेणियों के रूप में प्रयोग की जा सकती है। व्याख्यात्मक श्रेणियों के रूप में, वे राजनीतिक संगठन व शासन के स्वभाव का चित्रण अथवा वर्णन करती है। नियामक श्रेणियों के रूप में, वे एक 'शासनाधिकार' हेतु दावों का मूल्यांकन करने के लिए नैतिक मानक प्रदान करती है। इसी के साथ ही, हमें याद रखना चाहिए कि इन दो धारणाओं का कोई नियत अर्थ नहीं है। इतिवृत्तात्मक रूप से उनके अर्थ बदलते और विस्तृत होते रहे हैं। किसी भी प्रदत्त ऐतिहासिक अवसर पर, इसके अतिरिक्त, ये अवधारणाएं प्रतिस्पर्धात्मक तरीकों से व्याख्यायित और परिभाषित होती रही है। इस प्रकार, जबकि उदारवादी जन वैधता को एक सकारात्मक संकेतार्थ रखने वाले के रूप में देखते हैं, मार्क्सवादी जन वैधता को किसी भी वैध नैतिक दावे अथवा 'शासनाधिकार' प्रदान करने के रूप में देखने की ओर प्रवृत्त रहते हैं। उदारवादी व समाजवादी जन का विधिसंगत–युक्तिसंगत प्राधिकार एवं सार्वजनिक उत्तरप्रदता हेतु प्राथमिकता में प्रकट हुआ। रूढ़िवादी जन, तुलनात्मक रूप से, प्राधिकार को नैसर्गिक आवश्यकता से उपजा मानते हैं, जो अनुभवों, सामाजिक स्थिति एवं बौद्धिक क्षमता के असमान वितरण के आधार पर 'ऊपर से' प्रयोग किया जाता है। प्राधिकार हेतु औचित्य प्रतिपादन इस दावे के इर्द–गिर्द केन्द्रित है कि व्यवस्था कायम रखने के लिए यह आवश्यक है, और 'प्राकृत अवस्था' एक राजनीतिक शासन–रहित समाज, की क्रूरता व अन्याय से बचने का यही एकमात्र तरीका है।

प्रश्न 6. सामाजिक संविदा सिद्धांत पर टिप्पणी कीजिए।

उत्तर – संविदा सिद्धांत 17वीं और 18वीं शताब्दी में विकसित हुए। इन सिद्धांतों में नैसर्गिक समानता संबंधी अवधारणांए इस प्रकार सम्मिलित की गई कि वे विधिसंगत शासन को एक सैद्धांतिक और तार्किक आधार प्रदान करें। हॉब्स और जॉन लॉक जैसे संविदा सिद्धांतियों ने इस आधार–वाक्य से शुरूआत की सभी मनुष्य समान हैं, अपने आप पर अधिकार रखते हैं, और इसी कारण, स्वंय को प्रभावित करने वाले निर्णयों को लेने की क्षमता के साथ–साथ उसका अधिकार भी रखते हैं। ये स्वतंत्र व समान मनुष्य ऐसी उपयुक्त परिस्थितियों को जन्म देने के लिए, जिनमें वे आर्थिक स्वतंत्रता का लाभ उठा सकें, अपनी ओर से स्वयं पर शासन करने के लिए प्राधिकृत करते हुए उन्हें कुछ स्व–निर्धारण अधिकारों को हस्तांतरिक करने संबंधी निर्णय लेते हैं। जब यह हस्तांतरण बड़े स्तर पर होता है, यथा, एक बड़ी संख्या में लोग अपना नैसर्गिक अधिकार स्व–शासन को सौंप देते हैं, तो राजनीतिक प्राधिकार जन्म लेता है। यह राजनीतिक प्राधिकार अथवा शासन, जो कुछ अधिकारों व स्वतंत्रताओं के परित्याग के परिणामस्वरूप सामने आता है, वैधताधारक कहा जाता है। शासन करने हेतु सरकार की वैध शक्ति शासितों की सम्मति द्वारा प्रदर्शित होती है, जो समय–समय पर व्यक्त और नवीकृत की जाती रहती है।

इस तरह 17वीं शताब्दी से वैधता–संबंधी धारणा विद्यमान निरंकुश शासन–तंत्रों के प्राधिकार की आलोचना अथवा उसको चुनौती के रूप में उदारवादी व गणतांत्रिक परंपराओं में

विकसित हुई। अंग्रेजी (1688) और फ्रांसीसी (1789) दोनों ही क्रांतियों में वैधता के विषय को वस्तुतः इस रूप में देखा जा सकता है कि यह उस सरकार के स्वरूप से संबंधित उन प्रश्नों के लिए बुनियादी है, जिनका तर्कसंगत और न्यायसंगत रूप से पालन किया जा सकता है। उदारवाद में प्राधिकार की वैधता को एक व्यक्तिवादी सामाजिक संविदा और शासितों की सम्मति पर प्रासंगिक बना गया।

प्रश्न 7. वैधता के विषय में मार्क्सवादी विचार क्या थे?

उत्तर – राजनीतिक वैधता और प्रभावशीलता के बारे में मार्क्स का सिद्धांत उसके वर्ग–संघर्ष के सिद्धांत में रखा हुआ है जहां वह बुजुर्आ शासक वर्ग की पूंजीवादियों और उनके पिट्ठुओं के एक षड्यंत्रकारी गुट के रूप में निन्दा करता है जो जानबूझकर मजदूर वर्ग का शोषण करते और उस हावी रहते हैं। उसके अनुसार, शासक वर्ग की समााजिक सत्ता एकमात्र आर्थिक तत्वों पर आधारित है। कम्युनिस्ट मैनिफैस्टो में यह दिया गया है कि पूंजीवाद की उन्नति के साथ बुर्जुआ लोगों ने अपने लिए आधुनिक राज्य की कार्यपालिका समस्त बुर्जुआ लोगों के सामान्य मामलों का प्रबंध करने के लिए एक समिति है, राजनीतिक शक्ति एक वर्ग द्वारा अन्य वर्ग का शोषण करने के लिए एकमात्र संगठित शक्ति है।'' मार्क्स का यह तर्क है कि वर्ग प्रभुत्व का तथ्य प्रत्यक्ष रूप से वर्ग विरोध से निकलता है जो आर्थिक विषमता पर बने उत्पादन के तरीकों में अन्तर्निहित है। जिन लोगों का उत्पादन के साधनों पर स्वामित्व है एवं जो उन पर नियंत्रण करते हैं और जिन लोगों की श्रम शक्ति को खरीदा एवं अतिरिक्त मूल्य के लिए दोहन किया जाता है, इन दोनों वर्गों के बीच विभाजन हो जाता है। इससे प्रभुत्व का विषय पैदा होता है जिसके ,मार्क्स के अनुसार, तीन आयाम हो सकत हैं–आर्थिक, राजनीतिक और विचारधारात्मक।

आर्थिक प्रभुत्व का विचार इस बात का द्योतक है कि पूंजी के माध्यम से बुर्जुआ वर्ग श्रमिक वर्ग पर अपने आदेश की शक्ति का उपयोग करता है। मजदूर वर्ग की स्थिति उसके ऐसी आर्थिक व्यवस्था के पूर्णतया अधीन होने से आदेशित होती है जो मजदूरी को किसी और की सम्पत्ति में परिवर्तित कर देती है जिसका मजदूर को एक स्वतंत्र शक्ति (पूंजी) के रूप में मुकाबला करना पड़ता है। इसके साथ विस्तृत आर्थिक पुनरूत्थान, जबकि वह विशिष्ट तौर से समृद्धि का सृजन करता है, मजूदर पर पूंजी के यथेष्ठ प्रभुत्व में वृद्धि करता है और पूंजी के मानवीकरण के रूप में पूंजी वर्ग की शक्ति में वृद्धि करता है। इस प्रकार, राजनीतिक वैधता और प्रभावशीलता का तथ्य पूंजी वर्ग के आर्थिक प्रभुत्व में स्थान ग्रहण करता है जो प्रत्यक्ष रूप से इसके अन्य लोगों का श्रम शक्ति को शोषित करने की भौतिक योग्यता से प्रत्यक्ष रूप से उपजती है।

राज्य के एक वर्ग द्वारा दूसरे वर्ग के शोषण और दमन करने के साधन में 'राजनीतिक प्रभुत्व' के तथ्य की परिकल्पना की जा सकती है। पूंजीवादी समाज में राज्य पूंजीपतियों के हाथ में होता हे जो संसदीय या न्यायिक स्वीकृतियों से अपने कार्यों को वैध बनाता है। सेना, पुलिस,

नौकरशाही, न्यायालयों, समाचार–पत्रों आदि के होने और कार्य करने से बुर्जुआ शासन की प्रभावशाली को सुनिश्चित किया जाता है। कम्युनिस्ट मैनिफेस्टो में दिया गया है कि ''आधुनिक राज्य समस्त पूंजीवर्ग के सामान्य मामलों का प्रबन्ध करने के लिए एक सीमित है।''

अन्त में, हम 'विचारधारात्मक प्रभुत्व' के विषय पर आते हैं। मार्क्स के अनुसार, राजनीतिक वैधता और प्रभावशीलता के निर्धारण में विचारधारा का महत्वपूर्ण स्थान है। यदि सामाजिक व्यवस्था मजदूर वर्ग की विचारधारा पर आधारित है, तो फासिस्ट शासन या बुर्जुआ शासन इसकी विपरीत विचारधारा पर आधारित है। यह दीगर बात है कि पूंजीवर्ग यह बहाना करता है कि वह किसी विचारधारा का अनुसरण नहीं करता और इस अर्थ में विचारधारात्मक प्राधिकरण के बिना वर्ग प्रभुत्व को संभव बनाया जाता है जबकि शासन को तानाशाही आदेश के माध्यम से चलाया जाता है।

द्वन्द्ववाद का नियम यह निर्धारित करता है कि शोषित वर्ग को शक्ति केन्द्र परिवर्तित करने के लिए संघर्ष करना चाहिये। बुर्जुआ व्यवस्था का सुदृढ़ीकरण और उसका विकास ऐसी परिस्थितियां पैदा करते हैं जिनके परिणामस्वरूप वर्ग–युद्ध होता है जिसमें बुर्जुआ वर्ग निश्चित रूप से अपनी सत्ता की स्थिति को खो देगा। बुर्जुआ वर्ग का दबाव बुर्जुआ सामाजिक, राजनीतिक और आर्थिक संरचना के संदर्भ में होता है जिसमें 'प्रभुत्वपूर्ण विचारधारात्मक उपस्कर शासक वर्ग के विचारों' और मूल्यों का अभिव्यक्त करता है। इस प्रकार, उन दबावों की सीमायें होती हैं जो अधीनस्थ वर्ग द्वारा लागू की जाती है। इसे खेल के नियमों का पालन और इस प्रकार प्रभुत्वपूर्ण वर्ग के हितों के प्रति चुनौती पेश करनी चाहिये। बहरहाल, मार्क्सवादी मन्तव्य का केन्द्रीय बिंदु विचारधारा के कारक पर बल में दिया गया है जो पूंजीवाद समाज और उस समाजवादी समाज में अत्यधिक महत्व का विषय है जिसमें शक्ति का केन्द्र मौजूदा सम्पत्तिवानों से हटकर सम्पत्तिहीनों के पक्ष में जाता है।

प्रश्न 8. मैक्सर वेबर की प्राधिकार–व्यवस्था सम्बन्धी व्याख्या का आलोचनात्मक वर्णन करो।

उत्तर – मैक्स वेबर की प्राधिकार व्यवस्था से सम्बन्धित प्रतीकात्मक व्यवस्था अध्ययन की दृष्टि से बहुत ही महत्वपूर्ण है। वेबर ने वैधता को सत्ता–संबंधों के एक योजनाबद्ध अध्ययन हेतु बुनियादी माना। वेबर ने कहा, ''रीति–रिवाज, व्यक्तिगत लाभ, भाईचारे के विशुद्ध प्रभावोत्पादक अथवा अभीष्ट प्रयोजन', उसके कायम रहने के लिए पर्याप्त आधार नहीं हे। प्रभुत्व स्थापन की किसी प्रदत्त व्यवस्था को कायम रखने के लिए आमतौर पर एक और तत्व होता है, यथा 'वैधता में विश्वास'। दूसरे शब्दों में, जहां प्राधिकार की वैधता को एक आम मान्यता मिली होती है, उसके आदेश मानना बाध्यता होती है। परिणामस्वरूप, अवपीड़न का कोई व्यापक प्रयोग नहीं होगा, अथवा उच्छेदन अथवा अवज्ञा का कोई निरन्तर भय नहीं होगा।

प्रभुत्व स्थापन संबंधी व्यवस्थाओं के वेबर के अध्ययन ने उन्हें इस निष्कर्ष की ओर प्रवृत्त किया कि वैधता संबंधी अनेक धारणाएं अथवा सिद्धांत हैं। अभीष्ट वेधता के विशिष्ट प्रकार अथवा सिद्धांत पर आधारित, इस निष्कर्षित आज्ञापालन में मतभेद थे जिनकी गारंटी देने के लिए एक प्रकार का प्रशासनिक तंत्र विकसित हुआ, और एक प्रकार का प्राधिकार भी, जिसने इसका प्रयोग किया।

वेबर के आदर्श नमूने – वेबर ने प्रत्येक द्वारा अभीष्ट वैधता हेतु दावों के प्रकार पर आधारित, प्रभुत्व–स्थापन के विभिन्न नमूनों अथवा 'व्यवस्थाओं' की पहचान की। तदनुसार वेबर ने तीन 'आदर्श नमूने' अथवा 'संकल्पनात्मक मॉडलों' का निर्माण किया, जिनसे उसे उम्मीद थी कि राजनीतिक शासन की उच्च रूप से जटिल प्रकृति को अर्थ प्रदान करने में मदद करेंगे, यथा परंपरागत प्राधिकार, करिश्माई, और विधिसंगत–युक्तिसंगत प्राधिकार को अर्थ प्रदान करने में। इन मॉडलों में से प्रत्येक राजनीतिक वैधता के एक विशिष्ट स्रोत का प्रतिनिधित्व करता था और इनसे सम्बन्धित ऐसे विभिन्न कारणों का भी। ये नमूने इस प्रकार हैं –

1) प्रथम मॉडल, यथा परंपरागत प्राधिकार, में लंबे समय से चले आ रहे रीति–रिवाज और परंपराएं राजनीतिक वैधता के स्रोत होते थे। इस वैधता की पवित्रता इस तथ्य से व्युत्पन्न थी कि प्राधिकार की ये पद्धतियाँ पहले की पीढ़ियों द्वारा स्वीकृत और आज्ञापालित रही थी। प्राधिकार–संबंधी परंपरागत पद्धतियों के उदाहरण हैं – पितृसत्ता (परिवार पर पिता का शासन) अथवा वृद्ध–पुरूष शासन ('बड़ों' का शासन)। परंपरागत प्राधिकार की ऐसी व्यवस्थाओं को उन समाजों में आज भी देखा जा सकता है, जहाँ सत्ता और विशेषाधिकार की पैतृक और वंशगत पद्धतियां अस्तित्व में हैं; यथा साउदी अरब, मोरक्को और कुवैत में, और उसके संवैधानिक रूपों में, जैसे कि इंगलैंड, नीदरलैंडस और स्पेन में।

2) दूसरा रूप, यथा, करिश्माई प्राधिकार ने वैधता किसी व्यक्ति–विशेष के चमत्कारिक अथवा आकर्षक व्यक्तित्व से व्युत्पन्न की। इस आकर्षण काआधार व्यक्ति–विशेष की जाति, वर्ग अथवा अन्य आरोप्य गुणों में निहित नहीं था। यह अनन्य रूप से उस व्यक्ति के निजी आकर्षण पर निर्भर होता था, जो लोगों को आज्ञपालन हेतु लुभाते हुए, उसे एक नेता/नेत्री के रूप में स्वीकार कर देता हे। करिश्माई प्राधिकार के उदाहरण हैं – मुसोलिनी, हिटलर और नैपोलियन, जिनका नेतृत्व और प्रसिद्धी, जॉन एफ, कैनेडी जैसे अन्य प्रसिद्ध नेताओं से भिन्न, उनके राजनीतिक पद से व्युत्पन्न प्राधिकार पर कम, और उनके व्यक्तिगत आकर्षण पर अधिक आधारित थे।

3) ये वैधता, विधिसंगत–युक्तिसंगत, प्राधिकार को यथार्थ और विधिवत् परिभाषित नियम–समूह से जोड़ती है। प्राधिकार का विधिसंगत–युक्तिसंगत रूप, वैबर के अनुसार, अधिकांश आधुनिक राज्यों में पाए जाने वाले प्राधिकार का ही प्रतीक रूप है। इस प्रकार की प्राधिकार व्यवस्थाओं में, करिश्माई और पारंपरिक रूपों से भिन्न, राजनीतिक सत्ता औपचारिक, विधिसम्मत, संवैधानिक नियमों से व्युत्पन्न होती है, उसी पर निर्भर करती है, और परिसीमित होती है। ये नियम ही हैं जो सत्ता पदासीन की प्रकृति और कार्यक्षेत्र को निर्धारित करते हैं।

आलोचना – आधुनिक युग में राजनीतिक व्यवस्थाओं एवं शासन–पद्धतियों की वैधता को समझने में प्राधिकार पद्धतियों संबंधी वैबर के वर्गीकरण को एक महत्वपूर्ण योगदान माना जाता है, खासकर उस तरीके से जिसमें प्राधिकार के आधुनिक रूप पंरपरागत रूपों से भिन्न हैं। डेविड बीथम जैसे राजनीति–वैज्ञानिक, हालांकि बताते हैं कि वेबर की तीनों तर्कसंगत सिद्ध होती धारणाएं, जबकि वे हमें यह समझने में मदद करती हैं कि प्राधिकार की पूर्वाधुनिक के मुकाबले आधुनिक पद्धतियों के बारे में क्या खास है, उन विभिन्न शासन–पद्धतियों के चरित्र–चित्रण हेतु अपर्याप्त हैं जो 20वीं शती के दौरान अस्तित्व में थीं।

वेबर जो शासन–पद्धतियों को तीन प्रतीकात्मक व्याख्याओं में परखते और रखते हैं, अथवा विकल्पतः शासन–पद्धतियों को दो नमूने के मिश्रण के रूप में देखते हें, से भिन्न बीथम आज्ञपालन की प्रक्रियाओं एवं आधारों की समझ हेतु एक विस्तृत प्राधार को ज्यादा पसंद करते हैं। उनके प्राधार में राजनीतिक प्राधिकार को समझने के लिए तीन स्तर अथवा मानक दिए गए हैं। बीथम कहते हैं, राजनीतिक प्राधिकार इस सीमा तक वैध हैं कि : (1) यह स्थापित नियमों के अनुसार अभीष्ट और व्यवहृत होता है (वैधता); (2) ये नियम सामाजिक रूप से स्वीकृत धारणाओं के अनुसार दो विषयों में सही ठहराए जाते हैं – (1) प्राधिकार का वैध स्रोत, और (2) सरकार के उचित साधन व मानक; और (3) प्राधिकार की स्थिति स्पष्ट सहमति अथवा समुचित अधीनस्थों की अभिपुष्टि द्वारा, और दूसरे विधिसंगत प्राधिकारों से मान्यता द्वारा समर्थित होती है (वैधीकरण)।

ये तीन स्तर वैकल्पिक रूप अथवा मॉडल नहीं है, परन्तु तीनों मिलकर प्राधिकार के आज्ञापालन अथवा सहयोग हेतु लोगों को नैतिक आधार प्रदान करते हैं। इस प्रकार के प्राधार, बीथम को लगता है, इन कारणों का भी ज्ञान कराते हैं कि सत्ता में वैधता का अभाव क्यों हो सकता है। यदि कहीं नियमों का उल्लंघन होता हो, तो 'अवैधता' शब्द का प्रयोग होता है; यदि नियम सामाजिक विश्वासों द्वारा दोषपूर्वक समर्थित है, अथवा गहरे विवादित हैं तो हम कहते हैं कि यहां 'वैधता अभाव' है और यदि सहमति अथवा मान्यता को सार्वजनिक रूप से वापस ले लिया जाता है अथवा स्थगित कर दिया जाता है, हम 'वैधता–त्याग' की बात करते हैं।

बीथम को लगता है कि इस प्रकार का प्राधार वेबर के विश्लेषण की एक और अपर्याप्तता को पूरा करता है। यह हमें लोग विरोध क्यों करते हैं यह समझने में, अथवा उन परिस्थितियों को समझने में मदद करता है जिनमें जन विरोध और उपद्रव द्वारा राजनीतिक प्राधिकार को चुनौतियों के माध्यम से राजनीतिक परिवर्तन होता है। वैधता को एक 'वैधता में विश्वास' से अधिक कुछ नहीं समझना, जैसा कि वेबर ने किया, केवल सत्तासीन व्यक्तियों के दृष्टिकोण से वैधता निर्धारण पर ध्यान आकृष्ट करता है। बीथम का प्राधार, दूसरी ओर, उन प्रक्रियाओं को उजागर करता है जिनके माध्यम से शासित वर्ग मान्यता और आज्ञपालन प्रदान करता देने से इंकार करता है।

प्रश्न 9. हैबरमास ने वैधता–संकट को किस प्रकार समझाने की कोशिश की है?

उत्तर – हैबरमास के अनुसार आधुनिक पूंजीवादी समाज अथवा उदारवादी लोकतंत्रों के पास जनसाधारण की सहमति और समर्थन प्राप्त करने की एक व्यवस्था अवश्य होती है। उन्होंने, इसीलिए, न सिर्फ असमानताओं पर ध्यान आकृष्ट किया, जो पूंजीवादी समाजों में विद्यमान थीं, वरन् उस प्रशासन–तंत्र पर भी ध्यान केन्द्रित किया जिसके माध्यम से वैधता को कायम रखा जाता था, यथा लोकतांत्रिक प्रणाली, दलीय प्रणाली, सामाजिक व कल्याणकारी सुधार, आदि। साथ ही, बहरहाल, हैबरमास ने वैधता की उन मुश्किलों को भी बताया, जो एक ऐसी राजनीतिक प्रक्रिया में निश्चित रूप से सामने आएंगी जिसने असमान वर्ग सत्ता को जन्म दिया और कायम रखा।

हैबरमास

संकटों की प्रवृत्तियां – अपनी पुस्तक *लैजिटिमेशन क्राइसिस* (1973) में, हैबरमास ने पूंजीवादी समाजों में 'संकट प्रवृत्तियों' के रूप में इन मुश्किलों की पहचान की है। ये संकट प्रवृत्तियां पूंजीवादी संचयन संबंधी तर्क और लोकतांत्रिक राजनीति द्वारा कम किए गए आम दबाव के बीच एक बुनियादी विवाद के परिणामस्वरूप उभरीं।

लाभ अनुधावन (pursuit of profit) और वर्ग असमानताओं को जन्म देने पर आधारित पूंजीवादी समाजों को शासन हेतु एक आम दावे का वास्ता देकर राजनीतिक स्थिरता बनाए रखनी पड़ती है। इस प्रकार की व्यवस्था में, वैधता उन लोकतांत्रिक प्रक्रियाओं द्वारा सुनिश्चित की जाती है जो समाज–कल्याण प्रावधानों, बढ़ी जन सहभागिता और सामाजिक समानता हेतु अतिरिक्त मांगो की ओर प्रवृत्त करती हैं। यह बदले में राज्य पर बदाव डालती है, ताकि वह अपने सामाजिक दायित्व विस्तृत कर सके, और कल्याणकारी (अलाभकारी) उपायों पर खर्च बढ़ाये जाने पर दबाव डालते हुए, असमानताओं को दूर करने के लिए राज्य–हस्तक्षेप की मांग भी करती है। ये दबाव कराधान एवं सार्वजनिक व्यय में वृद्धि और लाभ स्तरों पर लगाम लगाकर और उद्यम को निरूत्साहित करके पूंजीवादी संचयन को रोकने की ओर प्रवृत्त करते हैं। आम दबावों को रोकने अथवा आर्थिक पतन का जोखिम लेने पर बाध्य, ऐसे समाज वैधता को कायम रखना उत्तरोत्तर कठिन और प्रायः असंभव पाते हैं।

इस प्रकार, एक पूंजीवादी समाज निरंतर संकट–प्रवृत्तियों के चंगुल में रहता है, जो उस वैधता के माध्यम से स्वयं को कायम रखने की उसकी योग्यता को परखती है, जो वह विभिन्न लोकतांत्रिक संस्थाओं के माध्यम से प्रकाश में ला सकती है। ऐसे वैधीकरण उपायों में निवेश करते समय पूंजीवादी व्यवस्था को यह देखने के लिए एक निरंतर विपत्तिसंकेत पर निर्भर रहना पड़ता है कि ये प्रक्रियाएं उस सीमा तक लम्बित न हों कि वे उस पूंजीवादी व्यवस्था के व्याख्यात्मक सिद्धांतों की धज्जियां ही उड़ा दें, जो एक लाभ–निष्कर्षण अथवा पूंजी–संचयन से जुड़ी वर्ग शोषणकारी व्यवस्था है।

हैबरमास के अनुसार, पूंजीवादी लोकतंत्र सामाजिक समानता व कल्याणकारी अधिकारों हेतु आम मांगों और निजी लाभ पर आधारित एक बाज़ार अर्थव्यवस्था की अपेक्षाओं, दोनों को स्थायी रूप से संतुष्ट नहीं कर सकता। इस प्रकार के 'संकटों' के निहितार्थ में समाज और पूंजीवादी व्यवस्था के नियामक प्राधारों के एकीकरण अथवा सम्बद्धता में अव्यवस्था शामिल है।

संकट के दौरान राज्य की भूमिका – संकटों के इस प्रकार परिदृश्यों में, आधुनिक राज्य, हैबरमास के अनुसार, विद्यमान प्राधारों को विधिकृत एवं स्थिरीकृत करने के लिए 'तंत्र परिचालन' और सैद्धांतिक उपायों का एक साथ सहारा लेता है। इसमें आर्थिक (वेतन श्रमिक एवं पूंजी संबंधों) तथा राजनीतिक क्षेत्रों (शासी संस्थाओं) की 'विमुक्ति' अथवा वियोजन शामिल होता है। राजनीतिक क्षेत्र परिणामतः कम सहभागितापूर्ण और ज्यादा अवैयक्तिक, कर्मचारी–तंत्रीकृत, और नियमों से दूर हो जाता है। इस प्रकार की व्यवस्था को, तथापि, उन अधिकारों, न्याय एवं नागरिकता संबंधी 'सर्वमुक्तिवादी' संलापों को विधिकृत करके सैद्धांतिक रूप से एक साथ रखा जाता है जो इन नियमों को शासनार्थ नैतिक अधिकार देते हैं।

प्रश्न 10. राजनीतिक दायित्व को परिभाषित करें। इसके विशिष्ट लक्षण क्या हैं?

[June-07, Q6] [Dec-06, Q11(iv)]

उत्तर – दायित्व, अंग्रेज में ऑब्लिगेशन, लैटिन शब्द 'ऑब्लिगेट' से निकला है, जिसका निहितार्थ है – ऐसी बात जो लोगों को वह काम करने के लिए बाध्य करती है जो उन्हें आदेश रूप में दिया जाता है। राजनीति की दुनिया में इसका अर्थ है कि व्यक्ति किसी प्राधिकार के अधीन रहने व उसका आदेश पालन करने को बाध्य है। यह आम समझदारी की सूक्ति पर आधारित होता है। अर्थात् राजनीतिक दायित्व का मामला प्राधिकार की प्रकृति से संबंधित मामलों पर निर्भर होता है, जो अपने पहलू में आमतौर पर अधिकारों, कानूनों, व राजनीतिक संगठन की पूरी दुनिया समाये रखता है।

राजनीतिक दायित्व के लक्षण इस प्रकार हैं –

– राजकीय मामलों का प्रबंधन

– राजनीतिक वैधता

– प्राधिकार का प्रतिरोध

1) राजकीय मामलों का प्रबंधन – किसी भी सरकार को चलाने की कला कोई आसान नहीं है। यह एक दुष्कर एवं व्यापक कार्य है और किसी भी गलत तथा त्रुटिपूर्ण नीति–निर्धारण के गंभीर परिणाम भुगने पड़ सकते हैं। इसके विपरीत जनता के लिए सरकार द्वारा लिया गया एक सकारात्मक और सही कदम किसी भी राष्ट्र के विकास हेतु अच्छे परिणाम लायेगा। इस प्रकार, यह हर अन्तर्विवेकशाली व्यक्ति का कर्तव्य है कि राजकीय मामलों, सरकारी नीतियों व राजनीतिक समस्याओं के प्रबंधन में गहरी रूचि ले। यह अन्योन्यक्रिया जल–कल्याण के लिए होगी। राजनीतिक दायित्व, इस प्रकार, ईमानदारी, सत्यनिष्ठा व जनस्फूर्ति का आह्वाहन करता है, सरकार की ओर से भी और जनता की ओर से भी।

2) राजनीतिक वैधता – राजनीतिक दायित्व की अवधारणा संबंधी अध्ययन आवश्यक रूप से राजनीतिक वैधता और प्रभावित की संबद्ध विषय के अन्वेषण की ओर प्रवृत्त करता है। किसी भी लोकतांत्रिक राजनीतिक व्यवस्था की स्थिरता न सिर्फ आर्थिक विकास पर निर्भर करती है, बल्कि उसकी वैधता पर भी निर्भर करती है। वैधता में एक विश्वास को पैदा करने और कायम रखने की क्षमता शामिल होती है, तो यह कि विद्यमान राजनीतिक संस्थाएं अथवा संगठन समाज के लिए सर्वाधिक उचित है, और इसको लोकेच्छा पर निर्भर कहा जाता है। प्रभाविता, दूसरी ओर इस बात से जांची जाती है कि कोई व्यवस्था सरकार के बुनियादी कामों को कितनी अच्छी तरह से करती है, यह जनसाधारण की प्रतिक्रिया से मापा जाता है।

3) प्राधिकार का प्रतिरोध – राजनीतिक दायित्व की धारणा न सिर्फ लोगों को प्राधिकार का आज्ञापालन बताती है वरन् प्राधिकार प्रयोग के तरीके के बारे में उनसे छिद्रान्वेषण की भी अपेक्षा करती है। प्रजा को अपने शासकों की कार्यवाही को बारीकी से जांचना चाहिए और अपनी स्वतंत्रताओं पर हमले का विरोध करना चाहिए। इस प्रकार, राजनीतिक दायित्व की धारणा में प्राधिकार के प्रतिरोध की धारणा भी शामिल है। परन्तु वस्तुतः राज्य के खिलाफ विरोध–प्रदर्शन शर्तिया समाज–कल्याण के किसी कथन पर आधारित होना चाहिए, जो जनसाधारण के लिए स्पष्ट हो और अवज्ञा के परिणाम राज्य–व्यवस्था पूरी तरह भंग हो जाने का प्रवृत्त न करें।

प्रश्न 11. राजनीतिक दायित्व के दैवीय सिद्धांत का आलोचनात्मक मूल्यांकन कीजिए।

उत्तर – राजनीतिक दायित्व से संबंधित सिद्धांतों में दैवीय सिद्धांत सबसे पुराना सिद्धांत है। इस सिद्धांत के अनुसार राजा या शासक को अपने अधिकार सीधे भगवान से प्राप्त होते हैं। उसे देव तुल्य माना जाता है। क्योंकि राजा ईश्वर का दूत है इसलिए प्रजा को राजा के विरूद्ध विद्रोह का भी अधिकार नहीं है चाहे वह एक राष्ट्र शासक ही क्यों न हो। इस प्रकार लोग राजा के प्राधिकार का आज्ञापालन करने को धार्मिक निषेधाज्ञा द्वारा बाध्य हैं। 'राजाओं के ईश्वरीय अधिकार' संबंधी यह धारणा पूरे मध्यकाल में व्याप्त रही। बहरहाल, आधुनिक काल में नए ज्ञान के आगमन के साथ ही इसने अपना महत्व खो दिया।

आलोचना – राजनीतिक दायित्व संबंधी दैवी सिद्धांत को ग्रोटियस, हॉब्स, लॉक जैसे प्रतिष्ठित विचारकों की ओर से अत्यंत कटु आलोचना झेलनी पड़ी, जिन्होंने उसके पराभौतिकीय आधारवाक्यों को निरस्त कर दिया और राजनीतिक दायित्व का स्रोत लोगों की सहमति में तलाशा। जब धर्मनिरपेक्षवाद बढ़ने के कारण चर्च अलग हो गए, लौकिक शक्तियां अलौकिक शक्तियों की तुलना में सर्वोपरि हो गई। हालांकि, लोकतंत्र के विकास ने इस सिद्धांत की नियति तय कर दी। यहां तक कि दायित्व के अन्य पराभौतिकीय आधार, जैसे फासिज्म या साम्यवाद, जो किसी नेता, वर्ग अथवा पार्टी के ऐतिहासिक दौत्य कार्य पर आधारित थे, भी विज्ञान से कोई समर्थन न पा सके। वे उसी प्रकार की धार्मिक व्यवस्था वाले थे, जैसे कि दैवी अधिकार सिद्धांत। इस प्रकार, दैवी सिद्धांत से आधुनिक काल में लोगों का विश्वास खो गया।

प्रश्न 12. सामाजिक संविदा/सहमति सिद्धांत पर टिप्पणी करो।

उत्तर – हालांकि संविदा अथवा सहमति की धारणा काफी पुरानी है और प्राचीन हिन्दू विचारधारा में भी पाई जाती है। पर यह 16वीं तथा 17वीं सदी के यूरोप में हुआ कि राजनीतिक दायित्व को स्पष्ट करने के लिए अनुबंध के कृत्रिम सिद्धांत विकसित किए गए। इस सिद्धांत की सुस्पष्ट अभिव्यक्ति थॉमस हॉब्स और जॉन लॉक के लेखों में पायी जाती है। उनका मत है कि मनुष्य प्राकृत अवस्था में रहते थे। एक अनुबंध में आ गए, जिससे राजनीतिक प्राधिकार अस्तित्व में आया, जो पुनः जनता की सहमति पर आधारित था। सामाजिक अनुबंध की धारणा ने, हालांकि रूसो के पास पहुंचकर एक उच्च रूप से दार्शनिक रूप ले लिया, जिन्होंने 'जनरल विल'' में राजनीतिक दायित्व के तथ्य को रखा। इसका मतलब था कि मनुष्य एक सभ्य समाज में प्रवेश करने के बाद महज अपनी भूख के आवेग का दास नहीं रहा, बल्कि वह आम भलाई (यथा, लोक कल्याण) के कानून का पालन करने को बाध्य हो गया।

संक्षेप में कहें तो सामाजिक संविदा सिद्धांत इस धारणा को सही ठहराता है कि शासक प्राधिकरण को, यदि उसे विधिसंगत बनना है, अन्ततोगत्वा सरकार की सहमति पर ही टिका होना चाहिए। यदि सरकार अनुबंध की शर्तों का उल्लंघन करती है, तो लोगों को विरोध करने का अधिकार है। इस सिद्धांत का निहितार्थ जनता के अधिकारों व स्वतंत्रताओं की रक्षा करने और शासकों के मनमानेपन को रोकने की दिशा में रहा है।

आलोचना – हालांकि 17वीं और 18वीं शताब्दी में संविदा सिद्धांत के खुल खेलने के दिन थे और अब भी एक लोकतांत्रिक व्यवस्था का नैतिक आधार तैयार करने के लिहाज से उसका अपना ही महत्व है, यह कुछ कमजोरियों से ग्रस्त है। यह सिद्धांत राज्य को एक कृत्रिम संगठन बना देता है। साथ ही, सहमति का तत्व जैसा कि एक प्राक्काल्पनिक प्राकृत अवस्था में किए गए किसी अनुबंध में प्रतिष्ठापित था, यह कल्पना मात्र से अधिक कुछ नहीं था जो कि विद्यमान पीढ़ी दर के लिए बिल्कुल भी बाध्यकारी नहीं था। इस प्रकार, लोग इस दलील पर एक विद्रोह–प्रदर्शन की हद तक जा सकते हैं कि वे अपनी स्वीकृति को वापस ले सकते हैं,

यदि सरकार ने ऐसा कोई काम किया हो जो 'लोकेच्छा' का उल्लंघन करता हो। परिणाम यह हुआ है कि राजनीतिक दायित्व का सिद्धांत एक विद्रोह के सिद्धांत में बदल गया है।

प्रश्न 13. राजनीतिक दायित्व सम्बन्धी मार्क्सवादी सिद्धांतों का वर्णन करो।

उत्तर – राजनीतिक दायित्व का मार्क्सवादी सिद्धांत क्रांति–पूर्व चरण में राजनीतिक दायित्वहीनता के प्रकरण को, क्रांतिकारी चरण में सम्पूर्ण राजनीतिक दायित्व को और क्रांति–पश्चात् चरण में सामाजिक दायित्व में उसके संभावित कायांतरण को अनुमति देता है। दूसरे शब्दो में, राजनीतिक दायित्व का मामला प्राधिकार के लक्षण के साथ अभिन्न रूप से जुड़ा है। मार्क्सवादी राजनीति–सिद्धांत में, राज्य का वर्णन पूंजीवादी समाज में एक 'बुर्जुआ संस्था' के रूप में किया जाता है। इसका अर्थ है कि एक सफल क्रांति के बाद, कामगार वर्ग सत्ता के साधन अपने हाथों में रखता है, ताकि समाजवादी व्यवस्था को इस तरह से समेकित कर सके कि समाजवाद के अंतिम चरण में उसके 'ह्रास' की तैयारी हो। मार्क्सवाद के अनुसार, राजनीतिक दायित्व के अन्तर्गत आते हैं – पूंजीवाद के युग में 'नगण्य राज्य' के मामले, 'सर्वहारा वर्ग की तानाशाही' के काल में 'नए राज्य' और 'मुख्य राज्य' जब 'वर्गरहित' समाज सामाजिक अस्तित्व के 'राज्यहीन' प्रतिरूप में अपनी पराकाष्ठा पाता है।

राजनीति और उसके साथ राजनीतिक दायित्व–संबंधी मार्क्सवादी सिद्धांत का आरंभ–बिंदु है – 'समग्र समाज के न्यासी, साधन, अथवा अभिकर्ता के रूप में राज्य के इस दृष्टिकोण का उसके द्वारा सुस्पष्ट अस्वीकरण'। राजनीतिक दायित्व का मामला तब उठता है जब क्रांति के बाद 'नया राज्य' अस्तित्व में आता है। इस सिद्धांत में गौरतलब बात यह है कि पूंजीवादी समाज में जो वर्जित होता है, वह समाजवादी व्यवस्था में विहित होता है। न सिर्फ यही, बुनियादी फेर–बदल भी होते हैं जो राज्य के किसी भी विरोध को पूरी तरह निषिद्ध करते हैं। मार्क्सवादियों का काम है राजनीतिक दायित्व की धारणा को स्थायी क्रांति के आदेशों के बनिस्पत कम महत्व देना। दूसरे शब्दों में, राजनीतिक दायित्व–संबंधी धारणा का अस्तित्व समाजवाद के अंतिम चरण (साम्यवाद कहा जाने वाला) में राज्य के कमजोर पड़ने के साथ ही समाप्त हो जाता है और अंतिम रूप से सामाजिक दायित्व के व्यादेश में बदल जाता है। इस प्रकार, समाज स्वतंत्र और समान उत्पादकों के साहचर्यों से मिलकर बनता है, जो एक सर्वमान्य और युक्तियुक्त योजना पर जानकारीपूर्वक अमल करता है।

आलोचना – मार्क्सवादी सिद्धांत का आलोचनात्मक अध्ययन यह दर्शाता है कि वह राजनीतिक दायित्व की समस्या का जिस प्रकार विवेचन करता है, वह वास्तविक परिप्रेक्ष्य से काफी दूर है। पूंजीवादी चरण में जिसकी जोरदार वकालत की जाती है, वही सामाजिक विकास के आगामी चरण में दृढ़ता से ठुकरा दिया जाता है। उन लोगों को, जो 'मध्यवर्गीय समाज' की अवज्ञा हेतु प्रेरित किए जाते हैं, इस नई सामाजिक व्यवस्था के उद्‌घाटन पश्चात् राज्य का कतई आज्ञापालन न करने का आदेश दिया जाता है। इस प्रकार, मार्क्स पर मात्र समीचीनता (expediency) के आधार पर राजनीतिक दायित्व संबंधी सिद्धांत को जन्म देने का आरोप

लगाया जाता है और वह उस स्वतंत्र व्यक्ति की उपेक्षा करते हैं, जिसके सिर्फ अनुभव को ही राज्य के कानूनों का उसके द्वारा आज्ञापालन किए जाने को तय किए जाने में स्थान दिया जाता है।

प्रश्न 14. क्रांति से आप क्या समझते हैं? इसके प्रमुख लक्षणों का वर्णन करो।
[Dec-06, Q4]

उत्तर – क्रांति : अर्थ एवं लक्षण – राजनीति में क्रांति का अर्थ होता है किसी राजनीति व्यवस्था में पूरी तरह बदलाव जो न सिर्फ समाज में सत्ता वितरण को व्यापक तौर पर बदल डालता है बल्कि पूरे सामाजिक तानेबाने में परिणत होता है। अक्सर ही क्रांति एक शासक वर्ग को दूसरे शासक वर्ग द्वारा हिंसक रूप से उखाड़ फेंक देने से जुड़ी होती है जो संघटित जन साधारण को वर्तमान व्यवस्था के विरूद्ध अभिप्रेरित करती है। क्रांति संबंधी विचार में न सिर्फ राजनीतिक बल्कि मानव जीवन के आर्थिक सामाजिक व सांस्कृतिक आयाम भी आते हैं। यह सत्य है कि विश्व के विभिन्न हिस्सों में अनेक क्रांतियां हुई हैं, फिर भी क्रांति का कोई उद्देश्य और आम प्रतिमान स्थापित करना अथवा सभी कालों में प्रयोज्य कोई उपयुक्त परिभाषा करना असंभव है।

अतएव हमें अपना ध्यान क्रांति के निहितार्थ और सामान्य लक्षणों पर लगाना चाहिए, ताकि इस अवधारणा–विशेष की एक बेहतर समझ रख सकें। ये हैं :

– एक प्रक्रिया का आरंभ
– एक परिवर्तन का संकेत
– एक सुसंगत योजना की सूचना
– राजनीतिक नेतृत्व का कल्पित महत्व।

1) एक प्रक्रिया का प्रारंभ – क्रांति एक ऐसी प्रक्रिया है जिसमें किसी राज्य द्वारा अपनाई गई राजनीतिक दिशा की या तो संपूर्ण जनता अथवा उसके किसी एक खास हिस्से की नजर में उत्तरोत्तर अविश्वसनीयता पैदा हो जाती है। इस प्रकार की प्रक्रिया किसी क्रांतिकारी घटना अथवा अन्य गतिविधियों में पराकाष्ठा पर पहुंच सकती है, यथा भड़ास निकालाना, हो–हल्ला करना, अशांति फैलाना अथवा अधिक शक्तिशाली साधनों का प्रयोग कर सरकार बदल

डालना।

2) एक परिवर्तन का द्योतन – जब प्रक्रिया शुरू हो जाती है, क्रांति सशस्त्र बलों के प्रयोग अथवा उसके प्रयोग की विश्वास करने योग्य धमकी द्वारा एक स्पष्ट रूप से सीमांकित समय–बिंदू पर स्थापित व्यवस्था, अथवा सरकार के परिवर्तन का संकेत करती है। इसके अलावा, यह परिवर्तन आकस्मिक, न कि क्रमिक होना चाहिए। यहां, महज प्राधिकार का परित्याग ही काफी नहीं है। वर्तमान प्राधिकारण 'वैधता' रहित हो जाने के कारण उसकी जगह एक नया प्राधिकरण आना चाहिए जो 'ईमानदार' हो। जैसे कि यह प्राधिकरण अव्यवस्था, विद्रोह अथवा राजद्रोह जैसी किसी गतिविधि से भिन्न हो।

3) एक संलयित कार्यक्रम का अर्थ प्रकटन – क्रांति किसी राज्य के राजनीतिक या सामाजिक अथवा दोनों निर्देशों में एक न्यूनाधिक संगत परिवर्तन योजना का भी संकेत करती है, जो कि किसी क्रांतिकारी घटना पश्चात् सत्ता परिवर्तन हो जाने के बाद राजनीतिक नेतृत्व द्वारा प्रवृत्त की जाती है। क्रांति के किसी भी प्रकार में – चाहे वो उदारवादी हो, साम्यवादी हो, क्रांतिकारीप्राय हो, सीमित या असीमित हो, वास्तविक या उप–क्रांति हो, नकारात्मक अथवा सकारात्मक पहलुओं के साथ सभी कार्यवाही व कार्यक्रम की एक धनी विधि–संहिता का पालन करते हैं, ताकि यथासंभव अधिक से अधिक वांछित परिणाम पा सकें।

राजनीतिक नेतृत्व की कल्पित मर्यादा – क्रांति किसी क्रांतिकारी परिवर्तन से जन्मे राजनीतिक नेतृत्व को एक कल्पित महत्व प्रदान किए जाने की ओर भी इशारा करती है, यथा राज्य की जायज् सरकार के रूप में अल्पावधि महत्व। उदाहरण के लिए, 1922 में इटली में फासीवाद और 1933 में जर्मनी में नाज़ीवाद के उद्घाटन का क्रांतियों के रूप में स्वागत किया गया, हालांकि उन्होंने उदारवादी लोकतंत्र की नियति तय कर दी। इन देशों के इन राष्ट्र–नायकों की 'देवदूतों' के रूप में पूजा की गई और लोगों ने एक स्वेच्छाचारी शासन–व्यवस्था के स्थान पर संवैधानिक सरकार लाने के लिए उत्साह दिखाए बगैर तानाशाही को विकल्प चुना।

प्रश्न 15. क्रांति के मार्क्सवादी सिद्धांत का वर्णन करो।

उत्तर – मार्क्स के अनुसार क्रांति सामाजिक परिवर्तन का अनिवार्य माध्यम है। मार्क्सवादियों ने मूल रूप में 'स्थायी क्रांति' की धारणा पर जोर दिया। उनका मत था कि कोई सामाजिक क्रांति तब होती है जब विद्यमान उत्पादन–संबंध उत्पादन–बलों के भावी विकास में एक बाधा के रूप में काम करते हैं। इस प्रकार, मार्क्स के अनुसार, आज तक हुई आधुनिक युग की प्रमुख राजनीतिक क्रांतियों की व्याख्या ऐसे दीर्घावधि समाजिक व आर्थिक विकासों के परिणामों के रूप में की जानी चाहिए, जिसमें आर्थिक शोषण के नए रूप सामने आयें। उनके अनुसार 'कोई राजनीतिक क्रांति उस स्थिति में एक सामाजिक क्रांति होती है जब उसमें सामाजिक वर्गों का संघर्ष शामिल हो।'

इस प्रकार, मार्क्स 'मध्यवर्गीय क्रांति' को मान्यता देते हैं जिसके द्वारा सामन्ती राज्य को उस मध्यवर्ग द्वारा उखाड़ फेंका जाता है जो उसी के अन्दर पनपा होता है, और मध्यवर्गीय शासन के साधान के रूप में एक नए राज्य का निर्माण किया जाता है।' उनको उम्मीद थी कि एक लोकतांत्रिक रूप से उन्नत देश (जैसे इंगलैंड, हॉलैण्ड, फ्रांस और अमेरिका) में समाजवादी क्रांति 'मतपेटी युद्ध' के माध्यम से हो सकती है। कुल मिलाकर, बहरहाल, मार्क्सवादी सिद्धांत का वज़न हिंसात्मक तरीके प्रयोग करने पर ही है। सिर्फ यही नहीं, वह इस संभावना पर भी विचार करता है कि धारणाएं, आस्थाएं, दोषसिद्धियां, रीति–रिवाज़ और लोकजीवन के तौर–तरीके बदलते हैं ताकि उनका समाजवादी व्यवस्था के मानदंडों के साथ तालमेल बिठाया जा सके। इस प्रकार, 'सांस्कृतिक क्रांति' शुरू की जाती है ताकि लोगों का बलात् मत परिवर्तन किया जा सके।

क्रांति की प्रक्रिया यहां भी नहीं थमती। यह एक स्थायी कारोबार है, जो 'राज्यहीन समाज' के अंतिम चरण की ओर आह्वान करता है। इसका निहितार्थ 'क्रांति निर्यात' भी है, जिसका मतलब है अन्तर्राष्ट्रीय समाजवाद। *कम्युनिस्ट घोषणापत्र* प्रबोधन के इन शब्दों के साथ खत्म होता है : 'सभी देशों के मजदूर एक हों। तुम्हारे पास खोने के लिए बेड़ियों के सिवा कुछ भी नहीं है। तुम्हारे पास जीतने के लिए संसार है।'

आलोचना – इस सिद्धांत के विरूद्ध एक प्रमुख आलोचना यह है कि यह 'समाजवादी क्रांति' हो जाने के बाद रूक जाता है। क्रांति का मूल रूप से अर्थ होता है बेहतरी के लिए बदलाव। परन्तु एक समाजवादी राज्य में यह एक वर्जना है। प्रतिपक्ष का दमन किया जाता है और लोगों पर दबाव जाता है कि वे अपने आपको बदलें, जो कि जरूरी नहीं कि बेहतरी हेतु बदलाव के बराबर ही हो। इस प्रकार, मार्क्स का दृष्टिकोण परिसीमित कहा जा सकता है।

इस सिद्धांत में एक और कमजोरी यह है कि क्रांतिकारी राजनीतिक कार्यवाही और मार्क्स के सामाजिक–आर्थिक विकास संबंधी आम सिद्धांत के बीच सही संबंध आशाजनक रूप से अनिश्चित अर्थात्मक है। यह वर्ग–संघर्ष के विवर्धन (elaboration) पर खड़ा होता है। यह सिद्धांत समस्यामूलक है क्योंकि विचारकों के बीच हम विवाद पाते हैं। जहां त्रोत्सकी ने 'क्रांति निर्यात' की इच्छा की, स्टालिन ने एक देश में 'समाजवाद' का नारा दिया। क्रुशचेव ने पूंजीवादी राज्य के साथ शांतिपूर्ण सहअस्तित्व के सिद्धांत की रट लगाई।

प्रश्न 16. क्रांति के आदर्शवादी उदारवादी सिद्धांत की आलोचनात्मक व्याख्या कीजिए।

उत्तर – यह क्रांति के बजाय एक नैतिक, आध्यात्मिक और सांस्कृतिक उथल–पुथल पर जोर देता है, जिसके माध्यम से लोगों का कोई समूह अपने अस्तित्व हेतु एक नया आधार स्थापित करना का प्रयास करता है। यदि ऐसा है, तो कोई क्रांति महज एक राजनीतिक प्रक्रिया नहीं होती, वरन् मानवीय संभाव्यता प्रकटन का एक हिस्सा होती है। एक उच्च नैतिक ध्येय की ओर दिशा–निर्देश एक प्रमुख ऐतिहासिक महत्ववाली घटना इस व्याख्या के अनुसार एक क्रांति

होती है।

इस प्रकार के अभिविन्यास (orientation) को हैगेल की ओर से प्रभावशाली अभिव्यक्ति मिली है। उनके अनुसार, यही वो 'कारण' है जो क्रम–विकास में एक निर्णायक भूमिका निभाता है। प्रयोजन एक पक्ष होता है, उसमें एक विवाद का तत्व पनपता है, जिसे उसका 'प्रतिपक्ष' कहा जा सकता है। इन दोनों के बीच संघर्ष 'सपक्ष' के उद्‌गमन की ओर प्रवृत्त करता है, जिसमें पक्ष और प्रतिपक्ष दोनों का मिश्रण होता है, तथा विकास की एक उच्च अवस्था को दर्शाता है – एक ऐसी अवस्था जो एक अन्य उच्च अवस्था की ओर प्रवृत्त करेगी और इस प्रकार, परिवर्तन प्रक्रिया चलती रहेगी। कोई क्रांति, इसी कारण, द्वन्द्व–न्याय कानूनों की संक्रिया के कारण ही होती है, जिसमें निर्णायक भूमिका उत्साह प्रवणता (साहस) की होती है। इस प्रकार, यह उस प्रक्रिया के लिए कुछ खास बन जाता है जिसमें आदर्शरूप से युक्तियुक्त वास्तविक बन सकता है।

क्रांतिबोध संबंधी आदर्शवादी के साथ उदारवाद व्याख्या एन.एन. रॉय के राजनीति–दर्शन में देखी जा सकती है, जिन्होंने कहा कि क्रांति का अर्थ है मनुष्य में आज़ादी की ललक पैदा करना। गोया कि क्रांति मानव स्वभाव पर आधारित है और हिंसा जैसी किसी चीज़ की आवश्यकता नहीं होती। इसका मतलब है कि स्वतंत्रता और समानता के आधार पर समाज को पुनर्संगठित करने की आवश्यकता बनी रहती है।

आलोचना – इस सिद्धांत की इस आधार पर आलोचना की जाती है कि यह इतना दुर्बोध है कि एक औसत बुद्धि वाले व्यक्ति की समझ से बाहर है। विशुद्ध रूप से दार्शनिक व्याख्या क्रांति के विषय को हकीकत की दुनिया से दूर ले जाती है। क्रांति दरअसल, एक महत्वपूर्ण घटना है जो सामाजिक, आर्थिक व राजनीतिक विकास के प्रतिमान को बदल देती है। इस अर्थ में यह एक निर्दोषतः व्यावहारिक कार्य है। यह एक अनुभाविक अध्ययन हेतु आह्वान करता है। क्रांति का मूल्यरहित अध्ययन, तथापि, एक तार्किक असंभाव्यता है।

अध्याय –5

अधिकार, समानता, स्वतंत्रता और न्याय

प्रश्न 1. नागरिकता से आप क्या समझते हैं? नागरिकता सम्बन्धी धारणा के विकास में मुख्य सूत्र अथवा पंरपराए क्या हैं? **[June-07, Q2]**

उत्तर – 'नागरिक शब्द यूनानी नगर–राज्यों के प्रचीन युग से उद्भूत हुआ है। प्राचीन यूनान के नगर राज्यों में नागरिकता का लक्षण था सक्रिय तथा प्रत्यक्ष सहभागिता। **अरस्तू** के अनुसार, ''वह व्यक्ति जिसे चर्चाओं तथा न्यायिक प्रशासन में भाग लेने का अधिकार (शक्ति) होता है, हम उसे उस राज्य का नागरिक कहते हैं।'' विश्वकोष के अनुसार नागरिक वह है, जो नगर का निवासी है। ऐतिहासिक प्रक्रिया से नगर–राज्य आज के राष्ट्र राज्यों में विकसित हुए। आधुनिक राज्य अनिवार्य रूप से विशाल आकार वाले होते हैं। इस कारण राज्य के प्रशासन में नागरिकों की प्रत्यक्ष सहभागिता लगभग असंभव हो गई है। आज नागरिकता से तात्पर्य सहभागिता नहीं बल्कि, जिस राज्य में नागरिक रहता हो, उसके प्रति उसकी निष्ठा तथा राजनीतिक विशेषाधिकारों का उपभोग हो गया है। निष्ठा से मतलब है, राज्य के बुनियादी आदर्शों के प्रति नागरिकों में सम्मान की भावना। इसका आगे अभिप्राय यह है कि राज्य की संकट की घड़ी में वह उसका साथ देगा। इसके बदले में नागरिक को सभी नागरिक तथा राजनीतिक अधिकार प्रापत होते हैं, और वह राज्य के प्रति अपने कर्तव्यों की पूर्ति भी करता है।

नागरिकता की परिभाषा – नागरिक वह है, जो उस राज्य के प्रति निष्ठा रखता है, जिसमें वह रहता है। नागरिक तथा राजनीतिक विशेषाधिकारों में उसका पूर्ण हिस्सा होता है। सामाजिक समृद्धि की धारा में वह अपना बुद्धिमतापूर्ण योगदान करता है। लॉस्की के अनुसार, ''नागरिकता सार्वजनिक कल्याण के लिए अपनी प्रशिक्षित निर्णय शक्ति का योगदान है।''

नागरिकता–विषयक धारणाओं का विकास – नागरिकता से संबंधित धारणाओं के विकास का श्रेय चार एतिहासिक कालों को दिया जा सकता है – (अ) प्राचीन ग्रीको–रोमन काल (चौथी शताब्दी ईसा पूर्व के पश्चात), (ब) परवर्ती मध्यकालीन एवं पूर्व–आधुनिक काल, जिनमें फ्रांसीसी एवं अमेरिकी क्रांतियों का काल शामिल है, (स) बहुसंस्कृतिवाद व समुदाय

अधिकारों के साथ बढ़ते पूर्वाधिकार को लेकर 20वीं सदी उत्तरकाल में नागरिकता के रूप व तात्पर्य पर विवाद। अधिकारों व नागरिकता संबंधी दो प्रमुख सूत्र अथवा परंपराएं इन कालावधियों में विकसित हुई मानी जा सकती हैं : (अ) नागर गणतंत्रवाद, जिसके लक्षण थे – जन–कल्याण, जन–चेतना, राजनीतिक भागीदारी व नागर गुण संबंधी धारणाएं, और (ब) उदारवादी नागरिकता, वैयक्तिक अधिकारों व निजी हितों पर जोर दिए जाने के साथ। मार्क्सवादियों व नारी अधिकारवादियों दोनों ने ही इन परंपराओं की आलोचना की है और नागरिकता पर पुनर्विचार के उग्रवादी तरीके सुझाये हैं। गांधी जी द्वारा उदारवादी – अनुभवाश्रित नागरिकता संबंधी आलोचना तथा अधिकार की बजाय कर्तव्य–बोध पर आधारित नागरिकता संबंधी उनका दृष्टिकोण नागरिकता विषयक एक दूसरी तरह की सोच को जन्म देते हैं।

प्रश्न 2. प्राचीन यूनान व रोम के नागरिकता की धारणा पर टिप्पणी करो।

उत्तर – नागरिकता की अवधारणा समय–समय पर, अपने लंबे विकास क्रम में बदलती आई है। इस विकास प्रक्रिया में नागरिकता के कुछ महत्वपूर्ण सिद्धांतों का उदय हुआ।

यूनानी नागरिकता सिद्धांत – नागरिकता की अवधारणा तथा संकल्पना ने पहले प्राचीन यूनान में जड़ पकड़ी। ग्रीक दार्शनिकों ने इस अवधारणा के सिद्धांत एवं व्यवहार का गहराई से अन्वेषण किया। उनके अनुसार सार्वजनिक जीवन में सहभागिता मनुष्य प्राणी के संपूर्ण तथा समुचित विकास के लिए अहम् महत्व रखता है।

अरस्तू का मत – इस अवधारणा का विकास अरस्तू ने पहले अपनी पुस्तक 'पॉलिटिक्स' में किया। उसका मत था कि मनुष्य एक राजनीतिक प्राणी है, और अपने व्यक्तित्व का विकास पूर्णतया वह तभी कर सकता है, जब वह राज्य के मामलों में हिस्सा ले। अतः प्रश्न यह उठा कि यह हिस्सेदारी कौन कर सकता है, और कौन नहीं। **अरस्तू** के अनुसार नागरिक वह है, "जो सार्वजनिक चर्चा तथा न्यायिक प्रशासन में हिस्सेदारी के अधिकार का उपभोग करता हो।" "फिर" वे सभी नागरिक हैं जो शासन करने संबंधी तथा बदले में शासित होने संबंधी नागरिक जीवन में हिस्सा लेते हों। नागरिकों में शासक तथा शासित होने के लिए आवयक ज्ञान तथा क्षमता होनी चाहिए। एक नागरिक की उत्कृष्टता में, दोनों दृष्टिकोणों से स्वतंत्र व्यक्तियों पर शासन करने का ज्ञान शामिल है। अरस्तू के अनुसार नागरिकता, विशेष चरित्रगत क्षमताओं तथा सभी लोगों में न पायी जाने वाली बुद्धिमत्ता को बरकरार रखती है। कुछ लोग 'प्रकृति से ही गुलाम होते हैं उन्हें "नागरिक" वर्ग में नहीं गिना जा सकता। नागरिक वह व्यक्ति है जो कुछ निश्चित कार्य करता है। अधिसत्ता के प्रयोग में सक्रिय हिस्सेदारी ऐसा ही एक कार्य है। दूसरे, इस प्रकार हिस्सेदारी करने योग्य व्यक्तियों की संख्या सीमित होती है।

गिने–चुने लोगों का बंधन एवं विशेषाधिकार – नागरिकता, यूनानी समाज के, गिने चुने लोगों के बीच एक बंधन, एक संबंध तथा एक विशेषाधिकार था। ये सीमित संख्या के लोग ही राज्य के मामलों में हिस्सा लेते थे। वे राजकाज सुखभोग का विशेषाधिकार रखते थे, और उसकी बड़ी शिद्दत से रक्षा करते थे। इस वर्ग से बाहर किसी व्यक्ति को यह अधिकार तथा

दर्जा नहीं दिया जाता था। यूनानी नागरिकता एक उत्तरदायित्व अधिक था, जिसका गर्वीला बोझ कंधे पर हो, और एक अधिकार कम, जिसका दावा किया जाए। वह एक ऐसा विशेषाधिकार और दर्जा था, जो विरासत में प्राप्त होता था। विदेशी निवासी, स्त्रियां, गुलाम तथा किसान इससे वंचित कर दिए गए थे और उन्हें 'नागरिक' नहीं माना जाता था। इन 'नागरिकों' को सभी विशेषाधिकार प्राप्त थे। केवल वही निजी संपत्ति रख सकते थे। इन्हीं नागरिकों से राजनीतिज्ञ, प्रशासक, न्यायाधीश, सैनिक, पंच, आदि के कर्तव्य निभाने की उम्मीद की जाती थी। इस प्रकार, अरस्तू के अनुसार नागरिकता, नगर–राज्य के शासक समूह का एक विशेषाधिकार युक्त दर्जा था। नगर राज्यों में सार्वजनिक चर्चा में प्रभावशाली सहभागिता एवं सत्ता के प्रयोग में यह विशेषाधिकार निहित था।

स्टॉइक संप्रदाय – किंतु, यूनान में चिंतकों का एक 'स्टॉइक संप्रदाय' भी था जो नागरिकता के बारे में भिन्न मत रखता था। उसके अनुसार सभी मनुष्य परमात्मा की संतान हैं। बौद्धिक प्राणी होने के नाते सभी समान हैं, चाहे वे किसी भी कौम या सामाजिक दर्ज से संबंधित हों, चाहे गुलाम हो या स्वतंत्र, सब में वृद्धि का सामान्य गुण पाया जाता है, अतः सभी समान हैं। अतः नागरिकता की अवधारणा सभी पर लागू होती है। नागरिकता के लिए एक मात्र आवश्यक अर्हता है, बुद्धिमता, जिसको सभी व्यक्ति अपने में विकसित कर सकते हैं क्योंकि सभी में बुद्धि बीज रूप में मौजूद है। इस साधु–संप्रदाय के अनुसार अच्छा नागरिक वह है जो कानून का अर्थात् प्राकृतिक कानून का पालन करता है। यह कानून दिव्य प्रजा से उत्पन्न न्याय के मौलिक सिद्धांतों की संहिता है। यदि मनुष्य निर्मित कानून का इस 'प्राकृतिक' कानून से टकराव होता है, तो पहले की अपेक्षा दूसरे को वरीयता दी जानी चाहिए। इस प्रकार स्टॉइक नागरिकता के दो मूल तत्व हैं – ईश्वर तथा मनुष्य के बीच संबंध तथा कानून को प्रकृति से जोड़ना। इन तत्वों ने रोमन तथा ईसाई नागरिकता–संकल्पनाओं पर जबरदस्त प्रभाव डाला।

नागरिकता की रोमन अवधारणा – यूनानी सीमित नागरिकता की अवधारणा के विपरीत, रोमन संकल्पना अधिक पूर्ण, लचीली तथा विधिपरक थी। वह अधिक व्यावहारिक तथा व्यापक रूप से अमल में लाने योग्य थी। वह रोम में बसने वाले अल्पविशेषाधिकार प्राप्त विदेशियों, व्यापारियों को भी अपने दायरे में लेती थी। फिर भी प्रत्यक्ष व्यवहार में भेदभाव जारी था।

नागरिकता के अंतर्गत छः विशेषाधिकार आते थे –

(1) सैनिक सेवा,
(2) विधान–सभा में मतदान
(3) सार्वजनिक पद पर नियुक्ति
(4) न्यायिक कार्रवाई तथा अपील का कानूनी अधिकार,
(5) पारस्परिक विवाह संबंध, तथा
(6) अन्य रोमन नागरिकों के साथ व्यापार। इस प्रकार नागरिकता ने, जीविका की उन संभावनाओं के द्वार खोले, जिनका पहले एक गैर नागरिक हकदार नहीं था।

चौथी सदी में, रोमनों ने नागरिकता की अवधारणा में तीन महत्वपूर्ण संशोधन किए। प्रथम, उन्होंने विजित प्रदेशों को उनके स्वतंत्र पुरूष निवासियों को पूर्ण रोमन नागरिकता प्रदान करके आत्मसात् कर लिया। दूसरे, दोहरी नागरिकता की अवधारणा का अंतर्भाव किया। एक व्यक्ति अपने शहर का नागरिक होने के साथ–साथ संपूर्ण रोमन साम्राज्य का नागरिक हो सकता था। तीसरे, रोमन नागरिकता ने कानून के समक्ष समानता का प्रावधान किया। रोमनों ने कानून के आगे बराबरी को नागरिकता की एकमात्र कसौटी माना तथा वंश, धर्म, या संपत्ति को नागरिकता की निर्धारक कसौटियों के रूप में खत्म कर दिया। इस प्रकार नागरिकता की बदली हुई अवधारणा के जरिए, उन्होंने अपने पराजित शत्रुओं के प्रदेश तथा साथ ही निष्ठा भी अर्जित कर ली।

प्रश्न 3. नागरिकता सम्बन्धी आधुनिक धारणा पर टिप्पणी करो।

उत्तर – टी.एच. मार्शल ने अपनी पुस्तक 'नागरिकता एवं सामाजिक वर्ग' में पूंजीवाद समाज के ऐतिहासिक विकास के मद्देनजर यूरोप के आधुनिक राष्ट्र–राज्यों में नागरिकता की प्रकृति का विवेचन किया है। उनका तर्क है कि नागरिक अधिकारों की अवधारणा के विकास से पूंजीवादी समाज में श्रमिक वर्ग के आवश्यक एकीकरण में सहायता मिली है। इससे वर्ग–संघर्ष में कमी आई है। मार्शेल के अनुसार, जिस प्रकार पूंजीवादी समाज में वर्ग–विभाजन बढ़ा, उसी प्रकार नागरिकता की अवधारणा में भी परिवर्तन आया। वह अधिकारों की ऐसी व्यवस्था–जो बाजार–तंत्र तथा धनवान वर्ग की समर्थक थी – से बदल कर ऐसी अधिकार व्यवस्था बन गई है जो उनका विरोध करती है।

सिद्धांत का विकास – मार्शल नागरिकता के अपने सिद्धांत का विकास करते हुए इस तथ्य से प्रारंभ करता है कि नागरिकता, समुदाय की पूर्ण सदस्यता से जुड़ा हुआ दर्जा है। जो इस दर्जे पर है, वे उससे जुड़े हुए अधिकारों तथा कर्तव्यों के विषय में समानता रखते हैं। किंतु एक व्यापक सिद्धांत के अभाव में विभिन्न राज्य नागरिकों के दर्जे से विभिन्न अधिकार तथा कर्तव्य जोड़ते हैं। जैसे इंगलैंड में, आधुनिक नागरिकता की संस्थाओं के विकास के साथ पूंजीवाद का उदय हुआ। एक सिद्धांत के रूप में, नागरिकता सफेदपोश मध्य वर्ग (बुर्जुआ) की समाज में अधिक सहभागिता के लिए तलाश थी। यह कुलीन वर्ग के विशेषाधिकारों की विरोधी थी। फलस्वरूप, नागरिकता कानूनी तथा नागरिक समानता लाई और सामंती वर्ग के पारंपरिक विशेषाधिकारों को उसने दबा दिया। नागरिकता के इस सामाजिक तत्व ने व्यक्ति स्वतंत्रता के लिए आवश्यक अधिकारों का पथ प्रशस्त किया। जो संस्थाएं सीधे तौर पर इससे जुड़ी हुई थीं, वे थीं–कानून का शासन और अदालतों की एक प्रणाली।

नागरिक अधिकारों के परिणाम – इन अधिकारों ने प्रतिद्वंद्वात्मक बाजार अर्थव्यवस्था को बढ़ावा दिया, जो निजी संपत्ति पर आधारित थी। नागरिकता में अधिकार सामाजिक अधिकार थे। 19वीं सदी में कई राजनीतिक अधिकार जिनमें मताधिकार भी शामिल थी – शहरी कामगार वर्ग को प्रदान किए गए। श्रमिक वर्ग के सदस्यों द्वारा इन अधिकारों के

सामूहिक प्रयोग से श्रमिक–संगठनवाद बढ़ा। उसने यह दावा किया कि नागरिक के रूप में श्रमिक कुछ सामाजिक अधिकारों के भी हकदार हैं। इन सामाजिक अधिकारों के जुड़ जाने से स्थिति और जटिल हो गई।

नागरिकता बनाम पूंजीपति वर्ग – इसका परिणाम यह हुआ कि नागरिकता और पूंजीपति वर्ग के बीच युद्ध छिड़ गया। सामाजिक नागरिकता के कानूनों के जरिए पूंजीवाद को सुधारने का प्रयास किया। बदले में इन कानूनों ने श्रमिक वर्ग को पूंजीपतियों का प्रतिरोध करने की अधिक शक्ति प्रदान की। इस प्रकार दोनों के बीच टकराव अटल प्रतीत होने लगा। किंतु पूंजीपतियों की मुनाफे की मांग, और श्रमिक वर्ग की खुशहाली की मांग – दोनों की टक्कर के बीच राज्य ने रचनात्मक हस्तक्षेप किया। उसके उपकरण थे – कर प्रणाली की पुर्नरचना तथा व्यय–नीतियां। इनकी सहायता से राज्य दोनों के बीच टकराव का समाधान कर सका। इस प्रकार नागरिकता ने वर्ग–विरोध का शमन किया।

प्रश्न 4. नागरिकता सिद्धांत में मुख्य विभाजक रेखाएं कौन सी हैं और वे नगर–गणतंत्र व उदारवादी परंपराओं के बीच ऐतिहासिक विभाजन से किस प्रकार निकलती हैं?

उत्तर – 1980 के दशक से ही, अधिकारधारक व्यक्ति को नागरिकता सिद्धांत के केन्द्र से हटाये जाने के प्रयास किए जाने लगे थे। वैयक्तिक अधिकारों सबंधी धारणा सांस्कृतिक समुदायों की विशिष्ट आवश्यकताओं की पूर्ति हेतु विशेष–अधिकारों हेतु उनके दावों द्वारा प्रतिसंतुलित की जा रही है। नागरिकता सिद्धांत में अधिकारों की केन्द्रिकता पर भी कुछ प्रांतों में प्रश्न किया गया है और वैयक्तिक/निजी हितों से ऊपर जन–कल्याण व नागर–कर्तव्यों की प्रधानता पर अपने दबाव के साथ नागरिकता की गणतंत्रीय परंपरा में फिर से रूचि जागती लगती है।

नागर–गणतंत्रवाद एवं उदारवादी पंरपरा – नागरिकता सिद्धांत में दो मुख्य सूत्र अपने ऐतिहासिक क्रम–विकास में उभरे, जिनका नाम था प्राचीन परंपरा अथवा नागर–गणतंत्रवाद और आधुनिक उदारवादी परंपरा। वर्तमान नागरिकता सिद्धांत में विभाजक रेखाएं, वस्तुतः नागरिकता संबंधी इन्हीं दो परंपराओं से उभरती हैं, जिनमें से प्रत्येक इस बात के लिए कि नागरिक होने का क्या मतलब है, दो भिन्न अर्थ दर्शाती हैं।

प्रथम, यथा गणतंत्रीय परंपरा, नागरिकता का वर्णन एक उच्च पद, एक दायित्व, इस उद्धता से लिये जाने वाले भार के रूप में करती है; दूसरी, यथा उदारवादी परंपरा, इसका वर्णन एक दर्जा और हकदारी, निष्क्रिय रूप से उपभोग किए जाने वाले एक अधिकार अथवा अधिकार –श्रृंखला के रूप में करता है। पहला, नागरिकता को मानव जीवन का केन्द्र बनाता है, दूसरा इसे अपना बाहरी ढांचा बनाता है। प्रथम नागरिकों को एक सघन निकाय अपनाता है, जिसके सदस्य एक दूसरे के प्रति वचनबद्ध होते हैं, दूसरा एक विविध और निर्बन्ध रूप से जुड़ा निकाय अपनाता है, जिसके सदस्य (अधिकतर) अन्यत्र प्रतिबद्ध होते हैं। पहले के अनुसार

नागरिक ही प्रमुख राजनीतिक अभिकर्ता होता है; दूसरे के अनुसार कानून–निर्माण व प्रशासन किसी और का काम है, नागरिकों का काम असार्वजनिक होता है। शेष भाग में हम देखेंगे कि वर्तमान नागरिकता सिद्धांतों के बीच विवाद नागरिकता के रूप व वास्तविक अर्थ संबंधी अवधारणा में इन्हीं दो बुनियादी भिन्नताओं से उद्‌भूत होते हैं।

विभाजक रेखाएं : व्यक्ति बनाम समुदाय–विशेष – वर्तमान नागरिकता सिद्धांतियों के बीच विभाजनों की एक श्रृंखला को निम्न प्रश्न के साथ में देखा जा सकता है, नागरिकता का केन्द्र कौन अथवा क्या बनाता है – व्यक्ति अथवा वह व्यापक प्रसंग जिसका वह एक भाग है, यथा सांस्कृतिक (नृजातीय, धार्मिक आदि) समुदाय। कि नागरिकता संबंधी उदारवादी (व्यक्तिवादी) धारणा फ्रांसीसी क्रांतिकारी परंपरा में एक सूत्र की मॉनिद उभरी और पूंजीवाद की वृद्धि के साथ दृढ़कृत हुई। उदारवादी परंपरा में नागरिक ही स्वतंत्र प्लवमान (आज़ाद मसती से चलता) व्यक्ति है, और नागरिकता एक कानूनी पदवी है जो उन दूसरे नागरिकों के साथ समान रूप से अधिकारों के उपभोग हेतु समर्थ करती है, जिनमें से प्रत्येक हालांकि भिन्न व्यक्तिगत हितों के पीछे लगा रहता है। इस परिदृश्य में अधिकार संबंधी एक समान उपभोग हेतु व्यक्तियों के विशिष्ट संदर्भों को अप्रासंगिक बनाकर प्रस्तुत किया जाता है, यथा जन्म के कारकों, द्वारा निर्धारित उनकी विशेष परिस्थितियां, नामतः प्रजाति, जाति, संस्कृति, नृजाति, लिंग आदि।

यह दृष्टिकोण समाजवादियों द्वारा पासंग (counterpoise) किया जाता है जो, नागर–गणतंत्रीय परंपरा में, निश्चयपूर्वक उस सीमा को निर्धारित करने में व्यक्तियों के संदर्भों का महत्व बताते हैं, जहां तक अधिकार दूसरों के साथ समान रूप से उपभोग किए जा सकें। ये सिद्धांती इस बात पर ज़ोर देते हैं कि अधिकारों के आबंटन में ये भेद किए जाने की बजाय, नागरिकों की विभिन्न परिस्थितियों संबंधी विशेषरूपता पर ध्यान दिया जाना चाहिए। सिद्धांतियों की बढ़ती संख्या, जिन्हें 'सांस्कृतिक बहुवादी' कहा जाता है, का दावा है कि बड़ी संख्या में नृजातीय, धार्मिक व भाषाई समूह स्वयं को नागरिकता हेतु अधिकार से बहिष्कृत मानते हैं। ये समूह सिर्फ उसको अपनाकर ही सामान्य नागरिकता में समायोजित किए जा सकते हैं, जिसे आइरिस मैरिओं यूडग 'विभेदीकृत नागरिकता' कहते हैं, अर्थात् कुछ निश्चित समूहों के सदस्यों को न सिर्फ व्यक्तियों के रूप में ही बल्कि उस समूह–विशेष के माध्यम से भी समायोजित किया जाना चाहिए और उसके अधिकार अंशतः उनकी समूह–सदस्यता पर भी निर्भर करें। यूडग, सांस्कृतिक बहुवाद के सर्वाधिक प्रभावशाली सिद्धांतियों में एक, निश्चयपूर्वक कहते हैं कि नागरिकता संबंधी एक सार्वभौम अवधारणा को जन्म देने का प्रयास जो समूह भिन्नताओं का सीमोल्लंघन करता हो, ऐतिहासिक रूप से दमित समुदायों के प्रति बुनियादी रूप से अनुचित है : एक ऐसे समाज में जहां कुछ समुदाय तो विशेषाधिकार प्राप्त हों जबकि अन्य दमित, इस बात पर जोर देना कि नागरिकों के रूप में लोगों को अपने विशिष्ट संबंधन व अनुभव पीछे छोड़ देने चाहिए और एक आम दृष्टिकोण अपनाना चाहिए, इस परिप्रेक्ष्य में सिर्फ लाभान्वितों को ही प्रबलता प्रदान करने में सहायता करता है। साथ ही लाभांवितों के हित

अन्य समुदायों के हितों को हाशिए पर धकेलते अथवा उनका मुंह बंद करते हुए इस एकरूप जनता पर अधिकार जमाना चाहते हैं।

विभाजक रेखाएं : कर्तव्य बनाम अधिकार – विभाजनों की दूसरी श्रृंखला उन्हीं पद्धतियों का अनुसरण करती है जैसा कि पहली। यहां विवाद नागरिकता संबंधी पारिभाषिक आधार–वाक्यों के लिहाज से है, नामतः सार्वजनिक/राजनीतिक व नागर जीवन की प्रमुखता अथवा वैयक्तिक हितों व भिन्नताओं की प्रमुखता। 'नागर–गुण' और 'योग्य' नागरिकता संबंधी अवधारणा जो गणतंत्रीय परंपरा का हिस्सा बनती हुई प्राचीन ग्रीको–रोमन विश्व में उभरी और तदोपरांत पुनर्जागरणवाद कालीन इटली एवं 18वीं सदी के अमेरिका व फ्रांस में फिर से उभरी, नागरिकता संबंधी उस धारणा का एक अभिन्न हिस्सा है जो नागर व जन–जीवन हेतु प्रमुखता प्रदान करता है। वे लोग जो इन धारणाओं को स्वीकार करते हैं, सक्रिय नागरिकता की धारणा को महत्व देते हैं। इस प्रकार के निरूपण में नागरिकता नागरिक कर्तव्यों, नागर–गतिविधियों, जनोत्साह व सक्रिय राजनीतिक भागीदारी की संघटक बन जाती है। जहां नागर–गणतंत्रवाद नागर–जीवन की ओर नागरिक कर्तव्यों के कठोर अनुपालन पर जोर देता है, उदारवादी धारणा वैयक्तिक हितों व भिन्नताओं को प्राथमिकता देती है और न्याय व अधिकारों हेतु नागरिकों की हकदारी पर जोर देती है। उनके अनुसार निजी जीवन की समृद्धि मुख्य महत्व रखती है और नागरिकता प्रमुखतः कुछ मौलिक अधिकारों की संघटक है। अधिकार इस प्रतिपादन में प्रमुख हैं और उनका उद्देश्य है आंतरिक निजी संसार की रक्षा करना और विवादास्पद हितों के अतिक्रमण के बगैर निजी कार्यों व वैयक्तिक रचनात्मकता हेतु स्वतंत्रता प्रदान करना। यहां यह बात गौरतलब है कि नागर–गणतंत्रीय परंपरा में अधिकारों को उन शर्तों के रूप में आदर दिया जायेगा, जो राजनीतिक प्रक्रिया में भागीदारी हेतु एक नागरिक के कर्तव्य–साधना का अनुसरण करती हों, न कि इसलिए कि वे पूर्व–शर्तें हैं। 1980 के दशक से ही यह मुद्दा उदारवाद व साम्यवाद के बीच बढ़ती बहस में उठाया जाता रहा है। साम्यवादी सिद्धांतियों, यथा एलिसड्यैर मैकइन्टर (1981) व माइकल सैंडेल (1982), 'भारतग्रस्त निजी व्यक्तित्व' अथवा उदारवादी सिद्धांत के प्रासंगीकृत व्यक्ति संबंधी धारणा को खारिज करते हैं। उन्होंने तर्क दिया कि 'अधिकारों की राजनीति' के स्थान पर एक 'निहित व्यक्तित्व' द्वारा 'जन–कल्याण की राजनीति' को आना चाहिए। इस दृष्टिकोण से उदारवादी व्यक्तिवाद वैयक्तिक अधिकारों व हकदारियों पर ध्यान केन्द्रित कर उन बंधनों को कमजोर करता है, जो समाज को संबद्धता प्रदान करते हैं।

प्रश्न 5. नारीवादियों द्वारा दी गई नागरिकता की आलोचना अथवा पुनर्परिभाषा पर टिप्पणी कीजिए। [June-06, Q5]

उत्तर – नारी मुक्ति आंदोलन, स्त्रियों की कानूनी, राजनीतिक, आर्थिक तथा सांस्कृतिक हीनता को बढ़ावा देने वाली लैंगिक भेदभाव की धारणा के विरूद्ध संघर्ष है। नारीवाद के अनुसार स्त्रियां एक अलग सामाजिक वर्ग हैं। उन्हें पिताओं तथा पतियों के वर्ग से अलग वर्ग का सदस्य परिभाषित किया गया है। दूसरे शब्दों में नारीवादियों का प्रतिपादन है कि स्त्रियों से

दूसरे दर्जे के नागरिकों जैसा आचरण किया जाता है। सार्वजनिक मामलों पर उनके माता पिता तथा पति से उधार लिए होते हैं। उनका मताधिकार, उनके अपने माता–विचार की अपेक्षा उनके मुख्य परिवार के पुरूष सदस्यों से अधिक प्रभावित रहते हैं।

नारी की अधीनता – एक नागरिक के रूप में नारियां, पुरूष राजनेताओं के निर्णयों के अधीन होती हैं। ऐतिहासिक काल में अधिकांशतया, वे नागरिकता के अधिकारों से वंचित रहीं हैं। पुरूष–वर्चस्व का इस्तेमाल नारियों को राजनीतिक व आर्थिक निर्णय लेने से वंचित रखने के लिए किया गया। विधायिकाओं, कार्यपालिकाओं, न्यायपालिकाओं, तथा नौकरशाही में उनका प्रतिनिधित्व कम है। इंग्लैंड, फ्रांस, अमरीका, स्विटजरलैंड जैसे उदारवादी लोकतंत्रीय देशों में भी उन्हें मताधिकार किश्तों में उपलब्ध हुआ। कुछ देशों में तो अब भी यह अधिकार प्राप्त नहीं हैं, और अपने अधिकारों तथा कर्तव्यों पर उनका कोई नियंत्रण नहीं है। कई देशों में विवाह के कानून, संपत्ति में अधिकार तथा वैवाहिक दर्जे को लेकर उन्हें अलाभकर स्थिति में रखते हैं। स्त्रियों के विषय में सार्वजनिक कानून पुरूषों द्वारा ही बनाये तथा लागू किये जाते हैं, चाहे वे संपत्ति के अधिकार हों या विरासत के अधिकार, चाहे बच्चों के प्रति उनके कर्तव्य हों, चाहे उनकी शिक्षा, पालन–पोषण, सुरक्षा, रोजगार का चुनाव, कार्यदशाएं आदि हों।

नारीवादियों के तर्क – नारीवादियों का एक महत्वपूर्ण तर्क, स्त्रियों को निजी अस्तित्व पर नियंत्रण तथा भागीदारी से वंचित कर देने के बारे में है। जनता के बीच उनसे भेदभाव बरता जाता है, जैसे, राजनीतिक मामलों में हिस्सेदारी। निजी, जैसे घरेलू जीवन में भी उनसे भेदभाव किया जाता है।

यहां महत्वपूर्ण प्रश्न यह है कि नारियों के लिए पूर्ण नागरिकता कैसे सुनिश्चित की जाये? स्वयं नारीवादी आंदोलन में इस बारे में ढेर सारे भिन्न–भिन्न मत प्रचलित हैं। उदारवादी नारिवादियों का प्राथमिक उद्देश्य स्त्रियों को लोकतांत्रिक नागरिकता के पूर्ण अधिकारों के दायरे में लाना रहा है। उदारवादी नारीवादी एक ऐसे भविष्य की कल्पना करते हैं, जब नागरिकों के समस्त कानूनी, राजनीतिक, सामाजिक तथा आर्थिक अधिकार उपलब्ध किए जा चुके होंगे और वे सभी क्षेत्रों में पुरूषों की बराबरी के धरातल पर खड़ी होंगी। मताधिकार हाल ही में हुए सुधार, जैसे, पंचमंडल में नारियों की भागीदारी, समान वेतन, भेदभाव– विरोधी कानून, वैवाहिक कानूनों में सुधार, वेश्यावृत्ति का विअपराधीकरण आदि स्त्रियों को पूर्ण नागरिकता के लिए सक्षम बनाते हैं। समान धरातल बुद्धिसंमत मन परिवर्तन तथा संवैधानिक सुधारों द्वारा लाया जायेगा।

परिवार में नारी – परिवार तो बना रहेगा, किंतु घरेलू कर्तव्यों में पुरूष की समान भूमिका होगी। महिलाओं की कैरियर (जीविका) केवल बच्चों के लालन–पालन तक सीमित तथा कुंठित नहीं रहेगी। इसे वे 'नागरिक नारीवाद' (Civil Feminism) कहते हैं। समाजवादी नारीवादी, इस उद्देश्य को मुक्त संवविनियमन, गर्भपात, महिलाओं की स्वास्थ्य रक्षा, शिशु संगोपन केन्द्र, घरेलू काम को राज्य द्वारा आर्थिक मान्यता, आदि के द्वारा प्राप्त करना चाहते

हैं। उदग्र नारीवादी एक कदम आगे बढ़ कर एकल विवाह को कम महत्व देते हैं ताकि नारियों को सार्वजनिक जगत् में पुरूषों के साथ प्रवेश की सुविधा प्राप्त हो।

प्रश्न 6. नागरिकता संबंधी गांधीवादी धारणा पर प्रकाश डालिए।

उत्तर – नागरिकता संबंधी एक गांधीवादी धारणा को नागर–गणतंत्रवाद के तत्व रखने वाली के रूप में देखा जा सकता है, जिसको जन–कल्याण, नागरिक कर्तव्य व सक्रिय नागरिकता' के प्रति वचनबद्धता, के रूप में पहचाना जाता है। हित समुदाय के प्रति गांधी में वचनबद्धता, हालांकि, वैयक्तिक स्वायत्तता में एक समान रूप से सशक्त आस्था और राज्य सत्ता की दमनकारी प्रयोगक्षमता संबंधी अविश्वास के साथ, यत्र–तत्र बिखरी है। आधुनिक राज्य के दमनकारी प्राधारों संबंधी अविश्वास, जिसमें से काफी कुछ गांधीजी के दक्षिण अफ्रीका व भारत में औपनिवेशिक शासन के साथ अनुभवों से उद्भूत हुए, ने घृणा–प्रदर्शन हेतु व्यक्ति के नैतिक अधिकार के प्रति उनकी वचनबद्धता को इच्छित रूप प्रदान किया। एक अन्यायपूर्ण सरकार का विरोध करना गांधीजी के 'नागरिकता संबंधी कर्तव्यों' का एक महत्वपूर्ण अंग था। यह बात 'नागरिक अवज्ञा' के नियमों संबंधी उनके उस प्रतिपादन में स्पष्टतः उजागर हुई है, जो नागरिक विरोधकर्ता को स्वैच्छिक रूप से कानून तोड़ते समय और कारावास भोगते समय कुछ आचार–संहिताओं के पालन हेतु बाध्य करता था।

महात्मा गाँधी

विवेकी (व्यक्ति) नागरिक सक्रिय नागरिकता–संबंधी गांधीजी की धारणा के केन्द्र में अवस्थित है। यह नागरिक वैसे, 'जन–कल्याण' हेतु वचनबद्धता द्वारा बाधित है। 'जन–कल्याण' संबंधी गांधीजी की धारणा के मुख्य अवयव हैं : (1) सामाजिक हित व्यक्तिगत हितों से ऊपर हैं; (2) आध्यात्मवाद भौतिकवाद से ऊपर है; (3) समाज के प्रति कर्तव्य राज्य की तुलना में वैयक्तिक अधिकारों अथवा समाज के अन्य सदस्यों की तुलना में वैयक्तिक अधिकारों से पहले हैं; (4) उत्पादन के जनाधिकार संबंधी प्रशासन का दायित्व; (5) सर्वोदय अथवा वर्ग,

जाति, धर्म, लिंग आदि संबंधी भिन्नताओं को समाप्त कर सभी का उत्थान; (6) श्रम अथवा जीविकोश्रम में विश्वास ताकि कोई भी व्यक्ति अपनी बुनियादी आवश्यकताओं की पूर्ति के लिए किसी दूसरे पर निर्भर न रहे; तथा (7) मानव प्रतिष्ठा को कायम रखने के लिए एक न्यायपूर्ण समाज की रचना हेतु नैतिक कर्तव्य।

प्रश्न 7. समानता के विभिन्न प्रकार कौन से हैं?

उत्तर – समानता के विभिन्न प्रकार निम्नलिखित हैं –

1) प्राकृतिक समानता – प्राकृतिक समानता के समर्थकों का कहना है कि प्रकृति ने सब इंसानों को समान बनाया है। अतः नस्ल, रंग या लिंग आदि के आधार पर कोई भेदभाव नहीं हो सकता। यह संकल्पना यूनानी और स्टोइक विचारकों ने रखी थी, बाद में सिसेरो, पॉलीबियस तथा मध्यकालीन विचारकों ने इसे दोहराया। आधुनिक युग में हॉब्स, लॉक और रूसो जैसे विचारकों ने इसका समर्थन किया। संक्षेप में उनका कहना था कि :

1) सब इंसानों में समान क्षमताएँ होती हैं जैसे विवेक, इसलिए उन पर प्रकृति का एक ही नियम लागू होता है।

2) सब इंसान स्वभाव से समान होते हैं क्योंकि वे सब ईश्वर की संतान हैं।

3) सब इंसानों की इच्छाएँ करीब–करीब समान होती है ओर वे उन्हीं से प्रेरित होते हैं।

4) सब इंसान स्वयं निर्णय लेने और उचित रास्ता चुनने में सक्षम होते हैं। जबकि अन्य प्राणियों में यह क्षमता नहीं होती। अतः उन्हें साधन नहीं केवल साध्य माना जाना चाहिए।

2) अवसर की समानता – अवसर की समानता का अर्थ है कि हर व्यक्ति को अपनी पसंद का रास्ता चुनने की स्वतत्रंता होनी चाहिए और उसे जन्म, वर्ग, पद या दर्जे के बजाय उसकी प्रतिभा और क्षमता के अनुपात में सुविधाएं मिलनी चाहिए। अलग–अलग लोगों के लिए इसका अर्थ भी अलग–अलग होता है। इसका अर्थ हो सकता है :

1) जन्म, वर्ग, पद या दर्जे और सम्पदा के भेदभाव के बिना पसंद–नापसंद का अवसर।

2) जीवन में अपनी योग्यता के आधार पर अपनी पसंद की गतिविधियों में सफलता प्राप्त करने के अवसर।

3) समाज की भलाई के कामों में भाग लेने और योगदान करने के अवसर।

4) खुशहाली की जिंदगी जीने और अपने व्यक्तित्व के सम्पूर्ण विकास के अवसर। यह जरूरी नहीं है कि सबको यह अवसर बराबर मिले। किन्तु सबको विकास के उपयुक्त अवसर मिलने चाहिएं।

3) सामाजिक समानता – सामाजिक समानता की संकल्पना में अवसर की समानता को तो स्वीकार किया गया है किन्तु उससे कुछ आगे भी कदम बढ़ाया गया है। इसमें दलील दी गई है कि एक असमान समाज में, जहां इंसान–इंसान के बीच सामाजिक और आर्थिक विषमताएं हैं, सिर्फ समान अवसर देने से असमानता और बढ़ेगी। ऐसी स्थिति में शुरू में ही लाभ प्राप्त करने वाले उन लोगों से आगे बढ़ जाएंगे जिन्हें यह लाभ प्राप्त नहीं है। इसीलिए सामाजिक

समतावादी आये और सम्पत्ति में व्यापक असमानता का विरोध करते हैं, एक जाति या वर्ग द्वारा दूसरी जाति या वर्ग के शोषण पर आधारित सामाजिक संबंधों को समाप्त करने की मांग करते हैं, तथा ऐसे पारंपरिक विशेषाधिकारों, मूल्यों और संस्थाओं की निंदा करते हैं जिनके आधार पर एक वर्ग को दूसरों से श्रेष्ठ माना जाता है।

4) राजनीतिक समानता – इसका उद्देश्य सार्वजनिक नीति का स्वरूप तय करने और उसके निर्धारण की प्रक्रिया में हर व्यक्ति को भाग लेने का अवसर देना है। इसमें निम्नलिखित अधिकार शामिल हैं :

1) मतदान का अधिकार
2) चुनाव लड़ने का अधिकार
3) सार्वजनिक पद प्राप्त करने का अधिकार
4) सरकार की आलोचना का अधिकार।

5) आर्थिक समानता – आर्थिक समानता का वास्तविक अर्थ है सबके लिए समान संसाधनों और समान आर्थिक परिस्थितियों की व्यवस्था। किन्तु कोई समतावादी शायद ही इसका समर्थन करेगा। इसके पीछे मुख्य कारण हैं :

1) लोगों की क्षमताएं भिन्न–भिन्न होती हैं इसलिए उनके लिए विभिन्न प्रकार के संसाधनों की अलग–अलग मात्रा निर्धारित करना ही तर्कसंगत होगा। अतः इस मुद्दे पर ध्यान दिए बिना संसाधनों का बंटवारा नहीं किया जाना चाहिए। लॉस्की के शब्दों इसका अर्थ है कि कोई भी व्यक्ति दूसरे से इतना आगे न बढ़े कि उसे उसके हक से वंचित कर दे।

2) ऐसा करना स्वतंत्रता के लिए घातक होगा क्योंकि शासन के बहुत अधिक हस्तक्षेप से लोगों में पहल करने की भावना कम हो जाएगी। आर्थिक समानता के समर्थक उदारवादी आमतौर पर उसके निम्नलिखित पहलुओं पर बल देते हैं :

क) आर्थिक संसाधन गिने–चुने हाथों में केन्द्रित नहीं होने चाहिए क्योंकि इन्हीं के बलबूते पर वे दूसरों का शोषण करते हैं।

ख) मजदूरी और लाभों के बीच बहुत अधिक अंतर नहीं होना चाहिए।

ग) काम का अधिकार, बेरोज़गारी का विरोध करने का अधिकार और रोज़गार की परिस्थितियों में सुधार के लिए मध्यस्थता कराने का अधिकार सबको सुलभ होना चाहिए।

घ) शासन को जनकल्याणकारी उपाय करने चाहिए। ऐसे आर्थिक और सामाजिक कानून बनाए जाने चाहिए जिनसे लोगों को प्रभुतावादी आर्थिक हितों का शिकार बनने से रोका जा सके।

6) कानूनी समानता या कानून की दृष्टि में समानता – इसके अंतर्गत कानून की दृष्टि में समान व्यक्तियों पर कानून समान रूप से लागू होने चाहिए और कानून की दृष्टि में अधिकारों और कर्तव्यों की समानता का सम्मान होना चाहिए। किन्तु हो सकता है कि कानूनी रूप से सबको समान न बनाया जा सके और कानून के अंतर्गत सबके अधिकार और कर्तव्य

समान न हो सकें।

कानून स्वयं विभिन्न वर्गों को जन्म देता है जिनके अधिकार और कर्तव्य भिन्न होते हैं। कानूनी समानता का अर्थ यह है कि किसी श्रेणी के व्यक्ति के साथ उसी श्रेणी के दूसरे व्यक्ति व्यक्ति से भिन्न व्यवहार नहीं किया जा सकता। कानूनी समानता के अर्थ यह भी है कि न्यायपालिका स्वतंत्र और निष्पक्ष होनी चाहिए। न्याय करते समय न्यायाधीश को किसी तरह के भय या पक्षपात के बिना सबको समान समझना चाहिए।

7) राष्ट्रों के बीच समानता या अंतर्राष्ट्रीय समानता – जिस प्रकार इंसान–इंसान के बीच समानता का आधार उनका समान स्वभाव है उसी प्रकार राष्ट्रों के बीच समानता का आधार उनकी प्रभुतासंपन्न पहचान है। इसी समानता के कारण यह माना जाता है कि सभी राष्ट्रों के साथ समान व्यवहार होना चाहिए और उन्हें एक दूसरे के घरेलू मामलों में हस्तक्षेप नहीं करना चाहिए। इसका अर्थ यह भी है कि कोई भी देश, चाहे बड़ा हो या छोटा, उन्हीं कानूनों का पालन करेगा जिन पर उसने सहमति दी है। संयुक्त राष्ट्र और गुट निरपेक्ष आंदोलन समानता की इसी धारणा के पोषक हैं।

यद्यपि प्रभुसत्ता सम्पन्न राष्ट्रों के बीच समानता के सिद्धांत को सभी ने औपचारिक रूप से स्वीकार किया है किन्तु राष्ट्रों के बीच ऐसी कोई केन्द्रीय सत्ता नहीं है जो इस सिद्धांत का पालन सुनिश्चित कर सके। इस सत्ता के अभाव में राष्ट्रों को इस सिद्धांत की रक्षा के लिए अपनी ताकत पर ही भरोसा करना पड़ता है। किन्तु विभिन्न राष्ट्रों की ताकत में बहुत असमानता है। छोटा देश बड़े देश में समानता के आधार पर बात नहीं कर सकता। अतः कूननी और औपचारिक समानता के पीछे दूसरों पर निर्भरता और प्रभुता के विभिन्न स्तर भी होते हैं। वर्तमान परिप्रेक्ष्य में तो यह बात और भी सही है क्योंकि दुनिया के उत्पादक संसाधनों का वितरण बराबर नहीं है।

प्रश्न 8. 'एक समतावादी समाज लोगों से उनका आत्म सम्मान छीन लेता है।' टिप्पणी कीजिए।

उत्तर – समानता के आलोचकों का कहना है कि यह एक ऐसी अवधारणा है जो कि वास्तव में स्वीकार करने योग्य नहीं है, क्योंकि समाज और सामाजिक प्रक्रियाएं एक प्रतिस्पर्धा से जुड़ी हैं, जिसमें न तो हर कोई समर्थ हो सकता है और न ही विजेता हो सकता है। प्रतिक्रिया स्वरूप यह कहा जा सकता है कि यह विरूद्ध तर्क समाज व व्यक्ति के स्वभाव की एक विशिष्ट व्याख्या से जन्मता है।

आज के युग में हयेक, फ्रीडमैन एवं नोजि़क के नाम उस विचार से जुड़े हैं जो समतावाद को आजादी के लिए एक खतरा मानता है। नोजि़क विशेष रूप से जॉन रॉल्स व द्वोर्के जैसे उदारवादियों के आलोचक हैं, इस बात के लिए कि वे अवसर की समानता को बढ़ाने के लिए

कल्याणकारी विधानों के प्रति वचनबद्ध थे। उनके जवाब में, जो यह कहते हैं कि समाज में असमानता आत्म–सम्मान को गुप्त रूप से क्षति पहुंचाती है, नोजि़क जैसे उदारवादियों का तर्क है कि इसके विपरीत, यह समातवादी समाज व्यक्तियों की विशिष्टता एवं उनके बीच भेद को स्वीकार कर व्यक्तियों के प्रति अधिक सम्मान दर्शाते हैं। चूंकि एक समतावादी समाज सत्ता, पद, आय अथवा सामाजिक प्रतिष्ठा पर आधारित किन्हीं भी भेदों से वंचित होगा, वहां आत्म–सम्मान के लिए कोई आधार न होगा, क्योंकि आत्म–सम्मान उन मानदंडों पर आधारित होता है जो लोगों में भेद उत्पन्न करते हैं। एक बड़ी सख्त आपत्ति वे लोग करते हैं जो यह मानते हैं कि समानता लागू करने का कोई भी प्रयास राज्य को मजबूती प्रदान करने में परिणत होता है और इसकी वजह से वैयक्तिक स्वतंत्रता कमजोर पड़ती है।

प्रश्न 9. समानता और स्वतंत्रता में क्या संबंध है?

उत्तर – स्वतंत्रता से समानता का संबंध– स्वतंत्रता और समानता का आपस में क्या संबंध है? इस विषय में विद्वानों में परस्पर विरोधी विचार रहे हैं। एक ओर उन्हें एक–दूसरे का विरोधी समझा गया है तो दूसरी ओर उन्हें एक–दूसरे का पूरक माना गया है। स्वतंत्रता तथा समानता को यदि नकारात्मक रूप में समझा जाए तो वह एक–दूसरे के विरोधी प्रतीत होते हैं, परन्तु यदि उन्हें सकारात्मक अर्थों में समझें तो वे एक–दूसरे के लिए आवश्यक शर्त बन जाते हैं। रूढ़िवादी विचारक दोनों आदर्शों में शत्रुता देखते हैं जबकि आधुनिक विचारक दोनों को एक ही आदर्श के दो पहलू मानते हैं।

समानता तथा स्वतंत्रता विरोधी विचार हैं – लॉर्ड एक्टन, द ताकविल तथा जुनियल हक्स आदि जैसे विचारक स्वतंत्रताा व समानता को परस्पर विरोधी मानते हैं। वे समझते हैं कि मनुष्य जनम से स्वतंत्र पैदा हुआ है। इसलिए स्वतंत्रता का अधिकार मनुष्य का प्राकृतिक अधिकार है, जबकि समानता प्राकृतिक नहीं है। जनम से मनुष्य में अनेक विषमताएं हैं। स्वतंत्रता मनुष्य को असीम धन, संपदा, शक्ति, पद और प्रतिष्ठा अर्जित करने का अवसर देती है, परन्तु समानता इन उपलब्धियों को सीमित करना चाहती है। अतः समानता की मांग स्वतंत्रता के मार्ग में बाधा डालती है, अर्थात् समानता स्वतंत्रता को कम करती है।
लॉर्ड एक्टन ने इसी आधार पर कहा है कि, 'समानता की तीव्र चाह ने स्वतंत्रता की आशा को व्यर्थ कर दिया है।' यह विचारक समझते हैं कि समानता का सिद्धांत योग्य परिश्रमी तथा बुद्धिमान लोगों की स्वतंत्रता पर अंकुश लगाता है और उन्हें आलसी, अयोग्य तथा कम बुद्धि वाले लोगों के समान बनाने का प्रयास करता है।

समानता, स्वतंत्रता की आवश्यक शर्त है – स्वतंत्रता तथा समानता के सही अर्थों को यदि ध्यान में रखा जाए तो यह स्पष्ट हो जाएगा कि वे परस्पर विरोधी नहीं है अपितु एक–दूसरे के पूरक हैं। जब तक समाज के प्रत्येक व्यक्ति को अपने व्यक्तित्व के विकास के पर्याप्त अवसर प्राप्त नहीं हो जते तब तक समाज की प्रगति संभव नहीं है। हम समाज में रहते हुए स्वतंत्रता तथा समानता को सामाजिक अवधारणाअें के रूप में जब समझते हें तो दोनों आदर्श

समानार्थक हो जाते हैं। समाज में सभी को स्वतंत्रता केवल उसी स्थिति में प्राप्त हो सकती है जबकि समाज में घोर विषमताएं न हों। विषमताओं के रहते हुए केवल शक्तिशाली वर्ग के सदस्य ही स्वतंत्रता का उपभोग कर पाएंगे, कमजोर वर्ग से संबंधित लोग नहीं। अतः स्वतंत्रता समानता पर आधारित है।

आर्थिक समानता के अभाव में राजनीतिक स्वतंत्रता निरर्थक है – प्रारंभिक उदारवादियों ने मनुष्य की सभी समस्याओं का एकमात्र समाधान लोकतांत्रिक व्यवस्था में ढूंढा था। वे समझते थे कि यदि सभी लोगों को मताधिकार, चुनाव लड़ने का अधिकार तथा विचारों की अभिव्यक्ति का अधिकार दे दिया जाए तो एक ऐसी सरकार स्थापित हो जाएगी जो कि जन–साधारण की समस्याओं को पूर्णतया हल कर सकेगी। पर पूंजीवाद के विकास के साथ समाज में घोर आर्थिक विषमताएं उत्पन्न हो गयीं और यह स्पष्ट हो गया कि केवल राजनीतिक स्वतंत्रता प्रदान करने से जन–साधारण की समस्याओं का समाधान नहीं हो सकता।
19वीं शताब्दी के उत्तरार्द्ध तक विद्वानों द्वारा यह समझा जाने लगा कि घोर आर्थिक विषमताओं के रहते हुए राजनीतिक स्वतंत्रता निरर्थक है, मात्र एक दिखावा है, धोखा है। आर्थिक असमानता से पीड़ित समाज में साधारण लोगों की वोट धनी लोगों द्वारा खरीद ली जाती है। गरीब व्यक्ति के लिए चुनाव लड़ना केवल मात्र स्वप्न है क्योंकि चुनाव एक महंगी प्रक्रिया है। केवल धनी व्यक्ति या उनक एजेंट लोग ही चुनाव लड़ सकते हैं तथा जहां तक वैचारिक स्वतंत्रता की बात है वह भी व्यर्थ है क्योंकि प्रचार के साधनों पर भी अमीर लोगों का ही नियंत्रण रहता है। पूंजीवादी देशें में समाचारपत्रों पर बड़े–बड़े पूंजीपतियों का आधिपत्य होता है। इस तरह इन देशों में राजनीतिक पर धन हावी होता है। राजनीतिक दल, जो कि राजनीतिक में महत्वपूर्ण भूमिका निभाते हैं, वे भी पूंजीपतियों तथा बड़े–बड़े सेठ–साहूकारों पर आश्रित रहते हैं। अतः चुनी हुई सरकारें वास्तव में जनता का प्रतिनिधित्व करने की बजाए धनी वर्गों का प्रतिनिधित्व करती हैं अर्थात् वे लोकतंत्रीय होने की बजाए धनिक तंत्रीय होती हैं। इनसे यह आशा रखना कि वे जनता का दुख–दर्द दूर करेंगी, केवल एक मृगतृष्णा है। वे तो धनी वर्ग के हितों की ही रक्षक हैं।

भूखे के लिए वोट निरर्थक – इन कारणों को समान रखते हुए यहां स्पष्ट हो जाता है कि आर्थिक समानता राजनीतिक स्वतंत्रता के लिए अनिवार्य शर्त है। भूख और गरीबी को दूर किए बिना राजनीतिक स्वतंत्रता का कोई अर्थ नहीं है। **हॉब्सन** ने यह ठीक ही कहा है कि, ''एक भूखे व्यक्ति के लिए राजनीतिक स्वतंत्रता को क्या मूल्य है, वह स्वतंत्रता को न खा सकता है और न पी सकता है।'' जवाहर लाल नेहरू ने यही बात बहुत प्रभावशाली ढंग से कही थी। 'एक भूखे व्यक्ति के लिए वोट का कोई महत्व नहीं है। वास्तविक शक्ति उन लोगों के हाथों में होती है जो उन भूखे लोगों की भूख का लाभ उठा सकते हैं और अपने लाभ के लिए उनसे अपने मनमाने कार्य करा सकते हैं। लॉस्की भी इस विचार का समर्थन करता है।

सामाजिक समानता के बिना स्वतंत्रता संभव नहीं – सामाजिक समानता से अभिप्राय यह

है कि धर्म, जाति, रंग, संपत्ति आदि के आधार पर भेद–भाव नहीं होना चाहिए तथा समाज में इन आधारों पर कोई ऊंच–नीच नहीं होनी चाहिए। सभी को समाज में विकास के पर्याप्त अवसर मिलने चाहिएं। यदि समाज में भेदभाव का वातावरण रहता है तो वहां पर समाज में कमजोर वर्गों का शोषण होता है और उन्हें विकास करने का अवसर नहीं मिलता अर्थात् वे स्वतंत्रता से वंचित रहते हैं। उदाहरण के लिए भारत में शताब्दियों से चले आ रहे भेदभाव के कारण शूद्रों की स्थिति शोचनीय होती चली गई और वे जीवन के प्रत्येक क्षेत्र में पिछड़ गए।

राजनीतिक समानता स्वतंत्रता के लिए आवश्यक – राजनीतिक समानता का अर्थ है सभी नागरिकों को समान राजनीतिक अधिकारों का मिलना। राजनीतिक अधिकारों के जरिये सरकार के संगठन तथा उसकी नीतियों को प्रभावित किया जा सकता है। यदि राजनीतिक समानता नहीं है तो इसका अर्थ यह हुआ कि समाज के कुछ वर्ग राज्य की प्रक्रियाओं में भाग नहीं ले सकते। इसलिए यह स्वाभाविक ही है कि राज्य उनके हितों की ओर ध्यान नहीं दे पायेगा। जैसे कि हम देखते हैं कि पहले मताधिकार तथा चुनाव लड़ने के अधिकारों को केवल कुछ लोगों तक ही सीमित रखा जाता था। आज जब हम चाहते हैं कि सभी लोगों को विकास के अवसर प्राप्त हों तो राजनीतिक अधिकार समानता के आधार पर सभी नागरिकों को दिये जाते हैं।

निष्कर्ष : स्वतंत्रता और समानता एक ही आदर्श के दो पहलू हैं – कि समानता और स्वतंत्रता एक दूसरे के विरोधी नहीं है बल्कि एक–दूसरे के पूरक हैं। समाज में किसी भी व्यक्ति को पूर्ण स्वतंत्रता नहीं दी जा सकती। किसी भी मनुष्य को केवल इतनी ही स्वतंत्रता दी जा सकती है जहां तक कि वह दूसरे लोगों को उसी प्रकार की स्वतंत्रता में बाधा न डालता हो। अतः स्वतंत्रता का आधार समानता है, अर्थात सभी को समान अधिकार मिलने चाहिएं। दूसरी ओर समानता की मांग इसलिए की जाती है ताकि प्रत्येक व्यक्ति को विकास के अवसर मिल सकें अर्थात् स्वतंत्रता मिल सके।

प्रश्न 10. स्वतंत्रता से आप क्या समझते हें? नकारात्मक तथा सकारात्मक स्वतंत्रता पर टिप्पणी कीजिए।

उत्तर – स्वतंत्रता का अर्थ – आम तौर पर लोग स्वतंत्रता को सहज–सुलभ मान लेते हैं। इसका मुख्य कारण यह है कि सर्वमान्य और सटीक शब्दों में स्वतंत्रता की परिभाषा बहुत कठिन है। इसे विशेष राजनीतिक उद्देश्यों और विचारधारा के अनुसार समझाने का प्रयास किया जाता है।

स्वतंत्रता सामाजिक संबंध या सामाजिक स्वतंत्रता है। **जिगमेंट बामन** कहते हैं, ''एक व्यक्ति के स्वतंत्र होने का अर्थ है कि कम से कम दो व्यक्ति तो समाज में अवश्य हैं।'' स्वतंत्रता को सामाजिक सम्बन्ध मानने का अर्थ होगा कि समाज में अन्तर भी है और विभाजन भी। हॉब्स का कहना था कि स्वतंत्रता कानून की चुप्पी पर निर्भर करती है तो लॉक का विचार था कि जहां कोई कानून नहीं है वहां स्वतंत्रता भी नहीं है। सामाजिक संबंध के रूप में स्वतंत्रता की

परिभाषा इन परिभाषाओं से कहीं भी टकराती नहीं। यदि मैं किसी विशेष प्रकार से काम करने को स्वतंत्र हूं अर्थात् इस काम के विरूद्ध कोई कानून नहीं है तो इसका अर्थ होगा कि और लोग मेरे इस काम में बाधा डालने को स्वतंत्र नहीं हैं। संक्षेप में कहा जा सकता है, सामाजिक स्वतंत्रता का अर्थ है – एक व्यक्ति की अन्य लोगों के विरूद्ध स्वतंत्रता जिन्हें इस व्यक्ति के स्वतंत्रता के अधिकारों के प्रयोग में बाधक होने की कोई स्वतंत्रता नहीं है।

परिभाषाएं –

''स्वतंत्रता बंधनों के अभाव में ही निहित है।'' **(हॉब्स)**

''स्वतंत्रता अतिशासन की विपरीतार्थक होती है।'' **(सीले)**

''कुछ करने या भोगने योग्य को करने या भोगने की सकारात्मक शक्ति अथवा क्षमता ही स्वतंत्रता है।'' **(टी.एच. ग्रीन)**

''आधुनिक सभ्यता में व्यक्ति की खुशियों को सुनिश्चित करने के लिए आवश्यक सामाजिक परिस्थितियों पर रूकावटें नहीं होना ही स्वतंत्रता है।'' **(लॉस्की)**

स्वतंत्रता का अर्थ है, ''राज्य प्रत्येक नैतिक आचरण करने वाले व्यक्ति को स्वतंत्र अथवा अपने ढंग से अपनी क्षमताओं का विकास करने योग्य माने। इस प्रकार वे व्यक्ति उस विकास की भूमिका से जुड़े अधिकार भोगने या प्रयोग करने के योग्य भी होंगे।'' **(बार्कर)**

स्वतंत्रता की उपयुक्त व्याख्याओं से दो बातें उभर कर सामने आती हैं – एक दृष्टि से स्वतंत्रता का नकारात्मक स्वरूप उजागर होता है अर्थात् बंधनों के न होने को ही स्वतंत्रता माना गया है। दूसरा दृष्टिकोण सभी स्वतंत्र होने पर बल देता है। स्वतंत्रता को मानव के व्यक्तित्व के विकास के लिए आवश्यक माना गया है।

नकारात्मक स्वतंत्रता – नकारात्मक स्वतंत्रता का सरल अर्थ है किसी व्यक्ति के निजी मामलों में व्यक्तियों या संस्थाओं के दबाव का अभाव। इसियाह बर्लिन ने इसे वह क्षेत्र कहा है जहां कोई मनुष्य दूसरों के दबाव के बगैर कार्य कर सके। एफ.ए. हेएक ने स्वतंत्रता की जो परिभाषा प्रस्तुत की है वह स्वतंत्रता की नकारात्मक अवधारणा के अनुकूल है। उसके अनुसार स्वतंत्रता का मतलब है कि किसी व्यक्ति के पास एक ऐसा निश्चित निजी क्षेत्र अवश्य होना चाहिए जिसमें कुछ निश्चित परिस्थितियों में दूसरा व्यक्ति हस्तक्षेप नहीं कर सकता। जे.एस. मिल ने इसे प्रत्येक मनुष्य के चारों ओर बनी एक परिधि की संज्ञा दी है। ऐसा स्थान जो चारों तरफ से घिरा हुआ एक आरक्षित क्षेत्र हो। जे.एस. मिल के माध्यम से जॉन लॉक से लेकर हेएक तक स्वतंत्रता की नकारात्मक अवधारणा को मान्यता देने की लंबी परंपरा रही है। इस परंपरा में दो प्रकार के हस्तक्षेपों को स्वीकार किया गया है।

राज्य या सामाजिक पुष्टिवादों के दबावों द्वारा यह हस्तक्षेप कि प्रत्येक व्यक्ति जो कुछ करना चाहता है, कर सकता है, बशर्ते उसके कार्य द्वारा समाज में दूसरों द्वारा इसी तरह के कार्य करने की स्वतंत्रता का हनन न हो। एक व्यक्ति द्वारा दूसरे के मामले में हस्तक्षेप को रोकने के लिए राज्य–समाज को चुनिंदा तौर पर हस्तक्षेप करना पड़ सकता है; लेकिन एक नकारात्मक

तरीके से। उदाहरण के लिए वह अन्य व्यक्तियों को हस्तक्षेप से रोक सकता है। यही आमतौर पर राज्य द्वारा बनाए गए नियमों के जरिए किया जाता है। नकारात्मक स्वतंत्रता प्रभुता सम्पन्न सत्ता में साझेदारी पर बल देती है। इसलिए, स्वतंत्रता की यह अवधारणा उदारवादियों के राजनीतिक लोकतंत्र की धारणा के समान है। इस तरह की साझेदारी से अपनी इच्छा और आत्म निर्देशित कार्यवाइयों के लिए स्थितियां पैदा होती हैं।

नकारात्मक स्वतंत्रता की अवधारणा की समालोचना –

1) इसके आलोचकों का कथन है कि नकारात्मक स्वतंत्रता व्यावसायिक समाज का वैचारिक प्रतिरूप है। पूंजीवादी समाज में बाजार एक ऐसा क्षेत्र है, जहां उन एजेंटों द्वारा माल और सेवाओं की बदला–बदली की जाती है जिनके पास ये चीजें असमान मात्रा में होती हैं। नकारात्मक स्वतंत्रता इस तरह के नकारात्मक आर्थिक संबंधों को उचित ठहराती हैं और लगातार पुनरूत्पादन के उनके इस तरीके को कानूनी वैधता प्रदान करती है।

2) नकारात्मक स्वतंत्रता मानव की परिकल्पना एकाकी व्यक्तियों के रूप में करती है और उसे सामाजिक संबंधों से जुड़ा नहीं मानती।

3) यह बाधाओं की अत्यंत संकीर्ण और सीमित धारणा को मान्यता देती है। वह यह नहीं महसूस करती कि किसी व्यक्ति की क्षमताओं को विकसित करने के लिए अवसर न देना अपने आप में एक महत्वपूर्ण और असरदार बाधा है। इसलिए यह अपने दावों पर टिकी भी नहीं रहती। उन सभी प्रणालियों में इस तरह के अवसरों का अभाव होता है, जहाँ जीवन और श्रम के साधन कुछ हाथों में केन्द्रित होते हैं। इस तरह की स्थितियां उन लोगों की पसंद के सम्मुख रूकावटें बनती हैं, जिनके पास साधन नहीं होते और वे दूसरे के निर्देशों के अनुसार कार्य करने के लिए मजबूर होते हैं।

4) जब तक राज्य निजी क्षेत्र में उत्पादन के साधनों पर नियंत्रण रखने वाले लोगों के प्रभुत्व को बनाए रखने के प्रति वचनबद्ध रहेगा, प्रभुता संपन्न सत्ता में साझीदारी के अधिकार से कोई फर्क नहीं पड़ेगा।

5) मिल और बर्लिन दोनों ही स्वतंत्रता के जिस क्षेत्र की वकालत करते हैं, वह पूरी तरह दोष रहित नहीं है।

6) व्यवहार में किसी भी राज्य ने निजी क्षेत्र में हस्तक्षेप करना बंद नहीं किया है। पूंजीवाद समाज में राज्य ने हमेशा सर्वहारा तथा अन्य शोषित वर्गों की एकता के विरूद्ध पूंजीवादी वर्ग के पक्ष में हस्तक्षेप किया है।

7) ऐसे समय जब सामतंवाद, तानाशाही, और औपनिवेशिक ताकतों के विरूद्ध संघर्ष चल रहा था, नकारात्मक स्वतंत्रता एक प्रगतिशील मांग थी। कुछ खास परिस्थितियों में आज भी दबाव, दासता और प्रत्यक्ष शारीरिक प्रभुत्व के विरूद्ध नकारात्मक स्वतंत्रता को प्राथमिक मांग बनाया जा सकता है । लेकिन आज नकारात्मक स्वतंत्रता को स्वतंत्रता का वास्तविक अंग मान लेने से विश्व भर में प्रभावी वर्गों के थोड़े से लोगों को ही फायदा हो सकता है।

सकारात्मक स्वतंत्रता – सकारात्मक स्वतंत्रता का अर्थ यह है कि कमजोर वर्ग के लोगों की

सामाजिक और आर्थिक कमियों को दूर करने के लिए कुछ ठोस कदम उठाएं जाएं, कुछ सामाजिक सुविधाएं प्रदान की जाएं ताकि सबको, अपने सुख की साधना के उपयुक्त अवसर प्राप्त हो सकें। प्रायः नागरिक या कानूनी स्वतंत्रता तथा राजनीतिक स्वतंत्रता नकारात्मक स्वतंत्रता होती है। जैसे कि अभिव्यक्ति की स्वतंत्रता, धार्मिक स्वतंत्रता आदि केवल यह बतलाती है कि राज्य के लोगों के विचारों की अभिव्यक्ति के विषय में धार्मिक उपासना संबंधी मामलों में कोई हस्तक्षेप नहीं करना चाहिए। परन्तु सामाजिक–आर्थिक स्वतंत्रता सकारात्मक स्वतंत्रता की मांग करती है। जैसे कि आर्थिक स्वतंत्रता इस बात की मांग करती है कि राज्य के द्वारा कुछ ऐसे ठोस कदम उठाए जाने चाहिए ताकि लोगों को बेकारी, भुखमरी, दरिद्रता से छुटकारा दिलाया जा सके। स्वतंत्रता का सकारात्मक पक्ष ही उसे एक सामाजिक विचारधारा का रूप प्रदान करता हे।

19वीं व 20वीं शताब्दी में – 18वीं शताब्दी तथा 19वीं शताब्दी के पूर्वार्द्ध तक तो नकारात्मक स्वतत्रंता का ही बोलबाला रहा। 19वीं शताब्दी के उत्तरार्ध में तथा 20वीं शताब्दी में अनेक उदारवादी, आदर्शवादी तथा समाजवादी विचारों ने नकारात्मक स्वतंत्रता का खण्डन करके सकारात्मक स्वतंत्रता के विचार का प्रतिपादन किया। जैसे कि जे.एम. मिल ने स्पष्टतया यह कहा कि किसी भी व्यक्ति को ऐसा कोई कार्य करने का अधिकार नहीं दिया जा सकता जो स्वयं उस व्यक्ति के लिए अथवा समाज के अन्य लोगों के लिए हानिकारक हो। मिल सामाजिक हित की दृष्टि से संपत्ति के अधिकार पर सीमाएं लगाने का समर्थन करता है। वह मजदूर वर्ग के सदस्यों की सुरक्षा के लिए कुछ सुविधाएं प्रदान करने का समर्थन करता है।

हीगल के विचार – आदर्शवादी विचारक हीगल तो यह समझता है कि व्यक्ति राज्य के कानूनों का पालन करके ही अपनी स्वतंत्रता प्राप्त करता हे। हीगल के मतानुसार, ''राज्य के समस्त कानून ईश्वर की इच्छा को अभिव्यक्त करते हैं। अतः जब हम कानून का पालन करते हैं तो वास्तव में हम ईश्वर की इच्छा के अनुरूप कार्य करते हैं। जब कानून का उल्लंघन करने पर राज्य हमें दंडित करता है तो वास्तव में राज्य हमें बलपूर्वक स्वतंत्रत करने का प्रयास कर रहा है। हीगल के अनुसार स्वतंत्रता अंतःकरण की इच्छा के अनुरूप कार्य करने में प्राप्त होती है। व्यक्ति तो कई बार स्वार्थ पर आधारित इच्छा से प्रेरित होता है परन्तु राज्य के कानून सदा सामान्य इच्छा की अभिव्यक्ति करते हैं जो कि सार्वजनिक हितों की सार्वजनिक चेतना है।

ग्रीन के विचार – टी.एन. ग्रीन भी स्वतंत्रता को सकारात्मक दृष्टिकोण से ही देखता है। उसका कहना है कि स्वतंत्रता केवल ''प्रतिबंधों या नियंत्रणों का अभाव' नहीं है। यह स्वतंत्रता के वास्तविक स्वरूप को स्पष्ट नहीं करती। जिस तरह सुंदरता केवल कुरूपता का अभाव नहीं है या अच्छाई केवल बुराई का न होना ही नहीं उसी प्रकार स्वतंत्रता अंकुशों से मुक्ति नहीं है। ग्रीन के मतानुसार स्वतंत्रता का सही अर्थ उन कार्यों को करने या उन सुखों को भोग सकने की क्षमता से है जो भोगने योग्य है। वे कार्य या वे सुख जो कि नैतिक दृष्टि से उचित हों वही करने या भोगने योग्य होते हैं।

बाधाओं की बाधा – ग्रीन के अनुसार राज्य का कार्य 'अच्छे जीवन के रास्ते में आने वाली बाधाओं को दूर करना।' तो राज्य से अज्ञानता, शराब–खोरी, दरिद्रता आदि बुराईयों को दूर करना चाहिए। इसलिए यदि राज्य शिक्षा के प्रसार, नशाबंदी तथा आर्थिक रूप से कमजोर वर्गों के हितों की रक्षा के लिए कानून पास करता है तो उन कानूनों को मनुष्य की स्वतत्रंता में बाधा नहीं माना जा सकता है। उदाहरण के लिए अनिवार्य तथा निःशुल्क शिक्षा का कानून स्वतंत्रता को कम करने की बजाए मनुष्य को वास्तविक स्वतंत्रता प्रदान करते हैं।

20वीं शताब्दी के प्रमुख उदारवादी विचारक – लॉस्की, मैकाइवर, बार्कर आदि भी स्वतंत्रता के सकारात्मक पक्ष पर ही जोर देते हैं। वे सब ही राज्य को लोक हितकारी संस्था के रूप में देखते हैं और उसे मानव–भलाई का साधन मानते हैं। राज्य के द्वारा मनुष्य के सामाजिक, आर्थिक तथा सांस्कृति विकास के लिए अनेक कार्य किए जाते हैं। राज्य शिक्षा के प्रसार, स्वास्थ्य, रक्षा, सार्वजनिक सुविधाओं की व्यवस्था, कृषि तथा उद्योगों के विकास, सभी को आर्थिक सुरक्षा प्रदान करने आदि के क्षेत्र में अनेक कानून पास करता है।

अवसरों की उपस्थिति – इस तरह राज्य के द्वारा वह सभी सुविधाएं प्रदान की जाती हैं जो मनुष्य के कल्याण के लिए आवश्यक हैं। वास्तव में इन परिस्थितियों का मिलना ही स्वतंत्रता है। लास्की का कहना है कि, ''स्वतंत्रता एक सकारात्मक चीज है। वह मात्र प्रतिबंधों का अभाव नहीं है। स्वतत्रंता का अर्थ है, मनुष्य के अधिकतम विकास के लिए अवसरों की उपस्थिति। लास्की के अनुसार स्वतंत्रता के लिए आर्थिक विषमताओं को समाप्त करना बहुत आवश्यक है जोकि समाजवादी व्यवस्था में ही संभव हो सकता है। अतः वह समाजवाद का समर्थन करता है।

प्रश्न 11. स्वतंत्रता सम्बन्धी ईसाइया बर्लिन के विचारों पर टिप्पणी करो।

उत्तर – अपनी साहित्यक रचना टू *कॉन्सेप्ट्स ऑफ लिबर्टी* में ईसाइया बर्लिन स्वतंत्रता संबंधी नकारी व सकारी धारणाओं के बीच सामंजस्य स्थापित करने का प्रयास करते हैं, यथा सामाजिक प्रसंग में निग्रह–अभाव के रूप में स्वतंत्रता की धारणा का उसकी कार्य–प्रणाली से संबंधित विभिन्न दृष्टिकोणों के साथ। बर्लिन के अनुसार, स्वतंत्रता संबंधी 'नकारी' धारणा को इस प्रश्न का जवाब देकर समझा जा सकता है : 'वह क्षेत्र क्या है जिसके भीतर अधीनस्थ–एक व्यक्ति अथवा व्यक्तियों का समूह है अथवा उसे, वह जो दूसरे व्यक्तियों के हस्तक्षेप के बगैर कर सकने अथवा बन जाने में सक्षम हो, करने के लिए अथवा बनने के लिए छोड़ दिया जाये? दूसरी ओर, 'सकारी' अर्थ इस प्रश्न के उत्तर से सम्बन्धित है : 'नियंत्रण अथवा हस्तक्षेप का स्रोत क्या अथवा कौन है, जो किसी व्यक्ति को उसकी बजाए यह करने, अथवा बनने, को निश्चित कर सकता है?'

ईसाइया बर्लिन

सरकारी स्वतंत्रता महज अकेले छोड़ दिए जाने के रूप में नहीं, प्रत्युत 'स्वयं–प्रभुत्व' के रूप में आज़ादी में हस्तक्षेप नहीं करती। इस सिद्धांत में स्वयं–संबंधी एक विशेषा सिद्धांत शामिल है। व्यक्तिगत विशेषता एक उच्च और एक निम्न व्यक्तित्व में विभाजित होती है। उच्च व्यक्तित्व ही किसी व्यक्ति के यथार्थ एवं युक्तिपरक दीर्घकालीन लक्ष्यों का स्रोत होता है, जबकि निम्न व्यक्तित्व उसकी उन युक्तिहीन इच्छाओं को मनोविनोद प्रदान करता है जो अस्थायी और अल्पकालिक प्रवृत्ति की होती है। कोई व्यक्ति उस हद तक ही स्वतंत्रत है, जहां तक कि उसका उच्च व्यक्तित्व उसके निम्न व्यक्तित्व के वश में है। तदनुसार, एक व्यक्ति बाहरी बलों द्वारा अवरूद्ध न किए जाने के अर्थ में स्वतंत्र हो सकता था, परन्तु वह युक्तिहीन लालसाओं का दास ही रहता; जैसे कि एक नशेड़ी, एक शराबी अथवा एक विवश जुआरी को परतंत्र ही कहा जायेगा। इस अवधारणा का मुख्य लक्षण है, इसका खुले रूप से मूल्यांकनकारी स्वभाव, इसका प्रयोग वांछित माने जाने वाली जीवन–रीति से विशेष रूप से जुड़ा है। सकारी स्वतंत्रता संबंधी धारणा में व्यक्तित्व का एक विशेष हस्तक्षेप शामिल है और वह सिर्फ यह मानकर नहीं चलती कि गतिविधि का एक कार्यक्षेत्र होता है, जिसकी ओर ही व्यक्ति स्वयं को लक्ष्य–निर्देशित करे। उक्त धारणा यह सुझाती है कि जब व्यक्ति उसकी ओर लक्ष्य–निर्देशित होता है। तो वह स्वतंत्र किया जा रहा होता है। सकारी स्वतंत्रता संबंधी बर्लिन की धारणा के छिद्रान्वेषी यह महसूस करते हैं कि सकारी स्वतंत्रता में विश्वास इस धारणा को भी लेकर चलता है कि अन्य सभी मूल्य – समानता, अधिकार, न्याय आदि – उच्च स्वतंत्रता संबंधी सर्वोच्च मूल्य के मातहत हैं। इसी प्रकार, यह धारणा कि व्यक्ति के उच्च संकल्प समष्टियों, जैसे कि वर्ग, राष्ट्र व प्रजाति, के संकल्पों के अनुरूप ही होते हैं और सत्तावादी विचारधाराओं की ओर प्रवृत्त कर सकते हैं।

प्रश्न 12. स्वतंत्रता के मार्क्सवादी दृष्टिकोण पर संक्षिप्त टिप्पणी लिखिए।

उत्तर – मार्क्सवादी धारणा के अनुसार स्वतंत्रता ऐसी अवस्था को नहीं कहते कि जिसमें व्यक्ति को अकेला छोड़ दिया जाए, और न ही ऐसी स्थिति को जिसमें कि मनुष्य सबसे

अलग–थलग रहकर मनमानी करना चाहे। मार्क्सवाद के अनुयायी यह समझते हैं कि समाज से कटा हुआ, अलग पड़ा हुआ व्यक्ति स्वतंत्रता का उपभोग नहीं कर सकता है। वे उपयोगितावादी की इस मान्यता को स्वीकार नहीं करते कि भिन्न–भिन्न व्यक्तियों के स्वार्थों को जोड़कर सार्वजनिक हितों की पूर्ति की जा सकती है। इसके उल्टा वे समझते हैं कि सर्वहित की सिद्धि के लिए यह आवश्यक है कि समाज के विभिन्न व्यक्ति एक साथ मिलकर पूरे समाज के हित में अपने–अपने हितों को देखें।

उचित उत्पादन प्रणाली – केवल एक उचित उत्पादन प्रणाली में ही व्यक्ति को सच्ची स्वतंत्रता प्राप्त हो सकती है। पूंजीवाद या मुक्त बाजार वाली अर्थव्यवस्था के अंतर्गत सामान्य व्यक्ति को स्वतंत्रता नहीं मिलती। उनके अनुसार केवल सामाजवादी व्यवस्था में ही सर्वसाधारण को स्वतंत्रता प्राप्त हो सकती है। मार्क्सवादियों का कहना है कि जब तक कि समाज दो विरोधी वर्गों में बंटा हुआ रहेगा, सत्ता सदा उसी वर्ग के हाथ में रहेगी जो कि उत्पादन के साधनों का स्वामी है और वही वर्ग स्वतंत्रता का उपभोग भी करेगा। उत्पादन के साधनों से वंचित वर्ग स्वतंत्रता से भी वंचित रहेगा। जब समाज में उत्पादन के प्रमुख साधनों पर पूरे समाज का स्वामित्व होगा, मनुष्य मनुष्य का शोषण नहीं करेगा और उत्पादन व्यवस्था इतनी विकसित हो जाएगी कि सबकी आवश्यकताएं पूरी हो सकेंगी तभी प्रत्येक व्यक्ति स्वतंत्रता का उपभोग कर सकेगा। यह व्यवस्था समाजवाद में ही संभव है।

मार्क्सवादी स्वतंत्रता के मुख्य तथ्य – स्वतंत्रता के विषय में मार्क्सवादी विचारधारा के मुख्य तथा निम्नलिखित हैं –

पूर्ण स्वतंत्रता वर्गहीन–राज्यहीन साम्यवादी समाज में ही संभव है – मार्क्सवादियों का अंतिम लक्ष्य एक वर्गहीन–राज्यहीन साम्यवादी समाज की स्थापना है। वे समझते हैं कि सर्वहारा वर्ग क्रांति के परिणामस्वरूप पूंजीवाद का तख्ता उलट दिया जाएग और सर्वहारा वर्ग की तानाशाही स्थापित हो जाएगी। इस व्यवस्था में राज्य संस्था सर्वहारा वर्ग के हितों के लिए कार्य करेगी। समाजवाद की स्थापना हो जाएगी। इस व्यवस्था में सभी लोग काम करेंगे तथा सभी को काम के अनुसार मेहनताना मिलेगा। कोई किसी का शोषण नहीं करेगा। अतः एक वर्गहीन समाज की स्थापना हो जाएगी। धीरे–धीरे एक ऐसी स्थिति उत्पन्न होगी कि राज्य संस्था की आवश्यकता नहीं रहेगी और राज्य विलुप्त हो जाएगा। पुलिस, सेना, अदालतों तथा दमनकारी शक्तियों की कोई आवश्यकता नहीं रहेगी तथा पूर्ण स्वतंत्रता का वातावरण होगा। यह समाज पूर्णतया लोकतांत्रिक होगा तथा इस समाज में प्रत्येक व्यक्ति को अधिकतम विकास के अवसर प्राप्त होंगे।

आर्थिक स्वतंत्रता पर बल – मार्क्सवादियों का कहना है कि पूंजीवादी व्यवस्था में साधारण मनुष्य को कोई स्वतंत्रता प्राप्त नहीं होती। उसे अनेक प्रकार के आर्थिक अभावों को झेलना पड़ता है। वह दरिद्रता, भुखमरी, बेकारी, बीमारी, अज्ञानता आदि का शिकार रहता है। उसके लिए पूंजीवादी राज्यों के द्वारा प्रदान की गई नागरिक एवं राजनीतिक स्वतंत्रताओं का कोई

महत्व नहीं रहता। वास्तविक स्वतंत्रता के उपभोग के लिए मनुष्य को आर्थिक अभावों से मुक्ति प्राप्त होनी चाहिए। एक बेकार या भूखे व्यक्ति के लिए वैचारिक अभिव्यक्ति की स्वतंत्रता का क्या महत्व हो सकता है? अतः मार्क्सवादियों के मतानुसार आर्थिक स्वतंत्रता के बिना राजनीतिक स्वतंत्रता निरर्थक है।

स्वतंत्रता एक सामाजिक संकल्पना – उसके अनुसार व्यक्ति और समाज के हितों में कोई टकराव नहीं है। समाज के हित में ही व्यक्ति का हित समाहित है। अतः मार्क्सवादी व्यक्ति के जीवन के किसी भी पक्ष को समाज के क्षेत्राधिकार से बाहर नहीं मानते। वे स्वतंत्रता के बंधनों को अभाव नहीं मानते बल्कि उन परिस्थितियों या दशाओं का निर्माण करना समझते हैं जो कि मनुष्य के विकास के लिए आवश्यक हों और यह तभी संभव हो सकता है जबकि व्यक्ति को राजनीतिक स्वतंत्रता के साथ–साथ आर्थिक स्वतंत्रता भी प्रदान की जाए तथा समाज में वर्ग–भेद समाप्त कर दिए जाएं। अतः व्यक्ति स्वतंत्रता की प्राप्ति समाज में रहकर ही कर सकता है। **मार्क्स** और **एंगल्स** के शब्दों में, ''केवल समाज में ही प्रत्येक व्यक्ति को दूसरों के साथ मिलकर अपने गुणों को हर दिशा में विकसित करने का अवसर मिल सकता है। इसलिए केवल समाज में ही व्यक्तिगत स्वतंत्रता संभव है।

स्वतंत्रताएं सीमित – साम्यवादी राज्यों में नागरिकों को नागरिक स्वतंत्रताओं के अधिकार दिए जाते हैं जैसे कि वैचारिक स्वतंत्रता, सभी सम्मेलन की स्वतंत्रता, समाचार पत्रों की स्वतंत्रता, संगठन बनाने की स्वतंत्रता आदि अनेक अधिकार दिए जाते हैं। पर उन पर यह शर्त लगाई जाती है कि वह अधिकार श्रमिकों के विरूद्ध तथा समाजवाद के विरूद्ध प्रयोग नहीं किए जा सकते। अतः मार्क्सवादी समाजवाद के विरोधियों को कोई स्वतंत्रता प्रदान नहीं करते। यह बात संविधान में ही स्पष्ट कर दी जाती है। साम्यवादी दल के अतिरिक्त किसी अन्य दल को संगठित करने की इजाजत नहीं दी जाती। समाजवादी व्यवस्था के विरोधियों को कड़ी सजा दी जाती है। समाचारपत्रों तथा जन–संचार के साधनों पर सरकार का स्वामित्व होता है।

सम्पत्ति का समाजीकरण – मार्क्सवादी निजी संपत्ति की संस्था को शोषण का आधार मानते हैं। संपत्ति ही वर्गों को जन्म देती है तथा आर्थिक अन्याय की स्थापना करती है। जिस समाज में उत्पादन के साधन मुट्ठी भर लोगों के हाथों में रहते हैं और वे जन–साधारण का आर्थिक शोषण करते हैं वहां पर लोगों को कोई वास्तविक स्वतंत्रता प्राप्त नहीं होती। समाजवादी राज्यों में उत्पादन के साधनों का राष्ट्रीयकरण अथवा समाजीकरण कर दिया जाता है तथा उत्पादन निजी मुनाफे की दृष्टि से नहीं बल्कि सामाजिक हितों की दृष्टि से किया जाता है। इससे निजी संपत्ति, आर्थिक भेद–भाव, समाज में शोषक तथा शोषित का भेद समाप्त हो जाएगा। सभी को विकास करने के पूर्ण अवसर प्राप्त होंगे। मार्क्सवादी इसे ही स्वतंत्रता का सार मानते हैं।

कर्तव्यों पर जोर – मार्क्सवादी एक ओर अधिकारों को मनुष्य की स्वतंत्रता तथा विकास के

लिए जरूरी समझते हैं साथ ही वे नागरिक के कर्तव्यों पर बहुत बल देते हैं। साम्यवादी राज्यों के संविधानों में मूल अधिकारों के साथ–साथ मूल कर्तव्यों की भी व्यवस्था की गई। इन कर्तव्यों का पालन करना समाजवादी व्यवस्था को सुदृढ़ बनाने के लिए आवश्यक है। जैसे कि कुछ महत्वपूर्ण कर्तव्य यह है : देश के संविधान व कानून का पालन करना, श्रमिक अनुशासन को बनाए रखना, सार्वजनिक संपत्ति की रक्षा करना, अनिवार्य सैनिक सेवा तथा मातृभूमि की रक्षा करना आदि। देश की स्वाधीनता तथा समाजवाद की सुदृढ़ता इन कर्तव्यों से जुड़ी हुई है तथा इसी पर नागरिकों की स्वतंत्रता निर्भर करती है।

कि मार्क्सवादी विचारक स्वतंत्रता के विषय में उदारवादी विचारकों से कुछ बुनियादी मतभेद रखते हैं। जबकि उदारवादी स्वतंत्रता के नकारात्मक पक्ष पर अधिक ध्यान देते हैं, मार्क्सवादी स्वतंत्रता को सकारात्मक दृष्टिकोण से समझने का प्रयास करते हैं। दूसरे, मार्क्सवादी आर्थिक स्वतंत्रता को बुनियादी मानकर चलते हैं। उदारवादियों का केन्द्र बिंदू, नागरिक तथा राजनीतिक स्वतंत्रता है।

प्रश्न 13. स्वतंत्रता विषयक समकालीन धारणाओं पर चर्चा करें।

उत्तर – मिल्टन एक उदारवादी थे जिसने अपनी पुस्तक *कैपिटलिज़्म एण्ड फ्रीडम* में पूंजीवादी समाज के एक महत्वपूर्ण पहलू के रूप में स्वतंत्रता की धारणा को विकसित किया। आदान–प्रदान की स्वतंत्रता, स्वतंत्रता का एक आवश्यक पहलू था।

इस स्वतंत्रता को प्रोत्साहन देने के लिए फ्रीडमैन चाहते थे कि राज्य कल्याण व सामाजिक सुरक्षा से अपना ध्यान हटा ले और स्वयं को कानून व व्यवस्था कायम करने, सम्पत्ति–अधिकारों की रक्षा करने, अनुबंध लागू करने आदि हेतु समर्पित कर दे। फ्रीडमैन के अनुसार, न सिर्फ व्यक्तिजनों के बीच स्वतंत्र व स्वैच्छिक आदान–प्रदान हेतु स्वतंत्रता अनिवार्य थी, यह एक पूंजीवादी समाज के भीतर भी आवश्यक था कि स्वतंत्रता प्राप्त की जा सके। इसके अतिरिक्त, यह आर्थिक स्वतंत्रता ही थी, जिसने राजनीतिक स्वतंत्रता हेतु कालोचित व आवश्यक परिस्थिति प्रदान की।

अपनी पुस्तक द *कॉन्स्टिट्यूशन ऑफ लिबर्टी* (1960) में एफ.ए. हयेक ने स्वतंत्रता संबंधी एक सिद्धांत प्रतिपादित किया, जो राज्य की नकारात्मक भूमिका पर बल देता है। हयेक के अनुसार, एक स्वतंत्रता की स्थिति जब प्राप्त होती है, जब एक व्यक्ति किसी दूसरे व्यक्ति के यादृच्छिक मनोरथ के अधीन नहीं रहता। हयेक इसको 'वैयक्तिक स्वतंत्रता' कहते हैं और साथ ही, राजनीतिक स्वतंत्रता समेत स्वतंत्रता के अन्य रूपों से वैयक्तिक स्वतंत्रता की श्रेष्ठता व निरपेक्षता को विहित करते हुए इसे स्वतंत्रता के अन्य रूपों से अलग मानते हैं। हयेक अनुमोदित करते हैं कि स्वतंत्रता का मूल अर्थ 'नियंत्रणों का अभाव' के रूप में सुरक्षित रहना चाहिए। स्वतंत्रता के नाम पर राज्य–हस्तक्षेप के बढ़ने का अर्थ होगा, उस वास्तविक स्वतंत्रता का हस्तांतरण जो कि नियंत्रणों से व्यक्ति की मुक्ति में निहित होती है।

स्वतंत्रता संबंधी मार्क्सवादी धारणा द्वारा प्रभावित विचारकों के एक अन्य समूह ने इस बात पर ज़ोर दिया कि स्वतंत्रता जिस प्रकार आधुनिक पूंजीवादी समाजों में व्यवहार की जाती है, अकेलेपन को जन्म देती है। ऐरिक फ्रोम (1900–1980) ने स्पष्ट किया कि आधुनिक

समाजों में अलगाव व्यक्ति के उसकी रचनात्मक क्षमताओं व सामाजिक संबंधों से पृथक होने के परिणामस्वरूप ही उत्पन्न हुआ। इस पृथक्करण ने व्यक्ति में उसके मानसिक स्वास्थ्य को प्रभावित करते हुए उसमें भौतिक व नैतिक अलगाव पैदा किया। केवल रचनात्मक एवं सामूहिक कार्य द्वारा ही व्यक्ति समाज के प्रति स्वयं को पुनः प्रतिष्ठित कर सका है। हर्बर्ट मार्क्युज ने भी अपनी पुस्तक *वन–डाइमैन्शनल मैनः स्टडीज़ इन दि आइडिऑलॅजि ऑफ एडवान्स्ड इंडस्ट्रियल सोसाइटी* (1968) में पूंजीवादी समाजों में पृथक्करण की प्रकृति संबंधी अच्छी तरह से छानबीन की है। मार्क्युज़ दृढ़तापूर्वक कहते हैं कि पूंजीवादी समाजों में व्यक्ति की रचनात्मक बहुआयामी क्षमताएं निष्फल हो जाती हैं। मनुष्य स्वयं को सिर्फ अपनी भौतिक आवश्यकताओं की पूर्ति में निरंतर लगे एक उपभोक्ता के रूप में ही व्यक्त कर सकता है।

प्रश्न 14. न्याय क्या है?

उत्तर – न्याय बड़ी जटिल अवधारणा है। यह व्यक्ति और समाज के अधिकारों से जुड़ी है। इसका कानून से भी गहरा संबंध है।

न्याय और कानून – सामान्यतः कानूनी आदलतों को न्याय का मंदिर कहा जाता है। न्याय और कानून दोनों ही सामजिक व्यवस्था को बनाये रखने का प्रयास करते हैं। सामाजिक व्यवस्था के नियमों को तोड़ना अपराध माना जाता है। अपराधी को सजा दी जाती है ताकि अपराध से प्रभावित होने वाले व्यक्ति की भरपाई हो सके, साथ ही समाज को ऐसे गलत कामों से सुरक्षित रखा जा सके। इसका यह मतलब नहीं कि सभी कानून न्यायपूर्ण होते हों। उदाहरण के लिए जब लोकमान्य तिलक को ब्रिटिश शासन के दौरान राजद्रोह के आरोप में सजा दी गई तो खुद को निर्दोष बताते हुए उन्होंने ''उस सर्वोच्च सत्ता की चर्चा की जो सभी चीज़ों के भविष्य का निर्धारण करती है।'' संभवतः वह उस प्राकृतिक न्याय की बात कर रहे थे जो सभी कानूनों का आधार है। महात्मा गांधी द्वारा नमक कानून को अन्यायपूर्ण बताने और लोगों से इसे तोड़ने का आह्वान करने की पीछे भी यही तर्क था।

न्यायपूर्ण होने का अर्थ है सच्चा होना। न्याय कानून और सामाजिक नैतिकता का आधार है। न्याय के बिना ये टिक नहीं सकते। लेकिन न्याय और नैतिकता एक ही चीज नहीं है। उदाहरण के लिए, नैतिकता के विचार से आपको उदार और अहिंसक होना चाहिए। न्याय का इन बातों से खास मतलब नहीं है। नैतिकता का दायरा न्याय की तुलना में कहीं अधिक व्यापक है। अक्सर आंखों में पट्टी बांधे एक देवी की मूर्ति को न्याय का प्रतीक माना जाता है। इस देवी के हाथ में संतुलित तराजू होता है। उसकी आंखों पर पट्टी इसलिए बंधी है कि उसे निष्पक्ष माना जाता है। गरीब, अमीर, ऊंचे कुल या नीचे कुल में पैदा होने वाले के बीच न्याय के मामले में कोई भेदभाव नहीं होना चाहिए। इस प्रकार निष्पक्षता न्याय की जरूरी शर्त है। क्या इसका मतलब यह है कि न्याय में बिल्कुल भी भेदभाव नहीं होना चाहिए।

न्याय और भेदभाव – प्लेटो और अरस्तू ने न्याय की दूसरे तरीके से व्याख्या करने का प्रयास किया। उनके लिए न्याय के मामले में समानता का अर्थ था ''आनुपातिक समानता,'' यानि समान लोगों के साथ समानता का व्यवहार, और असमान लोगों के साथ असमानता का व्यवहार। इसके कुछ उदाहरण निम्न प्रकार से हैं :

लोकतंत्र में पुरूषों को मताधिकार देना और महिलाओं को यह अधिकार न देना अन्याय पूर्ण कहलाएगा। सभी व्यस्कों को मताधिकार होना चाहिए। लिंग के आधार पर मताधिकार में भेदभाव करना समान लोगों के साथ असमानता का व्यवहार करना होगा। दूसरी ओर एक भारी वजन के पहलवान और एक कम वजन के पहलवान के मुकाबले की बात सोचिए। दोनों ही पहलवान हैं, पर उनकी कुश्ती करवाना असमानों से समानता का व्यवहार करना होगा। इसलिए न्याय में असमानताओं को देखते हुए भेदभाव भी जरूरी है, लेकिन न्याय, मिलने वाले लाभ या दंड अथवा किये जाने वाले काम के अनुरूप होना चाहिए। अरस्तू के अनुसार, अगर बांसुरियां बांटी जानी हैं तो वह उन्हीं को मिलनी चाहिए जो बांसुरी बजा सकते हैं। दूसरे लोगों को नहीं, क्योंकि उनके लिए यह बेकार की चीज़ होगी।

न्याय के दो अन्य पक्षों को भी समझना होगा। अगर मैं किसी खास कुर्सी में बैठना ज्यादा पसंद करता हूं या कोई सब्जी ज्यादा पसंद करता हूं, तो न्याय का इससे कोई संबंध नहीं है। कुर्सियों या सब्जियों पर यह कोई अन्याय नहीं माना जाएगा। न्याय व्यक्तियों के आपसी संबंधों का मामला है, भौतिक पदार्थों और पशुओं का मामला नहीं। अगर मैं कक्षा में कुछ विद्यार्थियों को खड़ा रखूं तो यह अन्यायपूर्ण होगा।

दूसरी बात यह है कि निष्पक्षता का सवाल तब उठता है जब किसी को कोई अधिकार और पद दिया गया हो। अध्यापक को विद्यार्थियों के प्रति, माता–पिता को संतानों के प्रति और पुलिस वाले को लोगों के प्रति न्यायपूर्ण और निष्पक्ष व्यवहार करना चाहिए। भारत के संविधान में निर्देश है कि राज्य को नागरिकों के बीच जाति, धर्म, लिंग और जन्म के आधार पर भेदभाव नहीं करना चाहिए।

सामान्यतः कानून किसी आदमी द्वारा अपनी निजी जिंदगी में बरते जा रहे भेदभाव में दखल नहीं देता। जैसे व्यक्ति द्वारा अपने मित्रों का चुनाव, दुकानदार का ग्राहकों से व्यवहार और उद्योगपति द्वारा कर्मचारियों को भर्ती आदि। लेकिन अगर ऐसे निजी व्यवहार से समाज को

भारी नुकसान होने की आशंका हो तो राज्य को यह निर्धारित करने का न्यायपूर्ण अधिकार होगा कि व्यक्तिगत जिंदगी में भी लोग कुछ भेदभावपूर्ण काम न करें। इसलिए हमारे देश में दुकानों, मंदिरों, होटलों और अन्य सार्वजनिक स्थानों पर छूआछूत के आधार पर भेदभाव की पाबंदी है और ऐसा करना अपराध माना गया है। जब समाज में कुछ वर्गों को ऐसे सामान्य मानव अधिकार भी नहीं दिये जाते रहें हो जो एक सभ्य समाज के लिए अनिवार्य है, तो ऐसी असमानता को रोकने के लिए बनाये गये कानून न्यायपूर्ण हैं।

मान लीजिए कि भेदभाव ऐसे मामलें में किया जाता हो जो अनिवार्य मानवीय आवश्यकता नहीं है। उदाहरण के लिए बीमारी के इलाज के लिए अस्पताल में भर्ती होने (अनिवार्य आवश्यकता) में तो कोई भेदभाव नहीं है, लेकिन सिनेमा हॉल में घुसने (जो अनिवार्य आवश्यक नहीं है) में भेदभाव बरता जाता है। या फिर पानी भरने की जगह, मंदिर और स्कूलों में किसी एक वर्ग को, जैसे अश्वेतों या अनुसूचित जाति वालों को, समान लेकिन अलग निश्चित स्थान पर सुविधा दी जाती है तो क्या ऐसा भेदभाव सामाजिक व्यवस्था को इतना नुकसान पहुंचाता है कि इसे रोकने के लिए कानून बनाना न्यायपूर्ण है। दूसरे, अगर सुविधाएँ अलग–अलग जगहों पर दी जाएं तो स्वभावतः वे समान हो ही नहीं सकती। अलग–अलग सुविधाएं देने का तो मतलब ही ऊंच–नीच की व्यवस्था और कुछ लोगों द्वारा स्वयं को दूसरों से ऊंचा समझने की भावना पर यकीन करना है। इस भावना के कारण समानता आ ही नहीं सकती। इसलिए दक्षिण अफ्रीका की रंगभेदद की नीति को घृणित तथा नैतिक रूप से अन्यायपूर्ण माना जाता है और इसलिए डॉक्टर अंबेडकर ने अनुसूचित जातियों के लिए अलग मंदिर, स्कूल और होस्टल खोलने की बात का विरोध करते हुए सभी मंदिरों, स्कूलों और होस्टलों में उनके प्रवेश पर अधिकार की मांग की।

प्रश्न 15. वितरणकारी न्याय पर टिप्पणी करो।

उत्तर – अरस्तू की न्याय की धारणा ने वितरणकारी न्याय सिद्धांत की स्थापना की। अरस्तू की व्याख्या का महत्वपूर्ण निहितार्थ यह है कि न्याय या तो 'वितरणात्मक' होता है अथवा 'दोषनिवारक'; पूर्ववर्ती अपेक्षा करता है कि समानों के बीच समान वितरण हो और परवर्ती वहां लागू होता है, जहां किसी अन्याय का प्रतिकार किया जाता है।

वह सिद्धांत जो मार्क्स ने क्रांति–पश्चात् साम्यवादी समाज में वितरणकारी न्याय हेतु प्रस्तुत किया है, वो है –'हर एक से उसकी क्षमता के अनुसार, हर एक को उसके काम के अनुसार'। विरतणकारी न्याय का विचार कुछ हाल के राजनतिक अर्थशास्त्रियों की पुस्तकों में प्रकट होता है। इस संदर्भ में, जे.डब्ल्यू. चैपमैन की पुस्तक प्रशंसनीय है, जो 'मनुष्य की आर्थिक तर्कशक्ति' संबंधी अपने सिद्धांतों को 'नैतिक स्वतंत्रता' संबंधी व्यक्तिगत दावे से जुड़ी 'उपभोक्ता की संप्रभुता' से जोड़ने का प्रयास करते हैं। उनके अनुसार, न्याय का प्रथम सिद्धांत उन लाभों का वितरण होना प्रतीत होता है, जो उपभोक्ताओं के सिद्धांतों के अनुसार लाभ–वृद्धि करते हों। दूसरा सिद्धांत यह है कि ऐसी व्यवस्था अन्यायपूर्ण होती है, यदि मात्र कुछ लोगों के भौतिक कल्याण को अनेक लोगों की कीमत पर खरीद लिया जाता है। इसका अर्थ यह है कि न्याय यह अपेक्षा करता है कि कोई भी व्यक्ति दूसरे की कीमत पर लाभ प्राप्त

न करे।

आर्थिक न्याय सुनिश्चित करना – वितरणकारी न्याय आम कल्याण की शर्त के अधीन है। वह चाहता है कि राष्ट्रीय अर्थव्यवस्था की स्थिति को इस प्रकार सुधारा जाए कि लाभ आम आदमी तक पहुंच सकें। इस तरीके से आर्थिक न्याय की धारणा का अर्थ होगा समाज का एक साम्यवादी प्रतिमान।

आर्थिक न्याय का पहला काम है, हर सक्षम–देही नागरिक को रोज़गार, खाद्य, आश्रय व वस्त्रादि मुहैया कराना। सभी की प्राथमिक व मौलिक आवश्यकताओं को पूरा करने के इस क्षेत्र के संबंध में यह ठीक ही कहा गया है कि स्वतंत्रता अर्थहीन है, यदि वह आर्थिक न्याय दिलाने में रूकावट डालती है। तदनुसार, उदारवादीजन यह मानते हैं कि आर्थिक न्याय समाज में हासिल किया जा सकता है, यदि राज्य कल्याणकारी सेवा प्रदान करता हो आर वहां कराधान की सुधारवादी व्यवस्था हो; सामाजिक सुरक्षा वाले रोज़गार प्रबन्ध हेतु अच्छी आमदनी हो, जैसे वृद्धावस्था पेंशन, आनुतोषिक एवं भविष्य निधि।

तथापि, न्याय–संबंधी मार्क्स के विचार का मूल अर्थशास्त्र के क्षेत्र में ही है। मार्क्स के अनुसार, राज्य का सरकारी कानून उस वर्ग–विशेष के प्राधिकार द्वारा ही अपने सदस्यों पर थोपा जाता है, जो उत्पादन के साधनों को नियंत्रित करता है। कानून शासक वर्ग के आर्थिक हित द्वारा तय किया जाता है। जब निजी सम्पत्ति को समाप्त कर दिया जाता है और कामगार वर्ग उत्पादन–साधनों पर नियंत्रण कर लेता है, तो ये कानून कामगार वर्ग के हित को सोचने–विचारने के लिए बाध्य होते हैं। इसी कारण, न्याय की विषयवस्तु उत्पादन साधनों पर नियंत्रण रखने वाले वर्ग पर निर्भर करती है। जब राज्य का क्षय हो जाएगा, जैसा कि साम्यवादी जन इरादा रखते हैं, तो यहां आर्थिक मूल के बगैर न्याय व्याप्त हो जाएगा।

आधुनिक उदारवादी जन काफी लंबे समय से आर्थिक अहस्तक्षेप संबंधी आम सिद्धांत को छोड़ चुके हैं। पुनर्वितरणकारी न्याय (जिसकी अरस्तू ने बात की) 'संशोधन उदारवाद' का एक अभिन्न हिस्सा है, जिसका कि जे.डब्ल्यू., चैपमैन, जॉन राल्स, व अर्थर ओकुन ने समर्थन किया। इन लेखकों ने सभी के लिए न्याय व स्वतंत्रता के हितार्थ अर्थव्यवस्था में राज्यीय हस्तक्षेप के अपने आशय के साथ 'पुनर्तितरणकारी न्याय' की वकालत की।

प्रश्न 16. जॉन रॉल्स के न्याय सिद्धांत की व्याख्या करो।

उत्तर – रॉल्स ने राज्य के अनुबंधवादी सिद्धांत का समर्थन किया। उसके अनुसार प्राकृतिक अवस्था में रहने वाले लोग 'अज्ञान के परदे' के पीछे बैठे हैं। इन लोगों को अपनी क्षमताओं और श्रेष्ठताओं के बारे में कोई जानकारी नहीं है। परन्तु वे विवेकशील प्राणी अवश्य हैं और अपने विकास में रूचि रखते हैं, अपने विवेक का इस्तेमाल करके वे तीन निष्कर्षों पर पहुंचते हैं–प्रथम, एक ऐसी राजनीतिक व्यवस्था कायम की जाए जिसमें सभी को ''अधिकतम समान स्वतंत्रता उपलब्ध हो'', दूसरे, सभी को ''अवसरों की उचित समानता मिले'' तीसरे व्यक्ति–व्यक्ति के बीच भेदभाव तभी उचित ठहराया जा सकता है जबकि ये साबित किया जा सके कि इससे ''समाज के सबसे ज्यादा दीन–हीन वर्ग की स्थिति अधिक अच्छी बनेगी।''

इस प्रकार जान राल्स ने न्याय के जिन तीन सिद्धांतों का प्रतिपादन किया, उनका विवरण इस प्रकार है –

1) समान आधारभूत स्वतंत्रताएं – जॉन राल्स के अनुसार उदार लोकतंत्र का विकल्प संभव नहीं है। इसलिए उदार लोकतंत्रीय सरकारें जिन अधिकारों व स्वतंत्रताओं पर बल देती हैं, वे निर्विवाद हैं। इनमें से कुछ प्रमुख अधिकार व स्वतंत्रताएं इस प्रकार हैं – विचार–स्वातंत्र्य, धर्म अथवा अन्तःकरण की स्वतंत्रता, संपत्ति अधिकार, उत्पादन साधनों पर निजी स्वामित्व तथा विवाह करने और कुटुम्ब स्थापित करने का अधिकार। जॉन राल्स के अनुसार कुटुम्ब समाज की प्राकृतिक और प्राथमिक इकाई है, पर किसी को भी एक समय पर एक से अधिक पत्नी रखने का अधिकार नहीं है।

राल्स ने बालिग मताधिकार पर आधारित 'संवैधानिक लोकतंत्र' का समर्थन किया है। लोकतंत्र में चुनाव समय–समय पर होते रहते हैं, जनसंपर्क माध्यमों (समाचार–पत्र, रेडियो व टेलीविजन) पर सरकार का एकाधिकार नहीं होता तथा न्यायपालिका स्वाधीन होती है।

2) अवसरों की समानता – जॉन राल्स ने पूंजीवादी व्यवस्था को न्यायसंगत ठहराया है। इसमें पूंजी का स्वामित्व निजी हाथों में होता है। तथा उद्योग व कारखाने कायम करने के अवसर मिलते हैं। उद्योगपति अनुबंध–व्यवस्था के अंतर्गत लाभ अर्जित कर सकते हैं। परन्तु सरकार इतनी सक्षम और प्रभावी होनी चाहिए कि वह इन कार्यों को संपन्न कर सके –

(1) बाजार पूरी तरह से प्रतियोगी बना रहे अर्थात् ऐसी स्थिति न रहे कि बाजार–कीमत पर कोई भी उत्पादक अपने माल की कितनी ही मात्रा बेच सके और खरीददार कितनी ही अधिक या कम मात्रा में माल खरीद सके। ऐसी स्थिति में ही चीजों की कीमतें उचित रह सकती हैं। एकाधिकार की स्थिति में एकाधिकारी समाज का शोषण करते हैं।

(2) भौतिक साधनों का सर्वोत्तम प्रयोग होना चाहिए।

(3) सम्पत्ति और धन का खूब व्यापक वितरण होना चाहिए, संकेन्द्रीकरण नहीं।

(4) न्याय की मांग है कि सभी लोगों की बुनियादी आवश्यकताओं की पूर्ति अवश्य हो।

(5) सभी को ऊंचा उठने के बराबर अवसर उपलब्ध हों, जिसके लिए शिक्षा की व्यवस्था बहुत जरूरी है।

3) आय का पुनर्वितरण – जॉन राल्स ने 'अनुबंधवाद' का सहारा तो अवश्य लिया, पर उसने सामाजिक समझौते के सिद्धांत को उस रेखा से थोड़ा ऊंचा उठा दिया जहां कि लॉक या अन्य लेखकों ने उसे छोड़ा था। लॉक ने संपत्ति के अधिकार को प्राकृतिक अधिकारों की श्रेणी में रखा था। इस अधिकार पर जरा सा भी अंकुश या नियंत्रण लॉक को मंजूर नहीं था। परन्तु रॉल्स प्राकृतिक अधिकारों के सिद्धांत में विश्वास नहीं रखता। 'स्वतंत्रता' और 'अवसरों की समानता' के साथ–साथ उसने 'व्यक्ति–व्यक्ति के बीच भेदभाव' की नीति का भी समर्थन किया है। उसकी यह मान्यता है कि लोग अपनी 'विशेष निपुणता' के जरिए जिस संपत्ति का उपार्जन करते हैं, उस पर अकेले उन्हीं का हक नहीं है। राल्स लिखता है, ''कौशल या निपुणता हासिल करने के लिए श्रेष्ठ चारित्रिक गुणों की जरूरत है। पर ये गुण पारिवारिक परिस्थितियों पर निर्भर करते हैं, जिसका श्रेय व्यक्ति स्वयं कैसे ले सकता है।'' व्यक्ति ने जो कुछ उपार्जित किया है (शिक्षा, हुनर, कौशल और कारीगरी) उसके पीछे न केवल उसके

परिवार, बल्कि पूरे समाज का हाथ है। इसलिए समाज की व्यापक भलाई की दृष्टि से यह जरूरी है कि आय और संसाधन इस प्रकार बंटे हों जिससे सामूहिक हितों की सिद्धि हो सके। उद्योगपतियों की आय का एक बड़ा हिस्सा करों के रूप में सरकार के पास चला जाएगा। करों में आयकर, सपंदा कर, सीमा–शुल्क, उत्पादक–शुल्क, स्थानीय कर, आदि शामिल होते हैं। इस आय से सरकार देश की सुरक्षा, यातायात और संचार आदि का तो प्रबंध करती ही है, पर साथ ही गरीब जनता को शिक्षा, स्वास्थ्य, आवास और बेकारी–भत्ता आदि भी उपलब्ध कराती है, जो कि व्यक्तिगत साधनों द्वारा संभव नहीं होते। इस प्रकार आय का पुनर्वितरण हो जाता है। अर्थशास्त्र में इसे 'हस्तांतरण अदायगी' कहते हैं।

चेतावनी – आय के हस्तांतरण के बारे में जॉन राल्स ने एक महत्वपूर्ण चेतावनी दी है। वह यह कि कर भार की भी एक सीमा है, जो समाज की अर्थव्यवस्था द्वारा निर्धारित होती है। उद्योगपतियों के एक निश्चित अनुपात में ही कर वसूल किया जा सकता है। यदि कर की दर बहुत उंची होगी तो उत्पादिता में कमी आ सकती है। बहुत से उद्योपगति एक सीमा तक आय बढ़ने के बाद उद्योगों का विस्तार छोड़ देंगे, क्योंकि वे जानते हैं कि उसके ऊपर जो भी आय होगी उसका अधिकांश भाग कर के रूप में देना पड़ेगा। इससे उद्योगपतियों की बचत और उद्योगों के विस्तार पर प्रतिकूल असर पड़ता है।

आय का अधिक से अधिक हस्तांतरण समाज के सबसे ज्यादा दीन–हीन को किए जाए – जॉन राल्स कहता है कि समाज में जो भी प्रतिष्ठा के पद है उन्हें पाने का सभी को हक है। इसलिए अवसरों की समानता अपने आप में एक न्यायसंगत व्यवस्था है। पर राज्य द्वारा आय का हस्तांतरण इस प्रकार किया जाए जिससे कि दीन–हीन वर्ग सबसे ज्यादा लाभान्वित हो सके। समाज में कई तरह की असमानताएं हैं। अमीर और गरीब के बीच तो विषमताएं हैं ही, स्वयं गरीबों के बीच भी काफी असमानताएं हैं। इसलिए गरीबों में भी जो सबसे ज्यादा गरीब हैं, उन्हें 'हस्तांतरण अदायगी' ज्यादा की जाए। नौकरी से अवकाश प्राप्त गरीब लोगों, विधवाओं, अनाथ बच्चों और बेकारों की सहायता, कल्याण और विकास के बारे में पहले विचार किया जाए। भारत के पिछड़े वर्गों के लिए राज्य सेवाओं में आरक्षण की व्यवस्था की गई है। उच्चतम न्यायालय ने इसे वैध ठहराया, पर साथ ही यह भी कहा कि ''पिछड़ों में जो तबके तगड़े हैं, उन्हें पिछड़ों की सूची से निकाल देना चाहिए।' उच्चतम न्यायालय का यह फैसला राल्स के न्याय संबंधी सिद्धांत की पुष्टि करता है।

समाज में और भी कई ऐसे वर्ग हैं जिन्हें सरकार आर्थिक सहायता दे सकती है जैसे विपत्ति में घिरी महिलाएं और उन पर आश्रित बच्चे, विकलांग, कूड़ा–कचरा इकट्ठा करके बेचने वाले बच्चे और ऐसे वृद्ध जिनकी देखभाल करने वाला कोई नहीं। अभिप्राय यह है कि जो लोग ऊंची प्रतिभा रखते हैं, उन्हें योग्यतानुसार ज्यादा पुरस्कार मिले, यह अच्छी बात है। पर उससे भी ज्यादा जरूरी यह है कि कम योग्यता और कम क्षमता रखने वालों की क्षतिपूर्ति की जाए। **जॉन राल्स** के शब्दों में, ''न्याय वास्तव में पुरस्कार का सिद्धांत न होकर, क्षतिपूर्ति का सिद्धांत है।''

प्रश्न 17. प्रतिक्रियात्मक न्याय किसे कहते हैं? **[June-06, Q11(5)]**

उत्तर – प्रतिक्रियात्मक न्याय, न्याय संबंधी एक अपेक्षाकृत अधिक अनुदार दृष्टिकोण है। इस अर्थ में यह शब्द धन–दौलत व लाभों के पुनर्वितरण की प्रयोग–विधि बलताने में इतना इस्तेमाल नहीं होता, जितना कि वैयक्तिक कार्यों हेतु व्यवहृत नियमों व प्रक्रियाओं के लिए। अनिवार्यतः वह मानवीय कार्यों में मनमानेपन को दूर करने व कानून के शासक का समर्थन करने का प्रयास करता है। इस अवधारणा में व्यष्टियाँ होती हैं, न कि समष्टियां। इस दृष्टिकोण से, नियमों व प्रक्रियाओं का साथ न देते हुए, लाइन तोड़कर आगे पहुंचना अथा प्रतिस्पर्धा में कुछ प्रतिभागियों को अनुचित लाभ देना अन्याय कहलायेगा। प्रक्रियात्मक सिद्धांतियों का मानना है कि सम्पत्ति के पुनर्वितरण हेतु मापदण्डों को थोपना सर्व–सत्तावाद और आज़ादी की एक नाजायज कुर्बानी की ओर प्रवृत्त करेगा। इसमें राज्य द्वारा निरन्तर हस्तक्षेप शामिल है, ताकि समानता द्वारा अपेक्षित प्रतिमान कायम रहे। उन्हें लगता है कि यदि राज्य किसी कल्याणकारी नीति को अपना भी लेता है, तो उसका न्याय से कम ही सरोकार होता है।

प्रक्रियात्मक सिद्धांत के समालोचकों का तर्क है कि महज नियमों का पालन मात्र ही कोई उचित परिणाम सुनिश्चित नहीं कर देता। किसी सामाजिक प्रसंग में बनाये गए नियम कुछ ही समुदायों के पक्ष में विचारे जाते हैं। इसी कारण, एक स्वतंत्रत प्रतिस्पर्धी हमेशा एक निष्पक्ष प्रतिस्पर्धा नहीं हो सकती। दूसरे, मुक्त–बाजार सम्बन्ध उन व्यक्तियों के लिए समान रूप से दमनकारी हो सकते हें, जिनके पास आर्थिक शक्ति का अभाव है, उनके लिए एक मुक्त बाज़ार की आज़ादी अर्थहीन होगी।

अध्याय –6

लोकतंत्र

प्रश्न 1. लोकतंत्र से आप क्या समझते हैं? इसके अनेक अर्थ क्या हैं?

उत्तर –लोकतंत्र का अर्थ– लोकतंत्र से हमारा अभिप्राय जनता के शासन से है। शब्द–व्यत्पति के आधार पर भी यदि हम देखें तो लोकतंत्र का अंग्रेजी पर्यायवाची शब्द डिमोक्रैसी यूनानी भाषा के दो शब्दों डिमौस तथा क्रैशिया के योग से बना है जिनका क्रमशः अर्थ है 'जनता तथा 'शक्ति' अतः लोकतंत्र का अर्थ हुआ 'जन शक्ति' अर्थात जनता की शक्ति समस्त जनता के हाथ में रहती है तथा जिसका प्रयोग वह प्रत्यक्ष या परोक्ष (अप्रत्क्ष) रूप से करती है। इस तरह लोकतंत्र का मूल अर्थ ही 'जनता का शासन' अथवा 'जन साधारण का शासन' है। कुछ विद्वानों द्वारा लोकतंत्र की दी गई परिभाषाएं इसी ओर संकेत करती है।

लोकतंत्र की परिभाषाएं–

1. अब्राहम लिंकन द्वारा दी गई परिभाषा बहुत ही लोकप्रिय है। उसके अनुसार 'लोकतंत्र जनता का' जनता के द्वारा तथा जनता के लिए शासन है।

2. एक प्राचीन यूनानी दार्शनिक हीरोडोटस का कहना है कि 'लोकतंत्र उस शासन–व्यवस्था का नाम है जिसमें राज्य की शक्ति समूची जनता में निहित होती है।'

3. लार्ड ब्राइस के मतानुसार लोकतंत्र हीरोडोटस के जमाने से ही एक ऐसी शासन–प्रणाली का सूचक है जिसमें सता किसी एक व्यक्ति अथवा वर्ग–विशेष के हाथों में सीमित न होकर समस्त जन–समुदाय में निहित होती है।

4. सीले के शब्दों में 'प्रजांतत्र वह शासन है जिसमें प्रत्येक व्यक्ति भाग ले सकता है।

5. डायसी के अनुसार 'लोकतंत्र शासन का वह रूप है जिसमं समस्त राष्ट्र का अपेक्षाकृत एक बड़ा भाग शासक होता है।'

6. हाल के अनुसार 'प्रजातंत्र राजनीतिक संगठन का वह स्वरूप है जिसमें जनमत का नियंत्रण रहता है।'

7. जे. ए. शुम्पीटर के शब्दों में, 'लोकतांत्रिक प्रणाली राजनीतिक निर्णयों पर पहुंचने के लिए एक ऐसी संस्थागत व्यवस्था है जिसमें सभी विषयों पर निर्णय स्वयं जनता लेती है। सर्वसाधारण जनता अपने प्रतिनिधियों का चुनाव करती है जो कि जन–इच्छा को कार्यरूप देते हैं।'

विभिन्न अर्थ – लोकतंत्र शब्द से संबंधित अनेक अर्थ निकाले गये हैं। इनमें से कुछ निम्न हैं:–

– सरकार का एक रूप जिसमें लोग स्वत: शासन करते हैं।

– एक ऐसा समाज जिसका आधार समान अवसर तथा व्यक्तिगत गुण होते हैं न कि सामाजिक स्तरीकरण तथा सुविधा।

– शासित की सहमति पर आधारित सरकार की व्यवस्था।

– बहुसंख्यक शासन के सिद्धांत पर आधारित निर्णय लेने की प्रक्रिया।

– एक ऐसी शासन प्रणाली जो अल्पसंख्यकों के अधिकारों तथा हितों की रक्षा बहुसंख्यकों की शक्ति पर नियंत्रण रख कर करती है।

– सार्वजनिक पदों पर भर्ती लोकप्रिय वोट के लिए प्रतियोगी संघर्ष द्वारा।

– सरकार की एक ऐसी प्रणाली जो लोगों के राजनीतिक जीवन में सहभागिता के बिना भी लोगों की अभिरूचियों का ख्याल रखती हैं।

प्रश्न 2. प्रत्यक्ष लोकतंत्र से आप क्या समझते हैं? इसके गुण बताइए।

[Dec-06, Q6]

उत्तर – प्रत्यक्ष लोकतंत्र का अत्यंत विशुद्ध स्वरूप वह है जिसमें जनता और सरकार में कोई अंतर नहीं होता है। सरकार और जनता एक ही होती है। यदि किसी महत्वपूर्ण समस्या पर निर्णय लेना होता है तो सारी जनता एकत्र होगी और निश्चित करेगी कि उसे क्या करना है। स्पष्टतया इस प्रणाली में जनता या निर्वाचन–मंडल तथा व्यवस्थापिका में कोई पृथीकरण नहीं होता। अवसर पर उपस्थिति होने पर समस्त जनता व्यवस्थापिका के रूप में कार्य करती है यद्यपि यह लोकतंत्र का आदर्श स्वरूप है तथापि यह स्वत: स्पष्ट है कि उन बड़े–बड़े राष्ट्र–राज्यों में जहां नागरिकों की संख्या करोड़ों में होती है, इसका अस्तित्व संभव नहीं है। यह केवल नीचे के स्तर पर अल्प तथा नियंत्रण योग्य जनसंख्या में ही क्रियान्वित किया जा सकता है। वर्तमान काल में स्विटजरलैण्ड के केवल पांच कैण्टनों (राज्यों) में प्रत्यक्ष लोकतंत्रात्मतक शासन प्रणाली प्रचलित है।

निम्नलिखित सिद्धांत प्रत्यक्ष लोकतंत्र को प्रभावित करते हैं :–

– लोग संप्रभु होते हैं।

– संप्रभुता पृथक नहीं हो सकती है और उसका प्रतिनिधित्व नहीं किया जा सकता है।

– लोगों को अपनी सार्वजनिक इच्छा अवश्य जाहिर करनी चाहिए और जनमत संग्रह के माध्यम से प्रत्यक्ष रूप से निर्णय लेने चाहिए।

– निर्णय बहुसंख्यक शासन के आधार पर लिये जाने चाहिए।

सारांशतः प्रत्यक्ष लोकतंत्र, प्रत्यक्ष पहले से न विचार हुआ और सरकार के कार्यों में नागरिकों की निरंतर सहभागिता पर आधारित होता है। प्रत्यक्ष लोकतंत्र सरकार और शासित तथा राज्य और नागरिक समुदाय के बीच अंतर को खत्म करता है। प्रत्यक्ष लोकतंत्र में राज्य और समाज एक बन जाते हैं। यह लोकप्रिय शासन की एक प्रणाली है।

प्रत्यक्ष लोकतंत्र के गुण – प्रत्यक्ष लोकतंत्र के गुणों में निम्न आते हैं –

1) चूंकि यह लोकतंत्र का एकमात्र शुद्ध स्वरूप है, इसमें नागरिकों का अपनी जीवन दिशा पर नियंत्रण बढ़ जाता है।

2) यह बेहतर सूचित और अधिक राजनीतिक चपलता वाले नागरिक उत्पन्न करता है और इस प्रकार प्रत्यक्ष लोकतंत्र के पास शैक्षणिक सुविधायें होती हैं।

3) मतलबी राजनीतिज्ञों पर बिना भरोसा किये यह जनता को अपने दृष्टिकोण और हितों को व्यक्त करने में समर्थ बनाता है।

4) इस अर्थ में शासन को वैधानिकता प्रदान करता है कि लोग प्रत्यक्ष तंत्र के किसी भी निर्णय को आसानी से स्वीकार करते हैं क्योंकि वे उनके द्वारा बनाये गये होते हैं।

प्रश्न 3. एथेनियन लोकतंत्र को असाधारण क्यों माना जाता है?

उत्तर – चौथी शताब्दी ईसा पूर्व के दौरान प्राचीन एथेंस में प्रत्यक्ष लोकतंत्र का सर्वश्रेष्ठ उदाहरण देखने को मिलता है। एथेन्स ने वास्तव में सभी नागरिकों को मताधिकार देकर एक नई राजनीतिक संस्कृति का सूत्रपात किया। नागरिक न केवल सभा की नियमित बैठकों में भाग लेते थे, बल्कि वे बड़ी संख्या में जनपद और निर्णय प्रक्रिया की जिम्मेदारियों को संभालने के लिए तैयार होते थे। औपचारिक रूप में, नागरिकों में पद और धन के आधार पर उनके सार्वजनिक मामलों के संदर्भ में किया जाता था। डैमोस के पास संप्रभुत शक्ति थी, जैसे विधायिकी और न्यायिक गतिविधियों की संचालन की सर्वोच्च सत्ता। नागरिकता की एथेनियम विचारधारा ने इस कार्य में भाग लेने और राज्य के मामलों में सीधी सहभागिता को अवश्यंभावी बनाया।

एथेनियन लोकतंत्र नागरिक गुण के सिद्धांत के प्रति सामान्य प्रतिबद्धता को दर्शाता है। जिसका वास्तविक अर्थ गणतांत्रिक नगर राज्य के लिए प्रतिबद्धता और समर्पण निजी जिन्दगी सार्वजनिक मामलों के अधीन तथा सामान्य अच्छाइयों की प्राप्ति थी। दूसरे शब्दों में सार्वजनिक तथा व्यक्तिगत जिंदगी में कोई अंतर नहीं था। और व्यक्ति आत्म संतुष्टि प्राप्त कर पोलिस (नगर राज्य) के अंदर सम्मानित जिंदगी जी सकता था। उदाहरण स्वरूप, नागरिकों को अधिकार एवं जिम्मेदारी निजी व्यक्तियों के रूप में नहीं, बल्कि, राजनीतिक समुदाय के सदस्यों के नाते प्राप्त थे। इस प्रकार केवल पोलिस में ही जनाधिकार और अच्छी जिंदगी संभव थी। इस प्रकार रॉबर्ट डाल के अनुसार, ''ग्रीक दृष्टि में लोकतंत्र राजनीति की एक प्राकृतिक सामाजिक गतिविधि है। इसे जिन्दगी के अवशेष से साफ अलग नहीं किया जा सकता। बल्कि राजनीति जिंदगी मात्र विस्तार और अपने आप मार्धुय है।'' ऐसा प्रतीत होता है

कि एथेनियन स्वतंत्र और मुक्त राजनीतिक जिंदगी में विश्वास रखते थे जिसके अंतर्गत नागरिक अपनी क्षमताओं और कौशल और सामान्य हित के लक्ष्य को विकसित और अनुभव कर सकते थे। और न्याय का अर्थ नगर राज्यों में नागरिक की भूमिका तथा स्थान को निश्चित तथा अनुभव करना था जिसके सभी नागरिक सदस्य होते थे।

प्रश्न 4. प्रत्यक्ष लोकतंत्र की कमियों पर उचित उदाहरण देते हुए प्रकाश डालिए।

उत्तर – प्राचीन एथेंस में जहां प्रत्यक्ष लोकतंत्र का सर्वश्रेष्ठ रूप या उदाहरण देखने को मिलता है वहीं इसमें कुछ कमियां या सीमाएं भी थी, जैसे कि जनसंख्या का एक छोटा वर्ग ही राज्य ओर सरकार से संबंधित था। सिर्फ दिलचस्प बात यह गौर करने की है कि एथेनियन राजनीतिक संस्कृति वयस्क पुरूष संस्कृति थी। उदाहरणतः केवल 20 वर्ष से अधिक उम्र के पुरूष ही नागरिक बनने के योग्य थे। कुलपिताओं के लोकतंत्र के अंतर्गत महिलाओं को राजनीतिक अधिकार प्राप्त नहीं थे और उनके नागरिक अधिकार भी सीमित थे; दूसरे तरह के निवासी, जैसे अप्रवासी औपचारिक प्रक्रियों में भाग लेने के लिए अयोग्य थे। ये कुछ अन्य प्रकार के नागरिक एथेन्स में कई पीढ़ी पहले बस गये थे, लेकिन उन्हें मूल निवासी का दर्जा प्राप्त नहीं था। तथापि गुलामों के अंतर्गत राजनीतिक रूप से बहुत पिछड़े लोग आते थे। यहां हमें जानकारी मिलती है कि एथेन्स में प्रचलित राजनैतिक समानता का अर्थ सबों के लिए समान शक्ति नहीं था। यह वस्तुतः समानता का एक रूप था, जोकि समान पद वाले व्यक्ति पर लागू होता था और एथेनियन संदर्भ में इसका तात्पर्य सिर्फ पुरूषों और एथेंस में पैदा होने वाले व्यक्ति में से था। इस प्रकार अनेक व्यक्ति एक विस्तृत नागरिका के अल्पसंख्यक की तरह थे (फिनले 1983) अविवादित रूप से प्राचीन एथेंस की राजनीति काफी हद तक अप्रजातांत्रिक आधार पर अवस्थित थी।

एथेनियन लोकतंत्र की कमियाँ – प्राचीन एथेन्स में प्रचलित लोकतंत्र में गंभीर कमियां थीं। यदि आधुनिक लोकतंत्र बाजार अर्थतंत्र पर आधारित है, तो एथेंस का लोकतंत्र दासता पर अवस्थित था। गुलामों के श्रम ने अभिजात्य नागरिक को सहभागिता का अवसर प्रदान किया, स्थायी नौकरशाही व्यवस्था की कमी और अप्रभावकारी सरकार के चलते अन्ततः युद्ध में पराजय के बाद एथेनियन गणतंत्र का पतन हुआ। दिलचस्प बात यह है कि लोकतंत्र के इस रूप, यानि कि प्रत्यक्ष लोकतंत्र के सबसे अधिक प्रभावकारी आलोचक थे। दार्शनिक प्लैटो उन्होंने राजनीतिक समानता के सिद्धांत की आलोचना इस आधार पर की कि अधिकतर लोग स्वभाव से समान नहीं होते हैं, और इसलिए, स्वयं बुद्धिमानी से निर्णय नहीं ले सकते हैं। ऐसा इसलिए होता है कि उनके पास ज्ञान और न ही अनुभव होता है। इसका निदान उन्होंने अपनी प्रसिद्ध पुस्तक –*द रिपब्लिक*' में प्रस्तुत किया था, वह यह है कि सरकार को दार्शनिक राजाओं के एक वर्ग के हाथों सौंपा जाये, ऐसे संरक्षक जिनका शासन एक ज्ञानी अधिनायकवाद के कुछ समान होगा, अधिक व्यक्तियों को राजनीतिक गतिविधियों से अलग रखकर ही संचालित हो सकती है। यह मात्र सीमित जनसंख्या वाले छोटे नगर राज्यों में संभव था और न कि वर्तमान के बड़ी जनसंख्या वाले आधुनिक वृहत लोकतंत्रों में।

इन कमियों के बावजूद एथेनियन ढांचा प्रजातांत्रिक सिद्धांतों को स्थापित करने में निर्णायक था। फाइनर के अनुसार ''ग्रीकों ने वर्तमान युग की सबसे अधिक सक्षम दो राजनीतिक विशेषताओं का आविष्कार किया : प्रथम, नागरिक की अवधारणा को इजाद करना बनिस्पत अधीनस्थ की और द्वितीय, लोकतंत्र रचना।

प्रश्न 5. प्रतिनिधि लोकतंत्र से आप क्या समझते हैं? इसकी सीमाएं बताइए।

उत्तर – वर्तमान राज्यों का आकार बहुत ही विशाल है, जिस कारण प्रत्यक्ष लोकतंत्र की प्रक्रिया संभव नहीं है। इस कारण अप्रत्यक्ष या प्रतिनिधि लोकतंत्र प्रकाश में आया। जिसमें व्यक्तिजन अपने प्रतिनिधियों का चुनाव करते हैं जो कि उनके नाम पर शासन करते हैं। प्रतिनिधि लोकतंत्र, लोकतंत्र का सीमित और अप्रत्यक्ष रूप है : इसके सीमित अर्थ में सरकार में भागीदारी बिरले तथा संक्षिप्त होती है और प्रत्येक कुछ सालों में मत देने के अधिनियम से प्रतिबंधित होती है। इसके अप्रत्यक्ष अर्थ में जनता शक्ति का प्रयोग अपने आप नहीं करती है, लेकिन जनता उनको चुनती है, जो उनके पक्ष में शासन करेंगे। शासन का यह रूप प्रजातांत्रिक इस अर्थ में होता है कि प्रतिनिधित्व सरकार और शासित के बीच विश्वसनीय और प्रभावकारी संबंध स्थापित करता है।

प्रतिनिधि लोकतंत्र की खूबियों के अंतर्गत निम्नलिखित आते हैं :

– यह लोकतंत्र के व्यवहारिक रूप को प्रकट करता है क्योंकि बढ़ी जनसंख्या सरकारी प्रक्रिया में वास्तविक सहभागिता नहीं हो सकती है।

– यह निर्णय लेने के भार से साधारण नागरिक को मुक्त करता है। इस प्रकार राजनीति के श्रम के विभाजन को संभव बनाता है।

– यह राजनीति से साधारण नागरिक को दूर रख कर स्थायित्व बरकरार रखता है। फलस्वरूप, उन्हें समझौते को स्वीकार करने के लिए प्रोत्साहित करता है।

निर्वाचक लोकतंत्र का पर्यायवाची – यद्यपि ये विशेषताएं प्रतिनिधि लोकतंत्र की आवश्यक पूर्व शर्तें हो सकती हैं, इन्हें ही लोकतंत्र मान होने की गलती नहीं करनी चाहिए। प्रतिनिधि लोकतंत्र में प्रजातांत्रिक गुण, लोकप्रिय सहमति होने की विचारधारा है, जिसको मतदान के द्वारा अभिव्यक्त किया जाता है।

इस प्रकार प्रतिनिधि लोकतंत्र निर्वाचक लोकतंत्र का एक रूप होता है, जिसके अंतर्गत लोकप्रिय चुनाव को राजनीतिक सत्ता के एकमात्र वैध स्रोत के रूप में देखा जाता है। ऐसे चुनावों को जोकि राजनीतिक समानता के सिद्धांत का सम्मान करना चाहिए सर्वव्यापक वयस्क मताधिकार पर आधारित होता है, बिना जाति, रंग, मत, लिंग, धर्म या आर्थिक स्थिति के भेदभाव के आधार पर चुनावों को नियमित, खुला और स्पर्द्धात्मक होना चाहिए। प्रजातांत्रिक प्रक्रिया का सार है, राजनीतिज्ञों की नागरिकों के प्रति जवाबदेही।

संक्षेप में, प्रतिनिधि लोकतंत्र का सार इनमें निहित है :

– राजनीतिक बहुलवाद;

– राजनीतिक दर्शनों, आन्दोलनों, दलों के बीच खुली प्रतियोगिता और तदनुसार।

प्रतिनिधि लोकतंत्र के विभिन्न दृष्टिकोण –

1) बहुलवादी – दूसरे दृष्टिकोण के अनुसार, लोकतंत्र स्वभाव से बहुलवादी होता है। इसके वृहद अर्थ में, बहुलवाद विविधता या अनेकावस्था के प्रति प्रतिबद्ध होता है। संकुचित अर्थ में, बहुलवाद राजनीतिक शक्ति को बांटने का सिद्धांत है। यह मानता है कि शक्ति चारों तरफ और समान रूप से समाज में बिखरी होती है और न कि कुछ हाथों में, जैसा कि सभ्रांतवादी दावा करते हैं। इस आधार पर बहुलवाद सामान्यतया ''राजनीति'' समूह के सिद्धांत के रूप में देखा जाता है, जिसके अंतर्गत व्यक्तियों का प्रतिनिधित्व संगठित समूहों, जातीय समूहों के सदस्यों के रूप में किया जाता है और इन समूहों की नीति प्रक्रिया तक पहुंच होती है।

2) अभिजात्यवादी – यहां एक ऐसे अल्पसंख्यक से तात्पर्य है के पास शक्ति, धन या सुविधा औचित्यपूर्ण या अन्य प्रकार से केन्द्रित होते हैं। अभिजात्य विशिष्ट वर्ग या अल्पसंख्यक के शासन में विश्वास करना है। क्लासिकी अभिजात्यवाद ने जो कि मोस्का पौरेटो और मिशेल द्वारा विकसित हुआ, सामाजिक अस्तित्व के लिए विशिष्ट वर्ग के शासन को अनिवार्य और अपरिवर्तनशील तथ्य माना।

बहुसंख्यक शासन क्या है? कुछ लोग लोकतंत्र को बहुसंख्यक शासन मानते हैं।

बहुसंख्यक शासन एक चलन है जिसकी प्राथमिकता बहुसंख्यक की इच्छा माना है। बहुसंख्यकवाद क्या है? बहुसंख्यकवाद अल्पसंख्यकों और व्यक्तियों के समग्र उदासीनता को दर्शाता है।

3) प्रतिद्वंद्वी विचारधाराएं – प्रतिनिधि लोकतंत्र के अर्थ और महत्व के संबंध में अनेक मतभेद हैं। विद्वानों द्वारा उठाये गये कुछ प्रश्न निम्न हैं :

– क्या यह राजनीतिक शक्ति के वास्तविक और सक्षमत वितरण को सुनिश्चित करता है?

– क्या प्रजातांत्रिक प्रक्रियायें वास्तविक रूप से दीर्घकालीन लाभों को बढ़ावा देती हैं या स्व–पराजित होती हैं?

– क्या राजनीतिक समानता आर्थिक समानता के साथ समायोजित हो सकती है?

– संक्षेप में, प्रतिनिधि लोकतंत्र की विभिन्न सिद्धांतकारों ने अलग–अलग ढंग से व्याख्या की है। इन व्याख्याओं में सबसे प्रमुख है बहुलवाद, अभिजात्यवाद, नव–दक्षिणपंथ और मार्क्सवाद।

– अनेक राजनीतिक चिन्तकों ने प्रतिनिधि लोकतंत्र को राजनीतिक संगठन के प्रत्येक अन्य रूप से साधारणतया श्रेष्ठ माना है। कुछ विचारक तर्क देते हैं कि प्रतिनिधि लोकतंत्र सरकार का एक प्रकार होता है, जो मानवीय अधिकारों की सबसे अच्छी तरह से रक्षा करता है, क्योंकि यह मानवीय आंतरिक मूल्य और समानता के पहचान पर आधारित है।

– कुछ लोग मानते हैं कि लोकतंत्र सरकार का एक प्रकार है जो अधिकतर विवेकपूर्ण निर्णय लेता है, क्योंकि यह सामूहिक ज्ञान और समाज की पूरी जनसंख्या की विशेषता से लाभ उठा सकती है।

– दूसरे व्यक्तियों का मत है कि लोकतंत्र स्थिर और टिकाऊ (स्थायी) होता है, क्योंकि उसमें निर्वाचित नेता वैधता की मजबूत कसौटी से बंधे होते हैं।

– अभी भी कुछ अन्य की मान्यता है कि प्रतिनिधि लोकतंत्र आर्थिक विकास और संपन्नता के लिए सबसे अनुकूल होता है।

– कुछ ऐसा मानते हैं कि प्रतिनिधि लोकतंत्र में मानव (क्योंकि वे स्वतंत्र होते हैं) अपनी प्राकृतिक क्षमताओं और प्रतिभाओं का विकास करने में सबसे योग्य होते हैं। फिर भी, लोकतंत्र एक 'कार्य प्रगति में है' है – एक विकासशील आकांक्षा बनिस्पत एक उत्पादित सामग्री के।

प्रश्न 6. प्रतिनिधि लोकतंत्र के मौलिक सिद्धांत कौन से हैं? इनकी आलोचना किस आधार पर होती है? [June-07, Q7]

उत्तर – प्रतिनिधि लोकतंत्र के मौलिक सिद्धांत इस प्रकार हैं –

1) लोकप्रिय संप्रभुता – लोकप्रिय संप्रभुता का अर्थ है कि सभी जन सत्ता का अंतिम स्रोत जनता होती है और सरकार वह कार्य करती है जो जनता चाहती है। चार प्रमुख शर्तों को लोकप्रिय संप्रभुता के अंतर्गत देखा जा सकता है :

1) जनता की चाहत की सरकारी नीतियों में झलक होती है।

2) लोग राजनीतिक प्रक्रिया में भाग लेते हैं।

3) सूचना उपलब्ध होती है और वाद–विवाद किया जाता है।

4) बहुमत का शासन, अर्थात नीतियाँ बहुसंख्यक जनता की चाहत के आधार पर निर्धारित की जाती है।

2) राजनीतिक समानता – राजनीतिक समानता के सिद्धांत के अनुसार प्रत्येक व्यक्ति को बिना जाति, रंग, मत, लिंग या धर्म के भेदभाव के आधार पर जन मामलों का निर्वाहन करने में समान अधिकार प्राप्त होता है। लेकिन राजनीतिक विचारकों का मत था कि आर्थिक संदर्भ में ज्यादा असमानता अंततः राजनीतिक असमानता को जन्म दे सकती है। रॉबर्ट डॉल समस्या को इन शब्दों में व्यक्त करते हैं 'यदि नागरिक आर्थिक संसाधनों में असमान हैं... तो वे राजनीतिक संसाधनों में भी असमान होंगे; और राजनीतिक समानता को प्राप्त करना असंभव होगा''। आधुनिक समाज में खास बातें सूचना के नियंत्रण में असमान प्रभाव तथा चुनाव प्रचार में आर्थिक सहायता का है। यह असमान प्रभाव पूर्ण लोकतंत्र की प्राप्ति में एक सख्त रोड़ा है। अरस्तू के अनुसार लोकतंत्र के चलन के लिए एक आदर्श समाज वह था, जिसमें कि एक वृहद मध्यवर्ग हो – बिना एक अभिमानी और धनी तथा एक असंतुष्ट निर्धन वर्ग के।

राजनीतिक स्वतंत्रता – राजनीतिक स्वतंत्रता के सिद्धांत के अनुसार, लोकतंत्र में नागरिकों की बुनियादी स्वतंत्रताओं जैसे कि बोलने की, मेजजोल करने की, विचरण और विवेक के प्रयोग में सरकार के हस्तक्षेप से रक्षा की जाती है।

यह कहा जाता है कि स्वतंत्रता और लोकतंत्र को अलग नहीं किया जा सकता है। स्वशासन की अवधारणा सिर्फ मतदान के अधिकार, सार्वजनिक दफ्तर चलाने के अधिकार तक ही सीमित नहीं है, बल्कि अभिव्यक्ति का अधिकार किसी राजनीतिक दल, हित समूह या सामाजिक आन्दोलन का सदस्य बनने के अधिकार भी इसके अंतर्गत आते हैं।

लोकतंत्र के संचालन में, तथापि, यह उभर कर सामने आया है कि स्वतंत्रता इसका एक आवश्यक भाग होने की अपेक्षा इसके द्वारा खतरा महसूस कर सकती है। निम्न लोकतंत्र के विरूद्ध मुख्य आलोचनाएं हैं :

अ) 'बहुसंख्यक निरंकुशता' स्वतंत्रता को चुनौती देती है : बहुसंख्यकता निरंकुशता का अर्थ है बहुसंख्यकों द्वारा अल्पसंख्यकों की स्वतंत्रताओं और अधिकारों का दमन। यह माना जाता है कि अनियंत्रित बहुसंख्यक शासन अल्पसंख्यकों के अधिकारों के लिए कोई स्थान नहीं छोड़ता है। फिर भी, बहुसंख्यकों की निरंकुशता के आतंक को बढ़ा चढ़ाकर पेश किया जा सकता है। राबर्ट डॉल बताते हैं कि इस अवधारणा के पक्ष में कोई प्रमाण नहीं मिलता है कि जातीय और धार्मिक अल्पसंख्यकों के अधिकारों को राजनीतिक निर्णय–प्रक्रिया के वैकल्पिक अवस्थाओं के अंतर्गत अधिक सुरक्षा प्राप्त होती है।

ब) लोकतंत्र बुरे निर्णय लेता है : कुछ आलोचकों का मत है कि प्रतिनिधि लोकतंत्र, स्वभावतः बहुसंख्यकता का प्रतीक होता है, और इसलिए पूर्ण नहीं होता है। उनका कहना है कि इसकी कोई गारंटी नहीं है कि प्रतिनिधि लोकतंत्र सदैव ही अच्छे निर्णय लेता है। बहुसंख्यक, अल्पसंख्यक के ही समान अज्ञानी, निर्दय और लापरवाह हो सकता है और अविवेकी या अयोग्य नेताओं द्वारा भ्रमित किया जा सकता है।

प्रश्न 7. चुनाव प्रक्रिया की चरणबद्ध व्याख्या करो।

उत्तर – चुनाव आधुनिक अप्रत्यक्ष लोकतंत्र में महत्वपूर्ण भूमिका निभाता है। क्योंकि सभी लोकतांत्रिक प्रणाली वाले देशों में अप्रत्यक्ष या प्रतिनिधि सरकारे हैं जो लोगों के द्वारा चुनी जाती है और ये प्रतिनिधि चुनाव के माध्यम से ही लोगों के द्वारा चुने जाते हैं।

प्रजातांत्रिक प्रणाली में चुनाव समानता के सिद्धांत पर आधारित होता है, उदाहरणार्थ एक व्यक्ति, एक मत। सभी व्यक्तियों को बिना जाति, रंग, मत, लिंग या धर्म के भेदभाव के खास राजनीतिक अधिकार प्राप्त हैं। इन अधिकारों में सबसे महत्वपूर्ण अधिकार मत देने का अधिकार है। राजनीति में, प्रत्येक को समान अधिकार प्राप्त है – प्रत्येक व्यक्ति को सरकार के गठन में समान हक है।

गुप्त मतपत्र – मतदाता एक घेरे में अपने मत का प्रयोग गुप्त रूप से करते हैं, ताकि कोई भी उनके चयन को नहीं जान सके। प्रतिनिधि लोकतंत्र में गुप्त मतदान को प्रश्रय दिया जाता है; अन्यथा, मतदाता धमकी तथा अनुचित प्रभाव के भय से अपने चयन का खुले रूप से प्रदर्शन नहीं कर सकते।

निर्वाचन क्षेत्र – निर्वाचन क्षेत्रों में कार्य कुशलता के साथ चुनाव प्रक्रिया को संपादित किया जाता है। निर्वाचन क्षेत्र प्रादेशिक क्षेत्र होता है, जहां से उम्मीदवार चुनाव लड़ता है। यदि केवल एक ही व्यक्ति को निर्वाचन क्षेत्र से चुना जाता है, तो उसे *एक सदस्यीय निर्वाचन क्षेत्र* कहा जाता है। यदि कई प्रतिनिधि एक ही चुनाव क्षेत्र से चुने जाते हैं, तब उसे *बहु–सदस्यीय निर्वाचन क्षेत्र* कहा जाता है।

भारत में संपूर्ण चुनाव प्रक्रिया एक स्वतंत्र संस्था, चुनाव आयोग के द्वारा संचालित और नियंत्रित की जाती है। यह स्वतंत्र और निष्पक्ष चुनाव का भरोसा दिलाती है। चुनाव आयोग हमारे देश में चुनाव की तिथि को निश्चित तथा घोषित करता है। चुनाव आयोग की एक दूसरी

बड़ी महत्वपूर्ण जिम्मेदारी है, यह सुनिश्चित करना है कि सत्ताधारी दल दूसरे दलों की तुलना में अनुचित लाभ न उठा ले। चुनाव प्रक्रिया कई औपचारिक दौरों से गुजरती है। इस प्रक्रिया के अंतर्गत आते हैं :

1) चुनाव तिथि की घोषणा;
2) नामांकन–पत्र भरना;
3) आवेदनों की जांच;
4) नाम वापसी;
5) अंतिम सूची का प्रकाशन;
6) प्रचार;
7) वोट डालना;
8) चुनाव परिणाम की घोषणा।

1) उम्मीदवारों का चयन – प्रतिनिधि लोकतंत्र के संचालन में, राजनीतिक दलों की भूमिका अनिवार्य और अत्यधिक प्रमुख हो गयी है। वास्तव में, राजनीतिक दलों ने प्रजातांत्रिक राजनीति को संगठित ढांचा प्रदान किया है। राजनीतिक दल अपने उम्मीदवारों की घोषणा, उनका समर्थन तथा उनके प्रचार का संचालन करते हैं।

प्रत्येक राजनीतिक दल विशेष कार्यक्रमों की घोषणा करता है तथा सत्ता में आने के बाद इन कार्यक्रमों को पूरा करने का वचन देता है। मतदाता किसी खास पार्टी के उम्मीदवार को उसके कार्यक्रमों तथा नीतियों के आधार पर वोट देते हैं।

2) नामांकन – चुनाव की तिथि के घोषणा के बाद राजनीतिक दल को चयन प्रक्रिया के द्वारा उम्मीदवारों का चयन करना होता है। तत्पश्चात् उम्मीदवारों को अपना नामांकन–पत्र चुनाव आयोग द्वारा नियुक्त चुनाव कार्यालयों में भरना पड़ता है। नामांकन पत्र दाखिल करने की अंतिम तिथि होती है। सभी नामांकन पत्रों के जमा होने के बाद उनकी जांच की प्रक्रिया होती है। इस प्रक्रिया को नामांकन पत्रों में दी गयी सूचनाओं की सत्यता की जांच के लिए अपनाया जाता है। यदि कोई संदेह होता है या कोई उम्मीदवार अयोग्य पाया जाता है, उसके/ उसकी नामांकन–पत्र को रद्द कर दिया जाता है। जब जांच प्रक्रिया खत्म हो जाती है, उम्मीदवारों को नाम वापसी की एक तिथि दी जाती है।

नाम वापसी की प्रक्रिया सुनिश्चित करती है कि (1) कम से कम मतों की बरबादी हो और (2) मतपत्र पर सभी अंकित नाम सक्रिया उम्मीदवारों के हों।

3) चिन्ह – राजनीतिक दलों के चिन्ह आयोग द्वारा आवंटित किये जाते हैं। चुनाव आयोग प्रत्येक राजनीतिक दल को चुनाव चिन्ह आवंटित करता है और सुनिश्चित करता है कि ये एक दूसरे से भिन्न हों। जिससे उनके प्रति मतदाताओं में भ्रम न पैदा हो। भारत में, चिन्हों का निम्न कारणों से महत्व है :

– वे अशिक्षित मतदाताओं के लिए सहायक होते हैं, जो उम्मीदवारों के नाम नहीं पढ़ सकते हैं।
– वे समान नाम वाले दो उम्मीदवारों के बीच अंतर करने में सहायता पहुंचाते हें।
– वे संबंधित राजनीतिक दल के आदर्श को प्रतिबंधित करते हैं।

4) प्रचार – प्रचार के द्वारा एक उम्मीदवार दूसरे उम्मीदवार की अपेक्षा अपने पक्ष में मतदाताओं को वोट देने के लिए लुभाता है। प्रचार मतदान के 48 घंटे पहले बंद हो जाता है। प्रत्येक राजनीतिक दल और उम्मीदवार अधिक से अधिक मतदाताओं के पास पहुंचने की कोशिश करता है। चुनाव प्रक्रिया में कई तरह की प्रचार तकनीकों का प्रयोग किया जाता है। कुछ निम्न हैं –

– आयोजित सार्वजनिक सभा जिस को दल के उम्मीदवारों और कई स्थानीय और राष्ट्रीय नेताओं द्वारा संबोधित किया जाता है।

– दीवारों पर पोस्टरों को चिपकाना और सड़क के किनारे बड़ी और छोटी होर्डिंग लगाना।

– अपने घोषणापत्र के मुख्य मुद्दों को पर्चों द्वारा स्पष्ट करना।

– विभिन्न उम्मीदवारों के समर्थन में जुलूस निकालना।

– दल के प्रभावी तथा स्थानीय लोगों द्वारा दरवाजे–दरवाजे आग्रह करना।

– विभिन्न दल के नेताओं के भाषणों का रेडियो और दूरदर्शन प्रसारण।

5) मतों की गिनती और चुनाव नतीजे की घोषणा – मतदान समाप्ति के बाद, मतपेटियों को सील करके मतगणना केन्द्रों पर ले जाया जाता है। मतगणना के दौरान, उम्मीदवार या उनके प्रतिनिधि उपस्थित होते हैं। मतगणना के बाद साधारण बहुमत प्राप्त करने वाले उम्मीदवार को निर्वाचित किया जाता है। कभी–कभी साधारण बहुमत समस्यायें उत्पन्न करता है। जब सिर्फ दो उम्मीदवार होते हैं, निर्वाचित उम्मीदवार बहुमत का प्रतिनिधित्व करता है। लेकिन, दो या दो से अधिक उम्मीदवार होते हें तो स्थिति वैसी नहीं होती है; उदाहरणस्वरूप यदि ए 40, बी 20, सी 20 और डी 20 मत प्राप्त करता है, तो ए को निर्वाचित घोषित किया जाता है। यद्यपि 60 मत वास्तव में उसके विरूद्ध हैं। चुनाव लोकतंत्र का बहुत महत्वपूर्ण हिस्सा है, क्योंकि लोकतंत्र प्रणाली का समूची मोर्चाबंदी चुनाव कैसे होता है, उस पर निर्भर करती है।

प्रश्न 8. किस हद तक लोकतंत्र पर इंटरनेट ने प्रभाव डाला है?

उत्तर – मानव इतिहास में कोई भी अन्य आविष्कार, इस नये तकनीकी युग में इंटरनेट की तरह इतनी शीघ्रता से जन मानस पर नहीं छाया है। इंटरनेट ने बड़ी शीघ्रता से सामूहिक प्रभाव और अतः निर्भरता को विकसित करने में अन्तर्राष्ट्रीय संबंध के विकास को गति प्रदान की है। इंटरनेट ने लोकतंत्र को कई तरीकों से प्रभावित किया है। वास्तव में, सर्वाधिकारीवादी शासन का विरोध करने में इसकी भूमिका सकारात्मक है, यह सूचना पहुँचाने में मदद करता है और इस प्रकार, प्रश्न के द्वारा सरकार के एकाधिकार की जड़ खोदता है।

दूसरी तरफ, इंटरनेट लोकतंत्र के लिए इस सीमा तक समस्याएं उत्पन्न करता है कि राज्य की नियामक क्षमता कम हो जाती है। इंटरनेट द्वारा समाजों की अंतर्राष्ट्रीय व्याख्या, सरकार की प्रभावकारी ढंग से शासन की क्षमता को समाप्त करता है। जहां तक राष्ट्रीय सुरक्षा का संबंध है, इंटरनेट ने असमान संघर्ष के लिए नये द्वारा खोल दिये हैं। राज्य जनव्यापी आक्रमणों की, अन्य राज्यों से नहीं बल्कि, व्यक्तियों से झेल सकता है। यद्यपि, नई सूचना तकनीक संभवतया, संतुलन में देखें तो, निहित शक्ति संरचनाओं को कमजोर करने की

अपेक्षा बरकरार रखती है।

प्रश्न 9. पाश्चात्य उदारवादी लोकतंत्र और गैर पाश्चात्य लोकतंत्र की व्याख्या करो। **[Imp]**

उत्तर – पाश्चात्य उदारवादी लोकतंत्र ऐसा राजनीतिक सिद्धांत है जो 17वीं शताब्दी के दौरान यूरोप में प्रकट हुआ तथा विश्व के अधिमती सिद्धांतों और विचारधाराओं के रूप में आज भी जारी है। इसमें वे समाजवादी देश शामिल नहीं हैं, जिनमें विभिन्न प्रकार की तानाशाही है। इस संकल्पना के विकास जॉन लॉक, जेरेमी बैनथम और जे.एस. मिल की चर्चा करना आवश्यक है। लॉक ने सीमित सरकार, संवैधानिकता, व्यष्टिगत अधिकारों और विधिसम्मत शासन का योगदान दिया। बैनथम का योगदान व्यष्टिगत उपयोगिता के संदर्भ में आंकलित बहुमत के हित की उपयोगितावादी संकल्पना में सन्निहित है। मिल ने व्यष्टिगत स्वतंत्रता, अभिमतों की बहुलता तथा व्यष्टिगत व्यक्तित्व के विकास के सिद्धांत का योगदान दिया।

उदारवादी राज्य को राजनैतिक रूप से लोकतांत्रिक राज्य के रूप में परिभाषित करते समय ये बात ध्यान देने योग्य है कि यह मात्र चुनावी प्रक्रिया का ही हवाला नहीं देता है अपितु विधिसम्मत शासन और सम्पत्ति का अधिकार जैसे पहलुओं का भी हवाला देता है। यूनाइटेड किंग्डम की तरह लिखित संविधान के बिना उदारवादी प्रणाली में, इसका तात्पर्य है कि संसद द्वारा बनाया गया कानून सर्वोच्च है। तथा उदारवादी लोकतांत्रिक राज्यों में सस्वीकृत सम्पत्ति का अधिकार सरकार को आर्थिक मामलों में भारी परिवर्तन करने से रोकता है। यही कारण है कि सुधारवादी दृष्टिकोण आर्थिक समानता पर बल न दिए जाने के लिए उदारवादी लोकतंत्र की समालोचना करता है। उन्होंने स्वयं को जन लोकतंत्र कहा, जिसका तात्पर्य है कि उत्पादन के साधन सामाजिक स्वामित्व में हैं।

इस प्रकार, उपरोक्त से लोकतंत्र की उदारवादी संकल्पना की एक अति सुन्दर तस्वीर उभरती है और जो मान्यताओं पर आधारित है : प्रथम, यह मानती है कि व्यष्टि को स्वायत्त दिमाग, बुद्धि और इच्छा शक्ति प्रचुर मात्रा में प्रदत्त है अर्थात् वह विवेकशील प्राणी है। अतः वह निर्णय कर सकता है कि उसके लिए कया सर्वोत्तम है। दूसरे, व्यष्टि एक नीतिपरक प्राणी है, जिसका अर्थ है कि सभी मनुष्य बराबर हैं। प्रत्येक की राजनीति में भागीदारी का समान अवसर मिलना चाहिए। तीसरे, सत्य सापेक्ष और बहुआयामी है तथा निरपेक्ष नहीं होता। इसलिए, एक विशेष क्षण में, सत्य मात्र विचारों की मुक्त अन्योन्य क्रिया के माध्यम से ही स्थापित किया जा सकता है। सहिष्णुता लोकतंत्र का सार है, मिल द्वारा ''ऑन लिबर्टी'' में प्रबल तर्क दिया गया था। लोकतंत्र में सत्य का अर्थ है कि प्रत्येक राजनीति में हिस्सा ले सकता है और यह जनता का शासन है, अतः एक लोकतांत्रिक सरकार सभी के हित में काम करती है। नेताओं और दलों के बीच प्रतिस्पर्धा, शासन के ऊपर लोकप्रिय नियंत्रण और व्यष्टियों की अधिकतम स्वतंत्रता सुनिश्चित करती है। विधि सम्मत शासन, विधि के समक्ष समानता और न्यूनतम मौलिक

अधिकार एक पाश्चात्य उदारवादी लोकतंत्र के लक्षण हैं।

लोकतंत्र के गैर–पाश्चात्य स्वरूप – भूतपूर्व सोवियत संघ, साम्यवादी चीन, उत्तरी कोरिया और उत्तरी वियतनाम, और ऐसे ही कुछ और लोकतांत्रिक होने का दावा करते हैं। वस्तुतः वे अकेले सच्चा लोकतांत्रिक होने का दावा करते हैं। इस दावे के सही स्वरूप को समझने के लिए, मार्क्स की तरफ वापस जाना महत्वपूर्ण होगा। उनका विश्वास था कि पाश्चात्य की राजनीति वर्ग संघर्षों के स्वरूप की थी और यह कि दलों के बीच प्रतिस्पर्धा वर्ग संघर्ष के अन्त के साथ ही समाप्त हो जाएगी। उनके विचार में सच्चा लोकतंत्र केवल वहीं विद्यमान होगा जहां एक वर्ग का वर्चस्व हो तथा जो जबर्दस्त जन समुदाय का प्रतीक हो। लोकतंत्र के अन्य सभी स्वरूप बुर्जुआ होने के कारण अस्वीकृत कर दिए गए थे। यदि सत्ता संघर्ष प्रतिस्पर्धात्मक आधार पर होता, ताकि यह धन द्वारा प्रभावित हो सके, वहां मार्क्स मानते थे कि वह लोकतंत्र बुर्जुआ तथा इसीलिए अयोग्य है।

स्पर्द्धात्मक राजनीति की साम्यवादियों द्वारा एक जालसाजी होने के नाते जिन्दा की गई है। ये स्वयमेव किसी अन्य वर्ग के होने का दावा नहीं करते हैं, क्योंकि वे कहते हें कि सभी उल्लेखनीय समूह रूसी क्रांति के आरंभिक दिनों में ध्वस्त कर दिए गए थे। सोवियत कानूनविद और राजनीतिक समर्थक तर्क देते हैं कि लोकतंत्र का पाश्चात्य स्वरूप एक धोखा तथा पाखण्ड है, क्योंकि यहां एक ऐसा आर्थिक तंत्र–पूंजीवाद कायम है जो धनी लोगों का पक्ष लेता है।

प्रश्न 10. समाजवादी लोकतांत्रिक राज्य पर टिप्पणी करो। [June-07, Q4]

उत्तर – समाजवादी लोकतंत्रों के रूप में उन नवोदित राष्ट्रों की शासन–व्यवस्था को लिया जा सकता है जिनकी आर्थिक, सामाजिक व राजनीतिक स्थिति और जिनकी जनता के बौद्धिक स्तर के कारण उन देशों में साम्यवादी व पश्चिमी दोनों प्रकार के लोकतंत्र उपयुक्त सिद्ध नहीं होते हैं। इनमें लोकतंत्र का क्रियान्वयन जनमत की निर्देशित सीमित व नियंत्रित अभिव्यक्ति के आधार पर होता है। वास्तव में विकासशील देशों में लोकतंत्र अस्थायित्व की दशा में है। अन्य शब्दों में, इनमें लोकतंत्र अस्थायी ही है। राजनीतिक प्रक्रियाएं इन देशों में संक्रमण की अवस्था में है। इसीलिए संविधानों में लोकतंत्र के सुनिश्चित आधार नहीं बन पाये हैं। मौलिक संशोधन संविधानों में बार–बार किये जाते हें। एक मानदण्ड के आधार पर दूसरा मानदंड अपनाया जाता रहा है। इन राज्यों की परिस्थितियां ही ऐसी थीं कि कभी–कभी यह अनिवार्य हो जाता हे कि विरोधी लक्ष्यों को सामंजस्य की स्थिति में लाया जाये। आर्थिक विकास की आवश्यकता के अतिरिक्त इन देशों में राजनीतिक स्थायित्व तथा राजनीतिक शक्ति की वैधता, प्रतियोगी राजनीतिक दलों के संदर्भ में निष्पक्ष, स्वतंत्र तथा नियम समय पर सामंजस्य स्थापित उसी दशा में किया जा सकता है। अब प्रतियोगी राजनीति पर कुछ प्रतिबंध लगाये जायें। इन्हीं सब कारणों से अनेक नवोदित राज्यों में लोकतंत्र का नवीन रूप विकसित होता हुआ दिखाई पड़ता है। अनेक राज्यों में लोकतंत्र की संस्थागत व्यवस्थायें तथा राजनीतिक समाज के आदर्श एक ही दिशा की ओर बढ़ने वाले होते जा रहे हैं।

इन्हीं राज्यों के लोकतंत्र को समाजवादी लोकतंत्र की संज्ञा दी जाने लगी है।

प्रश्न 11. समाजवाद की मूलभूत प्रकृतियों पर प्रकाश डालिए। [June-07, Q4]

उत्तर – समाजवाद की मूलभूत प्रकृतियां निम्नलिखित हैं –

1) समानतावाद – यह प्रथम प्रवृत्ति है जो समाजवाद का उत्कृष्ट सिद्धांत है। समानता की प्रबल धारणा समुदाय की, एक संकल्पना में पराकाष्टा को प्राप्त होती है। राजनीतिक तौर पर समानतावाद स्पष्ट रूप से पूर्ण लोकतंत्र की मांग करता है, परन्तु लोकतंत्र अपने सहज, उत्कृष्ट, एकात्मक अर्थ में बिना किसी स्थायी दल विभाजन वाला होता है।

2) नैतिकवाद – समाज के ईसाई सिद्धांत को दर्शाता है, अर्थात यह उच्च आदर्शों पर बल देता है जो पारस्परिक सहायता से शत्रुता के स्थान पर न्यायप्रिय स्थिति कायम करने, तथा मानवों के बीच भातृवत प्यार और समझ को बढ़ावा देने की मांग करते हैं। नैतिकतावादी मूल्यों के साथ सर्वाधिक तालमेल वाला राजनीतिक स्वरूप, एक बार फिर लोकतंत्र है, जोकि पैत्रिकवाद से संभवतया कुछ हद तक प्रभावित होता है और जो निश्चित तौर पर व्यक्तिगत सिद्धांतों से नरमता और जिम्मेदारी की अपेक्षा करता है। बहुमतवादी प्रणाली द्वारा शासित लघु तथा विशाल समुदाय नैतिकवाद आदर्श को प्राप्त करने के लिए समुचित यंत्र है।

3) तार्किकवाद – यह तीसरी प्रवृत्ति है जो विवेक के सिद्धांत का प्रतिनिधित्व करता है। यहां, प्रमुख मूल्य है व्यष्टिगत प्रसन्नता, विवेकशीलता, ज्ञान, उत्पादन में दक्षता और प्रगति के हित में मानव समाज का तर्कपूर्ण उद्देश्यपरक संगठन। तार्किकवाद से अभिप्रेरित राजनीतिक स्वरूप भी लोकतंत्र है, क्योंकि यह प्रवृत्ति मानव मात्र की समानता को अंगीकार करने के लिए अग्रसर होती है तथा व्यष्टिगत मानव विवेक की स्वतः संतुष्टि में विश्वास करती है। तथापि इसका ऐसा विश्वास है कि लोकतंत्र योग्यतावाद, निपुण वैज्ञानिकों, तकनीशियनों और बुद्धिमान लोगों द्वारा सतत निर्देशन से प्रभावित होना चाहिए, जो सामान्य जन की प्रसन्नता के प्रोत्साहन के लिए विश्वस्त है।

4) इच्छास्वातंत्रयवाद –जिसे समाज के स्वच्छंद सिद्धांत का नाम दिया जा सकता है, मूलभूत प्रकृतियों में इस अर्थ में अंतिम है कि यह समाजवादी सिद्धांतों में उत्कृष्ट तथा परिवर्तनवादी है। यह आदर्श स्वतंत्रता पर केन्द्रित है, नियंत्रण की सम्पूर्ण अनु–परिथति के अर्थ में चाहे आंतरिक अथवा बाह्य। यहां अनुकूल राजनीतिक व्यवस्था के संदर्भ में बात करना कठिन होगा, क्योंकि यह प्रवृत्ति कुल मिलाकर राजनीति का परित्याग करता है। अराजकतावाद इसके आदर्श के निकटतम है; परन्तु पुनः इच्छास्वातंत्रयवाद मौलिक अर्थ में समानता की स्वीकृति को अंगीकार करता है। इच्छास्वातंत्रयवाद सर्वाधिक सौम्य तथा सहिष्णु समाजवादी प्रवृत्ति है।

प्रश्न 12. लोकतंत्र के समाजवाद के साथ मिलान करने के लिए कुछ तकनीकों की चर्चा कीजिए।

उत्तर – लोकतंत्र के साथ समाजवाद का मिलान करने के लिए निम्नलिखित तकनीकें प्रयोग में लाई जा सकती हैं –

1) जनसंख्या के लोकतांत्रिक बलों को आरक्षित और मजबूत करने की आवश्यकता, जैसे व्यापक और औद्योगिक –संघ आन्दोलन, उपभोक्ताओं और उत्पादकों की सहकारी संस्थाएं, मजदूर वर्ग, समाजवादी और प्रगतिशील राजनीतिक दल, जन समुदाय के शैक्षिणिक और सांस्कृतिक आन्दोलन तथा इन आंदोलनों को पूर्णरूपेण लोकतांत्रिक बनाने के लिए प्रयास।

2) औद्योगिक कर्मियों, तथाकथित मध्यवर्ग, कृषिकार्य में लगे लोगों के बीच बेहतर सामाजिक प्रबंधन के लिए निकट सहयोग स्थापित करने की आवश्यकता।

3) स्थानीय, राज्य और संघीय सरकारों पर प्रभावी लोकतांत्रिक तकनीकी करे लागू करने की आवश्यकता ,जिससे लोगों की इच्छा के अनुरूप पूर्णरूपेण उद्दीपनशल बनायी जा सके।

4) उद्योग की सहकारी प्रणाली के तहत स्वैच्छिक सहकारी उद्यमों के एक व्यापक तंत्र के प्रोत्साहन की आवश्यकता, जो विशेष रूप से कृषि, आबंटनीय व्यापार और सांस्कृतिक क्रियाकलाप में लोक स्वामित्व वाले उद्योगों के पूरक के रूप में हो।

5) प्रत्येक उद्योग के भीतर क्रियाविधियों की प्रतिष्ठापना की आवश्यकता ताकि उपभोक्ता, मजदूर वर्ग तथा तकनीकी और प्रशासनिक दल, नीतियों के निर्धारण में पर्याप्त रूप से प्रतिनिधित्व कर सकें।

6) अर्द्ध–स्वायत्त स्वरूप वाले जन स्वामित्व के निगम के साथ परीक्षण तथा लोक स्वामित्व के नियंत्रण और प्रशासन का विकेन्द्रीकरण, जिससे वह सामंजस्य बिठाने वाला तथा सामाजिक दृष्टि से दक्ष प्रतीत हो।

7) सिविल सेवा, सार्वजनिक लेखांकन, सामूहिक लेनदेन, व्यक्तिगत संबंध आदि के ठोस तंत्र के माध्यम से दक्ष, ईमानदार और लोकतांत्रिक प्रशासन के प्रति निदेशित प्रशासनिक क्रियाविधियों को विकसित करने की आवश्यकता। उत्कृष्ट कार्य के लिए पुरस्कारों की उचित प्रणाली के माध्यम से औद्योगिक प्रोत्साहनों को बढ़ावा देने के लिए तकनीकों का विकास किया जाना चाहिए।

8) उपभोक्ता की रूचि की स्वतंत्रता की आवश्यकता।

9) जाति, धर्म, रंग अथवा राष्ट्रीय मूल के कारण जनसंख्या के किसी भी वर्ग के प्रति विभेदकारी प्रथाओं को रोकने और नागरिक स्वतंत्रता को आरक्षित करने की आवश्यकता।

10) अन्य देशों के साथ सहयोग की आवश्यकता, जिससे युद्ध के कारणों को कम किया जा सके, साम्राज्यवादी नियंत्रणों का उन्मूलन हो सके तथा विश्वभर में जीवन स्तर को उठाया जा सके।

प्रश्न 13. ''लोकतांत्रिक समाजवाद एक व्यापक अथवा विशिष्ट सिद्धांत है।'' टिप्पणी कीजिए।

उत्तर – लोकतंत्र का समाजवादी दृष्टिकोण स्वयं में एक विशिष्ट विचारधारा है। लोकतंत्र की सैद्धांतिक व्यवस्था को व्यावहारिक रूप में प्राप्त करने का प्रयास इसमें निहित है। समाजवादी लोकतंत्र में राजनीतिक समानता व स्वतंत्रता की उपेक्षा नहीं की गई, वरन् उन पर भी विशेष बल दिया गया है। इसके अतिरिक्त सामाजिक व आर्थिक पक्षों के महत्व को भी मौलिकता प्रदान की गयी है। यह इन दोनों के बीच का मार्ग केवल इसलिए नहीं है कि इसमें दोनों प्रकार

के लोकतंत्रों के समन्वय का प्रयास किया गया है, वरन् दोनों से पृथक् सिद्धांत साधन व मूल्य अपनाये गये हैं। उदारवादी व साम्यवादी लोकतंत्र में एकरूपता नहीं है। इसलिए लोकतंत्र के समाजवादी दृष्टिकोण को इन दोनों का मिश्रण कहना उपयुक्त नहीं होगा। समाजवादी लोकतंत्र में समानता व स्वतंत्रता के विशेष अर्थ किये गये हैं। यह अर्थ लोकतंत्र की भावना के अधिक अनुरूप है, क्योंकि इन्हीं अर्थों में स्वतंत्रता व समानता तथा न्याय व्यक्ति की व्यक्तिगत गरिमा का अंतिम उद्देश्य प्राप्त करा सकता है। यही राजनीति में जन–सहभागिता को अर्थपूर्ण और प्रतियोगी राजनीति की परिस्थितियाँ उत्पन्न करता है। अन्यथा 150 रूपये मासिक आमदनी वाले व्यक्ति को, डेढ़ लाख रूपये की मासिक आमदनी वाले व्यक्ति से सभी स्वतंत्रताओं तथा उनके भोग की छूट के बावजूद क्या प्रतियोगिता हो सकती है? समाजवादी लोकतंत्र इन दोनों में यथार्थवादी बनाने के लिए बराबर के स्थान पर दोनों के बीच की आर्थिक विषमता को कम से कम करने का लक्ष्य रखता है। अतः समाजवादी लोकतंत्र को सही अर्थ में समझने के लिए यह आवश्यक है कि समाजों की वास्तविकताओं की अनेदेखी नहीं की जाए।

लोकतंत्र के इस दृष्टिकोण के विवेचन से यह स्पष्ट है कि दुनिया के अधिकांश राज्य लोकतंत्र के समाजवादी ढांचे में सम्मिलित नहीं किये जा सकते हैं। वास्तव में लोकतंत्र का यह प्रतिमान अत्यंत जटिल है। सामान्य संरचनात्मक हेर–फेर से राजनीतिक व्यवस्थाएं इस विचार की मौलिक मान्यताओं से हट जाती हैं। इसलिए **डॉ. इकबाल नारायण** का यह निष्कर्ष है कि, ''जो राज्य उदारवादी या साम्यवादी लोकतंत्रों के अंतर्गत नहीं आते वह समाजवादी लोकतंत्र के नाम से जाने जाते हैं।'' मान्य नहीं हो सकता। वास्तव में दुनिया के अधिकांश राज्य या तो उदारवादी लोकतंत्र या साम्यवादी लोकतंत्र की श्रेणी में रखे जा सकते हैं तथा लोकतंत्र के समाजवादी स्वरूप के अंतर्गत आनेवाले राज्यों की संख्या बहुत कम है। वास्तव में लोकतंत्र का यह प्रतिमान सरल न होकर जटिल है। साधारण संरचनात्मक परिवर्तन से राजनीतिक व्यवस्थाएं इस विचारधारा की आधारभूत मान्यताओं से छूट जाती है।''

प्रश्न 14. नवीन वामवाद क्या है? [June-06, Q10(6)]

उत्तर – नवीन वामवाद समाजवाद में विश्वास करता है, तथापि मानवता को बढ़ावा देने और उसके संरक्षण के लिए संघर्ष करता है जो पूर्ववर्ती सोवियत संघ की समाजवादी प्रणाली में बलि का बकरा बनकर रह गया था। अर्थात् जहां समाजवाद की उपलब्धियाँ परंपरागत वामवाद की आधारशिला है , वहीं लोकतंत्र और समाजवाद से एकीकृत समाजवाद, सामान्यतः नवीन वामवाद के नाम से जाना जाता है। नवीन वामवाद को पुराने वामवाद से जो अलग करता है, वह है इसका सकारात्मक सामाजिक और राजनीतिक उद्देश्यों को प्राप्त करने पर प्रबल जोर। यह स्वतंत्रता और लोकतंत्र में विश्वास करता है तथा इन आदर्शों के लिए संघर्षरत रहता है।

नवीन वामवाद द्वितीय विश्वयुद्ध के बाद की अवधि का उत्पाद है। इसका विकास तीन घटकों के कारण है :–

1) पूर्ववर्ती सोवियत संघ के महान कॉमरेडों द्वारा प्रदत्त सरकारी मार्क्सवाद के विरूपण के प्रति कड़ी प्रतिक्रिया।

2) प्रगतिशील पाश्चात्य देशों की प्रचतर समष्टियों के सामाजिक, आर्थिक और राजनीतिक तौर पर गठन के प्रति प्रबल विरोध।

3) मानव की योग्यता और प्रतिष्ठा पर अति प्रबल जोर।

अर्थात् यह आंदोलन बहुस्तरीय विरोध का परिणाम था – स्टैलिनवादियों की ज्यादत्तियों के विरूद्ध, सोवियत नेताओं द्वारा यथा प्रदत्त मार्क्सवाद के सैद्धांतिक और कारीगर संबंधी विरूपण के विरूद्ध कार्य करने के केन्द्रीकृत और अलोकतांत्रिक तरीकों के विरूद्ध तथा उत्पीड़न के मानवता विरोधी, लालफीताशाही और रूढ़िवादी समाज के विरूद्ध विरोध।

आज की सर्वाधिक महत्वपूर्ण ऐतिहासिक घटना है, नवीन वामवाद का पुनरोत्थान जिसे 'नवीन समाजवाद' का नाम दिया जा सकता है। नागरिक अधिकारों के लिए अमेरिका नीग्रों का संघर्ष, शैक्षणिक प्रणाली में परिवर्तन की मांग करने वाला फ्रांस का छात्र आन्दोलन, राजनीतिक प्रणाली के लोकतंत्रीकरण के लिए स्पेन में मजदूर वर्ग का संघर्ष ऐसी महत्वपूर्ण घटनाएं है जिन्हें वे नवीन वामवादी विचारकों को यह कहने के लिए प्रेरित किया कि यौवनपूर्ण घटक अपेक्षित राज्यकार्यों को प्रभावित कर सकते हैं। परिवर्तन आवश्यक है : वास्तविक लोकतंत्र के लिए परिवर्तन, जिसे जनता के युवा वर्ग द्वारा लाया जा सकता है। ऐसा इसीलिए क्योंकि वे अकेले एक समाजवादी तंत्र के हानिकारक आयामों को समझ सकते हैं और तत्पश्चात्, एक स्वतंत्र, लोकतांत्रिक और प्रतिष्ठित जीवन की स्थापना के लिए संघर्ष कर सकते हैं। संक्षेप में, नवीन वामवादियों का उद्देश्य मार्क्सवाद के उन रूपों पर हमला करना है जो पूर्ववर्ती सोवियत संघ में विकसित हुए थे। इसकी बजाए वे मार्क्सवाद के व्यावहारिक अंग पर आधारित समाजवाद के नए स्वरूप के शब्दों के बारे में विचार करते हैं। इस प्रकार का समाजवाद लोकतांत्रिक प्रणाली के परिसरों के अनुरूप होना चाहिए ताकि जनता को स्वतंत्रता, विकास और प्रसन्नता का वरदान मिल सके।

अध्याय –7

राजनीतिक विचारधाराएँ

प्रश्न 1. व्यक्तिवाद से आप क्या समझते हैं?

उत्तर – व्यक्तिवादी राजनीतिक और सामाजिक सिद्धांत वास्तव में व्यक्ति–केन्द्रित संगठन है। इसके अनुसार हर व्यक्ति अपने–आप में साध्य है और तमाम सामाजिक, राजनीतिक संस्थाएं और संगठन उसके साधन मात्र हैं।

व्यक्तिवादी विचारक किसी भी व्यक्ति की स्वाभाविक या पूर्व राजनीतिक स्वतंत्रताओं पर विशेष जोर देते हुए मानता है कि कोई भी व्यक्ति स्वयं के विषय में निर्णय की बेहतर क्षमता रखता है। बेलगाम (असंयमित) व्यक्तिगत स्वतंत्रता की वकालत करने वाले इन विचारकों के अनुसार, राज्य या समाज को किसी की व्यक्तिगत स्वतंत्रता में तब तक कोई हस्तक्षेप नहीं करना चाहिए जब तक वह अन्य व्यक्तियों की स्वतंत्रता का अतिक्रमण न करे।

व्यक्तिवाद, राज्य को एक अपरिहार्य बुराई मानता है, अतः वह सरकार सबसे अच्छी मानी गई है, जो कम से कम शासन करे। व्यक्तिवादियों के अनुसार राज्य का काम केवल कानून–व्यवस्था बनाए रखना और नागरिकों की सुरक्षा करना है। इसके अतिरिक्त अन्य सामाजिक आर्थिक क्षेत्रों में उसका हस्तक्षेप वर्जित है। इन विचारकों का मानना है कि सामाजिक, आर्थिक क्षेत्रों में राज्य के हस्तक्षेप से, व्यक्तिगत स्वतंत्रता खतरे में पड़ जाएगी। व्यक्तिवादी दृष्टिकोण में राज्य के प्रभाव–क्षेत्र और व्यक्तिगत अधिकारों तथा स्वतंत्रताओं में विलोमानुपात का संबंध हैं।

आर्थिक मामलों में राज्य के हस्तक्षेप के सिद्धांत को लेस–ए–फ्रेअर का सिद्धांत कहते हैं। 18वीं शताब्दी में, तिजारती (वाणिज्यवादी) राज्य के नियंत्रण और नियमों से परेशान फ्रांस और इंगलैंड के नागरिकों, व्यापारियों, महाजनों और छोटे उद्योगपतियों ने, ''लेस–ए–फ्रेअर' का नारा दिया था। फ्रांसीसी में लेस–ए–फ्रेअर का अर्थ होता है, ''स्वतंत्र छोड़ दो'' या ''काम की स्वतंत्रता दो'' कहा जाता है कि फ्रांस में लुई 14वें के वित्त मंत्री कोलबर्ट ने जब व्यापारियों से राज्य द्वारा उनकी सहायता के संबंध में पूछा, तो उनका जवाब था ''लेस–ए–फ्रेअर'' (हमें अपना काम स्वयं करने दो) लेस–ए–फ्रेअर का सिद्धांत मूलतः आर्थिक उदारवाद या आर्थिक व्यक्तिवाद का सिद्धांत है। यह राज्य के उसके नागरिकों के साथ संबंध के विषय में व्यापक व्यक्तिवादी सिद्धांत का हिस्सा है।

सामाजिक, राजनीतिक सिद्धांत के रूप में, लेस–ए–फ्रेअर (व्यक्तिवाद) या दूसरे शब्दों में व्यक्तिवादी उदारतावाद का वर्चस्व 18वीं शताब्दी के उतरार्ध से 19वीं शताब्दी के

उत्तरार्ध तक था। इस सिद्धांत के हिमायतियों में फ्रांस के वस्तुवादी राजनीतिक अर्थशास्त्री (फ्रांस्वा क्वस्त्रे, विक्टर द रिक्वेती और माक्वी द मिराबू), इंग्लैंड के क्लासिकी राजनीतिक–अर्थशास्त्री (ऐडम स्मिथ, डेविड रिकार्डो, थामस माल्थस और जॉन स्टुअर्ट मिल) और हर्बर्ट स्पेन्सर प्रमुख हैं। भारत में, अर्थव्यवस्था और राज्य के व्यक्तिवादी दृष्टिकोण के प्रबल समर्थकों में गोविंद रानाडे (1842–1901) और स्वतंत्र पार्टी मुख्य है। रानाडे ने मुक्त व्यापार और व्यक्तिवादी अर्थव्यवस्था की हिमायत तो की, लेकिन वे व्यक्तिवादी नजरिए के आलोचक भी थे। उन्होंने उन सभी मामलों में राज्य के हस्तक्षेप की वकालत की ''जिनमें व्यक्तिगत और सहकारी प्रयास उतने प्रभावकारी नहीं हो सकते थे, जितने की राष्ट्रीय प्रयास''।

वर्तमान समय में, आर्थिक उदारतावाद के समर्थकों टी.ए. हायक, मिल्टन फ्रीडमन और रार्बट नॉत्जिक जैसे परस्पर विरोधी विचारक हैं। मागरेंट थैचर के प्रधानमंत्रित्व काल में इंग्लैण्ड की कुछ नीतियां आर्थिक उदारतावाद से प्रभावित हैं। प्रधानमंत्री श्री राजीव गांधी के नेतृत्व में भारत सरकार ने हाल में अपनी अर्थव्यवस्था को एक सीमा तक उदार बनाने के लिए कुछ कदम उठाए हैं।

प्रश्न 2. स्वत्व सम्बन्धी व्यक्तिवादी संकल्पना पर चर्चा करो। [June-06, Q7]

उत्तर – व्यक्तिवादी दृष्टिकोण से, लोग स्वतंत्र, समझदार एवं आत्म–निर्णय में सक्षम हैं। वे समझदार इस बात में हैं कि वे ही अपने हितों के सबसे अच्छे पारखी हैं। वे आत्म–निर्णय में सक्षम हैं, यानि वे उत्तम जीवन संबंधी अवधारणा उसके उन विश्वासों एवं मूल्यों का समुच्चय होता है जो इस विषय में होते हैं कि वह किस प्रकार अपना जीवन व्यतीत करे तथा कौन सी बात जीवन को सार्थक बनाएगी, लोग इस अर्थ में स्वतंत्र हैं कि वे वर्तमान सामाजिक प्रथाओं में अपनी भागीदारी का सवाल उठाने तथा इन प्रथाओं के अधिक उपयोग में न रहने पर उन्हें छोड़ देने का सामर्थ्य और अधिकार, दोनों रखते हैं। व्यक्तिजन, दूसरे शब्दों में, किसी भी सामाजिक संबंध–विशेष पर प्रश्न करने और उसे निरस्त करने अथवा संशोधित करने के लिए स्वतंत्र है। व्यक्तियों के रूप में हम किसी भी सामाजिक प्रथा–विशेष से नाता तोड़ने अथवा पीछे हटने तथा यह प्रश्न करने की क्षमता रखते हैं कि हम उसका अनुगमन जारी रखें अथवा नहीं। कोई भी कठिन कार्य–विशेष अथवा लक्ष्य हमारे लिए समाज द्वारा तय नहीं किया जाता; कोर्ठ भी लक्ष्य हमारे स्वयं द्वारा संभावित संशोधन अथवा स्वीकरण से छूट प्राप्त नहीं है। किसी व्यक्ति के प्रयास–लक्ष्य, उद्देश्य एवं प्रयोजन सदा ऐसी चीजें रही हैं जिनसे वह अपने आप को जोड़ना पसंद करता है और इसीलिए उनसे नाता तोड़ना भी। तदनुसार व्यक्ति इच्छा–प्रयोग द्वारा ही अपने प्रयोजनों, लक्ष्यों से जुड़ा होता है। रॉल्स उक्त तर्क को इस वाक्य में व्यक्त करते हैं 'स्वत्व साध्यों से पहले हैं, जो कि उसी के द्वारा पुष्ट किए जाते हैं'।

व्यक्तिवादी दृष्टिकोण में भी पसंद की व्यक्तिगत स्वतंत्रता चाहिए होती है, ठीक–ठीक इसलिए ताकि पता लग सकें कि जीवन में मूल्यवान क्या है, अपने विश्वासों व मूल्यों को बना सकें, जांच सें व दुरस्त कर सकें। लोगों के पास आवश्यक संसाधन तथा दण्डित किए जाने के बिना अपने विश्वासों एवं मूल्यों के अनुसार अपना जीवन जीने के लिए आवश्यक

स्वतंत्रताएं (तदनुसार, नागरिक एवं वैयक्तिक स्वतंत्रताएं) अवश्य होनी चाहिए। उन्हें उत्तम जीवन विषयक विभिन्न दृष्टिकोणों की जानकारी प्राप्त करने हेतु तथा इन दृष्टिकोणों की बुद्धिमानीपर्वूक जांच करने की योग्यता प्राप्त करने हेतु सांस्कृतिक परिस्थितियां भी उपलब्ध होनी चाहिए। (तदनुसार, शिक्षा तथा अभिव्यक्ति की स्वतंत्रता हेतु संदर्भ) स्वतंत्र, समझदार वं आत्म–निर्णयन् में सक्षम के रूप में व्यक्ति की संकल्पना के आधार पर ही व्यक्तिवादी जन नागरिक व राज्य के बीच संबंध विषयक तथा राज्य की प्रकृति एवं प्रकार्यों संबंधी अपने सिद्धांत को और अधिक परिभाषित करते हैं।

प्रश्न 3. व्यक्तिवादी सिद्धांतों में राज्य के प्रकार्यों का वर्णन करो।

उत्तर – व्यक्तिवादियों के अनुसार राज्य कोई प्राकृतिक सत्ता नहीं, बल्कि यह एक कृत्रिम परन्तु आवश्यक रचना है। राज्य को दरअसल एक अनिवार्य बुराई के रूप में परिभाषित किया जाता है। चूंकि राज्य एक आवश्यक बुराई है, सबसे कम शासन करने वाली सरकार को ही सबसे अच्छी सरकार माना जाता है। राज्य के प्रकार्य एवं भूमिका इसी कारण वैयक्तिक अधिकारों एवं स्वतंत्रता की गारण्टी एवं संरक्षण दिए जाने तक ही सीमित है। दूसरे शब्दों में, राज्य की भूमिका अल्पतम है और कानून एवं व्यवस्था बनाये रखने व अपने नागरिकों की सुरक्षा संबंधी प्रबंध एवं तैयारी करने तक ही सीमित है, आगे उन्हें स्वतंत्र छोड़ दिया जाना चाहिए। राज्य को नागरिकों की आजादी में दखलंदाजी केवल तभी करनी चाहिए, जब उसे दूसरों की आजादी में अनावश्यक रूप से हस्तक्षेप करने से किसी व्यक्ति को रोकना हो।

तटस्थ और अल्पतम के रूप में राज्य को लिया जाना ऊपर चर्चित लेस–ए–फ्रेअर सिद्धांत से ताल्लुक रखता है, जो कि व्यक्ति को अत्यधिक एवं अनुचित राज्य हस्तक्षेप एवं नियंत्रण से मुक्त छोड़ दिए जाने हेतु दलील देता है। व्यक्त्विादी दृष्टिकोण से, एक राज्य जो अपने कर्तव्यों को वैयक्तिक अधिकारों की सुरक्षा एवं संरक्षण प्रदान करने से परे परिभाषित करता है, अपने नागरिकों की स्वतंत्रता एवं आत्म–दृढ़ता को प्रतिबंधित करता है।

व्यक्तिवाद, तदनुसार, राज्यीय गतिविधियों के विस्तार एवं वैयक्तिक अधिकारों व स्वतंत्रता के क्षेत्र परिवर्धन के बीच एक प्रतिलोम संबंध देखता है। स्वत्व संबंधी व्यक्तिवादी संकल्पना की, राज्य एवं नागरिक के बीच संबंध से जुड़ी अपनी समझ और राज्यीय गतिविधियों के उचित कार्यक्षेत्र की अनेक सैद्धांतिक पहलुओं से आलोचना की गई है, जिनमें से कुछ है – फासीवाद, सर्वोदय, साम्यवाद तथा नारीवाद। तथापि, व्यक्तिवादी परिप्रेक्ष्य की सर्वाधिक गंभीर आलोचना समुदायवाद के सिद्धांत में पायी जाती है।

प्रश्न 4. स्वत्व संबंधी व्यक्तिवादी संकल्पना की समुदायवादी समालोचना पर चर्चा करो।

उत्तर – समुदायवादी जन सामाजिक प्रयोजनों से विमुख एवं पृथक् रूप से स्वत्व संबंधी उदारवादी व्यक्तिवादी बोध की दो मुख्य सीमाबद्धताओं की ओर संकेत करते हैं : प्रथम, वह समुदाय के महत्त्व का अवमूल्यन करती है, उसको नगण्य मानती है और उसे पदोन्नत करती है; और दूसरे, वह स्वत्व व उसके प्रयोजनों के बीच संबंध की एक त्रुटियुक्त संकल्पना को

पहले से ही मानकर चलती है।

पहली समालोचना समुदायवाद समुदाय के महत्त्व को कम करने व उसे नगण्य मानने के लिए और अधिक विशष रूप से उसकी उस सीमा तक उपेक्षा करने के लिए उदारवादी व्यक्तिवाद का विरोध करता है; जहाँ तक कि यही वह समाज या समुदाय है जिसमें लोग रहतें हैं, जो इस बात को इच्छित रूप प्रदान करता है कि वे क्या हैं और कौन से मूल्य अपनाते हैं। व्यक्तिवाद यह समझता है कि समाज से बाहर लोग आत्मनिर्भर हैं और आत्म–निश्चय हेतु अपनी क्षमताओं को विकसित व प्रयोग करने के लिए उन्हें किसी समुदाय प्रकरण की आवश्यकता नहीं है। दूसरे शब्दों में, व्यक्तिवाद व्यक्ति के लिए एक उत्तम जीवन को कार्यरूप देने में समुदाय–सदस्यता के महत्त्व को मान्यता नहीं देता।

समुदायवाद के अनुसार, तथापि, समुदाय व्यक्ति के उत्तम जीवन हेतू एक आधारभूत और अप्रतिस्थाप्य घटक हैं। लोग कितने भी लोचदार और स्वावलम्बी हों, सामाजिक एवं समुदायिक जीवन से बाहर मानव का अस्तित्व सोचा भी नहीं जा सकता। लोग, समुदायवादियों के अनुसार रॉबिन्सन क्रूसो नहीं हैं जो पूरी तरह से और स्थायी एकाकीपन में रह लें। बल्कि लोग तो उस समुदाय द्वारा संगठित और अपनी पहचान बनाये हुए हैं, जिससे वे संबंध रखते हैं। मनुष्यों के रूप में हम अनिवार्यतः किसी परिवार, धर्म, जनजाति, प्रजाति व राष्ट्र के सदस्य हैं। इस प्रकार, सामाजिक एवं सामुदायिक प्रयोजनों व मूल्यों से दूर होने की बजाय, हमारा एक इतिहास है और विशिष्ट सामाजिक परिस्थतियों में हमारा स्थान निर्दिष्ट है। इस सामुदायिक सदस्यता से जुड़ाव और नैतिक परियुक्तियाँ ही ''हम जो हैं'' को निर्धारित करती हैं और ''हम जो मूल्य रखते हैं'' को निश्चित रूप प्रदान करती हैं। समुदायवादी जन, तदनुसार, उस स्वत्व संबंधी एक विशेष परिकल्पना को जन्म देने के लिए उदारवादी व्यक्तिवाद की आलोचना करते हैं, जो उस सामाजिक सच्चाई से पृथक्त है, जो उसको स्थापित करती है।

दूसरी समालोचना, समुदायवाद वैयक्तिक स्वत्व और उसके प्रयोजनों के बीच संबंध की एक भ्रम–जनित अथवा मिथ्या समझ रखने के लिए व्यक्तिवाद की आलोचना करता है। जैसा कि ऊपर चर्चा की गयी, व्यक्तिवाद इस अर्थ में 'स्वत्व को उसके साध्यों से पहले' समझता है कि व्यक्तियों के पास उत्तम जीवन की प्रकृति विषयक सबसे गंभीर रूप से ली जाने वाली मान्यताओं को, यदि वे और अधिक पालन योग्य न पायी जायें तो, आलोचित करने, संशोधित करने व निरस्त करने का अधिकार है।

समुदायवाद के अनुसार, स्वत्व संबंधी इस धारणा को स्वीकार करना व्यक्ति द्वारा स्वंय को देह–मुक्त, उऋण और सामाजिक लक्ष्यों व जुड़ावों के साथ एक स्वैच्छिक संबंध निभाते व्यक्ति के रूप में देखना है। वे व्यक्तिवाद द्वारा स्वीकृत स्वत्व और उसके साध्यों के बीच संबंध की इस स्वेच्छावादी तस्वीर का विरोध करते हैं। उनके अनुसार, यह तस्वीर उस रीति को अनदेखा करती है जिससे हम सामाजिक भूमिकाओं व समुदाय–सदस्यता द्वारा घिरे हैं या उनमें अवस्थित (embedded) हैं और अशंतः संघटित भी।

स्वत्व संबंधी व्यक्तिवादी संकल्पना की आलोचना करते हुए, समुदायवादी जन यह पूछते हैं

कि क्या हम उन खास मूल्यों से वाक़ई पीछे हट सकते हैं जो हम अपनाते हैं, और उन्हें नए मूल्य अपनाने के लिए बदल सकते हैं, या फिर इसकी बजाय हमें सर्वथा ऐसे लोग बना दिया जाता है जो कि उन्हीं मूल्यों से जाने जाते हैं जिन्हें हम सकारते हैं ताकि जुड़ाव की गुंजाइश रहे? मनुष्य जन, उनका तर्क है, अनिवार्यतः सामाजिक प्राणी हैं। इस प्रकार, हम न तो अपने सामाजिक व सामुदायिक लक्ष्यों और लगावों को **चुनते** हैं, न ही उन्हें अस्वीकार करते हैं; बल्कि हम उन्हें **महसूस करते** हैं। हम न तो अपने सामाजिक एवं सामुदायिक लक्ष्यों से **मुक्त** हैं, न ही उनसे दूर खड़े हैं; बल्कि हम स्वयं को उनमें **स्थापित/अवस्थित** पाते हैं। उदाहरण के लिए, हम अपना परिवार, जाति अथवा धर्म चुनतें नहीं हैं; हम उनमें स्वयं को स्थापित पाते हैं। फिर हम एक परिवार, धर्म और राष्ट्र में अपने स्थान, पद और परिस्थिति के अनुसार अपने कल्याण संबंधी अवधारणा और लक्ष्यों को निर्धारित करते हैं। समुदायवाद के अनुसार, हम सारी सामाजिक भूमिकाओं व सामुदायिक पहचानों से कभी मुक्त नहीं होते। सामाजिक समूहों व समुदायों की हमारी सदस्यता ही उत्तम जीवन संबंधी हमारी पहचान और समझ को निर्धारित व स्थापित करती है। हम हमेशा ही सामाजिक संबंधों व समुदाय–सदस्यता से पीछे नहीं हट सकते हैं और न ही उनसे बाहर रहना पसंद कर सकते हैं। हमारे सामाजिक संबंध और भूमिकाएं, यथाप्रदत्त ही स्वीकार की जानी चाहिए। जैसा कि सैण्डल लिखते हैं: ''मैं उन भूमिकाओं के अर्थ की व्याख्या कर सकता हूँ जिनमें मैं स्वयं को पाता हूँ,परन्तु उन भूमिकाओं को ही,अथवा उनसे अन्तर्जात लक्ष्यों को बेकार बताकर, निरस्त नहीं कर सकता। चूँकि एक व्यक्ति के रूप में मेरे लिए ये लक्ष्य निर्माणकारी हैं, उन्हें 'अपने जीवन में मैं क्या करूँ' निर्धारित करने में यथाप्रदत्त स्वीकार करना पड़ेगा मेरे जीवन में कल्याण का प्रश्न एक ऐसा प्रश्न ही हो सकता कि उनके अर्थ की सर्वोत्तम व्याख्या कैसे की जाए। यह कहना निरर्थक होगा कि उनका मेरे लिए कोई महत्त्व नहीं, क्योंकि उनके पीछे खड़े रहने में 'मैं' का कोई अस्तित्व नहीं, उनके प्रयोजनों अथवा निर्माणकारी लगावों से ऊपर कोई स्वत्व नहीं''।

इस प्रकार, समुदायवादी जन व्यक्तिवाद में पायी जाने वाली व्यक्ति संबंधी पूर्वकालीन असामाजिक व अमूर्त संकल्पना की भर्त्सना करते हैं। उनके अनुसार, यह संकल्पना उस रीति को अनदेखा करती है जिसमें कि इस प्रकार का समाज विद्यमान है जिसमें वे लोग रहते हैं जो दोनों ही लिहाज़ से अपनी समझ का मर्म स्पर्श करते हैं – स्वयं संबंधी भी और वे अपना जीवनयापन कैसे करें संबंधी भी। एक मूल्यवान जीवन, उनका तर्क है, वो है जो वचनबद्धताओं और संबंधों से भरपूर हो। और उन्हें जो वचनबद्ध बनाता है, सटीक रूप से यह है कि वे इस प्रकार की बातें नहीं हैं जिनके विषय में लोग आये दिन सवाल करें।

प्रश्न– 5. फ़ासीवाद के उदय व विकास पर टिप्पणी करो। [June-06, Q8]

उत्तर – फ़ासीवाद के बारे में सैद्धांतिक मान्यताओं को सुसंगत ढंग से बताना आसान नहीं है, क्योंकि इसका अपना कोई एक दर्शन नहीं है। फ़ासीवाद सिद्धांत फ़ासीवाद आंदोलन के साधारणीकरण से बना। मूल रूप से यह एक ऐसा आंदोलन था, जिसे प्रथम विश्वयुद्ध के बाद के वर्षों में इटली और जर्मनी के विशिष्ट आर्थिक और राजनीतिक स्थितियों की रोशनी में समझा जा सकता है। इटली में फ़ासीवाद का जन्म 1920 के दशक में हुआ और जर्मनी में

1930 के दशक में, बाद में जापान और लातीनी अमरीकी देशों में भी फ़ासीवाद शासन दिखाई दिए। किन्तु, इटली और जर्मनी के युद्ध काल के वर्ष फ़ासीवाद शासन के अच्छे उदाहरण समझे जाते हैं। इसलिए, फ़ासीवाद की जो भी विशेषताएँ बतायी जाती हैं, वे इन दोनों देशों के अनुभव पर आधारित प्रमाण के आधार पर बताएं जाते हैं, जहाँ कि फ़ासीवाद बहुत सीमित और थोड़े समय के लिए प्रकट हुआ। महत्त्वपूर्ण प्रश्न यह है कि वे कौन सी स्थितियां थीं, जिन्होंने इटली और जर्मनी में फ़ासीवाद को जन्म दिया ?

इटली और जर्मनी में राष्ट्रीय अपमानता और निराशा के कारण फ़ासीवाद आंदोलन का जन्म हुआ। 1919 की वारसेल शांति समझौते से इटली और जर्मनी में व्यापक असंतोष फैला। प्रतिक्रियास्वरूप इसने इटली और जर्मनी में उग्र देश भक्ति आक्रामक राष्ट्रवाद को जन्म दिया। राष्ट्रीय अभिमान को लगे आघात से फ़ासिस्ट नेताओं ने लाभ उठाया और राष्ट्रीय श्रेष्ठता और शक्ति के विचार पर ज़ोर दिया। इस प्रकार उग्र देशभक्ति और आक्रामक राष्ट्रवाद ने फ़ासीवाद को वैचारिक आधार दिया, जो कि ''अन्यायपूर्ण'' शांति समझौते के बाद अवश्यंभावी हो गया था।

राजनीतिक शब्दों में फ़ासीवाद इटली की संसदीय संस्थाओं के भंग हो जाने का नतीजा था। प्रथम विश्वयुद्ध से पहले परंपरागत राजनीतिक दल अभिजात (उच्च कुलीन) थे, किन्तु युद्ध के दौरान और उसके बाद व्यापक जनाधार वाले दल के रूप में उभरे। युद्ध के बाद पुनर्निर्माण की प्रक्रिया में सामंजस्य बनाने के लिए जनसमर्थन हासिल करने में परंपरागत राजनीतिक दलों ने नए व्यापक आधार वाले दलों से निपटने में असफल रहने के कारण फ़ासीवाद का जन्म हुआ। यहां तक कि अपने ही लोगों में फूट के कारण समाजवादी दल कभी फ़ासीवादियों को जोरदार शिकस्त नहीं दे पाए।

1929–33 की आर्थिक मंदी ने पूँजीवादी व्यवस्था की अपर्याप्तता को दर्शाया और कुल मिलाकर, इसकी कमज़ोरियों को उजागर किया। इटली और जर्मनी दोनों ही आर्थिक विफलता के कागार पर थे। फ़ासीवाद के उदय के समय दोनों ही राष्ट्र अपनी समस्याओं से निपटने में पूरी तरह असमर्थ लगते थे, ये समस्याएं थी – तीव्र मुद्रा स्फीति, व्यापक बेरोजगारी और प्रथम विश्वयुद्ध के बाद पैदा हुई सामान्य अव्यवस्था। गहरे आर्थिक और सामाजिक उथल–पुथल के कारण हड़तालों और हिंसा से व्यापक औद्योगिक असंतोष फैला। सरकार और शासक वर्गों की प्रतिक्रिया का इन गहराते संकटों से कोई मेल नहीं था।

समाजवादी क्रांतियाँ वहाँ हुई, जहां पूर्ण लोकतांत्रिक समाज था (रूस और चीन आदि) और जो सैनिक कुलीन तंत्र (रूस) और वार लार्ड (चीन) का शासन था। इसके विपरीत फ़ासीवाद का उदय इटली और जर्मनी में हुआ। ये दोनों देश कुछ सीमा तक लोकतांत्रिक थे। इसलिए ऐसा लगता है कि पूर्व लोकतांत्रिक समाज में फ़ासीवाद के जन्म की कम ही गुंजाइश रहती है। समाजवादी क्रांति उन समाजों में हुई, जहां पूर्व–पूँजीवादी, सांमती अथवा अर्द्ध–सामंती उत्पादन संबंध बन चुके थे। इसके ठीक विपरीत फ़ासीवाद का जन्म ऐसे समाज में हुआ, जिनका कुछ हद तक औधोगीकरण हो चुका था और जहां एक स्तर तक पूँजीवाद विकास और कुछ मात्रा में औद्योगिक कुशलता और संसाधन फ़ासीवाद के लिए आवश्यक हैं। फ़ासीवाद के अंकुरण और जन्म के लिए औद्योगिक विकास एक उपजाऊ जमीन प्रदान करता

है, क्योंकि ऐसे समाज में तीव्र आर्थिक अंतर्विरोध होते हैं और फ़ासीवाद इन अंतर्विरोधों को हल करने का एक निश्चित मार्ग दिखाता है। औद्योगिक रूप से विकसित हो रहे समाज के अंतर्विरोधों को बल प्रयोग से हल करता है।

प्रश्न– 6. फासिज्म के अधीन राज्य और समाज की स्थिति पर टिप्पणी करो। [Imp]

उत्तर – फ़ासीवादी राज्य एक व्यक्ति की तानाशाही की संस्था के रूप में उदित हो रहा था। इटली में, अक्तूबर 1926 में सभी विपक्षी दलों और संगठनों पर प्रतिबंध लगा दिया गया। जन सुरक्षा कानून (1926) ने राज्य की सुरक्षा को व्यक्तिगत अधिकारों से ऊपर रखा। फासिस्ट पार्टी को स्वयं ही अधिकारीतंत्रीय बना दिया और श्रमिक संघवादी विचारों को पार्टी के भीतर ही दबा दिया गया। उत्तरी इटली के अनेक उद्योगपतियों ने जिनमें फिएट कम्पनी, जिओवानी ओइनयेल भी शामिल थे, मुसोलिनी के फासीवादी संगठन को खूब पैसा दिया। निजी पूँजी श्रमिकों के फासीवाद नियंत्रण की लाभग्राही होती थी। ''निगमित राज्य'' की स्थापना 1934 में नियोक्ताओं व कर्मचारियों के 22 संयुक्त निगमों को लेकर की गई, परन्तु उनके पास आर्थिक निर्णय लिए जाने की वास्तविक शक्ति का अभाव था। इतावली राष्ट्र के आर्थिक जीवन में राज्य हस्तक्षेप फासीवाद शासन के शुरूआती हिस्से में उपान्तिक ही था। महाअवसाद और अपनी आक्रामक राष्ट्रवादी–सैन्यवादी परियोजना हेतु साम्राज्यवादी महत्त्वाकांक्षाओं को पूरा करने की आवश्यकता ने विशेष रूप से भूमध्य सागर और अफ्रीका में आर्थिक जीवन में राज्य हस्तक्षेप को बढ़ाने की ओर प्रवृत्त किया। 1930 में औद्योगिक पुनर्निर्माण संस्थान (IRI) और इंस्त्यूतो मॉबिलिएर इतालियानो (IMI) की स्थापना ने आधुनिक युद्धकार्य सेवा में आर्थिक नियमन को प्रकट किया। तथपि, 1940 में भी औद्योगिक पुनर्निर्माण संस्थान के पास इतावली उद्योग की कुल पूँजीगत परिसम्पत्तियों का लगभग 17.8 प्रतिशत ही था। राज्य ने खासतौर पर रासायनिक, विधुत् एवं यंत्र उद्योगों के विकास पर ध्यान दिया और रेलपथ तथा दूरवाणी व आकाशवाणी उद्योग के वैद्युतीकरण के माध्यम से आधुनिकीकरण को प्रोत्साहन दिया। तथपि, जर्मनी के मुकाबले, इटली के ''युद्ध का एक स्थायी राज्य'' होने संबंधी शासन के शब्दाडंबर के बावजूद सैन्य–उत्पादन में निवेश कम ही था। इसके अतिरिक्त, एकाधिकार पूँजीवादी वर्ग के पूर्व उग्र दोषारोपणों के बावजूद, फासीवादी राज्य ने उत्पादक संघीकरण और न्यासीकरण, यथा वृहद् संघों के निर्माण में मदद की।

मुसोलिनी ने चर्च को भी खुश करने का प्रयास किया। युद्ध से क्षतिग्रस्त गिरजाघरों की मरम्मत के लिए बड़ी–बड़ी आर्थिक सहायताएं दी गईं। 1923 में सभी माध्यमिक विधालयों में धार्मिक शिक्षा अनिवार्य कर दी गई। रोम की समस्या अन्ततः 1929 में हल हो गई। चर्च के साथ लैटरन समझौतों पर हस्ताक्षर किए गए, जिसके माध्यम से धार्मिक शिक्षा का वास्तविक नियंत्रण चर्च के हाथों में सौंप दिया गया और वैटिकन पर शासनार्थ पोप के अधिकार को मान्यता दी गई। चर्च के प्रमुख अयाजकीय संगठन – कैथॅलिक ऐक्शन को आज़ादी दे दी गई, बशर्ते वह राजनीति से दूर रहे।

वैयक्तिक निरंकुशता और सामाजिक जीवन पर पार्टी का नियंत्रण जर्मनी में और अधिक सख्त था। इटली में, बड़े कारोबार, उद्योग, वित्त, सेना एवं व्यावसायिक अधिकारीतंत्र ने काफ़ी हद तक स्वायत्तता अपने पास ही रखी और फासिज्म इन स्थापित संस्थाओं व अभिजात वर्गों के साथ एक अनकहे समझौते के आधार पर सत्ता में आया। जर्मनी में शक्तिदायी अधिनियम (इनेब्लिंग एक्ट, मार्च 1933) हिटलर की तानाशाही हेतु कानूनी आधार बन गया। विधायी अधिकार कार्यकारिणी को हस्तांतरित कर दिए गए। अधिकारी तंत्र को राजनीतिक रूप से अवांछित और 'अन–आर्य' तत्वों से मुक्त कर दिया गया। राज्य के संघीय स्वरूप को नष्ट कर दिया गया। मूल संवैधानिक अधिकारों पर प्रतिबंध लगा दिया गया। ''कानून का शासन'' ''नेता का शासन'' में तब्दील हो गया। फ्युरर जिसके लिए अधिकारी वर्ग और सेना ने 'बिना शर्त आज्ञापालन' की शपथ ली थी, के इतर–कानूनी द्योतन (extra-legal notion) ने प्रशासनिक कार्यकलाप में निर्णायक भूमिका धारण कर ली और संविधानवाद को दफ़न कर दिए जाने का संकेत दिया। नेता की इच्छा ही कानून की वैधता का आधार हो गयी। न्यायपालिका की स्वतंत्रता पूरी तरह ध्वस्त हो गई। इसके अतिरिक्त, प्रेस पर पूरी तरह नियंत्रण हो गया। उदारवादी और यहूदियों के स्वामित्व वाले समाचार–पत्रों और सोशलिस्ट प्रेस को बंद करने के लिए दबाव डाला गया। फासीवाद अवधारणा के प्रति विरोधात्मक पाये जाने वाले किसी भी साहित्य अथवा कला पर प्रतिबंध लगा दिया गया। प्रचार और शिक्षा के माध्यम से नागरिकों के सांस्कृतिक जीवन पर नियंत्रण नाज़ी शासन–प्रणाली के मुख्य लक्ष्यों में से एक बन गया। पूरी शिक्षा–प्रणाली फासीवाद आदर्शों के अनूसार कायांतरित हो गयी। पाठ्य–पुस्तकें दोबारा लिखी गईं। यहूदियों द्वारा अध्यापन कार्य निषिद्ध कर दिया गया और 'आर्यन्–जर्मन' प्रमुख–जाति सर्वोच्चता संबंधी प्रजातीय सिद्धांत पाठ्यक्रमों का हिस्सा बन गए।

जर्मनी में फासीवाद राज्य ने श्रमिकों को सम्पूर्ण रूप से अनुशासित करने का भी प्रयास किया। मालिकों द्वारा नियुक्त ''न्यासियों'' ने वेतन तय कर दिए। अक्टूबर 1934 में एक श्रमिक मोर्चा बनाया गया। यह किसी मज़दूर संघ की भांति नहीं, बल्कि एक प्रचार मशीन के माफ़िक काम करता था, और सदस्यों के रूप में नियोक्ताओं और व्यवसायियों को शामिल करता था। महिलाओं के प्रति फासीवाद राज्य का रवैया अति–रूढ़िवादी पितृसत्तात्मक भावनाओं पर आधारित था। महिलाओं की सामाजिक भूमिका को ''किड्स, किचिन एण्ड चर्च'' अर्थात् ''बच्चे, रसोई और गिरजाघर'' आदि नारों से परिभाषित किया गया।

जर्मनी में फासीवादी का सर्वाधिक दमनकारी पहलू यहूदियों का एक योजनाबद्ध उत्पीड़न रहा।

जर्मनी में नाज़ी पार्टी की विचारधारा का द्योतन यहूदियों के प्रति तीव्र घृणा और जर्मन प्रमुख जाति को विशुद्ध आर्य बनाए रखने संबंधी तीव्र सनक द्वारा हुआ। यहूदीजन जर्मनी के निकृष्ट, प्रजातीय रूप से अशुद्ध और सभी बुराइयों की जड़ के रूप में रूढ़िबद्ध थे। नागरिकता, विश्वविधालयों व प्रशासन में स्थान, आदि से उन्हें वंचित कर दिया गया था। उनके कारोबारों पर हमले भी किए गए। वे सभी प्रकार के अपूर्व भेदभाव के अधीन थे। तदोपरांत, द्वितीय विश्वयुद्ध के दौरान उनमें से लाखों को नज़रबंदी शिविरों में भेज दिया गया और क़त्लेआम कर दिया गया। कम से कम 1937 तक तो इतावली फासिज्म में प्रजातीय सामीवाद–विरोध संबंधी किसी भी योजनाबद्ध नीति का ही अभाव रहा। तथापि, नवम्बर 1938 में, इटली में नाजियों के प्रभावाधीन, प्रजातीय यहूदी–विरूद्ध कानून भी पास किए गए।

प्रश्न– 7. द्वन्द्वात्मक भौतिकवाद की व्याख्या कीजिए।

उत्तर – आमतौर पर मार्क्सवाद का अभिप्राय कार्ल मार्क्स के विचार के रूप में लिया जाता है। लेकिन मार्क्सवाद का अर्थ केवल मार्क्स के विचार नहीं हैं। मार्क्सवाद विचारों के उस भाग को प्रदर्शित करता है जो मुख्य रूप से कार्ल मार्क्स के विचारों को समातित करतें हैं। मार्क्सवाद के बुनियादी सिद्धांतों में से प्रथम सिद्धांत द्वन्द्वात्मक भौतिकवाद है। यह इतिहास की व्याख्या के लिए मार्क्स और एंगेल्ज़ द्वारा विकसित वैज्ञानिक विधि है। यहाँ मार्क्स पूर्ववर्ती विचारकों, जर्मन दार्शनिक हेगेल से पूरी तरह प्रभावित हैं। द्वन्द्वात्मक (Dialectics) एक बहुत पुरानी विधि है, विरोधी विचारने के संघर्ष के माध्यम से विरोधाभासों को व्यक्त करते हुए सत्य को जानने के लिए इसका प्रयोग किया जाता है। हेगेल ने संवाद (Thessis), प्रति–संवाद (Anti-thesis) तथा संश्लेषण (Synthesis) के तीनों रूपों को विकसित करके इसे पेश किया है। द्वन्द्वात्मक त्रिगुण (Dialectical Triad) के नाम से मुख्य रूप से इसे जाना जाता हैं। प्रगति या विकास द्वन्द्वात्मक प्रक्रिया से होता है। विकास की प्रत्येक अवस्था में, यह विरोधाभासों द्वारा वर्गीकृत किया जाता है। ये विरोधाभास आने वाले परिवर्तन, प्रगति और विकास को प्ररित करते हैं। संवाद को इसके प्रति–संवाद के द्वारा चुनौती दी जाती है। दोनों में सच्चाई और असभ्यता क्षणभंगुर होती है। संवाद और प्रति–संवाद के संघर्ष के परिणामस्वरूप, सच्चाई बरकरार रहती है, लेकिन असत्य तत्व नष्ट हो जाते हैं। ये असत्य तत्व विरोधाभासों को जन्म देते हैं। संवाद और प्रति–संवाद के सच्चे तत्व संश्लेषण में एक साथ मिला दिये जाते हैं। यह विकसित संश्लेषण समय के अंतराल में संवाद बन जाता है और इस प्रकार यह पुनः अपने विरोधी प्रति–संवाद द्वारा चुनौती प्राप्त करता है, जो पुनः संश्लेषण में बदल जाता है। यह संवाद, प्रति–संवाद और संश्लेषण की प्रक्रिया तब तक चलती है, जब तक यह पूर्णता की अवस्था तक नहीं पहुँच जाती है। इस विकासवादी प्रक्रिया में नयी अवस्था आएगी, जब कोई असत्य तत्व नहीं होगा। ये विकास के विभिन्न अवस्थाओं में नष्ट हो जाएँगे। अतंतः सिर्फ सत्य ही बचता है, क्योंकि यह कभी नष्ट नहीं होता है। यह पूर्ण अवस्था को जन्म देगा और कोई विरोधाभास नहीं होगा और इस प्रकार आगे कोई विकास नहीं होगा। द्वन्द्वात्मक प्रक्रिया का अंत पूर्ण सत्य पर पहुँचने के बाद हो जाएगा। यह विरोधाभास है, जो द्वन्द्वात्मक प्रक्रिया को बढ़ाते

हैं और विरोधाभास का पूरा विनाश अपने आप से द्वन्द्वात्मक प्रक्रिया के अंत को सूचित करता है।

भौतिकवाद के लिए मार्क्स भौतिकवाद के फ्रेंच विद्यापीठ, मुख्यतया फ्रेंच भौतिकवादी विचारक लुडविग फ्युरबैक के पूरी तरह से ऋणी हैं। यह पदार्थ है, जो आखिरकार में वास्तविकता है न कि विचार। बाद वाला पहले का प्रतिबिम्ब है। हम कैसे अपनी रोटी कमाते हैं, यह हमारे विचारों को निर्धारित करता है। यह व्यक्तियों की चेतना नहीं होती है, जो उनके अस्तित्व का निर्धारण करती है। इसके विपरीत, यह उनका सामाजिक अस्तित्व होता है, जो उनके चेतन का निर्धारण करता है। मार्क्स ने टिप्पणी की है कि ''हेगेल का द्वन्द्वात्मक अपने सिर के बल खड़ा था और मैंने उसे पैरों पर खड़ा किया है''। हेगेल ने द्वन्द्वात्मक आदर्शवाद का विकास किया है, उनके अनुसार ये विचार हैं, जो अंततः पदार्थ होते हैं। विचार आधार या उप–संरचना में निहीत होता है, जो श्रेष्ठ संरचना में सभी चीज़ो को निर्धारित करता है। समाज, राजनीति और अर्थव्यवस्था इस श्रेष्ठ संरचना के अंतर्गत हैं, जिसे उस समय के प्रचलित प्रभारी विचारों द्वारा आकार प्रदान किया जाता है। अंततः यही विचार हैं, जो पदार्थ के साथ स्थानांरित होते हैं। मार्क्स के अनुसार, भौतिक या आर्थिक बल उप–संरचना के अंतर्गत आते हैं और विचार श्रेष्ठ संरचना का एक अंग हैं। विचार भौतिक बलों का प्रतिबिम्ब हैं। आर्थिक बल विचार को निर्धारित करता है और न कि दोनों को। इस प्रकार मार्क्स ने विचार और स्थिति को पलट दिया है। यही कारण है कि वे दावा करते हैं कि ''हेगेल का विचार नीचे की ओर झुका हुआ था और मैंने उसे ठीक किया है''।

आधार या उप–संरचना के अंतर्गत उत्पादन का तरीका और उत्पादन के संबंध निहित होते हैं। ये दोनों मिलकर उत्पादन के रूप को जन्म देते हैं। उत्पादन के तरीके में परिवर्तन तकनीकी विकास के कारण होता है, यह उत्पादन के संबंधों में परिवर्तन लाता है। इस प्रकार उत्पादन के रूप के परिवर्तन श्रेष्ठ संरचना में अनुकूल परिवर्तन लाते हैं। समाज, राजनीति, धर्म, नैतिकता, मूल्यों, आदर्शों इत्यादि श्रेष्ठ संरचना के अंग हैं और उत्पादन के रूप द्वारा निर्धारित होते हैं।

प्रश्न 8. एतिहासिक भौतिकवाद पर टिप्पणी लिखिये।

अथवा

प्रारंभिक साम्यवाद या सामंतवाद की मुख्य विशेषताओं का वर्णन करो।

उत्तर – ऐतिहासिक भौतिकवाद का प्रमुख तत्व है – आर्थिक नियतिवाद। मनुष्य जो कुछ भी कार्य करता है, उसके पीछे आर्थिक कारण होते हैं। इतिहास की प्रत्येक घटना का निर्माण निश्चित रूप से उत्पादन प्रणाली के द्वारा निर्धारित होता है।

मार्क्स के अनुसार द्वन्द्वात्मक भौतिकवाद की तरह इतिहास की प्रत्येक अवस्था, वर्ग–संघर्ष का परिणाम है। इतिहास की प्रत्येक घटना एवं परिवर्तन का मूल आर्थिक शक्तियां हैं। उत्पादन–प्रणाली के प्रत्येक परिवर्तन के साथ सामाजिक संगठन में भी परिवर्तन हुआ है। इतिहास में इस तरह के कम से कम पांच परिवर्तन हुए हैं। पांचवां परिवर्तन अभी चल रहा है, किन्तु छठा परिवर्तन अभी आने वाला है।

1) आदिम साम्यवादी युग – मार्क्स के अनुसार आदिम युग साम्यवादी युग था, जिसमें व्यक्ति कन्द–मूल फल खाकर पशुओं और मछलियों का शिकार किया करता था। शिकार करने के लिए वह पहले पत्थर का तथा बाद में तांबे, कांसे, लोहे से बने हथियारों तथा तीर–कमान का प्रयोग करता था।

सभी लोग मिल–जुल कर रहा करते थे। जो कुछ शिकार किया जाता था, उसे बांट कर खाते थे। संयुक्त श्रम के साधनों पर सभी का समान अधिकार होता था। उत्पादन के साधनों पर किसी एक व्यक्ति का अधिकार नहीं था, अतः एक विशेष वर्ग का निर्माण नहीं हो पाया था। समाज शोषक एवं शोषित वर्गों में विभाजित नहीं हुआ था। उस समय सभी ओर समानता और साम्यवाद था। किसी तरह की विषमता नहीं पायी जाती थी।

2) दासता युग – धीरे–धीरे खेती एवं पशुपालन का आविष्कार किया गया । यह उत्पादन प्रणाली का प्रथम परिवर्तन था, जिसमें कंद–मूल फल, एवं शिकार के स्थान पर खेती और पशु–पालन होने लगा। इस नयी प्रणाली द्वारा मनुष्य परिश्रम करके इतना अधिक भोजन सामग्री एकत्रित कर सकता था जिससे कई लोगों को खिला सके। इस प्रकार यदि एक मनुष्य किसी प्रकार दूसरे मनुष्यों पर स्वामित्व जमा सके तो वह उसके परिश्रम से स्वयं बिना कुछ किये भरपेट खा सकता था एवं संग्रह कर सकता था। इस बात से कुछ लोग परिचित हो गये और उन्हें जबरदस्ती कुछ लोगों को अपना दास बना लिया। दासों से शारीरिक परिश्रम लिया जाने लगा और स्वयं विलासिता, विद्या, कला एवं राजनीति में भाग लेने लगा। आदिम वर्ग विहीन समाज अब दास एवं स्वतंत्र नागरिक–इन दो वर्गों में विभाजित हो गया। इसी युग को दासता युग कहा जाता है। इसके व्यवस्था के दर्शन हमें प्राचीन यूनानी नगर राज्य में दिखायी देते हैं। इसमें दासों से बड़ी नृशसंता, कठोरता एवं क्रूरता से स्वामी काम लिया करते थे। दासों का खूब शोषण किया गया जिससे उन्हें विद्रोह और प्रतिशोध की भावना जागृत हुई। इसका दमन करने के लिए राज्य का आविष्कार किया गया। मार्क्स का कहना है कि राज्य का प्रमुख कार्य शोषक वर्ग के हितों को सुरक्षित करने के लिए कानून बनाना एवं दण्ड की व्यवस्था करना है।

3) सामंती युग – दस–वर्ग के श्रम द्वारा अर्जित उत्पादन का उपभोग सम्पत्तिशाली वर्ग करते थे किन्तु आगे चलकर इनमें जो संघर्ष हुआ, उसके परिणामस्वरूप सामंतवादी युग का जन्म हुआ। अब शासन–सत्ता राजाओं के हाथ में आ गयी, उन्होंने अपने अधीनस्थ सामंतों में भूमि बांट दी। सामंत लोग बदले में राजा को आर्थिक एवं सैनिक सहायता प्रदान करने लगे। जिस समय सामंतों का अधिकार था, उस समय उत्पादन का प्रधान साधन भूमि थी। किसान पर इनका पूरा नियंत्रण था, किसानों को उदर–निर्वाह के लिए सामंत लोग कुछ जमीन दे देते थे, जिसके बदले बेगार के रूप में उन्हें जमींदारों को जमीन की जुताई–बुवाई करनी पड़ती थी। जब युद्ध छिड़ जाता था, जब उन्हें युद्ध में सैनिकों का काम भी करना पड़ता था। ये जमीदारों को कई प्रकार के कर देते थे और शेष धन पर इनका स्वामित्व होता था। इस युग में कुछ उत्पादन के अन्य साधन भी थे जिन पर करीगरों का प्रभुत्व था। ये लोग उत्पादन के कार्यों में रूचि लेते थे, जिससे उत्पादन अधिक होने लगा। शहरों में व्यापारी, वकील, डॉक्टर आदि रहते थे जो अपने व्यवसाय से अधिक धन कमाने लगे। इस युग में समाज चार वर्गों में

विभाजित हो गया थे। ये वर्ग थे (1) सामंत वर्ग (2) पादरी वर्ग (3) स्वतंत्रत नागरिक, जिसमें व्यापारी आदि भी हुआ करते थे, और (4) अर्द्धदास अर्थात् किसान वर्ग। आगे चलकर सामंत एवं पादरी वर्ग आपस में मिलकर एक हो गये। इस प्रकार केवल तीन वर्ग शेष रह गये। अर्थात् उच्चतर वर्ग, मध्यम वर्ग और निम्न वर्ग। निम्न वर्ग में किसान या मजदूर आते थे। इतिहास में यह अवस्था 13वीं–14वीं शताब्दी तक चलती रही इसमें सामंतों का प्रभाव सम्पूर्ण शासन एवं उत्पादन के साधनों पर रहा और उन्होंने अधिक शोषण करने के लिए कानून एवं धर्म का भी निर्माण किया।

4) पूंजीवादी युग – मध्य युग की समाप्ति पर उत्पादन के साधनों में परिवर्तन हुआ। किसानों ने जमींदारों के अत्याचार का प्रतिकार किया। 16वीं–17वीं शताब्दी में औद्योगिक क्रांति हुई। नये–नये आविष्कार हुए। मानव एवं पशु के स्थान पर यंत्रों का प्रयोग होने लगा। हस्तचालित यन्त्रों के स्थान पर वाष्पचलित यंत्र काम आने लगे। मजदूरों को कारखानों में लगा कर अधिक लाभ कमाने लगे। यह सामंतवादी प्रथा का आंतरिक विरोध था। कारखानों के लिए ऐसे भूमिहीन मजदूरों की आवश्यकता थी। मजदूर भुखमरी से बचने के लिए अपने श्रम को बेचते थे। उत्पादन के साधन इतने महंगे थे कि साधारण जनता इसे खरीद नहीं सकती थी। कल–कारखानों से उत्पादन इतना अधिक होता था कि उसके आगे पुराने हस्त–कौशल वाले रोजगार चल नहीं सकते थे। फलस्वरूप उत्पादन के साधन पूंजीपतियों के हाथों में एकत्रित होने लगे। शेष जनता सम्पत्तिविहीन श्रमजीवी वर्ग बन गयी। उत्पादन प्रणाली में परिवर्तन होने से सामाजिक संगठन में परिवर्तन आ गया। मार्क्स का कहना है कि भविष्य में केवल दो वर्ग शेष रह जायेंगे। प्रथम, छोटा सा पूंजीपति वर्ग और दूसरा, उत्तरोत्तर बढ़ता हुआ श्रमजीवी वर्ग। ये दोनों वर्ग परस्पर विरोधी हैं पूंजीपति वर्ग संख्या में छोटा है तो श्रमजीवी वर्ग बड़ा है। पूंजीपतियों के अधीन सभी उत्पादन के साधन हैं। भूमि, कारखाने, मशीन आदि पर पूंजीपतियों का अधिकार है, किन्तु श्रमजीवी के पास न तो सम्पत्ति है और रहने के लिए मकान। इससे दोनों वर्गों का स्वार्थ बढ़ेगा। पूंजीपति श्रमिक का शोषण करेंगे और श्रमिक, पूंजीपतियों से द्वेष करेगा और प्रत्येक बात में उसका विरोध करेगा।

पूंजीवादी प्रणाली में मध्यम वर्ग की कठिनाइयाँ बढ़ जाने से वे श्रमिकों का साथ देंगे। दोनों मिलकर पूंजीपतियों का, जो कि संख्या में कम हैं, विरोध करेंगे। इसका दमन करने के लिए पूंजीपति राजनीतिक संस्थाओं पर अपना प्रभाव डालेंगे। सामंत युग में राजतंत्र थ। उसके स्थान पर संसदीय लोकतंत्र की स्थापना की जायेगी। नागरिकों को देने का अधिकार और कुछ नाममात्र की स्वतंत्रता दी जायेगी। इस लोकतंत्र में धन के बल पर पूंजीपति चुनाव लड़ेंगे और शासन–सत्ता पर अधिकार कर लेंगे।

5) साम्यवादी युग – पूंजीपति एवं श्रमजीवी वर्ग में आंतरिक विरोध एवं स्वार्थ के कारण संघर्ष होगा। यह संघर्ष नयी क्रांति का रूप धारण करेगा, जिसमें पूंजीपति नष्ट हो जायेगा और श्रमजीवी–वर्ग की विजय हो जायेगी। इस द्वन्द्व में पूंजीवाद वाद है, संगठित श्रमजीवी वर्ग प्रतिवाद और इनके संवाद में एक वर्ग विहीन समाज की स्थापना हो जायेगी। वर्ग विहीन समाज के पूर्व एक ऐसा संक्रमणाकलीन युग आ जायेगा, जिसमें श्रमजीवी वर्ग के अधिनायकत्व की स्थापना हो जायेगी। उत्पादन के सभी साधनों का समाजीकरण कर दिया

जायेगा। श्रमजीवी वर्ग का निरंकुश शासन तब तक कायम रहेगा, जब तक कि वे छिपे हुए पूंजीपतियों का नाश नहीं कर देते। 1917 ई. में बोल्शेविक हिंसात्मक क्रांति के द्वारा रूस में स्थापित किया गया था। 1945 ई. के बाद पूर्वी यूरोप के कुछ राज्यों में तथा 1949 ई. में चीन में स्थापित किया गया।

6) साम्यवादी युग – कार्ल मार्क्स का कथन है कि यह अंतिम युग होगा जिसमें पूंजीपति का नाम तक नहीं होगा। तब समाज सर्वथा वर्गविहीन हो जायेगा। एक श्रम जीवियों का वर्ग शेष रहेगा। इस समाज में पूर्ण समानता होगी। विरोधी वर्ग के अभाव में वर्ग–संघर्ष अपने आप समाप्त हो जायेगा। उस समय पूंजीपति वर्ग तथा शोषित दास को स्थापित करने वाले राज्य की कोई आवश्यकता नहीं रहेगी। इस राज्य विहीन और वर्ग विहीन समाज में प्रत्येक व्यक्ति अपनी योग्यतानुसार कार्य करेगा और अपनी आवश्यकतानुसार प्राप्त करेगा। यह अंतिम साम्यवादी अवस्था अभी तक कहीं पर भी नहीं आयी है। रूस या चीन जो अपने आपको समाजवादी कहते हैं, वहां भी यह युग अभी तक नहीं आया है।

प्रश्न 9. मार्क्स के अतिरिक्त मूल्य के सिद्धांत की समीक्षा कीजिए। [Dec-06, Q7]

उत्तर – मार्क्स द्वारा अतिरिक्त मूल्य के सिद्धांत को प्रतिपादित करने का उद्देश्य केवल यह प्रदर्शित करता है कि किस प्रकार पूंजीपति श्रमिकों का शोषण करते हैं। मार्क्स को इस बात से चिंता नहीं थी कि किस तरह वस्तुओं की कीमतें बढ़ती हैं और कम होती हैं।

1) आवश्यकता पर निर्भर– श्रमिकों को मजदूरी इतनी कम दी जाती है कि उससे उनका पेट नहीं पल पाता। इसलिए अपनी आवश्यकताओं की पूर्ति के लिए उन्हें अतिरिक्त काम करना पड़ता है। इस तरह अतिरिक्त समय में काम करने से काम के घण्टे बढ़ जाते हैं। अतएव जितने अधिक समय तक काम किया जायेगा उतना ही अधिक मुनाफा पूंजीपतियों को मिलेगा और यह लाभ पूंजीपति अपनी जेब में रखेंगे।

2) खर्च का निर्भर – जिस वस्तु पर जितना अधिक श्रम खर्च होता है, वह वस्तु उतनी ही महंगी बिकती है। और यदि उस पर कम श्रम करना पड़ा तो वह सस्ती बिकेगी। जैसे एक घड़ी को बनाने के लिए श्रमिकों को अधिक मेहनत करनी पड़ती है, इसलिए वह महंगी है किन्तु एक फाउण्टेन पेन में परिश्रम कम होता है, इसलिए वह सस्ता है। वायु तथा जल मनुष्यों को मुफ्त इसलिए मिलता है कि उसके प्राप्त करने में परिश्रम की आवश्यकता नहीं है।

3) मांग पर निर्भर – वस्तु का मूल्य मांग पर भी निर्भर है। यदि वस्तु की मांग अधिक है किन्तु पूर्ति कम है तो उसका मूल्य बढ़ जायेगा। यदि वस्तु की मांग और पूर्ति बराबर होती है तो उसका भी अतिरिक्त मूल्य निकलता है। इसी अतिरिक्त मूल्य को पूंजीपति हड़प लेता है। श्रमिक का श्रम तथा जिस कीमत पर वस्तु को बेचा जाता है, उसमें बहुत अन्तर होता है। इसी अंतर को कार्ल मार्क्स अतिरिक्त मूल्य मानता है। उदारहण के लिए एक फर्नीचर बनाने वाली कंपनी अपने एक मजदूर को 5 रूपये रोज देती है। वह एक दिन में मेज बनाता है जिसमें कच्चा माल 10 रूपये का लगता है। अब मेज की कीमत 15 रूपये होनी चाहिए किन्तु मालिक उसे 28 रूपये में बेचता हे, जिससे उसे 13 रूपये का लाभ होता है। यही उसका अतिरिक्त मूल्य हुआ जिसे वह बिना हाथ पैर हिलाये प्राप्त करता है। ईमानदारी से देखा जाये

तो यह पैसा मजदूरों को मिलना चाहिए किन्तु वह मजदूरों की गरीबी एवं मजबूरी का अनुचित लाभ उठा कर अपनी जेंबें भरता है, इसलिए मालिक और मजदूर में संघर्ष होता है। एक फैक्टरी में श्रमिको को नियमानुसार 8 घण्टे काम करना पड़ता है। इन घण्टों का जो पारिश्रमिक मालिक श्रमिको को देता है वह उत्पादन के मूल्य से कम होता है और इतना कम होता है कि श्रमिक पेट नहीं भर सकता। इसलिए श्रमिक अधिक काम करेगा अर्थात् व 4 घण्टे अधिक काम करेगा। अब यदि श्रमिक अपने उदर–निर्वाह के लिए 1 2 घण्टे काम करता है तो 4 घण्टे का काम मालिक के लिए अतिरिक्त काम हुआ। इस चार घण्टे के अतिरिक्त काम से जो लाभ मालिक को हुआ, उसे अतिरिक्त लाभ कहा जायेगा। इससे मालिक की पूंजी बढ़ती है।

मार्क्स के अनुसार अतिरिक्त मूल्य का सिद्धांत इतिहास की आर्थिक व्याख्या के लिए धुरी की कील है, जो यह प्रदर्शित करता है कि किस तरह धन का वितरण सामाजिक ढांचे को निश्चित करता है। इस अतिरिक्त मूल्य के सिद्धांत को मार्क्स ने बतलाया है कि किस तरह मालिक श्रमिकों द्वारा पैदा किये हुए मूल्य को चुराते थे।

प्रश्न 10. वर्ग संघर्ष की अवधारणा पर प्रकाश डालो। [June-06, Q11(8)]

उत्तर – मार्क्सवादियों के अनुसार संपत्ति पर अधिकार के आधार पर हर वर्ग–विभाजित समाज में दो प्रमुख वर्ग होते हैं। इतिहास के विभिन्न कालों में अलग–अलग तरह की सामाजिक व्यवस्थाएं रही हैं। प्राचीन काल में दास–प्रथा थी, मध्य–युग में सामंती समाज एवं आधुनिक युग में पूंजीपति समाज है। ऐतिहासिक दृष्ट से दास–प्रथा का समाज, स्वामियों और दासों का समाज था, सामंती समाज सामंतों और कृषि दासों में बंटा था और पूंजीवादी समाज पूंजीपतियों और मजदूरों का समाज है। मार्क्स और एंगेल्स के अनुसार ये समाज अपनी विशिष्ट उत्पादन–पद्धतियों के आधार पर पहचाने जाते हैं। उत्पादन–संबंध और उत्पादन की शक्तियां, इतिहास के विभिन्न दौरों के समाज की वर्ग–संरचना के साथ, समाज के विभिन्न प्रकारों का भी निर्धारण करती है। मार्क्स और एंगेल्स के अनुसार वर्ग–संघर्ष एक निरंतर प्रक्रिया है – यह संघर्ष कभी प्रत्यक्ष होता है तो कभी अप्रत्यक्ष, उत्पादन–साधनों के स्वामित्व और उनपर अपने नियंत्रण के ही कारण समाज का हिस्सा, प्रभुता संपन्न वर्ग बन जाता है और दमनकारी नीतियां अपनाता है। यह वर्ग उत्पादन–साधनों पर अपने नियंत्रण में समाज में अपनी आर्थिक और राजनीतिक प्रभुता स्थापित करता है। मार्क्स और एंगेल्स का मानना है कि हर देश काल के सभी ज्ञात समाजों में एक अल्पसंख्यक वर्ग, बहुसंख्यक श्रम–जीवियों का शोषण करता रहा है। संपत्ति पर स्वामित्व ही वह निर्णायक कारण है जिसकी सहायता से एक अल्पसंख्यक वर्ग, दूसरों को श्रम करने के लिए बाध्य कर सकता है। प्रत्येक वर्ग–समाज में यही व्यवस्था रही हैं यही व्यवस्था ''प्रभावी शक्ति को उनकी पहुंच से बाहर कर देती है, जिनके श्रम से, उत्पादन साधनों पर विशेषाधिकार–प्राप्त अल्पसंख्यक वर्ग का नियंत्रण बरकरार रहता है।''

मार्क्स और एंगेल्स का यह भी मानना है कि सामाजिक परिवर्तन और विकास, वर्ग–संघर्षों के ही परिणाम है। उनकी यह भी मान्यता है कि अतीत के सभी राजनैतिक संघर्ष वस्तुतः

वर्ग–संघर्ष ही रहे हैं। वर्गों के हित परस्पर विरोधी हैं, इसलिए ''आज तक के सभी समाजों का इतिहास वर्ग–संघर्ष का इतिहास है।'' इससे यह निष्कर्ष निकलता है कि वर्ग संघर्ष ही वह शक्ति है जो इतिहास को गति प्रदान करती है।

मार्क्स और एंगेल्स के अनुसार वर्ग–चेतना से लैस सर्वहारा, एक क्रांतिकारी वर्ग है। इसका मतलब यह है कि वह मजदूर वर्ग अपने हितों की सिद्धि के लिए सामूहिक और सहकारी कार्रवाई की आवश्यकता से अवगत होता है। फ्रांसीसी किसानों के बारे में मार्क्स ने लिखा है कि उनमें वर्ग–चेतना कभी थी ही नहीं क्योंकि हितों की समानता के बावजूद उन्होंने अपनी स्थिति सुधारने के लिए कभी भी एक होकर कोई कार्रवाई नहीं की। लेकिन पूंजीवादी समाज में सर्वहारा वर्ग में इसलिए वर्ग–चेतना आ जाती है कि वे एक साथ काम करते हैं, ट्रेड–यूनियनों के माध्यम से अपनी मांगे उठाते हैं और सामूहिक कार्रवाई में विश्वास करते हैं। एक वर्ग के रूप में वे पूंजीपति या बुजूर्आ वर्ग के हितों के साथ अपने वर्ग–हितों के टकराव के प्रति भी सचेत होते हैं।

दूसरे शब्दों में कोई भी वर्ग, वर्ग–चेतना से लैस तब होता है जब वह अपनी ऐतिहासिक भूमिका और क्रांतिकारी संभावनाओं की समझ हासिल करके उन्हें कार्यरूप देने के लिए प्रतिबद्ध हो। इन अर्थों में सर्वहारा वर्ग क्रांतिकारी और वर्ग–चेतना से लैस होता हे जबकि बुर्जुआ वर्ग नहीं होता। बुर्जुआ वर्ग सिर्फ इसी अर्थ में सचेत होता है कि वह भी अपने हितों की रक्षा में संगठित और सामूहिक कार्रवाई करता है। लेकिन सर्वहारा वर्ग के समक्ष एक अन्य महत्वपूर्ण उद्देश्य है – पूंजीवादी उत्पादन पद्धति वाली मौजूदा व्यवस्था को बदलने का। बुर्जूआ क्रांति और सर्वहारा क्रांति में यही मौलिक अंतर है। मार्क्स के अनुसार, सर्वहारा वर्ग ही, अपने वर्ग शत्रुओं पर अंतिम प्रहार करके सामाजिक परिवर्तन करने में सक्षम है।

प्रश्न– 11. साम्यवादी समाज की प्रमुख विशेषताओं का वर्णन करो।

उत्तर – मार्क्सवादी साम्यवादी समाज के वर्गविहीन, निजी सम्पत्तिविहीन और शोषणविहीन होने की बात कहते हैं। साम्यवाद समाज में उत्पादन के साधनों के निजी स्वामित्व के रूप में कोई निजी सम्पत्ति नहीं होगी। उत्पादन के साधनों पर समुदाय का स्वामित्व होगा। सहयोग न कि प्रतियोगिता साम्यवादी समाज का आधार होगा। उत्पादन खपत के लिए होगा न कि मुनाफा कमाने के लिए; मुनाफे की प्रवृति सामाजिक आवश्यकताओं में बदल जाएगी। जब कोई निजी सम्पति नहीं होगी, तो कोई शोषण नहीं होगा। जब कोई शोषण नही होगा, तो कोई वर्ग विभाजन, कोई सम्पति सम्पन्न और सम्पतिविहीन वर्ग, या कोई प्रभावी और आश्रित वर्ग नही होगा। जब कोई वर्ग विभाजन नहीं होता है, तो कोई वर्ग संघर्ष नहीं होता है, इसलिए राज्य की आवश्यकता नहीं होती है। इस कारण से साम्यवादी समाज वर्गविहीन और राज्यविहीन समाज होगा।

राज्य शोषण का मंत्र होता है, यह वर्ग यंत्र होता है, परिणामस्वरूप समाज में वर्ग विभाजन होता है। साम्यवाद में श्रमिकों का मात्र एक वर्ग होता है, कोई दूसरा वर्ग दबाने और दमन करने के लिए नहीं होता है, अतः राज्य की कोई आवश्यकता नहीं होगी। यह साम्यवादी समाज में फालतू बन जाएगा। इसे संग्राहालय को सौंप दिया जाएगा। राज्य फिर भी खत्म नहीं होगा।

यह धीरे–धीरे विलीन हो जाएगा।
साम्यवादी समाज लुईस ब्लां (Louise Blanc) के सिद्धांत – 'प्रत्येक अपनी क्षमता के अनुसार कार्य करेंगें और प्रत्येक को अपनी आवश्यकता के अनुसार कार्य प्राप्त होगा,' – के अनुसार शासित होगा। परजीवियों के लिए कोई स्थान नहीं होगा। जो काम नहीं करेगा, वह खायेगा नहीं। सिर्फ श्रमिकों का एक वर्ग होगा। समूचा समाज श्रमिक वर्ग में बदल जायेगा। शोषण का कोई स्थान नहीं होगा। यह समतावादी समाज होगा। लोगों के बीच सद्भावपूर्ण संबंध होगा।

प्रश्न 12. अलगाव व स्वतंत्रता के सिद्धांत पर टिप्पणी करो।

उत्तर – मार्क्सवादियों ने दो विशिष्ट कालों का वर्णन किया है। 1844 का *इक्नॉमिक एण्ड फिलॉसॉफिक मैन्युस्क्रिप्टस* मार्क्सवाद के मानवीय चहेरे को उजागर करता है। इसमें बिना वर्ग शत्रुता, वर्ग संघर्ष तथा हिंसात्मक क्रांति के संदर्भ के पूंजीवाद को विश्लेषित किया गया है। यहां पूंजीवाद के बुरे प्रभावों की अलगाव, पहचान और स्वतंत्रता के खोने के आधार पर व्याख्या की गयी है। मार्क्स के इन दृष्टिकोणों को युवा मार्क्स के साथ जोड़ा जाता है। 1848 के साम्यवादी कम्युनिस्ट *मैनिफैस्टो* में मार्क्स के दर्शन में एक बदलाव देखने को मिलता है। बाद का मार्क्स परिपक्व मार्क्स के नाम से जाना जाता है, जिन्होंने वैज्ञानिक समाजवाद के सिद्धांत की स्थापना की। मार्क्स के प्रारंभिक विचारों को सिर्फ 1932 में प्रकाशन के साथ ही जाना गया था।

अलगाव का सिद्धांत एक मार्क्सवादी अवधारणा है। हंगेरियन मार्क्सवादी जार्ज लुकास ने 1932 के प्रकाशन के पहले ही पूरी तरह से अपने बलबूते अलगाव के सिद्धांत को विकसित किया है। फिर भी अलगाव की अवधारणा मैन्युस्क्रिप्टस प्रकाशन के बाद ही लोकप्रिय बनी। मार्क्स ने अलगाव के चार स्तरों का जिक्र किया है। सर्वप्रथम मनुष्य अपने उत्पाद और कार्य प्रक्रिया से अलग–थलग पड़ जाता है, क्योंकि श्रमिक की कैसे उत्पादन करे। द्वितीय व्यक्ति प्रकृति से अलग हो जाता है। उसका कार्य उसे एक रचनात्मक श्रमिक के रूप में संतोष प्रदान नहीं करता है। यांत्रिकीकरण के अन्तर्गत, कार्य तेजी से समयबद्ध और उबाने वाला बनता जा रहा है। तीसरे, व्यक्ति दूसरे व्यक्ति से अलग हो जाता है। पूंजीवादी प्रणाली का प्रतियोगी चरित्र प्रत्येक को अन्य के खर्च पर जीने को मजबूर कर एक दूसरे से अलग कर देता है। आखिरकार व्यक्ति स्वयं से कट जाता है। आवश्यकता का क्षेत्र उसके जीवन को काबू करता है और सांस्कृतिक विरासत के लिए कोई समय नहीं होता है। पूंजीवादी प्रणाली पूंजी और सम्पत्ति के निजी स्वामित्व के द्वारा उत्पन्न अवस्थाओं को सभी मानवीय संकायों और क्षमताओं में अधीनस्थ करती है। पूंजीपति अपने आप में श्रमिक से कम नहीं होता है, लेकिन पैसे के निरंकुश शासन का गुलाम बन जाता है।

स्वतत्रंता का सिद्धांत – मार्क्सवाद में स्वतंत्रता का अर्थ न सिर्फ मानवीय आवश्यकताओं की भौतिक संतृष्टता है, बल्कि अमानवीयकरण, संबंध विच्छेद और अलगाव की अवस्थाओं को

दूर करना भी है। पूंजीवादी प्रणाली आवश्यकता को स्वतंत्रता के विरोधी के रूप में वर्गीकृत करती है। आवश्यकता उन अवस्थाओं को सूचित करती है, जिसके अंतर्गत प्रकृति के अनिवार्य नियम व्यक्ति के जीवन को शासित करते हैं। प्रकृति के इन नियमों में मानव इच्छा की स्वतंत्रता निहित होती है। व्यक्ति इन नियमों के वैज्ञानिक ज्ञान को प्राप्त कर सकता है, लेकिन उन्हें अपनी इच्छा से बदल नहीं सकता है। स्वतंत्रता आवश्यकता से अलग हट नहीं सकती है। स्वतंत्रता प्रकृति के इन नियमों के ज्ञान में निहित होती है और इन नियमों को क्षमता प्रदान करने जो मानव समाज के स्वतंत्रता के निश्चित लक्ष्य की ओर कार्य करता है। इस प्रकार पूंजीवादी प्रणाली को चलाने वाली उत्पादक शक्तियों का ठोस ज्ञान और एक कार्यक्रम, आवश्यकता की राजधानी से स्वतंत्रता की राजधानी तक मानवीय परिवर्तन को निष्पादन करेगा। मानव समाज की स्वतंत्रता और सच्ची स्वतंत्रता का अनुभव सिर्फ पूंजीवाद के विनाश और साम्यवाद की स्थापना से ही संभव होता है।

प्रश्न 13. मार्क्सवादी सिद्धांत का मूल्यांकन कीजिए।

उत्तर – कार्ल मार्क्स के अनेक विचारों से असहमत होने पर भी हमें यह स्वीकार करना होगा कि आज के आधुनिक युग में उसकी विचारधाराओं का आर्थिक, राजनीतिक, दार्शनिक तथा समाजशास्त्र पर अत्यन्त व्यापक, गंभीर और अमिट प्रभाव पड़ा है। समाजवादियों के लिए वह एक अवतार था जो पूंजीवादियों के लिए राक्षस। **वेपर** के शब्दों में, ''मार्क्स की गणना विश्व के सर्वाधिक महत्वपूर्ण राजनीतिक दार्शनिकों में होनी चाहिए। उसने विश्व को न केवल एक नवीन क्रांतिकारी विचारधारा दी अपितु उस विचारधारा के द्वारा विश्व के इतिहास की दशा तक बदल दी।''

1) श्रमजीवी आंदोलन को संगठित रूप दिया – मार्क्स के पहले श्रमजीवी आंदोलन केवल एक विरोध तथा भावना तक सीमित था। मार्क्स के पश्चात् उसका एक वैज्ञानिक आधार हो गया। श्रमजीवी आंदोलन का लक्ष्य तथा उद्देश्य मालूम हो गया, इसमें एक निश्चित संगठन उत्पन्न हो गया। पूंजीवाद पर आक्रमण करने के लिए मार्क्स ने सैनिक शक्ति उत्पन्न कर दी।

2) आर्थिक व्यवस्था – आर्थिक क्षेत्र में उसने ऐसे रहस्य का पता लगाया जिसे अर्थशास्त्री भी समझ नहीं पाते थे। वह पहला विचारक था जिसने स्पष्ट किया कि व्यापार–चक्र अत्यधिक उत्पादन और बेकारी के बीच क्या–क्या सम्बन्ध होता है। मशीन उद्योग इतना विकसित हो जायेगा कि संपूर्ण राष्ट्रीय सीमाओं को ही समेट लेगा। उसके ये विचार सत्य हुए कि औद्योगीकरण के द्वारा समाज में गंभीर परिवर्तन हो जायेंगे और किसी को सामाजिक न्याय नहीं मिलेगा। उसने यह सिद्ध कर दिया कि यह राजनीतिक तथा कानूनी संस्थाओं का तत्कालीन आर्थिक प्रणाली से गहरा सम्बन्ध होता है।

3) अतिरिक्त मूल्य का सिद्धांत – अतिरिक्त मूल्य का सिद्धांत पूर्णतः भले ही सत्य न हो, किन्तु उसमें अन्तर्निहित भावना निश्चित रूप से गलत नहीं है, क्योंकि इसी के आधार पर पूंजीपतियों ने श्रमिकों का शोषण किया है और अपनी विलासिता के लिए लाभ को हड़प लिया है। यह लाभ अतिरिक्त मूल्य का भले ही न हो किन्तु उनके सम्पूर्ण लाभ का कुछ न कुछ अंश

अतिरिक्त मूल्य से प्राप्त होता है। श्रमिकों तथा गरीबों की दयनीय अवस्था के लिए अतिरिक्त मूल्य का सिद्धांत अवश्य ही उत्तरदायी है। मार्क्स आगे यहां तक कहता है कि पूंजीपति श्रमिकों का शोषण न केवल श्रमिकों के रूप में, अपितु उपभोक्ता के रूप में उनसे अधिक दाम ले कर करते हैं। इस प्रकार कारखाने, बाजार, सभी जगह मजदूरों का शोषण होता है।

4) आर्थिक आंदोलन को नेतृत्व प्रदान किया – मार्क्स ने समाजवादी एवं आर्थिक आंदोलन को संगठित कर एक शक्तिशाली नेतृत्व प्रदान किया है। सबसे पहले उसने ही प्रथम अन्तर्राष्ट्रीय मजदूर संघ का निर्माण किया था उसने मजदूरों को विश्वास दिलाया कि पूंजीवाद का पतन अवश्य होगा और मजदूरों की अन्त में विजय होगी।

5) साम्राज्यवाद और उपनिवेशवाद का विरोधी था – मार्क्स ने पूंजीवाद की बुराइयों को अतिरंजित रूप से लिख कर यह बतलाया है कि उनका अन्तिम लक्ष्य साम्राज्य को प्राप्त करना है। उसने साम्राज्य तथा उपनिवेशवाद का कड़ा विरोध कर जनता को उसके प्रति सावधान किया।

6) राजनीति में अर्थशास्त्र का महत्व दिया – मार्क्स की यह विशेष देन है कि उसने राजनीति में अर्थशास्त्र को अधिक महत्व दिया। उसने कहा है कि इतिहासकारों ने इस महत्वपूर्ण सिद्धांत की उपेक्षा की है। मार्क्स ने साम्यवाद की भविष्यवाणी की थी भले ही उच्च उद्योग–धंधे वाले देश, जैसे इंग्लैण्ड व जर्मनी में साम्यवाद की सफलता की भविष्यवाणी गलत सिद्ध हुई है। किन्तु यूरोप के पूर्वीय देशों में यह आज भी है। संसार के अधिकतर देशों में समाजवादी विचारधारा का गहरा असर पड़ा है। आज विश्व को इसी विचारधारा ने दो प्रबल विरोधी गुटों में बांट दिया है। मार्क्स के ग्रन्थों में असंगतियों और परस्पर विरोधी बातें होते हुए भी **गे** ने 19वीं शताब्दी का प्रभावशाली दार्शनिक बतलाया है।

7) अन्धविश्वास के उन्मूलन में सहायक रहा – मार्क्सवाद ने अंधविश्वास को समाप्त करने के लिए महत्वपूर्ण योग दिया है। उसने इस विचार को निराधार बतलाया है कि मनुष्य ईश्वर का अंश होता है। उसे मोक्ष या परलोक मिलता है और यही प्राप्त करना मनुष्य–जीवन का अंतिम ध्येय है। मार्क्स का कहना है कि मनुष्य पृथ्वी पर पैदा होता है, अतः उसे केवल उसी संसार की चिन्ता करनी चाहिए, जिसमें वह अपना जीवन व्यतीत करता है। मनुष्य अपनी आर्थिक समस्यांए मोक्ष, निर्वाण या भगवान के द्वारा नहीं सुलझा सकता। मार्क्सवाद ने इसी रूप को सामने लाकर धर्म के अंधविश्वासों को दूर किया है।

प्रश्न– 14. वह कौन से प्रसंग, विचार व लेखक थे जिन्होंने महात्मा गाँधी के विचारों को प्रभावित किया ? [Dec-06, Q11(vii)]

उत्तर – गाँधी के नैतिक–राजनीतिक सिद्धांत की ऐतिहासिक–प्रसंगाश्रित जानकारी के लिए यह ध्यान में रखना आवश्यक है कि वर्ष 1905 से 1918 के दौरान ब्रिटिश साम्राज्य पद्धति के प्रति उनका दृष्टिकोण परिवर्तन की धीमी प्रक्रिया से गुजरा। पहले उनका शाही समर्थन से मोहभंग हुआ जो बाद में पूर्ण विरोध में बदल गया। कुछ ऐसी घटनाएँ जिन्होंने गाँधी की राजनीतिक सोच में यह परिवर्तन किया, थीं : बंगाल का विभाजन, दक्षिण अफ्रीका में भारतीयों के प्रति जाति भेद, रॉलट कानून, जलियाँवाला बाग का विशाल हत्याकांड और

खिलाफत मुद्दा।

इसके अतिरिक्त गाँधी की विभिन्न अवधारणाओं के भारतीय तथा पाश्चात्य स्रोत निम्न प्रकार हैं –

1) सत्य की अवधारणा के स्रोत (Sources of concept of Truth) – गाँधी जी ने अपने जीवन को सत्य के लिए प्रयोग बताया है। उन्हें बचपन में हरिश्चन्द्र नाटक देखने का अवसर मिला। उन्होंने अपनी आत्मकथा में इसे स्वीकार किया है कि उन्हें हरिश्चन्द्र के चरित्र ने अत्यन्त आकर्षित किया तथा इस नाटक को उन्होंने कई बार देखा। वे सोचा करते थे क्यों नहीं सभी लोग हरिश्चन्द्र की तरह सत्यवादी बन जाते? हरिश्चन्द्र के चरित्र ने उनके मन में सत्य के प्रति आस्था पैदा की। हरिश्चन्द्र को सत्य बोलने के कारण भारी कष्ट सहने पड़े। गाँधी जी को हरिश्चन्द्र के चरित्र से सहानुभूति थी तथा वे सोचते थे कि काश्! वे भी हरिश्चन्द्र की तरह ही होते।

गाँधी जी के लिए सत्य का अर्थ ईश्वर के साथ साक्षात् अनुभूति थी। उन्होंने अपने जीवन में तथा अपने आचरण तथा व्यवहार में सत्य का अनुपालन किया। उनका कहना था कि सत्य के अभाव में किसी भी नियम का शुद्धता के साथ पालन नहीं किया जा सकता। सत्य उनके लिए ईश्वर का ही प्रतिरूप था। यह विचार उन्होंने सभी धर्मों के तुलनात्मक अध्ययन के पश्चात् प्राप्त हुआ था।

2) अहिंसा के सिद्धांत के स्रोत (Sources of the principle of non-violence) – सत्य के साथ ही अहिंसा गाँधी जी के दर्शन की दूसरी प्रमुख अवधारणा है। उनकी अहिंसा के आस्था इतनी गहरी थी कि उन्होंने असहयोग तथा सविनय अवज्ञा आंदोलन को बीच में केवल हिंसा के समावेश होने के कारण स्थगित कर दिया था। उनके इस कार्य की कांग्रेस नेताओं द्वारा आलोचना की गयी परन्तु वे अहिंसा के प्रति अपनी आस्था से नहीं डिगे। गाँधी जी को अहिंसा के सिद्धांत के लिए निम्नलिखित स्रोतों से प्रेरणा मिली–

प्राचीन भारतीय धर्मग्रथं (Ancient Indian religious texts) – जिन प्राचीन भारतीय धर्मग्रंथों से गाँधी जी को अहिंसा के सिद्धांत के लिए प्रेरणा मिली, उनमें महर्षि पंतजलि के योगसूत्र (Yogasutra) तथा महाभारत विशेष रूप से उल्लेखनीय हैं। योगसूत्र के अंतगर्त पंच यमस (Five cardinal disciplines) का जिक्र है जिनमें अहिंसा का महत्वपूर्ण स्थान है। महाभारत तथा रामायण में भी अहिंसा के महत्व पर बल दिया गया हैं। महाभारत में महर्षि वेदव्यास ने युधिष्ठिर को अहिंसा का महत्त्व बताते हुए कहा है–

'अहिंसा परमो धर्मः अहिंसा परमं तप।
अहिंसा परमं सत्यम्, ततो धर्म प्रवर्तते।'

("Ahimsa is the highest religion. It is again highest penance. It is also the highest truth from which all duty proceeds." - M.K.Gandhi)

प्राचीन भारतीय धर्मग्रंथों में जिनका गाँधीजी के विचारों पर प्रभाव पड़ा, गीता का महत्त्वपूर्ण स्थान हैं कुछ विद्वानों का मत है कि गीता में अहिंसा के स्थान पर हिंसा का समर्थन किया गया है। यह ठीक है कि गीता में अहिंसा का समर्थन नहीं किया गया और न ही युद्ध की निन्दा ही की गयी है। परन्तु इसके अन्तर्गत हिंसा के सिद्धांत का भी समर्थन नहीं है। वास्तव में गीता का

मुख्य विषय 'आत्मानुभूति' (Self-reliasation) तथा इसे प्राप्त करने का साधन अर्थात् **अनासक्त योग अथवा निष्काम कर्मयोग** है। गीता के अन्तर्गत कृष्ण ने अर्जुन को उपदेश दिया है कि **सत्य की रक्षा के लिए युद्ध करना पड़े तो वह कायरतापूर्वक आत्मसमर्पण से अच्छा है।** गाँधी जी की अहिंसा कायर की अहिंसा नहीं है वरन् वीर शक्तिशाली की अहिंसा है। रामायण, महाभारत तथा गीता के अलावा जैन धर्म तथा बौद्ध धर्म में भी अहिंसा का प्रमुख स्थान है। जैन तथा बौद्ध धर्म में व्यक्तिगत जीवन में अहिंसा के अनुपालन पर जोर दिया गया है। गांधी जी को अहिंसा के लिए इस्लाम से भी प्रेरणा मिली। सामान्यतया यह समझा जाता है कि इस्लाम का प्रसार तलवार के बल पर किया गया । परन्तु वास्तविकता इसके विपरीत है। हजरत मोहम्मद ने अपने अनुयायियों को प्रेम, शान्ति तथा भाईचारे को संदेश दिया। उन्होंने अपने अनुयायियों को भी विरोधियों के साथ अच्छा व्यवहार करने का निर्देश दिया। इस्लाम क शब्दिक अर्थ शान्ति है तथा कुरान में कहीं भी हिंसा का समर्थन नहीं किया।

पश्चिमी स्रोत – प्राचीन भारतीय धर्मग्रंथों के अलावा गांधी जी को अपने अहिंसा के सिद्धांत के लिए बाइबिल से भी प्रेरणा मिली। गांधी जी ने बाइबिल का गहराई के साथ अध्ययन किया था। ईसा मसीह ने बाइबिल में प्रेम अहिंसा तथा भाईचारे का संदेश दिया है। उन्होंने सूली पर लटकाये जाने के समय भी ईश्वर से अपने विरोधियों के लिए शुभकामनायें ही व्यक्त की। उन्होंने कहा कि, ''पिता इन लोगों को क्षमा कर देना, क्योंकि ये नहीं जानते कि ये क्या कर रहे हैं''। इस प्रकार गांधी जी विभिन्न धर्मों के बुनियादी सिद्धांतों का अध्ययन–मनन करने के पश्चात् ही अहिंसा को अपने विचार–दर्शन में महत्वपूर्ण स्थान दिया।

जिन पाश्चात्य विचारकों ने गांधी जी के जीवन–दर्शन को प्रभावित किया, उसमें जान रस्किन का महत्वपूर्ण स्थान है। गांधी जी ने रस्किन की पुस्तक 'अन टू दी लास्ट' अपने अफ्रीका प्रवास के दौरान पढ़ी। संभवत: गांधी जी का 'सर्वोदय' के विचार के लिए प्रेरणा रस्किन की पुस्तक *'अन टू दि लास्ट'* से ही मिली। 'श्रम के महत्व' का विचार भी उन्होंने रस्किन से ही ग्रहण किया । रस्किन की पुस्तक 'दी क्राउन आफ वाइल्ड ओलिव्स' जो गांधी जी की अत्यन्त प्रिय पुस्तक थी।

रस्किन तथा गांधी जी के विचारों में कई समानताएं देखने को मिलती हैं। दोनों ही 'आत्मा की सर्वोच्चता' में विश्वास रखते थे। रस्किन की तरह गांधी जी भी 'मानव स्वभाव की विशालहृदयता' में विश्वास रखते थे तथा बुद्धि की अपेक्षा चरित्र को अधिक महत्व देते थे। दोनों ही राजनीति तथा अर्थशास्त्र के नैतिकीकरण के समर्थक थे। दोनों का ही विश्वास था कि राजनीतिक सुधार से पूर्व सामाजिक सुधार किया जाना चाहिए। गांधी जी तथा रस्किन दोनों ही नौकरों तथा मालिकों के बीच सौहार्दपूर्ण सम्बन्ध बनाकर पूंजीवाद की बुराइयों को दूर करने के पक्ष में थे। परन्तु कुछ मामलों में गांधी जी रस्किन से सहमत नहीं थे। रस्किन का लोकतंत्र में विश्वास नहीं था तथा वे कार्लाइल के समान ''सर्वाधिक बुद्धिमान व्यक्तियों के शासन'' के सिद्धांत के समर्थक थे। परन्तु गांधी जी का जनता की शक्ति में अखंड विश्वास था। जनता के समर्थन के बल पर ही उन्होंने विशाल ब्रिटिश साम्राज्य को चुनौती दी। राज्य के अधिकार क्षेत्र के बारे में भी गांधी जी तथा रस्किन के विचारों में मतभेद है। गांधी जी का विचार था कि राज्य

को कम से कम हस्तक्षेप करना चाहिए तथा इसके अधिकर क्षेत्र में कमी होनी चाहिए। परन्तु रस्किन राज्य के कार्यक्षेत्र में वृद्धि के समर्थक हैं। इस प्रकार रस्किन तथा गांधी में समानताओं के साथ असमानताएं भी विद्यमान हैं।

गांधी जी पर टाल्स्टाय का प्रभाव – गांधी जी ने स्वयं स्वीकार किया था कि टाल्स्टाय ने उनके जीवन को अत्यधिक प्रभावित किया है। टाल्सटाय की भांति ही वे स्वयं को 'सत्य का अन्वेषक' बताते थे। अफ्रीका में टाल्सटाय की पुस्तक *'दी किंगडम आफ गाड विदइन यू'* पढ़ने के पश्चात् गांधी जी की अहिंसा सम्बन्धी शंका का निवारण हुआ। टाल्सटाय के समान गांधी जी किसी भी रूप में शक्ति के प्रयोग के विरूद्ध तो थे परन्तु वे अहिंसा को सापेक्ष स्थिति मानते थे।

टाल्स्टाय की तरह गांधी जी भी आधुनिक सभ्यता के विरोधी थे। उनका विचार था कि यह मशीनी सभ्यता शोषण तथा हिंसा पर आधारित है तथा इसमें प्रेम एवं अहिंसा के लिए कोई स्थान नहीं है। राज्य की शक्ति तथा इस शक्ति के प्रयोग के विभिन्न उपकरणों का विरोध करने के कारण टाल्स्टाय को अराजकतावादी कहा जाता है। गांधी जी भी राज्य को 'संगठित हिंसा का प्रतीक' मानते थे तथा इसके कम से कम हस्तक्षेप के समर्थक थे। टाल्सटाय की तरह गांधी जी भी व्यक्ति के नैतिक पुनरूत्थान का समर्थन करते हुए चारित्रिक गुणों पर बल देते हैं।

गांधी जी पर अन्य प्रभाव – गांधी जी कार्लाइल की 'वीर पूजा' के विचार से भी प्रभावित थे। ऐडोल्फ जुस्ट की पुस्तक *'प्रकृति की ओर लौटो'* से प्राकृतिक चिकित्सा पद्धति में उनका विश्वास दृढ़ हुआ।

निष्कर्ष – गांधी जी के विचारों के दार्शनिक स्रोतों का अध्ययन करने के पश्चात् हम इस निष्कर्ष पर पहुंचते हैं कि उन्होंने विभिन धर्मग्रंथों द्वारा दार्शनिकों तथा विद्वानों के अध्ययन करने के पश्चात् अपने जीवन–दर्शन के आधारभूत सिद्धांत निश्चित किए। उन्होंने इन विभिन्न स्रोतों से आधारभूत सामग्री ग्रहण की। गांधी जी एक व्यावहारिक व्यक्ति थे। अतः उन्होंने अपने व्यक्तिगत जीवन में इन सिद्धांतों पर अमल किया तथा समय–समय पर आवश्यकतानुसार इनमें संशोधन भी किया। वे एक महान कर्मयोगी थे जिनका विश्वास सिद्धांतों के अनुपालन में था। उनके जीवन में सिद्धांत तथा कर्म में एकरूपता थी।

प्रश्न 15. गांधी जी के स्वराज की अवधारणा स्पष्ट करो।

उत्तर – स्वराज की अवधारणा को समग्र रूप देने में गांधी जी को 25 वर्ष लगे। स्वराज से गांधी का तात्पर्य बाह्य अथवा राजनीतिक स्वतंत्रता तथा आंतरिक अथवा आध्यात्मिक स्वतंत्रता दोनों से था। ''बाह्य स्वतंत्रता'' में उन्होंने राष्ट्रीय राजनीतिक स्वतंत्रता और संसदीय स्वराज को शामिल किया था। बाह्य स्वतंत्रता के रूप वे हैं, जिनमें वे लोगों को बाहरी नियंत्रण अथवा दूसरों के शासन से मुक्त कराना चाहते हैं, भले ही वे विदेशी हों अथवा अपने निजी देश के वासी हों।

''आन्तरिक स्वतंत्रता'' से उनका तात्पर्य उन अन्तस्थ बाधाओं से स्वतंत्रता थी जैसे अज्ञान, भ्रांतियां, स्वार्थ, लालच, असहिष्णुता और घृणा। गांधी के अनुसार, ये व्यष्टि की स्व–अनुभूति और मोक्ष प्राप्ति अर्थात् ब्रह्म अथवा परमात्मा के साथ आत्मा की अपनी पहचान की अनुभूमि में बाधा डालती है। इस प्रकार, उन्होंने लिखा है, ''स्वयं पर शासन सच्चा स्वराज है, यह मोक्ष अथवा मुक्ति के समतुल्य है।'' गांधी ने इन दोनों प्रकार के स्वराज के संदर्भ में, सैद्धांतिक और व्यावहारिक, इन दोनों तरह से मौलिक योगदान किया। उनके स्वराज का आदर्श एक वर्ग के रूप में था, जिसकी चार अवियोज्य भुजाएं होती हैं : (1) राजनीतिक स्वतंत्रता, (2) आर्थिक स्वतंत्रता (3) दूसरों के प्रति सामाजिक सम्बन्धों और नैतिक अनिवार्यताओं में अहिंसा, और (4) धर्म के रूप में सत्य। गांधी का वर्णन निम्न उद्धरण से प्रमाणित होता है। ''स्वराज की मेरी धारणा के बारे में कोई गलती नहीं होनी चाहिए। यह विदेशी नियंत्रण से पूर्ण स्वतंत्रता तथा पूर्ण आर्थिक स्वतंत्रता है। इस प्रकार एक तरफ आप राजनीतिक रूप से स्वतंत्र हो तथा दूसरी ओर आर्थिक रूप से। इसके दो अन्य पक्ष भी हैं। उनमें से एक नैतिक और सामाजिक है, तदनुरूप पक्ष धर्म है अर्थात् उत्कृष्ट स्थिति का धर्म। इसमें हिंदू धर्म, इस्लाम, ईसाइयत आदि शामिल हैं, परन्तु यह उन सबसे श्रेष्ठ है। आप इसे सत्य के नाम से जान सकते हैं, जो सर्वव्याप्त है और यह सम्पूर्ण विनाश और सम्पूर्ण परिवर्तन के बाद भी बना रहेगा। नैतिक और सामाजिक उत्थान की उस शब्द से मान्यता दी जानी चाहिए, जिसे हम प्रयोग करते रहें हैं, अर्थात् अहिंसा। हम इसे स्वराज का वर्ग भी कह सकते हैं। इस वर्ग की बनावट विकृत हो जाएगी। यदि इसका एक भी कोण असत्य हो। कांग्रेस की भाषा में, हम, सत्य और अहिंसा के बिना, सही अर्थों में परमात्मा पर विश्वास किए बिना राजनीतिक और आर्थिक स्वतंत्रता प्राप्त नहीं कर सकते हैं और इस प्रकार नैतिक और सामाजिक उत्थान होता है।

प्रश्न 16. गांधी जी के संसदीय स्वराज के लक्षण क्या थे? [Dec-06, Q8]

उत्तर – संसदीय स्वराज की स्थापना के लिए गांधी जी ने निम्नलिखित लक्षणों की स्थापना पर जोर दिया –

1) सार्वभौमिक प्रौढ़ मताधिकार,
2) नागरिक असैनिक स्वतंत्रता
3) अल्पसंख्यक अधिकार, तथा
4) गरीब और शोषित वर्ग के लिए न्याय के प्रति प्राथमिक वचनबद्धता।

गांधीजी के अनुसार ये संसदीय स्वराज के आवश्यक घटक हैं।

गांधी ने व्यक्तिगत और नागरिक स्वतंत्रताओं को संसदीय स्वराज की 'बुनियाद' और 'साँस' की संज्ञा दी। सितम्बर 1940 में अखिल भारतीय कांग्रेस समिति के समक्ष एक भाषण में उन्होंने कहा, ''भाषण और कलम की स्वतंत्रता स्वराज की बुनियाद है।'' उन्होंने आगे बताया कि अहिंसात्मक तरीके से स्वराज प्राप्त करने का ''यही एकमात्र उपाय है।''

मौलिक अधिकारों पर कांग्रेस का प्रसिद्ध कराची संकल्प (1931) जिसका मसौदा जवाहरलाल नेहरू द्वारा गांधी के परामर्श से तैयार किया गया था, स्वयं गांधी द्वारा अपनाए जाने के लिए

पेश किया गया था। इसमें गांधी द्वारा किए गए कई सुझाव और संशोधन शामिल थे। वस्तुतः गांधी ही इस संकल्प के प्रवर्त्तक थे। संकल्प में व्यक्तिगत तथा नागरिक स्वतंत्रताओं और लोकतांत्रिक, राजनीतिक अधिकारों की एक सर्वाधिक प्रभावशाली सूची शामिल थी।

व्यक्तिगत और नागरिक स्वतंत्रताओं की प्रमुखता पर चिन्ता व्यक्त करते हुए, गांधी ने लिखा था –

''अहिंसा के अनुपालन के अनुरूप नागरिक स्वतंत्रता स्वराज के प्रति पहला कदम है। यह स्वतंत्रता की बुनियाद है। इसमें शिथिलता अथवा समझौते की कोई गुंजाइश नहीं है। यह जीवन का जल है। मैंने कभी जल को पतला किए जाने के बारे में नहीं सुना है।''

गांधी संसदीय लोकतंत्र के इस खतरे से पूरी तरह आगाह थे कि अल्पसंख्यक समूह अथवा समुदाय बहुमत की नृशंसता, अथवा असहिष्णुता का शिकार हो सकते हैं। जहां वह लोकतांत्रिक सरकार के क्रियाविधिक, बहुमत शासन के सिद्धांतों के प्रति दृढ़निश्चित थे, वहीं वह इसके दूसरे दुहरे और अविभाज्य सिद्धांत नामतः अल्पसंख्यक समुदायों के मौलिक, सांस्कृतिक अथवा धार्मिक अधिकारों की प्रतिभूति अथवा उनके संरक्षण के प्रति समान रूप से वचनबद्ध थे। 1931 में, उन्होंने कहा था :

''यह बताया गया है कि भारतीय स्वराज बहुमत वाले समुदाय अर्थात् हिन्दुओं का शासन होगा। इससे बड़ी कोई गलती नहीं हो सकती। यदि यह सत्य है, तो मैं किसी के लिए भी इसे स्वराज कहलाना पसंद नहीं करूंगा और अपनी संपूर्ण शक्ति के साथ इससे संघर्ष करूंगा, क्योंकि मेरे लिए *हिन्द स्वराज* सभी लोगों का शासन है, न्याय का शासन है। भले ही इस शासन में मंत्रिगण हिन्दू हों अथवा मुसलमान अथवा सिख और भले ही विधायिकाएँ व्यापक तौर पर हिन्दुओं अथवा मुसलमानों अथवा किसी अन्य समुदाय से भरी जाएं, उन्हें सबको समान न्याय देना पड़ेगा। और भारत में... किसी भी समुदाय को स्वराज पर किसी अन्य द्वारा एकाधिकार किए जाने की किसी आशंका की आवश्यकता नहीं है।..''

गांधी इस बात पर कायम रहे कि अल्पसंख्यक समुदायों के धार्मिक और सांस्कृतिक जीवन के ''प्रथम कोर्टि के महत्व के मामलों'' को बहुमत शासन के लोकतांत्रिक, क्रियाविधिक सिद्धांत के दायरे से बाहर रखा जाएगा। गहन अन्तर्दृष्टि का परिचय देते हुए उन्होंने लिखा था :

''लोकतंत्र ऐसा राज्य नहीं है, जहां लोग भेड़ की तरह कार्य करें। लोकतंत्र में, विचार और कार्य की व्यष्टिगत स्वतंत्रता को विशेष संरक्षण दिया जाता है। अतः मेरा विश्वास है कि अल्पसंख्यक को बहुसंख्यक से भिन्न व्यवहार/कार्य करने का पूरा अधिकार है।

यह जानते हुए भी कि हम सब एक जैसा नहीं सोचेंगे, आचरण का सुनहरी नियम... पारस्परिक सहिष्णुता है और हम सत्य को टुकड़ों में और दर्शन के विभिन्न नजरिए से देखते हैं। चेतनता सभी के लिए समान नहीं होती। इसीलिए जब यह व्यष्टिगत आचरण के लिए एक अच्छी पथ प्रदर्शक है, उसे सभी पर लागू किया जाना प्रत्येक के विवेक की स्वतंत्रता में असह्य हस्तक्षेप करना होगा।''

गांधी प्रायः अपने आदर्श स्वराज को ''गरीब आदमी का स्वराज'' कहते थे। 1947 में,

आजादी के अवसर पर, उन्होंने अपने देशवासियों को सलाह दी कि गरीबों के प्रति मात्र लोक नीति स्तर पर ही अधिमान्य अभिगमन न प्रदान किया जाए, अपितु इसे व्यक्तिगत स्तर पर भी अपनाया जाए। उन्होंने कहा था :

''मैं आपको एक रक्षा कवच दूंगा। जब कभी आप संशय में हो, अथवा स्वाभिमान/अहम् आप पर बुरी तरह हावी हो उस समय निम्न परीक्षण को अपनाए। ऐसे सबसे गरीब और सबसे कमजोर आदमी का चेहरा याद करें जिसे आपने देखा है, और स्वयं से प्रश्न करें कि आपके द्वारा उठाए गए कदम से उसका कोई उपयोग होगा। क्या उसे इससे कोई लाभ मिलेगा? क्या यह उसक निजी जीवन और भाग्य पर नियंत्रण कायम कर पाएगा? दूसरे शब्दों में, क्या यह भूखे और आध्यात्मिक रूप से भूखे मर रहे करोड़ों लोगों को स्वराज्य दिला पाएगा?''

गांधी के स्वाभाविक/विभाज्य न्याय की संकल्पना उनके सम्पत्ति में न्यासिता के सिद्धांत में निहित है, जिसका वे अक्सर ''आर्थिक समानता'' के संदर्भ में हवाला दिया करते थे। उनका विश्वास था कि सांविधिक न्यासिता आर्थिक जीवन को संगठित करने का एक तरीका है, जो अधिक उत्पादकता के लिए व्यष्टियों को उनके विधिसम्मत प्रोत्साहनों से वंचित किए बिना तथा समाज को सम्पत्ति में वृद्धि से वंचित किए बिना सम्पत्ति का एक अहिंसक, न्यायोचित वितरण प्रदान करता है।

मार्च 1946, में गांधी ने लिखा था, ''मान लीजिए कल भारत एक स्वतंत्र देश बन जाता है, सभी पूंजीवादियों को सांविधिक न्यासी बनने का एक अवसर प्राप्त होगा।'' उन्होंने आगे कहा था :

''जहां तक संपत्ति के विद्यमान मालिकों का सम्बन्ध है, उन्हें वर्ग–संघर्ष के बीच अपनी प्राथमिकताएं चुननी होंगी तथा स्वेच्छा से स्वयं को अपनी सम्पत्ति का न्यासी होना पड़ेगा। उन्हें अपनी धन दौलत का संरक्षक बने रहने तथा अपनी प्रतिभा को सम्पत्ति की वृद्धि के लिए उपयोग करने की अनुमति दी जायेगी। वे अपनी प्रतिभा का उपयोग स्वयं के लिए करने की बजाए राष्ट्र के कल्याण के लिए तथा कोई शोषण किए बिना करेंगे। राज्य उनके कमीशन की दर विनियमित करेगा जिसे वे अपनी प्रदत्त सेवा और समाज के लिए उसके मूल्य के अनुरूप प्राप्त करेंगे। उनके बच्चे उसके संरक्षक तभी बनेंगे यदि वे स्वयं को उसके योग्य सिद्ध करते हैं।''

'थ्यौरी ऑफ ट्रस्टीशिप' शीर्षक से लिखे गए एक लेख में गांधी ने लिखा था:

''मुझे यह मानने में संकोच नहीं है कि कई पूंजीवादी मेरे मित्रवत् हैं और मुझसे आशंकित नहीं है। वे जानते हैं कि मैं पूंजीवाद को पूरी तरह समाप्त करना चाहता हूँ, और यदि यह पूरी तरह संभव नहीं हो, तो जहां तक संभव हो सर्वाधिक प्रगतिशील समाजवादियों और साम्यवादियों को भी समाप्त करना चाहूंगा। परन्तु हमारे तरीके अलग हैं, हमारी भाषाएं अलग हैं। मेरे 'न्यासिता' के सिद्धांत में कोई बदलाव नहीं है, निश्चित रूप से कोई छद्मावरण नहीं है। मेरा विश्वास है कि यह सभी सिद्धांतों के बाद भी कायम रहेगा। इसके पीछे दर्शन और धर्म की संस्वीकृति है।

प्रश्न 17. सत्याग्रह और शान्तिपूर्ण अथवा निष्क्रिय प्रतिरोध में क्या भेद हैं?

उत्तर – सत्याग्रह तथा निष्क्रिय प्रतिरोध अत्याचार तथा अन्याय के विरोध की पद्धतियां हैं।

निष्क्रिय प्रतिरोध का प्रयोग 20वीं शताब्दी के आरंभ में इंगलैण्ड में '**नान–कन्फर्मिस्टों**' तथा नारी मताधिकार के समर्थकों तथा जर्मनी के रूहर प्रांत में फ्रांसीसियों के विरूद्ध किया गया। हालांकि गांधी जी ने अफ्रीका में अपने आन्दोलन का निष्क्रिय प्रतिरोध ही रखा था परंतु उन्होंने बाद में इसका नाम बदलकर सत्याग्रह कर दिया। गांधी जी ने स्वयं सत्याग्रह तथा निष्क्रिय प्रतिरोध के बीच अन्तर किया है।

Photograph from the M.K. Gandhi Institute for Nonviolence

दोनों के बीच निम्न प्रकार के अन्तर है–

1) सत्याग्रह एक नैतिक अस्त्र है जबकि निष्क्रिय प्रतिरोध राजनीतिक अस्त्र है – सत्याग्रह अन्याय का विरोध करने का नैतिक अस्त्र है। यह 'आत्मा की शक्ति' की श्रेष्ठता पर आधारित है जबकि निष्क्रिय प्रतिरोध का उद्देश्य राजनीतिक इष्ट सिद्धि है।

2) निष्क्रिय प्रतिरोध का आधार विरोधी से घृणा है जबकि सत्याग्रह के अंतर्गत घृणा के लिए कोई स्थान नहीं है – निष्क्रिय प्रतिरोध का प्रयोग करने वाला विरोधी से घृणा नहीं करता जबकि सत्याग्रही प्रेम, त्याग एवं बलिदान के द्वारा विरोधी को अपने समर्थन में लाता

है।

3) सत्याग्रह शक्तिशालियों का अस्त्र है जबकि निष्क्रिय कमजोरों का अस्त्र है – सत्याग्रह तथा निष्क्रिय प्रतिरोध में एक अन्य महत्वपूर्ण अन्तर यह है कि जबकि निष्क्रिय प्रतिरोध को गांधी जी ने कमजोरों का अस्त्र बताया है। सत्याग्रही में धैर्य, निर्भयता, क्रोध पर नियंत्रण का होना आवश्यक है जबकि निष्क्रिय प्रतिरोध का प्रयोग करने वालों में इन गुणों का होना आवश्यक नहीं है।

4) सत्याग्रह में हिंसा के लिए कोई स्थान नहीं है जबकि निष्क्रिय प्रतिरोध के अन्तर्गत हिंसा का प्रयोग अवांछनीय नहीं है – सत्याग्रह के अन्तर्गत सत्याग्रही के लिए हिंसा के प्रयोग की इजाजत नहीं है, भले परिस्थितियां अनुकूल क्यों न हो। परन्तु निष्क्रिय प्रतिरोध में हिंसा को प्रारंभिक कदम के रूप में प्रयोग में लाया जा सकता है।

5) सत्याग्रह के अंतर्गत नैतिकता पर अत्यधिक बल दिया जाता है जबकि निष्क्रिय प्रतिरोध के अंतर्गत नैतिकता गौण है – सत्याग्रही के लिए सदाचार तथा नैतिकता का व्यक्तिगत जीवन में विशेष महत्व है। उसके लिए साध्य तथा साधन दोनों का पवित्र होना आवश्यक है। निष्क्रिय प्रतिरोध को प्रयोग करने वाले के लिए व्यक्तिगत जीवन का पवित्र होना आवश्यक नहीं है।

6) सत्याग्रह सार्वभौमिक सिद्धांत है जबकि निष्क्रिय प्रतिरोध सार्वभौमिक सिद्धांत नहीं है – सत्याग्रह का प्रयोग घरेलू तथा सार्वजनिक दोनों ही क्षेत्रों में किया जा सकता है। गांधी जी के अनुसार इसका प्रयोग निकटतम व्यक्ति को बुराई के मार्ग से हटाने के लिए किया जा सकता है जबकि निष्क्रिय प्रतिरोध का प्रयोग विरोधी के विरूद्ध ही किया जाता है।

प्रश्न 18. सत्याग्रह के तरीकों का वर्णन कीजिए।

उत्तर – गांधी जी ने सत्याग्रह का विचार तो सामने रखा ही, उन्होंने सत्याग्रह की विभिन्न पद्धतियों के बारे में विस्तारपूर्वक बताया हैं उनके अनुसार विभिन्न परिस्थितियों के अनुसार सत्याग्रह की निम्नलिखित पद्धतियां हैं–

1) आत्मपीड़न के द्वारा विरोधी का हृदय परिवर्तन – गांधी जी की सत्याग्रह की पद्धतियों में 'आत्मपीड़न' का अत्यन्त महत्वपूर्ण स्थान है। सत्याग्रह को उन्होंने 'आत्मीपड़न का नियम' अथवा 'सत्य के लिए तपस्या' कहा है। गांधी जी का मानना था कि आत्मपीड़न के द्वारा विरोधी पर अनुकूल प्रभाव होगा तथा वह अपनी गलती का अहसास करेगा। परंतु सत्याग्रही को अपने ऊपर संयम रखते हुए विरोधी की किसी बात से उत्तेजित नहीं होना चाहिए तथा आत्मसम्मान पर चोट के अलावा सभी प्रकार हानि उस समय तक बर्दाश्त करनी चाहिए जब तक विरोधी को अपनी भूल का अहसास न हो जाये।

2) अहिंसात्मक असहयोग – गांधी जी के अनुसार विरोधी को अपनी बात मनवाने का एक अन्य तरीका असहयोग है। परन्तु वे इस सम्बन्ध में हिदायत देते हैं कि यह असहयोग पूर्णरूप से अहिंसक होना चाहिए। असहयोग में हिंसा के प्रवेश से और बुराइयों पैदा होंगी। उनके विचार में असहयोग का स्वरूप अहिंसात्मक ही रहना चाहिए तभी यह अपने वांछित लक्ष्य को प्राप्त

कर सकेगा।

गांधी जी ने अहिंसात्मक असहयोग को 'व्यथित प्रेम की अभिव्यक्ति' बताया है। असहयोग का उद्देश्य विरोधी को हिंसा से मुक्त कराना तथा उसके पश्चात् उसके साथ सहयोग करना है। असहयोग की भावना को स्पष्ट करते हुए गांधी जी ने एक बार कुमारी अगाधा हैरीसन को बताया था, ''यद्यपि सत्याग्रह के शस्त्रागार में असहयोग मुख्य हथियार है तथापि यह नहीं भूलना चाहिए कि यह सत्य तथा न्याय के द्वारा विरोधी का सहयोग प्राप्त करने का साधन मात्र है।''

गांधीजी के अनुसार, असहयोग के मूल में यह विचार है कि दुष्टात्मा व्यक्ति तब तक उद्देश्य में सफल नहीं होगा जब तक कि उसके न्याय का शिकार व्यक्ति उसके साथ सहयोग नहीं करता, भले वह विवशता अथवा मजबूरी में ही ऐसा करे। ऐसी स्थिति में सत्याग्रही का कर्तव्य है कि अन्याय के प्रतिरोध के कारण उसे कितनी भी परेशानी क्यों न उठानी पड़ी; अन्यायी की इच्छा तथा आदेश के सामने उसे झुकना नहीं चाहिए। गांधी जी के अनुसार असहयोग का प्रयोग दिन–प्रतिदिन की समस्याओं को हल करने के लिए सार्वभौमिक उपचार के रूप में किया जा सकता है। इसका प्रयोग घनिष्ठ व्यक्ति को सत्य तथा न्याय के मार्ग पर लाने के लिए भी किया जा सकता है।

3) उपवास – गांधीजी के अनुसार सत्याग्रह के शस्त्रागार में सर्वाधिक शक्तिशाली हथियार उपवास है। उनका कहना है कि इसका उपयोग बहुत सोचने–विचारने के पश्चात् तथा विशेष परिस्थितियों में ही किया जाना चाहिए। अन्यथा यह 'दुराग्रह' कहलायेगा।

गांधी जी का कहना है कि उपवास तपस्या है जिसे कि विशुद्ध तथा प्रेमपूर्ण हृदय ही प्रयोग में ला सकता है। उपवास के द्वारा सत्याग्रही विपक्षी के हृदय में दबाव डालने के लिए नहीं किया जाना चाहिए। इसका प्रयोग केवल वही व्यक्ति कर सकता है जिसका ईश्वर में पूर्ण विश्वास हो तथा जिसका नैतिक चरित्र ऊंचा हो। गांधी जी ने उपवास तथा भूख–हड़ताल में अंतर करते हुए कहा था कि उपवास करने वाले सत्याग्रही के पास आध्यात्मिक शक्ति तथा स्पष्ट दृष्टि होनी चाहिए। सत्याग्रही को क्रोध, अधैर्य, स्वार्थ तथा बदले की भावना से दूर रहना चाहिए अन्यथा उपवास हिंसक हो जाता है। दूसरी ओर भूख–हड़ताल दबाव का तरीका है जिसके द्वारा विरोधी को अपनी बात मनवाने के लिए दबाव डाला जाता है। गांधी जी ने उपवास के वैयक्तिक साधन से सामाजिक साधन बना दिया। गांधी जी द्वारा किए उपवासों को जनता पर हमेशा अनुकूल असर हुआ।

4) हड़ताल – गांधी जी ने हड़ताल को असहयोग का ही एक रूप बताया है। हड़ताल का अर्थ अपने संपूर्ण काम–काज को ठप्प कर देना है। इसके अंतर्गत न केवल अपना निजी व्यवसाय, कार्य तथा नौकारी आदि ठप्प कर देना वरन् स्कूल तथा कॉलेज न जाना भी सम्मिलित है। इसका उद्देश्य जनता तथा सरकार का ध्यान अपनी मांगों की ओर आकर्षित करना है।

गांधी जी का विचार था कि हड़ताल का प्रयोग बार–बार नहीं किया जाना चाहिए, अन्यथा

जनता तथा सरकार पर इसका कोई प्रभाव नहीं होगा। उन्होंने यह भी सुझाव दिया कि हड़तालें एच्छिक होनी चाहिए। कर्मचारियों को काम से रोकने के लिए उन पर दबाव नहीं डाला जाना चाहिए। गांधी जी हड़ताल के दुरूपयोग के प्रति भी सतर्क थे। इसलिए उन्होंने कहा है कि कर्मचारियों को अपने मालिकों से अनुमति प्राप्त करने के पश्चात् ही हड़ताल करनी चाहिए। उनके अनुसार सामान्य परिस्थितियों में हड़ताल का प्रयोग उचित नहीं है।

5) सामाजिक बहिष्कार – गांधी जी के अनुसार सत्याग्रह का एक अन्य तरीका सामाजिक बहिष्कार है। यह शांतिपूर्ण तथा हिंसात्मक दोनों ही प्रकार का हो सकता है। यह इसके प्रयोग करने के तरीके पर निर्भर करता है। गांधी जी का मानना था कि सामाजिक जीवन में इस अस्त्र का प्रयोग किसी न किसी रूप में अवश्य किया जाता है। गांधी जी ने इसका प्रयोग अत्यन्त सीमित रूप में करने का सुझाव दिया है। इसका प्रयोग उन्हीं लोगों के विरूद्ध किया जाना चाहिए जो जनमत की अवहेलना करते हों; असहयोग के मार्ग को न अपनाते हों अथवा आम–हड़ताल के समय हड़ताल के मार्ग में बाधा डालते हों।

6) धरना – गांधी जी ने धरने को भी सत्याग्रह का ही एक तरीका बताया है। परन्तु उनका सुझाव है कि इसका प्रयोग 'अहिंसात्मक कार्यवाही' के रूप में किया जाना चाहिए। इसका प्रयोग भी समझ–बूझकर किया जाना चाहिए, बाध्यकारी तरीके से नहीं। गांधीजी ने 1920–22 के असहयोग आंदोलन तथा 1930 के सविनय अवज्ञा आंदोलन में शराब, तथा अन्य मादक वस्तुओं तथा विदेशी कपड़ों की दुकानों पर धरने को कांग्रेस का प्रमुख कार्यक्रम बनाया। परन्तु वे रास्ता रोकने के लिए धरने के प्रयोग के पक्ष में नहीं थे। वे इसे हिंसात्मक कार्य मानते थे। गांधी जी के अनुसार, ''शन्तिपूर्ण धरने'' का उद्देश्य ऐसे लोगों का जो जनमत के विरूद्ध कार्य करते हों, तिरस्कार करना तथा उन्हें शर्म महसूस कराना था।

7) हिजतर – गांधी जी ने 'हिजरत' अथवा 'स्वेच्छा से पलायन' को भी सत्याग्रह का एक तरीका बताया है। गांधी जी से पूर्व भी लोगों द्वारा हिजरत का प्रयोग किया गया था। रोम में निम्न वर्ग के लोगों ने कुलीन वर्ग के लोगों से अपनी अधिकार प्रापत करने के लिए विरोध स्वरूप रोम छोड़ दिया था। इजराइल के निवासियों तथा हजरत मुहम्मद तथा उनके अनुयायियों ने भी अत्याचार के कारण अपना देश छोड़ दिया। इस प्रकार इतिहास में हिजरत के अनेकों उदाहरण हैं। गांधी जी के आह्वान पर बारदोली, बोरसाड तथा जमशेदपुर के लोगों ने सरकार के अत्याचार के कारण गुजरात छोड़ दिया था। गांधी जी के अनुसार हिजरत को उसी अवस्था में प्रयोग में लाना चाहिए जब आत्म–सम्मान की रक्षा के लिए अन्य कोई उपाय न हो तथा लोग अत्याचार का अहिंसात्मक विरोध कर पाने में असमर्थ पाते हों।

8) सनिवय अवज्ञा – गांधी जी ने सामान्य परिस्थितियों में लोगों को सरकार के आदेशों का पालन करने का सुझाव दिया है। यदि सरकार जनता की भावनाओं की उपेक्षा करे तथा उन्हें दबाने के लिए अन्यायपूर्ण तरीके अपनाये तो नागरिकों को चाहिए कि वे ऐसी सरकार के साथ असहयोग करे। 'सविनय अवज्ञा' असहयोग का उग्रतम रूप है। गांधी जी ने इसे 'सशस्त्र क्रांति का रक्तहीन तथा प्रभावकारी विकल्प' बताया है।

अध्याय –8

सामयिक मुद्दे

प्रश्न 1. वैश्वीकरण से आप क्या समझते हैं? इसके विभिन्न आयामो की चर्चा कीजिए।
[June-06, Q9]

उत्तर – वैश्वीकरण शब्द एक प्रक्रिया का हवाला देता है,जबकि भूमण्डलवाद ऐसा शब्द है जो विचारों, मुल्यों, प्रथाओं के ऐसे समूह का हवाला देता है जो आजकल वैश्वीकरण के नाम पर होने वाले परिवर्तनों की वचनबद्धता के समर्थन की माँग करता है। संक्षिप्त में, भूमण्डलवाद का अर्थ है, वैश्वीकरण के लिए एक विचारधारा अथवा उसको न्यायोचित ठहराने का फ्रेमवर्क। वैश्वीकरण अति प्राचीन समय से एक विचार और एक प्रथा के रूप में अस्तित्व में रहा है। यह जानकारी उचित ऐतिहासिक अर्थो में कम जान पड़ती है,क्योंकि यह विद्यमान संदर्भ में वैश्वीकरण की विशिष्टता को मान्यता प्रदान नहीं करती। वैश्वीकरण एक जटिल ऐतिहासिक प्रक्रिया से प्रकट हुआ है, जिसे पूंजीवादी विस्तार के पीछे दलीलों से खतरा बना हुआ है। यह भूमण्डलीय स्तर पर विशिष्ट प्रकार के राजनीतिक और सांस्कृतिक पर्यावरण में फलने–फूलने की मांग करता है। इससे भूमण्डलीय, राष्ट्रीय और क्षेत्रीय स्तर से लेकर स्थानीय स्तर तक भारी परिवर्तन हुए हैं। इसने एक या दो दशक के दौरान विश्व को पूरी तरह बदल दिया है। अपने आर्थिक स्वरूप में वैश्वीकरण उन राष्ट्रीय अर्थव्यवस्थाओं के साथ एक समेकित अन्तर्राष्ट्रीय बाजार का समर्थन करता है जो सामने आ रही हैं। यह सांस्कृतिक स्तर पर मूल्यों और संस्कृतियों का समांगीकरण (homogenistion) चाहता है और यह इस शब्द के राजनीतिक अर्थ में राष्ट्र–राज्य संप्रभुता सत्ता को हाशिए पर लाने अथवा कम करने के लिए भूमण्डलीय राजनीतिक व्यवस्था के प्रति योगदान करता है। अन्तर्विरोध के तौर पर, वैश्वीकरण स्थानीय स्तर पर विविधता और विभाजन को भी सही मानता है।

वैश्वीकरण के आयाम

1) आर्थिक वैश्वीकरण: आर्थिक वैश्वीकरण का अर्थ है मूल्यों, उत्पादों, वेतनों,ब्याज दरों और लाभों का समांगीकरण जिससे विश्व में सभी बराबर हो जाएं। मुक्त बाजार, पारदर्शिता और लचीलेपन के बहाने तथाकथित ''इलैक्ट्रौनिकी हर्ड'' में देशों में और देशों से बाहर विशाल पूंजी राशियाँ पाश्चात्य देशों के राजनीतिक और आर्थिक लाभ के लिए हस्तान्तरित होती हैं; जिससे विदेशी पूंजी आए तथा आज और कल की प्रौद्योगिकी का लाभ मिल सके।

2) राजनीतिक वैश्वीकरण: राजनीतिक वैश्वीकरण का अर्थ है राष्ट्र–राज्य को इस तरीके से अभिलेखबद्ध (reorder) करना जो भूमण्डलीय एकता के अनुकूल हो। राष्ट्र–राज्यों की संप्रभुता की उम्मीद ही भूमण्डलीय स्तर की संप्रभुता के पश्चात् की जाती है। एक भूमण्डलीय राज्य व्यवस्था ही वांछित लक्ष्य माना जा सकता है। विश्व के वैश्वीकरण की प्रक्रिया में राष्ट्र–राज्य को हाशिए पर रखना सबसे बड़ी चुनौती है।

विश्व का वैश्वीकरण विधियों और विनियमनों की एक जटिल व्यवस्था द्वारा समर्थन प्राप्त है। अन्तर्राष्ट्रीय मुद्रा कोष (IMF), विश्व बैंक और अन्य अन्तर्राष्ट्रीय वित्तीय संस्थाएँ (IFIs) के नियामक क्षेत्र, गैट (GATT) और विश्व व्यापार संगठन (WTO) विश्वभर में समान नीतियाँ, बाध्यताएँ और प्रतिबंध लागू करने के लिए एक नए विश्व शासन के रूप में तेजी से उभर रहे हैं। ये संस्थाएँ इस व्यवस्था को पूर्ण बनाने में निर्णायक हैं, जिससे व्यष्टि राष्ट्र–राज्यों को आबद्ध रहना है। इस प्रक्रिया का अन्य महत्त्वपूर्ण राजनीतिक आयाम यह है कि राष्ट्रीय सरकारों पर अपने कानूनों को बदलने के लिए निरन्तर दबाव डाला जा रहा है, जिससे वे भूमण्डलीय शासन की उभरती व्यवस्था में अधिक स्पर्द्धात्मक हो सकें। अन्तर्राष्ट्रीय मुद्रा कोष, विश्व बैंक अथवा विश्व व्यापार संगठन जैसी संस्थाओं के नियामक क्षेत्रों को कमजोर

राष्ट्र–राज्यों की आपत्तियों से कभी–कभार फर्क पड़ता है।

3) वैश्वीकरण एवं संस्कृतिः वैश्वीकरण की प्रक्रिया को समझने में अन्य मुख्य क्षेत्र संस्कृति है। अपने मौलिक रूप में वैश्वीकरण का अर्थ मूल्यों का सार्वभौमीकरण भी है। मूल्यों का सार्वभौमिकीरण सार्वभौमिक मूल्यों के अनुसार बदलते हुए लिया जाना चाहिए। मूल्यों के सार्वभौमिकीकरण में पूर्वकल्पित है कि एक निश्चित प्रकार की भूमण्डलीय व्यवस्था हो, जिसके प्रति बदले हुए राष्ट्रों,क्षेत्रों और स्थानों के सभी मूल्यों, प्रथाओं और परम्पराओं में बदलाव किया जाना चाहिए। वैश्वीकरण मूल्यों और संस्कृतियों को मुख्यतः पश्चिम के आधिपत्य वाली भूमण्डलीय संस्कृति के साथ समेकन करने की माँग करता है। जब हम आर्थिक वैश्वीकरण के साथ सांस्कृतिक वैश्वीकरण पर दृष्टिपात करते हैं, यह स्पष्ट हो जाता है कि पूंजीवादी बाजार के समेकन पर लटका हुआ है/निर्भर है।

एक प्रसिद्ध समाजवादी, ऐंथानी गिड्डन्स महसूस करते हैं कि विश्व पूंजीवाद, उद्योगीकरण और आधुनिक राष्ट्र–राज्यों के संदर्भ में संगठनात्मक समूह भूमण्डलीय नेटवर्क का सार्वभौमिकीरण करते हैं और समय–स्थान फासले को भी बढ़ा देते हैं, जिससे स्थानीय भूमण्डलीय अन्तरसंबध एक जटिल समस्या बन जाता है।''तब वैश्वीकरण को विश्वव्यापी सामाजिक संबधों में वृद्धि के रूप में परिभाषित किया जा सकता है, जिससे दूरस्थ स्थल इस प्रकार जुड़ जाते हैं, ताकि स्थानीय घटनाएँ, कई मील दूर की घटनाएँ अथवा उसके प्रतिकूल नजर आएँ।''

सांस्कृतिक अभिव्यक्ति के रूप में वैश्वीकरण विश्व के सिकुड़ने और कुल मिलाकर सम्पूर्ण विश्व की चेतना के विस्तार का हवाला देता है। सूचना युग के उत्थान को भूमण्डल के आरपार संस्कृतिकरण प्रक्रिया की सहवर्ती घटना के रूप में देखा जाना चाहिए। वैश्वीकरण के सभी आयाम पर्याप्त रूप से निम्न लक्षण सम्पन्न हैं–*''सामग्री आदान–प्रदान स्थानीय होते हैं, राजनीतिक आदान–प्रदान अन्तरराष्ट्रीय होते हैं तथा सांकेतिक आदान–प्रदान भूमण्डलीय होते हैं।''*

प्रश्न 2. वैश्वीकरण के मद्देनजर राज्य संप्रभुता के खतरों से अवगत कराएं।

उत्तर– वैश्वीकरण के आने से राष्ट्र–राज्य संकटपूर्ण स्थिति में फंस गया है, क्योंकि राष्ट्र–राज्य की स्वतंत्र रूप से कार्य करने की क्षमता को भूमण्डलीय स्तर पर बाह्य बलों द्वारा तथा स्थानीय स्तर पर आन्तरिक बलों द्वारा क्षति पहुँचाई गई है। इसने राष्ट्र–राज्य की तरह उसके अस्तित्व के बहु–आयामी होने की वैधता पर प्रश्नचिन्ह लगा दिया। राष्ट्र–राज्य भूमण्डलीय समेकन और स्थानीय विघटन के बलों द्वारा बीचों बीच फंसा लिए गए हैं।

लोगों के जीवन में सर्वाधिक महत्त्वपूर्ण रिश्ते की रचना राष्ट्र–राज्य के साथ उनका सम्बंध है। राष्ट्र, लोग जिनके अब तक राज्यों के साथ विशेषाधिकारपूर्ण संबन्ध थे, के पास ऐसे सम्बंध अब नही रहे क्योंकि राज्य निजी तौर पर न तो भूमण्डलीय शक्तियों के साथ बातचीत करने के लिए सक्षम है और न वे अपने उन नागरिकों के मध्य एकता का बोध कायम करने की स्थिति में हैं, जो अनन्य पहचान बनाकर रहना चाहते हैं। तृतीय विश्व के देश

इसे अधिक गंभीरता से महसूस करते है, क्योंकि दोनों सीमाओं पर राज्यों की योग्यता प्रबल है। नागरिको के संगठनो के नए स्वरूप तलाश कर रहे हैं, जिनमें विभिन्न तरीकों से उनकी पहचान/अस्तित्व के दावे अन्तग्रस्त हैं। इसके प्रभाव कई गुने हैं। स्थानीय समुदाय जो अधिक संसाधनों की माँग कर रहे हैं, कभी–कभी देखेंगे कि उनके हित राष्ट्र–राज्यों का आश्रय लेने तथा किसी दूसरे समय उनका विध्वंस करने में अन्तर्निहित हैं। अन्तर्राष्ट्रीय संगठन अधिक वैधता की माँग करेंगे और इसे सुनिश्चित करने का एक तरीका यह है कि समर्थक देशों की अपनी निजी वैधता है।

विश्व शिखरवार्ताओं की हाल की स्थिति में यह समझना पड़ेगा कि स्थानीय समुदाय किस प्रकार सीमा पार की हस्तियां बनने की माँग कर रहे हैं। मानव अधिकार ग्रुपों की वियाना शिखरवार्ता, महिला ग्रुपों की बीजिंग शिखरवार्ता, परिस्थिति की ग्रुपों की रियो शिखरवार्ता, जातिवाद के विरूद्ध डरबन शिखरवार्ता अथवा विश्व समाज फोरम, सभी प्रजाति, जातिलिंग, पारिस्थितिक मुद्दों के आधार पर राष्ट्र की सीमाओं से परे स्थानीय समुदायों को अपने पक्ष में करने के लिए प्रयासरत हैं। वे राष्ट्र–राज्यों के दायरे से परे सामाजिक न्याय का प्रश्न उठाते हैं, और उन्हें भूमण्डलीय प्रक्रिया से जोड़ते हैं। उदाहरणार्थ, मानव अधिकारों को किसी देश के भीतर आकर्षक रिकॉर्ड किसी उधार देने वाली भूमण्डलीय एजेंसी अथवा दाता एजेंसी से ऋण, सहायता अनुदान लेने के योग्य बनने के लिए काफी बेहतर होना चाहिए, क्योंकि मानव अधिकार के रिकॉर्ड अन्तर्राष्ट्रीय उधारी संव्यवहारों में एक निर्णायक मुद्दे के रूप में छाए हुए हैं। इससे पता चलता है कि राष्ट्र–राज्य किस प्रकार घरेलू और भूमण्डलीय ताकतों दोनों से कितना अधिक दबाव में है।

प्रश्न 3. विकसित और विकासशील राष्ट्रों के संदर्भ में वैश्वीकरण की विवेचना कीजिए।

उत्तर – वैश्वीकरण के परिणामस्वरूप विश्व दो कैम्पों में बंटता नजर आ रहा है। पश्चिम का तर्क है कि वैश्वीकरण का लाभ व्यापक है और इससे विकसित और विकासशील, दोनों राष्ट्रों को लाभ होता है। विकासशील देश वैश्वीकरण को अधिक संदेह की दृष्टि से देखते हैं। यदि नहीं, तो अनपेक्षित दोषदर्शिता बनी रहती है। हमें वैश्वीकरण पर उनकी सापेक्ष स्थितियों पर विचार करना चाहिए।

वैश्वीकरण के लाभों हेतु पश्चिमी दावे इस प्रकार हैः यह (1) संस्थागत तथा व्यक्तिगत विकास दोनों प्रकार के विकास के लिए प्रचुर पूँजी निवेश मुहैया कराता है। (2) विकासशील देशों के नागरिकों को रोजगार के बढ़े हुए अवसर प्रदान करता है (3) शिक्षा के माध्यम से जन समुदाय के कल्याण के लिए सुधार की संकल्पनाओं में वृद्धि करता है (4) अवस्थापना विकास को गति प्रदान करता है जैसे, सड़कें, शक्ति संयंत्र और आधुनिक इलेक्ट्रॉनिक संचार (5) प्रगतिशील राष्ट्रों द्वारा विकासशील देशों को बिना किसी लागत के प्रोद्योगिकी व्यवस्था करता है। इस प्रक्रिया से संभवतः सार्वभौमिक तौर पर कार्यकारी शर्तें, मानक, अभिवृत्तियाँ और मुल्य समान हो जाएंगे।

इसके प्रतिकूल, विकासशील देशों का तर्क है कि वैश्वीकरण वचनबद्धता के मुकाबले प्रचुरता

से काफी कम मुहैया करा रहा है। उनके अनुसार : (1) वैश्वीकरण ने विकासशील देशों को उनके द्वारा इन देशों में किए गए निवेश की अपेक्षा लाभों से अधिक धन लिए जाने के कारण पूँजी रहित कर दिया है। (2) निवेश में पूँजी अधिक लगाने की बजाए, कई बहुराष्ट्रीय कम्पनियाँ स्थानीय देनदारों से उधार लेती हैं और इस प्रकार उन दुर्लभ पूँजी संसाधनों का क्षय कर रहीं हैं, जिन्हे देश के व्यापारियों द्वारा उपयोग में लाया जाना चाहिए। (3) नई प्रौद्योगिकियों से लाभों की वचनबद्धता संभवतया निकट भविष्य में निराशाजनक सिद्ध होगी, क्योंकि इसके कारण होने वाली निर्भरता से विकासशील देशों में नवीनीकरण अवरूद्ध हो जाता है। (4) वैश्वीकरण और बहुराष्ट्रीय निगमों से विज्ञापन की एक बेहतरीन, परिष्कृत ब्राण्ड सामने आती है जो उपभोक्तावाद और विलास वस्तुओं के आयातीकरण को बढ़ावा देती है। बहुराष्ट्रीय कम्पनियों के उत्पादों और सेवाओं के विपणन में सफलता से घरेलू निवेशों जो घरेलू आर्थिक वृद्धि की जान हैं, में कमी आती है। (5) वैश्वीकरण में, बहुराष्ट्रीय कम्पनियाँ विदेशों में आर्थिक सहायता देकर व्यापार पर वाणिज्यिक प्रतिबन्धों का प्रतिकार कर सकती हैं। वास्तव में, यह उन्हें व्यापार अवरोधों पर काबू पाने, उत्पादन जारी रखने और विकासशील देशों की लागत पर लाभ कमाने की अनुमति देता है।

आज की तरह, उभरते हुए विश्व पूँजीवाद के किन्हीं पूर्ण विकल्पों के लिए बहुत ही कम आशा प्रतीत होती है। विश्व व्यापार संगठन जैसी बहुपार्श्वीय संस्थाओं के उभरने से, प्रत्येक देश वस्तुतः विश्व अर्थव्यवस्था में फंस गया है और धीरे–धीरे अपनी अर्थव्यवस्था को मुक्त कर रहा है। मैक्सिको जैसे देश जो एक दशक पहले राज्य के नियंत्रण और स्वामित्व पर विश्वास रखते थे, बुरी तरह से निजीकरण कर रहे हैं। थाइलैण्ड अपने बजट का संतुलन बना रहा है, पेरू टैरिफ दर कम कर रहा है। दक्षिण एशियाई क्षेत्र में भी देश,जिन्होंने नब्बे के दशक के प्रारंभ में यद्यपि विलम्ब से शुरूआत की थी, उत्तरोत्तर उदारीकरण को अपनाए जा रहे है और अपनी अर्थव्यवस्थाओं को मुक्त कर रहे हैं। बीसवीं शताब्दी का आर्थिक उदारवाद निजी स्वामित्व, कारोबार में राज्य के लिए घटती हुई भूमिका, न्यूनतर व्यापार अवरोध, करों में कमी, और प्रदत्त आर्थिक व्यवस्था में सर्वाधिक दक्ष वितरक के रूप में बाजार पर आम विश्वास के लिए उत्तरदायी हैं।

वैश्वीकरण को समझने की समस्या उसके उस द्वैतवाद में सन्निहित है, जो विद्यमान अर्थव्यवस्था को नियंत्रित करता है। यदि वैश्वीकरण एकीकृत विश्व का हवाला देता है, यह भी उतना ही सत्य है कि विश्व दो असमय हिस्सों– गरीब और अमीर, राष्ट्रों में उत्तरोत्तर विभाजन की ओर अग्रसर है, जिसमें अधिक प्रगतिशील पाश्चात्य राष्ट्र तथाकथित मुक्त व्यापार और नई भूमण्डलीय व्यवस्था द्वारा वकालत की गई मुक्तता का लाभ उठा रहे हैं। राष्ट्रीय सीमाओं का भेदन उन्नत देशों के पक्ष में कार्य कर रहा है। इस दुवृत्त अर्थव्यवस्था के भिन्न–भिन्न देशों के लिए भिन्न–भिन्न निहितार्थ है। कई गहन अध्ययनों से पता चलता है कि असमानता और न्याय के मुद्दे उभरती हुई भूमण्डलीय अर्थव्यवस्था की सर्वाधिक चिन्ता का विषय बनने जा रहे हैं।

वैश्वीकरण ने राष्ट्र–राज्यों को, विशेष रूप से तृतीय विश्व में, आर्थिक, सांस्कृतिक और सांस्कृतिक रूप से प्रभावित किया है। पश्चिम के वर्चस्व में अन्तर्राष्ट्रीय बाजार व्यापार की शर्तों

पर बातचीत करने के लिए दक्षिण देशों (गरीब देशों का पर्यायवाची) के लिए बहुत कम गुंजाइश छोड़ता है। यद्यपि बहुराष्ट्रीय कम्पनियों के क्रियाकलाप सीमाओं से परे हैं, तथापि उनके हित आज भी उनके पैत्रिक देशों से जुड़े हुए हैं जो अक्सर उन्नत पश्चिमी देश हैं। बहुराष्ट्रीय निगम अपने हितों में इतने बहुराष्ट्रीय नहीं हैं।

सूचना युग के आने से, विश्व सिकुड़कर जैसा कि मार्शल मैकलुहान ने कहा है, एक भूमण्डलीय गाँव बन गया है जहां राजनीतिक और सांस्कृतिक अर्थों में, राष्ट्रीय सीमाओं में और अधिक रन्ध्र(porous) हो गए हैं। इस प्रकार, और अधिक पराजय तृतीय विश्व पर पश्चिम द्वारा राजनीतिक और सांस्कृतिक घातक प्रहारों के बारे में इससे और अधिक व्यग्रता तथा सजीव चिन्ताएँ प्रस्तुत होती हैं। नई सूचना के साथ संयोजित होकर भूमण्डलीय आर्थिक व्यवस्था से उन्नत देशों में राष्ट्र–राज्य को मजबूत होने तथा तृतीय विश्व में राज्य के कमजोर होने की संभावना है। यह द्वैतवाद और विराधाभास उभरती हुई भूमण्डलीय व्यवस्था में राष्ट्र–राज्य को विशिष्ट लक्षण देने जा रहे हैं।

प्रश्न 4. क्या धर्मनिरपेक्षता भारतीय समाज पर एक अधिरोपण है ?

[June-07, Q10][Dec-06, Q10]

उत्तर – भारतीय समाज एक निश्चित समाज नही है। यहाँ पुराने समाज की सामाजिक संरचना, विश्वास और मानदण्ड, यद्यपि अभी भी मौजूद हैं, तीव्रता से बदल रहे हैं अथवा नए लक्षणों को मार्ग दे रहे हैं। हम दो उदाहरण लेते हैं। हमारी वैवाहिक व्यवस्था में, सजातीय विवाहों का क्षेत्र तेजी से बढ़ रहा है और कई मामलों में पसंद का घटक शनैः–शनैः प्रवेश कर रहा है। लोग पूरी तरह पुराने, धार्मिक रीति–रिवाजों अथवा कर्मकाण्डों से अधिक समय तक विनियंत्रित नही होना चाहते। वे जो कुछ इच्छा करतें हैं, उसके लिए संरक्षण चाहते हैं। एक अन्य उदाहरण में, हम अपनी जाति की पंचायत को प्राथमिकता देते हैं। लोग जाति अथवा कर्मकाण्डी प्रास्थिति से अविभूत नहीं होना चाहते हैं, जैसा पुरानी जाति पंचायत के कार्यचालन में संभव है।

यदि हम इन दोनों और ऐसी अन्य बातों को दिमाग में रखते हैं (हम कई और अधिक के बारे में सोच सकते हैं), यह स्पष्ट हो जाता है कि ये वे परिस्थितियाँ हैं जहां अनेक प्रकार के नए संघर्ष और सामाजिक माँगे उभरती हैं। संक्रमण की सभी स्थितियां वे स्थितियां भी हैं। जहां नए संघर्ष प्रचूर हैं और ये संघर्ष नए और पुराने अथवा इनके द्वारा उत्पन्न विवादों और अनिश्चितताओं के बीच हैं। परम्परागत धारणाओं पर आधारित कार्य करने, संघर्षों का समाधान करने के पुराने तरीके आज ऐसा नहीं कर पाएंगे, क्योंकि वे अपर्याप्त और असंगत हो चुके हैं और वे एक–दूसरे से आसन्न रहने वाले स्थानीय समुदायों के बीच छोटे और बार–बार होने वाले संघर्षों का समाधान करने के लिए अभिप्रेत थे। आधुनिक राजनीति में विशाल पैमाने पर इनका प्रयोग आसान नहीं है। अब, हमेशा बदलने वाले स्वरूप के संघर्षों के लिए मात्र सिद्धांत अथवा साधन कभी भी पर्याप्त नहीं होते। धार्मिक और प्रजातीय समुदायों के बीच तथा इन समुदायों के भीतर विरोधियों के बीच हमेशा बदलने वाली नई संघर्ष स्थितियों से निपटने के लिए नीतियों और पहलवाजियों से रचनात्मक कार्य की आवश्यकता है। अपने निजी समुदायों के

विरूद्ध अन्तिम उपाय स्थिति को संभाल सकता है।

इस प्रकार की परिवर्तनीय संघर्षमयी साम्प्रदायिक समीकरणों वाली स्थिति के तहत, धर्मनिरपेक्षवाद के सर्तक और लचीले अनुप्रयोग की आवश्यकता है। यह इस अर्थ में रामबाण उपचार नही है कि यह सामाजिक और आर्थिक नीतियों की संवेदनशील सोच और प्रशासनिक उपायों के बिना कुछ नही कर सकता। परन्तु इसका कोई अन्य प्रतिस्थानी विकल्प नही है, जैसा हमने परम्पराओं और रीति–रिवाजों के मामले में, इन स्थितियों में कार्य करने के सिद्धांत से देखा है। इसीलिए हम कह सकते हैं कि यह एक उतनी मुश्किल स्थिति नही है, जिसे असंभव सिद्धांत का नाम दिया जाए अथवा यह कि भारत में धर्म निरपेक्ष समाज की स्थापना नही हो सकती। यदि हमें ''कठिन'' और ''असंभव'' के बीच विशिष्ट अन्तर को दिमागी तौर पर करते हैं, तब हम बेहतर समझ सकते हैं कि धर्मनिरपेक्षता भारत में अपने अनुप्रयोग के लिए अवरोधों को झेलते हुए टेड़े–मेड़े रास्ते से गुजर रही है।

प्रश्न 5. भारत में पृथकीकरण का सिद्धांत क्या होना चाहिए?

उत्तर – धर्मनिरपेक्षता के भारतीय स्वरूप में, पृथकीकरण का सिद्धांत धर्म और राजनीति के बीच एक सैद्धांतिक दूरी के रूप में समझना होगा। यहाँ सिद्धांततः दूरी को राजनीति की धर्म से स्वतंत्रता के रूप में न कि अवश्यमेव इसके प्रतिकूल देखना होगा। इसका तात्पर्य है कि राज्य के क्रियाकलाप, राजनीतिक नीति निर्यात तथा नीति प्राथमिकताएँ धर्म की दखलन्दाजी से स्वतंत्र है। परन्तु इसका अर्थ यह नही है कि राजनीति और राज्य कार्य को धार्मिक सुधार की आवश्यकता से कुछ लेना देना नही है। एक तरफा पृथकीकरण अभिनिश्चित करना होगा। यह दखलन्दाजी अन्तर्ग्रस्त मुद्दों के आधार पर सविवेक निर्धारित करनी होगी। अन्त में, पुनरावृत्ति के लिए, सभी प्रथाएं (अथवा विश्वास) भले ही धर्म द्वारा स्वीकृति प्राप्त हों, नामतः अस्पृश्यता, जातिभेद, बहु–विवाह, सार्वजनिक जीवन से महिलाओं का बहिष्कार आदि तत्काल अवैध घाषित करनी होंगी। ये निन्दात्मक रूप से संविधान की उस नियामक व्यवस्था के लिए अहितकारी हैं, जो स्वतंत्रता संघर्ष के दौरान प्रबल जनप्रिय भागीदारी के माध्यम से अन्तर्ग्रस्त मूल्यों के सांमजस्य पर आधारित है। कई जो कम अहितकारी हैं जैसे मात्र ब्राह्मणों द्वारा जनेऊ धारण करना, महिलाओं को खेत में हल चलाने की अनुमति न देना आदि, आने वाले कुछ समय के लिए सहन की जा सकती हैं और लोगों को इन्हें छोड़ देने के लिए तैयार किया जा सकता है। यहाँ राज्य उदासीन भाव से नियमवादी होगा। राज्य नियमनवादी इस अर्थ में होगा कि यह सम्पूर्ण भारतीय मानवता के दृष्टिकोण से। इसे किसी धर्म की सहायता नहीं करनी चाहिए अथवा उसे किसी प्रकार का लाभ नहीं पहुँचाना चाहिए। इसे सामान्यतः संविधान के व्यादेशों (injunctions) को लागू करना चाहिए, जिसने इस प्रयोजनार्थ यथार्थतः इसका सृजन किया था। इसकी उदासीनता सभी के लिए समान तरीके से समानता, अधिकारों और प्रतिष्ठा के क्षेत्र द्वारा सुनिश्चित की जानी चाहिए। भारतीय विधान ने नागरिकों के रूप में हमारे सहअस्तित्व के लिए एक सच्चे धर्म निरपेक्ष राज्य का गठन किया है।

धर्म निरपेक्षवाद निःसंदेह राज्य और राजनीति से धर्म के पृथकीकरण का सिद्धांत है; यह मात्र व्यावहारिक आवश्यकता नही है। अपितु, पृथकीकरण का एकमात्र सरल अर्थ

नहीं है। इसे इसमें अन्तर्निहित संदर्भ और पृथाओं के संबंध में इसका अर्थ और वास्तविक स्वरूप देना होगा। प्रत्येक संदर्भ की अलग अपेक्षाएं होती हैं और इनसे उनकी निजी बाध्यताएं जन्म लेती हैं, जिन्हें अनदेखा नहीं किया जा सकता। हमारी इस चर्चा से यह स्पष्ट है कि धर्मनिरपेक्षता ऐसा कुछ अधिक नहीं है, जो भारतीय समाज के लिए बाहर का हो। अपितु यह अब इसकी आन्तरिक आवश्यकता बन चुका है। तथापि जो कुछ विदेशी है, वह इसकी पश्चिम से धर्मनिरपेक्षता का इतिहास और अर्थ तलाशने तथा उसे शेष विश्व को लागू होने वाले एकमात्र आदर्श के रूप में दर्शाने की विवेचनारहित प्रवृत्ति है। यह कुछ ऐसा है, जिससे हमें पूर्णरूपेण बचना चाहिए, क्योंकि इसके कुछ आलोचक ऐसा नहीं कर पाते है।

प्रश्न 6. नवीन पूँजीवाद किसे कहते है ?

अथवा

नवीन पूँजीवादी अवस्था क्या थी ?

उत्तर – नवीन पूँजीवाद की अवस्था 1945 में शुरू हुई और उसे दो चरणों में विभाजित के रूप में देखा जा सकता है– पूर्वर्ती जो 1966 में समाप्त हुआ और परवर्ती जो 1980 तक चलता रहा। इस अवस्था की पहचान थी– आधुनिक उपभोक्ता वस्तुओं का उत्पादन और 1966 तक की अवधि आर्थिक विस्तारण एवं बढ़ते लाभों द्वारा अभिलक्षित रही। यह अवधि अनौपनिवेशीकरण प्रक्रिया, एवं विश्व भर में नए–नए स्वतंत्र हुए देशों का उदय, तथा परवर्ती की कार्यसूची में सामाजिक प्रगति एवं आर्थिक विकास के मुद्दों का तदोपरांत प्रचलितीकरण आदि के लिए भी महत्त्वपूर्ण रही। इस संदर्भ में *माडर्नाइजेशन थिअरीज* (रॉस्टॉ, ऑस्लित) ने विकास प्रक्रिया को पारंपरिक (सामन्तिक) समाज से आधुनिक अथवा औद्योगिक समाज की ओर अवस्थांतर गमन के रूप में स्पष्ट किया। ऐतिहासिक रूप से, यह अवस्थातंर गमन पहिले–पहल विकसित देशों में हुआ और दूसरों से उम्मीद की गई कि परिवर्तनों के इन्हीं प्रतिमानों का अनुसरण करें।

इस दौर में मार्क्सवादी सिद्धांतों ने औपनिवेशिक बेड़ियाँ टूटने के बाद भी नए–नए स्वतंत्र हुए देशों में अल्पविकास हेतु कारकों को समझने एवं स्पष्ट करने का प्रयास किया। तदनुसार, थिअरी ऑफ इम्पिरिअलिज्म ने तीसरी दुनिया के समाजों में पूँजीवाद के प्रचलितीकरण के आंतरिक प्रभावों की अच्छी छानबीन की। पॉल बरान का तर्क है कि इन देशों में साम्राज्यवादी शक्तियों ने स्थानीय अल्पतंत्रों से गठजोड़ कर लिया और परिणामस्वरूप अत्यावश्यक आर्थिक संसाधनों को संचय एवं विकास से बचाकर कुछ तो महानगरों में अनुचित रूप से स्थानांतरित कर दिया गया और कुछ को विलासितापूर्ण उपभोग में उड़ा दिया गया। साम्राज्यवादी देश, इन सिद्धांतों के कथनानुसार, मूलतः अल्पविकसित देशों के उद्योगीकरण के खिलाफ हैं और सत्ता में पुराने शासक वर्ग को कायम रखने का प्रयास करते हैं। 1966 तक नवीन पूँजीवाद की अवस्था एक नए दौर में प्रवेश कर गई, जिसकी पहचान थी– आर्थिक विकास का धीमा पड़ना और लाभ की गिरती दर। इस दौर में नवउदारवादियों (उदाहरणार्थ, मिल्टन फ्रीडमैन) ने कीन्सवादी नीतियों की कड़ी आलोचना शुरू कर दी, यह आरोप लगाते हुए कि राज्य का

हस्तक्षेप बहुत अधिक है और कल्याणकारी नीतियों के समर्थन में वह भारी कराधान से विकास को धीमा करता है।

लैटिन अमेरिकी देशों में, **अधीन राष्ट्र सिद्धांत** राष्ट्रीय बुर्जुआ वर्गों की उदारवादी भूमिका के विषय में संशयवादी थे और यह कहते थे कि तीसरी दुनिया में उद्योगीकरण प्रक्रियाएं ही साम्राज्यवादी पैठ की माध्यम हैं और अन्तरराष्ट्रीय कम्पनियों पर निर्भरता को जन्म देती हैं। विशेष रूप से आँद्र गुद्रं फ्रैंक ने मार्क्सवादी और उदारवादी सिद्धांतो पर आपत्ति प्रकट की, जो कि दोनों यह दावा करते थे कि पूँजीवाद सभी जगह विकास को बढ़ावा देने में सक्षम उत्पादन का एक तरीका है। फ्रैंक ने उक्त धारणा को निरस्त किया और दृढ़तापूर्वक कहा कि सोलहवीं शताब्दी से लेकर अब तक लैटिन अमेरिकी देशों के निरन्तर अल्पविकास के लिए दोष पूँजीवाद पर ही है। फ्रैंक पूँजीवाद को एक ऐसी विश्व व्यवस्था मानते हैं, जिसके भीतर महानगरीय केन्द्र अन्तरराष्ट्रीय बाजार क्रियाविधि के माध्यम से आश्रित देशों से आर्थिक अधिशेषों के सम्पत्तिहरण का प्रबंध कर लेते हैं, जिससे कि पूर्ववर्ती में विकास और परवर्ती में अल्पविकास को बढ़ावा मिलता है। तीसरी दुनिया के देश इसीलिए अल्पविकसित हैं कि वे विश्व पूँजीवाद व्यवस्था के भीतर पराश्रित हैं। इस प्रकार, विकास केवल तभी हो सकता है, जब किसी सामाजवादी क्रांति का सहारा लेकर कोई देश इस व्यवस्था से बाहर निकले।

विकास सिद्धांत, जो 1970 के दशक में सामने आये, फ्रैंक का प्रभाव दर्शाते हैं, खासकर समीर अमीन एवं ए. इमेन्युएल कृत *थिअरी ऑफ अनइक्वल एक्सचेन्ज* तथा आई. वार्लस्टीन कृत *वर्ल्ड सिस्टम थिअरी*। वार्लस्टीन के अनुसार, विश्व व्यवस्था के भीतर सभी देश स्पष्टतः एक साथ विकसित नहीं हो सकते थे, कारण यह व्यवस्था असमान केन्द्रिक एवं परिधीय क्षेत्रों को एक साथ लेकर चलने के आधार पर ही काम करती है। एक रोचक लक्षण, जो कि वार्लस्टीन आगे बताते हैं, यह है कि एक परिधीय अथवा एक अर्ध–परिधीय देश होने की भूमिका तय नहीं है। केन्द्रिक देश तथा परिधीय देश अर्ध– परिधीय इत्यादि बन सकते हैं। तथापि जो निश्चित है, वो है विश्व व्यवस्था की असमान प्रकृति।

प्रश्न– 7. सीमित राष्ट्र के रूप में विकास की अवधारणा से आप क्या समझते हैं ?

उत्तर – नए राष्ट्रों के आगमन के साथ ही संगठन के राजनीतिक संतुलन में बदलाव लाते हुए संयुक्त राष्ट्र की विकास विषयक सोच में परिवर्तन साठ के दशक से ही स्पष्ट हुआ। ये राष्ट्र संयुक्त राष्ट्रसंघ की नीतियों के भीतर ही विकास का ध्यान–केन्द्र आय और वृद्धि से ''सामाजिक विकास'' की ओर मोड़ देने में सफल रहे।

सामाजिक विकास का अनिवार्यतः अर्थ है– शिक्षा, स्वास्थ्य रक्षा, आय वितरण, सामाजिक आर्थिक व लिंगभेद समानता तथा ग्रामीण कल्याण जैसे क्षेत्रों में सुधार। सामाजिक विकास का अर्थ विकास की एक कहीं अधिक उग्र और आमूल उन्मूलनवादी संकल्पना हो गया, जिसमे प्रमुख परिसम्पत्तियों का राष्ट्रीयकरण, धन–सम्पत्ति का पुनर्वितरण (जैसे कि भूमि सुधारों में) तथा विकास के साधन व साध्य दोनों के रूप में राजनीतिक निर्णयन् में जनभागीदारी साठ के दशकांत तक एक चिंतन के प्रभावशाली सूत्र ने विकास की आवश्यकता को सामाजिक विकास और सामाजिक न्याय हेतु वृहत्तर विषय के साथ जोड़ने का प्रयत्न किया। यह लगातार

महसूस किया जा रहा था कि विकासशील देशों में विकास असमानताओं को कम नहीं कर रहा था। बल्कि लगता था कि वह विद्यमान असमानताओं को कायम रखे थे और यहाँ तक कि उन्हे बढ़ा भी रहा था। तदनुसार, लाभों के एक न्यायसंगत वितरण वाले सामाजिक विकास में तत्कालीन संबद्ध शैक्षिक सिद्धान्तियों की कार्य–शक्तियाँ शामिल थीं। ब्रिटिश विकास अर्थशास्त्री डडली सीअर्स ने, उदाहरण के लिए, साठ के दशकोत्तर से लेखों की एक श्रंखला में, विकास को सिर्फ वृद्धि के साथ जोड़े जाने पर सवाल उठाना शुरू कर दिया। उन्होंने गरीबी, बेराजगारी और असमानता पर विकास के प्रभाव को खोजते हुए उसके 'परिणामों' पर ध्यान केन्द्रित किया। सीअर्स इस प्रकार विकास के मायने और मापने को पुनर्परिभाषित करने का प्रयास कर रहे थे, ताकि गरीबी और असमानता दोनों को घटाना तथा रोजगार बढ़ाना उसमें शामिल किया जा सके। इस प्रकार की बातों से यह धारणा पनपी कि विकास में वो शामिल हैं, जिन्हें 'बुनियादी जरूरतें' कहा जाता है, और इसको उस सीमा तक मापा जाता है, जहाँ तक कि वह 'समुदायों और व्यक्तियों की प्राथमिक आवश्यकताओं' की पूर्ति करता है।

प्रश्न 8. विकास का अधिकार क्या है ? विश्व विकास रिर्पोट, 1991 का विवरण दो।
[June-06, Q10]

उत्तर – संयुक्त राष्ट्र की महासभा ने 4 दिसम्बर 1989 को विकास के अधिकार को अपने लक्ष्यों में जोड़ा। इस अधिकार ने, उपेन्द्र बक्शी के अनुसार, ने सिर्फ मानवाधिकारों के यथार्थ सार–तत्त्व को समाविष्ट किया, बल्कि उसने मानवाधिकारों की नयी तलाश हेतु ऐक उर्वर आंरभिक आधार भी प्रदान किया है, जो कि एक समतावादी विश्व व्यवस्था हेतु आधार बनाता है। विकास का अधिकार आत्मनिर्णयन् एवं सम्प्रभुता के अधिकार का परिसंपुटन करता है, और दावा करता है कि सभी अधिकार – नागरिक, राजनीतिक, आर्थिक, सामाजिक व सांस्कृतिक – समान रूप से महत्त्वपूर्ण हैं और समान रूप से ही उन्हें प्रोत्साहन एवं संरक्षण दिया जाना चाहिए। इसमे यह अन्वितार्थ भी है कि अतंर्राष्ट्रीय शांति व सुरक्षा विकास के अधिकार हेतु सहायक स्थितियों को पैदा करने के लिए अनिवार्य तत्त्व हैं। अवसर की समानता हेतु आवश्यकता की अधिकार माँग करते हुए, घोषणा का सबसे महत्त्वपूर्ण योगदान है – अधिकारों के स्रोत और विषय के रूप में मानवाचित व्यक्ति पर उसका जोर दिया जाना ही है। व्यक्ति ही इस विकास प्रक्रिया का मुख्य विषय था, और विकास नीति ऐसी हो जो उसे ही मुख्य भागीदार एवं मुख्य हिताधिकारी बनाये।

निम्नलिखित अभ्यन्तर विचार, जिनमें विकास का अधिकार भी शामिल है, विकास की अवधारणा में कुछ आमूल परिवर्तनों का संकेत करते हैं : (a) उक्त घोषणा विकास के अधिकार को प्रभावतः सभी मानवोचित व्यक्तियों का, सभी जगह, और सम्पूर्ण मानव जाति का अधिकार बनाती है, ताकि वे अपनी अन्तः शक्ति को प्रयोग कर सकें। (b) यह अधिकारों के स्रोत और विषय के रूप में मानवोचित व्यक्ति की निश्चितता की अधिकार–माँग करती है। (c) यह विकास–पथ के पुनर्मानचित्रण द्वारा एक न्यायसंगत मानव समाज के गठन को लक्ष्य बनाती है। (d) इस घोषणा में अन्तर्निहित सम्पूर्ण मानव जाति के कर्त्तव्य संबंधी अवधारणा भी है, ऐसी स्थितियां पैदा करने और कायम रखने हेतु संघर्ष जहां सच्चा मानवीय, सामाजिक एवं

सभ्यतापूर्ण विकास संभव हो। (e) तब, साथ ही, यह राज्य का कर्त्तव्य है कि ऐसी परिस्थितियों को जन्म दे, जिनमें मानवोचित व्यक्ति अपने अधिकारों एंव कर्त्तव्यों का प्रयोग/निर्वहन कर सके।

विश्व विकास रिपोर्ट, 1991

विकास संबंधी इस व्यापक दृष्टिकोण के पदचिन्ह **विश्व विकास रिपोर्ट, 1991** में देखें जा सकते हैं। इस रिपोर्ट ने विकास को एक तो 'आर्थिक विकास' के रूप में जिसमें उन जीवन मानकों में एक सतत वृद्धि शामिल है, जिनमें भौतिक उपभोग, शिक्षा, स्वास्थ्य एवं पर्यावरण रक्षा शामिल हैं, और एक वृहत्तर अर्थ में अन्य महत्त्वपूर्ण एवं संबंद्ध सहजगुणों के साथ ही अवसर की समानता, राजनीतिक स्वतंत्रता एवं नागरिक अधिकारों को शामिल किए जाने के रूप में परिभाषित किया। विकास के समग्र उद्देश्य को इसी कारण लिगं भेद, नृजातीय समूहों, धर्मों, प्रजातियों, क्षेत्रों, व देशों से परे आर्थिक, राजनीतिक, एवं लोगों के नागरिक अधिकारों को बढ़ाने के रूप में देखा गया ।

प्रश्न 9. संयुक्त राज्य अमेरिका में जातीय भेदभाव के परिदृश्य की व्याख्या करो।

उत्तर – संयुक्त राज्य अमेरिका में आज भी काले और गोरे की आर्थिक स्थिति में स्पष्ट अंतर है पुरूषों और महिलाओं के बीच,स्पष्टतः सामाजिक और आर्थिक कारणों के चलते सामान्य भेदभाव को बढ़ावा मिलता है।

भेदभाव के चलन को इंगित करने के लिए फेयर इम्पलॉयमेंट काउंसिल ऑफ ग्रेटर वॉशिंगटन इंक (Inc.) ने 1990 और 1992 के बीच जाँचों की श्रृंखला का आयोजन किया। जाँच ने पाया कि कालों के साथ स्पष्टतया उस समय के समान रूप से योग्य गोरों की अपेक्षा बुरा व्यवहार किया गया था।

इसी प्रकार, नैशनल ब्यूरो ऑफ इक्नॉमिक रिसर्च के शोधकर्ताओं ने पुरूषों और महिलाओं के तुलनीय आवेदनों को फिलैडैल्फिया के रेस्टॉरेंटों को भेजा। ऊँचे दामों वाले रेस्टॉरेंटों में पुरूषों को साक्षात्कार पत्र मिलने की संभावना महिलाओं से दुगनी और नौकरी की पाँच गुना अधिक थी।

न्याय विभाग ने भी इस समान जाँच रिहायशी घरों में भेदभाव को उजागर करने के लिए की थी। इन जाँचों ने भी पर्दाफाश किया कि गोरों को कालों की अपेक्षा अधिक आवासीय इकाइयों में देखा गया, जबकि कालों के पास समान प्रमाण पत्र के बावजूद उन्हें कहा गया कि कोई आवास उपलब्ध नहीं है। जाँच के आरंभ से, न्याय विभाग ने 20 संघीय आरोपों का कुल 1.5 मिलियन डॉलर में समझौते के द्वारा निपटारा किया। राष्ट्रपति बुश के अधीन एक गठित संस्था ग्लास सिलिंग आयोग और विधायकीय संचालित सीनेटर डोल ने अपनी हाल की एक रिपोर्ट इस प्रकार प्रस्तुत की:

1) गोरे पुरूष फॉरच्यून 1000 औद्योगिक और फॉरच्यून (fortune) 500 सेवा उद्योगों में वरिष्ठ व्यवस्थापक पदों पर 97 प्रतिशत तक आसीन हैं। केवल 0.6 प्रतिशत अफ्रीकन–अमेरिकन, 0.3 प्रतिशत एशियाई और 0.4 प्रतिशत हिसपैनिक (Hispanic) इन पदों पर हैं।

2) अफ्रीकन–अमेरिकन प्राईवेट सैक्टर के ऊँचे पदों पर सिर्फ 2.5 प्रतिशत ही हैं और पेशेवर डिग्री वाले अफ्रीकन–अमेरिकन गोरे व्यक्तियों द्वारा कमायी गई रकम की तुलना में सिर्फ 79 प्रतिशत रकम कमाते हैं। अफ्रीकन–अमेरिकन महिलाएं गोरे पुरूषों द्वारा कमायी गई रकम की तुलना में सिर्फ 60 प्रतिशत रकम ही कमाती हैं।

3) महिलाएं वरिष्ठ व्यवस्थापक पदों पर सिर्फ 3 से 5 प्रतिशत ही हैं, सिर्फ महिलायें सी.ई. ओ. (CEOs) पद पर फॉरच्यून 1000 कम्पनियों में हैं।

4) निम्न स्तर के गोरे पुरूष कर्मचारियों के भय और पुर्वधारणा को महिलाओं और अल्पसंख्यकों की प्रगति के प्रमुख बाधक के रूप में स्वीकार किया गया। रिपोर्ट में यह भी पाया गया था कि बोर्ड के आर–पार पुरूषों की प्रगति महिलाओं की अपेक्षा अधिक होती है।

5) अफ्रीकन–अमेरिकन की बेरोज़गारी दर 1994 में गोरों की बेरोज़गारी की दर से दुगुनी थी। पूर्ण–कालिक और पूरे वर्ष कार्यरत काले पुरूषों की औसत आय 1992 के वर्ष में गोरे पुरूषों की आय से 30 प्रतिशत कम थी। हिस्पैनिक प्रत्येक वर्ग में मामूली रूप से ही बेहतर थे। 1993 में काले और हिस्पैनिक पुरूषों की गोरों की तुलना में व्यवस्थापक या पेशेवर बनने की संभावना आधी ही थी।

6) 1992 में 50 प्रतिशत से भी अधिक 6 साल से कम अफ्रीकी–अमेरिकी बच्चे और 44 प्रतिशत हिस्पैनिक बच्चे गरीबी रेखा के नीचे जीवन बसर करते थे, जबकि सिर्फ

14.4 प्रतिशत गोरे बच्चे ही इस तरह की जिंदगी बसर करते थे। 33.3 प्रतिशत अफ्रीकन–अमेरिकन 29.3 प्रतिशत हिस्पैनिक और 11.6 प्रतिशत गोरों की समग्र गरीबी दर थी।

7) कालों की रोज़गार स्थिति सुदृढ़ नहीं है, आर्थिक उन्नति में उनकी बेराज़गारी की ग्राफ रेखा नीचे की ओर जाती है। उदाहरणार्थ, 1981–82 में मंदी के वक्त, कालों के राज़गार में 9.1 प्रतिशत की गिरावट आई, जबकि गोरों के रोज़गार में 1.6 प्रतिशत की कमी आई। हिस्पैनिक की बेराज़गारी भी अमेरिकन गोरे के बेराज़गार की अपेक्षा अधिक चक्रीय है।

8) शिक्षा की असमान पहुँच आर्थिक असमानता की सृजन वृद्धि में महत्त्वपूर्ण भूमिका अदा करती है। 1993 में 3 प्रतिशत से कम कॉलेज के स्नातक बेराज़गार थे, लेकिन 22.6 प्रतिशत गोरों के पास कॉलेज की डिग्रियां थीं। लेकिन केवल 12.2 प्रतिशत अफ्रीकन–अमेरिकन और 9 प्रतिशत हिस्पैनिक के पास ऐसी डिग्री थी।

9) 1990 की जनगणना से स्पष्ट हुआ कि राष्ट्रीय कारोबार के 2.4 प्रतिशत पर कालों का स्वसमित्व था। परंतु इन काले कारोबारियों के 85 प्रतिशत के पास कोई कर्मचारी नहीं था। यहाँ तक कि शैक्षिक श्रेणी के अंतर्गत भी अल्पसंख्यकों और महिलाओं की आर्थिक स्थिति में गिरावट है। स्नातकोत्तर डिग्री वाली औसत महिला अधीनस्थ डिग्री वाले पुरूष के समान पैसे कमाती है।

10) ये खाइयाँ, तार्किक रूप से, आज विश्व के सबसे विकसित समाज में एक रचनात्मक कार्यक्रम की ज़रूरत को औचित्य प्रदान करती हैं, जिससे कि समाज में सर्वत्र व्याप्त असमानता और अन्याय का सामना, साहस और प्रतिबद्धता से किया जा सके।

प्रश्न 10. सकरात्मक कार्य किस प्रकार कार्यक्रम संबंधी सकरात्मक समानता की परम्परागत समझ पर भारी पड़ते हैं ?

उत्तर – निम्नलिखित तत्वों पर सकरात्मक कार्य समानता की परम्परागत समझ पर भारी पड़ते हैं :–

1) सकरात्मक कार्य कार्यक्रम पूर्व–सक्रिय (Pro-active) होते हैं और एक विविध आवेदक समूह को सुनिश्चित करने के लिए नीतियों और प्रक्रियाओं को समाहित करते हैं। सकरात्मक कार्य का अर्थ दाखिले और प्रौन्नति के कोटा नहीं हैं, जो वास्तव में अवैधानिक होते हैं। न इसका आवश्यक रूप से अर्थ पसन्दगी का दाखिला होता है। यहाँ लक्ष्य है, एक स्व–चेतन और सक्रिय ढ़ंग से एकत्रित करना, ताकि सूक्ष्म पूर्वाग्रहों को काटा जा सके, पूर्णतया योग्य उम्मीदवारों का दाखिले या प्रौन्नति का एक विविध समूह है।

2) सकारात्मक कार्य कार्यक्रम की सबसे सामान्य विशेषता है, रिकॉर्ड रखना और वास्तविक उपलब्ध आँकड़ों को पहचानने पर ज़ोर देना, जिससे संगठन अपने विभिन्न लक्ष्यों के संदर्भ में प्रगति का अनुमान लगा सकते हैं। व्याप्त भेदभाव की सूक्ष्म प्रक्रिया का पता लगाया जा सकता है और प्रयोगशाला की संरचित शर्तों के अंतर्गत अलग–अलग किया जा सकता है। फिर भी संगठनिक निर्णय प्रक्रिया में, जहाँ कि प्रयोग की नियंत्रित शर्ते कठिनाई से ही संभव होती हैं, समकालीन पूर्वाग्रह वंचित समूहों के सदस्यों के साथ समान व्यवहार को चुनौती देते हैं। न

केवल पूर्वाग्रह धारणा करने वाले अक्सर अपने उद्देश्यों से सजग नही होते हैं, अपितु खोज ने यह साबित किया है कि भेदभाव के शिकार भी पहचान नही सकते है कि उनके साथ व्यक्तिगत रूप से भेदभाव किया गया है। विषमताओं पर व्यवस्थित नजर (Monitoring) से सामान्य सहमति से स्वीकृत आयामों के, आधार पर समकालीन पूर्वाग्रहों के संचित प्रभावों को इंगित कर सकते हैं, जो कि किसी भी विषय में निर्धारित प्रभाव की अपेक्षा अधिक प्रमाणिक होते हैं।

3) सकरात्मक कार्य नीतियां निर्गत (outcome) आधारित होती है; अभिप्राय संबंधी मुद्दे केन्द्रिय नहीं होते हैं। इरादों की अभिव्यक्ति, जो विशिष्टतापूर्वक समान रोज़गार अवसर कार्यक्रम संबंधित प्रमुख मुद्दा है, समकालीन पुर्वाग्रहों के कारण समस्यामूलक होती है। ये पूर्वाग्रह सामान्यतया बिना इरादे के घटित होते हैं।

इसे और सरल ढंग से पेश करते हुए, पिछले 25 वर्षों में सामाजिक मनोवैज्ञानिकों ने इसे पहचाना है तथा भेदभाव के समकालीन पूर्वाग्रहों के सूक्ष्म प्रकृति को दस्तावेज से प्रमाणित किया है। प्रत्यक्ष और आसानी से समझने योग्य परम्परागत रूपों के विपरीत, समकालीन भेदभावों को अनचाहे ढंग से, अप्रत्यक्ष और बुद्धिमत्तापूर्ण तरीकों से दर्शाया जाता है। समकालीन भेदभाव की सूक्ष्म प्रकृति के कारण, निष्क्रिय समान अवसर रोज़गार नीतियाँ परम्परागत वंचित समूहों के न्यायिक और अभेदभावपूर्ण समाधान को सुनिश्चित नहीं कर सकती हैं। वंचित व्यक्तियों और समूहों की सुरक्षा के लिए नीतियाँ विदित 'आउट–ग्रुप' क्रियाओं से जनित भेदभाव के संदर्भ में अप्रभावकारी हो सकती हैं, 'इन–ग्रुप' पक्षपात पर आधरित भेदभाव पूर्ण समाधान के संदर्भ में अप्रभावकारी हो सकती हैं। इसके विपरीत, सकारात्मक कार्य जिसका ध्यान एक वृहत स्तर पर असमानताओं को रिकार्ड करना और उनके प्रति प्रतिक्रिया व्यक्त करना है और जिसका ज़ोर इरादों की बनिस्पत परिणामों पर है, सूक्ष्म भेदभावों के विशेषकर समस्यामूलक पहलूओं के कुछ भागों को संबोधित करता है, जो लोगों के अच्छे इरादों के बावजूद असमानताओं को अस्तित्व में होने की स्वीकृति देते हैं।

प्रश्न 11. भारत मे सकारात्मक कार्य की नीति एवंम् प्रयोग का वर्णन करो।

[June-07, Q10]

उत्तर – सकारात्मक कार्य की अवधारणा की उत्पत्ति अमेरिका में हुई थी फिर भी भारत दुनिया की किसी भी दूसरी जगह की अपेक्षा सकारात्मक कार्य को इसके सार में लम्बे समय और अधिक तेज़ी से प्रयोग करता रहा है। बड़े पैमाने पर शैक्षणिक और रोज़गार के क्षेत्र में 1950 से जाति प्रथा के आधार पर वंचित लोगों, जैसे अछूतों के लिए उनके कोटे की व्यवस्था की गई है। उदाहरणार्थ भारतीय संसद में 'जातिच्युत' और अन्य गरीब जनजातियों के लिए उनके भौगोलिक प्रतिनिधित्व के सांख्यिकी अनुपात में सीटो की संख्या की वचनबद्धता है।

बड़े उद्धेश्य के साथ भारतीय समाज के असुविधाभोगी और शोषित वर्गो के कष्टों के निवारण के लिए और पुनः संरचना तथा असमानता पर ज़ोर देने वाले श्रेणीबद्ध समाज को व्यक्तिगत

उपलब्धि और सभी को समान अवसर प्रदान करने के आधुनिक समतावादी समाज में रूपांतरण, संरक्षात्मक भेदभाव कार्यक्रम को भारतीय संविधान में योजनाबद्ध किया गया है। तथापि, समतावाद का यह आदर्श एक या दो दिन में सामने नहीं आया, बल्कि मध्यकालीन जाति प्रभावित समाज के परंपरागत विधि में परिवर्तन, एक लम्बी प्रक्रिया का चरमबिंदु था। वास्तव में, ये परिवर्तन जाति प्रभावित समाज के परम्परागत तरीकों में लम्बे समय तक चलने वाली प्रक्रिया की पराकाष्ठा था। इस प्रक्रिया में आंतरिक (Indigenous) सुधार तथा पश्चिमी प्रभावों ने बहुत बड़ा योगदान दिया।

भारतीय संविधान निर्माता पिछड़े वर्गों की व्याप्त दयनीय और भयावह दशाओं से भलीभांति परिचित थे। वे राष्ट्रीय और सामाजिक धाराओं से बहुत पीछे और अलग–अलग थे और सदियों से विभिन्न प्रकार की असमानताओं के कारण सामाजिक रूप से दमित और आर्थिक रूप से शोषित किये जा रहे थे। इस असहायपन में जाति संरचना और वर्ग दमन संवैधानिक सुविधाओं और संरक्षित भेदभाव से पैदा हुआ, बहुत से संदेहों, संघर्षों के चलते ज़ोरदार बहस, अदालती मुकदमें, गली–हिंसा और सामाजिक अस्थिरता को जन्म दिया।

भारत जोकि विश्व की सबसे बड़ी प्रजातांत्रिक व्यवस्था है। जिसकी एक अरब से भी अधिक जनसंख्या है, और 5000 हज़ार वर्षों से भी अधिक पुराना इतिहास और प्रवाहमयी संस्कृति और अनुभवी भूत, अद्धितीय प्रकार के सुक्षात्मक भेदभाव कार्यक्रम का प्रयोग करता आ रहा है। नौकरी, शिक्षण संस्थाओं, विधायकी और स्थानीय स्वशासन संस्थाओं, 'पंचायती राज संस्थाओं' में अनुसूचित जाति, अनुसूचित जनजातियों, अन्य पिछड़ी जातियों के लिए आरक्षण की व्यवस्था की गयी है और अब महिलाओं के लिए भी यह किसी भी स्तर पर एक शानदार प्रयोग रहा है। यह भी ध्यान देने की बात है कि अनुसूचित जाति, अनुसूचित जनजाति और अन्य पिछड़ी जाति, हजारों जातियाँ के पूरे खण्ड में देश में फैले हुए हैं। फिर भी, हमने कुछ हद तक लक्ष्य को प्राप्त करने में सफलता प्राप्त की है, जिसे 57 वर्ष पूर्व तय किया था।

प्रश्न 12. संयुक्त राज्य अमेरिका में सकारात्मक कार्यों की समीक्षा कीजिए।

[June-07, Q10]

उत्तर – संयुक्त राज्य अमेरिका सकारात्मक कार्य की अवधारणा लाने वाला प्रथम देश है। 14वें संशोधन के अंतर्गत समान सुरक्षा प्रावधान होने के बावजूद वर्गीय भेदभाव अमेरिका में 20वीं शताब्दी के मध्य तक बरकरार था। फिर भी, इसके आदर्श और काले लोगों के प्रति इसके व्यवहार के बीच अंतर को 1950 के लगभग और 1954 में मुख्य रूप से सही किया जाने लगा। अमेरिकी सर्वोच्च न्यायलय ने स्कूलों में कालों को अलग करने के विरूद्ध जोरदार विरोध किया। पहला कदम न्यायालयों के निर्णयों में उजागर हुआ और काँग्रेस के नागरिक अधिकार कानूनों ने वर्गीय भेदभाव के सिर्फ वैधानिक और अर्द्धवैधानिक रूपों को हटा दिया। इन कार्यों ने हाँलाकि सच्ची समानता या अवसर को प्रदान नहीं किया, सामाजिक रूप से वास्तविक समानता की संभावना को उत्पन्न करते हुए सरकारी शक्ति की सकारात्मक प्रयोग का दूसरे कदम के रूप में आदेश दिया। ब्राउन के प्लैसी के निर्णय के विरोध (समान लेकिन पृथक सिद्धांत) पूर्व विचार में निहित था कि सभी को सार्वजनिक रूप से लागू किये

जाने वाले, प्रयोजिक या जातिय समर्थित भेदभाव सीमा से परे थे, समान सुरक्षा उपहार नहीं, बल्कि, एक जन्मसिद्ध अधिकार था।

ब्राउन के एक दशक के बाद काँग्रेस ने 1964 में नागरिक अधिकार अधिनियम लागू करके अलगाव को खत्म करने के लिए आन्दोलन में भाग लिया। इसने साधारण अर्थ में किसी व्यक्ति के साथ जाति, रंग या जातिय उत्पत्ति से संबधित भेदभाव के संदर्भ में किसी कार्यक्रम या गतिविधि जिसे कि संघीय कोष प्राप्त होता था, पर प्रतिबंध लगाया। इन प्रयासों को जातिय वर्गीकरण का प्रयोग करते हुए जनादेश की तरह देखा गया है। ऐलौन बक मुकदमें में सर्वोच्च न्यायलय के निर्णय और वाद–विवाद ने अमेरिकी सकारात्मक कार्यक्रम को संवैधानिकता पुनः शक्तिशाली बनाया है।

फिर भी न्यायियक उद्घोषणा और शैक्षणिक और दार्शनिक विषयों पर अमेरिका में गर्मजोशी से वाद–विवाद वास्तव में भारत के सुरक्षात्मक कार्यक्रम के अनेक जटिल और पेचीदा मुद्दों को समझने में सहायक है। जो भारत के वैविध और वर्ण संस्कृति को संभालना बहुत ही कठिन हैं। संदर्भ थॉमस निर्णय में न्यायाधीश कृष्णा अय्यर की उद्घोषणाओं को लिया जा सकता है, जो अमेरिका में कालों की अक्षमताओं की क्षतिपुर्ति को भारत में हरिजनों की अक्षमताओं की क्षतिपूर्ति की समस्याओं के समानांतर रूप में देखा जा सकता था। इसी प्रकार न्यायाधीश अय्यर ने समानता के आधार पर रोजगार समझने में "श्लेसिंगर बनाम बलार्ड (Schlesinger V. Ballard Case) मुकदमें का जिक्र किया। वास्तव में, अमेरिकी सर्वोच्च न्यायलय ने इस मुकद्में में विवेकशील आधार जाँच का प्रयोग करते हुए वर्गीकरण को महिला नौसैनिक अधिकारी के पक्ष में बरकरार रखा, जो गोपालन और चंपकम दोराइराजन मुकद्में में भारतीय सर्वोच्च न्यायलय द्वारा अपनाये गये तर्कशील आधार पर वर्गीकरण के अधिक समान था।

एक पूरक यहाँ जोड़ा जा सकता है, जिससे कि ऐसा न हो कि संदर्भ को भुलाया जाये, यद्यपि भारत में ऐतिहासिक अन्यायों के लिए अपनाये गये सुधारात्मक कदमों से तुलना की जा सकती है, लेकिन 'ऐतिहासिक अन्यायों' का भारत का संदर्भ अमेरिका से बिल्कुल भिन्न है, और कालों की स्थिति भारत में अनुसूचित जाति और अनुसूचित जनजाति की स्थिति से अनेक मामलों में भिन्न हैं। सांस्कृतिक संदर्भ की गतिशीलता भारत में बिल्कुल भिन्न है।

प्रश्न 13. सकारात्मक कार्यो के विरोध में बल्कानाईजेशन संबंधी तर्क दीजिए।

उत्तर – सकारात्मक भेदभाव वर्ग, जाति और वर्ण विभिन्नता को रेखांकित करता है तथा सामाजिक विभाजनों को बढ़ावा देता है, जो पहले से ही भारतीय सामाजिक–राजनीतिक प्रणाली और अमेरिका में तीव्र हैं। सकारात्मक कार्यक्रम जाति युक्त और नस्लीय समाजों को जाकि पहले से ही वंशानुगत और जाति समूहों में बंटे हुए है, और प्रत्येक समूह के रूप में संसाधनों आजीविका या अवसरों के कुछ अनुपातिक हिस्से के हकदार हैं, को और अधिक स्थित करते हैं।

भारत में विभाजन के इतिहास के चलते, जिसके परिणामस्वरूप लगभग एक लाख लोगों का जनसहांर हुआ तर्क कि सकारात्मक भेदभाव लोगों को बांटने में सहायक होता है, विभाजन के

दुखद इतिहास को पुनर्जीवित करता है। सांप्रदायिक कीटाणु, जो रैमसे मैकडौनाल्ड पुरस्कार के साथ शुरू हुआ, और जिसका चरणबिंदु उपमहाद्वीप के विभाजन के रूप में हुआ, ऐसे मुद्दे उठा गया जिनका अभी तक समाधान नहीं हुआ है। यहाँ तक कि सकारात्मक भेदभाव का इतिहास भी साफ–सुथरा नहीं रहा है। आरक्षणों का विस्तार, सर्वप्रथम अनुसूचित जाति और अनुसूचित जनजातियों के लिए, और उसके बाद अन्य पिछड़ी जातियों (OBC) के लिए पहले से ही बहुत सारे आपसी कलहों का कारण बना है। अब उन्नत जातियों (थ्वतूवतके) के आर्थिक रूप से पिछड़े वर्ग भी आरक्षण की माँग कर रहे हैं। ईसाइयों और मुस्लिमों के द्वारा आरक्षण की माँग, यद्यपि हल्की, उठायी जा रही है। यह सकारात्मक भेदभाव की पूरी अवधारणा को एक राजनीतिक उपकरण बना देता है, आरक्षण की नीति को कभी न खत्म होने वाली और लोगों को अपने बलबूते खड़े रहने के प्रोत्साहन देने की अपेक्षा उन्हें बांटता है। ये सभी देश की एकता के बारे में तीव्र चिन्ता उत्पन्न करते हैं।

सकारात्मक भेदभाव के समर्थकों ने इस प्रकार के तर्क को बेबुनियादी तर्क माना है, जो सकारात्मक कार्य कार्यक्रम को अविश्वसनीय बनाने की कोशिश कर रहा है। उनका तर्क लागू करने के मोर्चे पर असफलता है कि नीति को अपने आप में रद्द करने का तर्क नहीं होना चाहिए। प्रो. ड्वॉवर्किन ने अमेरिकी संदर्भ में बल्कनाईजे़शन के तर्क के संबंध में इस भय को खत्म करने की कोशिश की है कि सकारात्मक कार्य कार्यक्रम का गठन बल्कनाईज्ड अमेरिका का निमार्ण करेगा, जो वंशानुगत और जातिय उप–देशों में बंटा हुआ है। वे कमजोर और सताये लोगों के उत्थान के लिए कठोर कार्यवाही करते हैं या वे असफल हो जायेंगे, लेकिन उनका अंतिम लक्ष्य अमेरिकी सामाजिक और पेशेवर ज़िन्दगी में नस्ल के महत्त्व को कम करना और बढ़ने से रोकना है।

प्रो. ड्वॉवर्किन लिखते हैं कि ''अमेरिकी समाज आज एक नस्लीय जागरूक समाज है, यह दासता, दमन और पूर्वधारणा के इतिहास का अनिवार्य तथा प्रत्यक्ष परिणाम है। काले पुरूष और महिलाएं, लड़के और लड़कियाँ अपनी भूमिका को चुनने या दूसरे उन्हें किस सामाजिक समूह के सदस्य के रूप में स्वीकारते हैं, में स्वतंत्र नहीं है। वे काले हैं और उनके व्यक्तित्व, राजभक्ति या शौक की कोई दूसरी विशेषता इतनी प्रभावित नहीं करेगी कि उन्हें कैसे समझा जायेगा और दूसरों के द्वारा कैसा व्यवहार किया जायेगा, और जीवन की जो सीमायें और चरित्र उनके लिए खुला होगा। काले डॉक्टरों और दूसरे पेशेवालों की छोटी संख्या अमेरिकी जातिय चेतना के परिणाम और विद्यमान कारण हैं। तत्कालीन लक्ष्य इन पेशों में खास नस्लों के सदस्यों की संख्या को बढ़ाना है। लेकिन उनका दीर्घकालिक लक्ष्य उस मात्रा को कम करना है, जिससे की अमेरिकी समाज को पूरी तरह से जातिय जागरूक समाज माना जाता है''।

प्रश्न पत्र

ई.पी.एस.–11 राजनीतिक विचार और विचारधाराएँ
जून, 2006

नोट : (i) खण्ड I – किन्हीं दो प्रश्नों के उत्तर दीजिए।
(ii) खण्ड II – किन्हीं चार प्रश्नों के उत्तर दीजिए।
(iii) खण्ड III – किन्हीं चार प्रश्नों के उत्तर दीजिए।

खण्ड I

निम्नलिखित में से किन्हीं दो प्रश्नों के उत्तर लगभग 500 शब्दों (प्रत्येक) दीजिए। प्रत्येक प्रश्न 20 अंक का है। *2×20=40*

1. राजनीतिक सिद्धांत के विभिन्न दृष्टिकोणों (Approaches) पर एक निबंध लिखिए।

Refer to Chapter-1, Q.No.-12

2. भारतीय राजनीतिक चिंतन के कुछ प्रमुख लक्षणों को इंगित कीजिए और उनका वर्णन कीजिए।

Refer to Chapter-2, Q.No.-1

3. जिन आधारों पर संप्रभुता के सिद्धांत की आलोचना की गई है, उनकी चर्चा करें।

उत्तर– प्रभुसत्ता के सिद्धांत को चाहे दृष्टि से प्रभुसता की सर्वश्रेष्ठ व्याख्या मानी जाए, परन्तु अनेक विचारकों ने इस सिद्धाँत की कड़ी आलोचना की है। प्रमुख आलोचकों में सर हेनरी मेन, क्लार्क, सिजविक, लीकॉक, लास्की मैकाइवर आदि विचारकों के नाम उल्लेखनीय हैं। सिद्धांत की निम्नलिखित आलोचनाएं की गई।

1) संप्रभु निश्चित व्यक्ति नहीं– ऑस्टिन संप्रभुता की एक निश्चित श्रेष्ठ व्यक्ति मानते हैं। जब कि निरंकुश राजतंत्रीय व्यवस्था थी हम कह सकते है कि संप्रभुता निश्चित व्यक्ति अर्थात राजा में निहित होती थी। परन्तु आधुनिक लोकतंत्रीय राज्यों में संप्रभु के बारे में निश्चित रूप से पता लगा सकना कठिन लगता है। ब्रिटेन में हम कह सकते हैं कि राजा सहित संसद ही संप्रभु है। परन्तु यदि हम अमेरिका, भारतवर्ष आदि राज्यों में संप्रभु का निश्चित रूप से पता लगाना चाहे तो हमारे लिए कठिन होगा। अमरीका में न तो राष्ट्रपति संप्रभु है क्योंकि कानून बनाने की शक्ति उसके पास नहीं है, न ही कांग्रेस को संप्रभु कह सकते हैं क्योंकि कानून बनाने की शक्ति संविधान द्वारा सीमित है। उसके बनाये हुए कानून को राष्ट्रपति निषेध कर सकता है, तथा सर्वोच्च न्यायालय के द्वारा अवैध घोषित किया जा सकता है। इसी प्रकार

सर्वोच्च न्यायालय को भी संप्रभु नहीं कहा जा सकता क्योंकि वह प्रत्यक्ष रूप से कानून नहीं बनाता। यही बात अन्य राज्यों पर भी लागू होती है। इससे यह स्पष्ट हो जाता है कि ऑस्टिन की यह धारणा कि संप्रभु निश्चित मानव होता है, व्यवहार में सही नहीं है।

2) संप्रभु की शक्ति असीम और निरंकुश नहीं है–ऑस्टिन की यह धारणा कि संप्रभुता असीम तथा निरंकुश होती है चाहे कानूनी रूप से ठीक हो परन्तु व्यवहारिकता की दृष्टि से सही नहीं है। आलोचकों का कहना है कि ऑस्टिन की कल्पना का संप्रभु वास्तविकता में कहीं भी नजर नहीं आता। इस प्रकार का संप्रभु न तो प्राचीन राज्यों में था और न ही आधुनिक राज्यों में कहीं पर हैं। तुर्की के सुलतान, रूस के जार शहनशाह तथा भारत के मुगल बादशाह भी ऑस्टिन की प्रभुसता की परिभाषा पर खेरे नहीं उतरते। सर हेनरी मेन ने प्राचीन संस्थाओं के इतिहास के अध्ययन के आधार पर इस तथ्य की पुष्टि की। मेन ने पंजाब के महाराजा रणजीत सिंह का उदाहरण लिया। उसने कहा है कि यद्यपि महाराजा रणजीत सिंह की शक्ति पूर्ण व असीम थी परंतु उसने कभी अपनी स्वेच्छा से कानून नहीं बनाये। उसका राज्य रीति–रिवाजों तथा परंपराओं के आधार पर चलता था। अतः रणजीत सिंह को भी ऑस्टिन के मापदण्ड के आधार पर संप्रभु नहीं कहा जा सकता। डीन पाउण्ड का कहना हे कि स्वेच्छाचारी शासकों की शक्ति भी असीम नहीं होती। उनको भी सदा विद्रोह की आशंका बनी रहती है।

3) कानूनी संप्रभुता अन्तिम सर्वोच्च सता नहीं– ऑस्टिन के प्रभुसता सिद्धाँत के आलोचकों का कहना है कि ऑस्टिन का प्रभुसता का विश्लेषण अपूर्ण है। वह केवल कानूनी संप्रभु पर जाकर रूप जाता है, उसके आगे विश्लेषण नहीं करता। वास्तव में कानूनी संप्रभु के पीछे एक अदृश्य शक्ति होती है जिसके सम्मुख कानूनी संप्रभु को भी नत–मस्तक होना पड़ता है। वह शक्ति राजनीतिक संप्रभु है। डायसी के मतानुसार प्रत्येक लोकतांत्रिक देश में कानूनी संप्रभु को व्यवहार में राजनीतिक संप्रभु के सामने झुकना पड़ता है। डायसी आगे कहते है राजनीतिक संप्रभु वह शक्ति है जिसकी इच्छा का पालन होता ही है। किसी भी देश में राजसता पर लोकमत का प्रभाव पड़े बिना नही रह सकता।

4) कानून की धारणा गलत है– ऑस्टिन का प्रभुसता सिद्धांत उसकी कानून की धारणा पर आधारित है। उसके अनुसार कानून संप्रभु का आदेश–मात्र है। परन्तु आलोचकों के अनुसार यह धारणा सही नहीं है। न तो प्राचीन राज्यों में और न आधुनिक राज्यों में ही कानून को केवल प्रभु का ओदश कहा जा सकता है। प्राचीन राज्यों में तो सामाजिक प्रथाएँ तथा रीति–रिवाजों पर आधारित नियम ही कानून के रूप में लागू किये जाते थे। निरुंश राजाा भी इन नियमों की अवहेलना नहीं कर सकता था।

आधुनिक युग में भी यह कहा जा सकता है कि राज्य कानूनों का निर्माण नहीं करता बल्कि प्रचलित रीति–रिवाजों तथा परंपराओं को मान्यता प्रदान करके कानूनों के रूप में लागू करता है। ब्रिटेन में कानून का एक भाग, जिसे सामान्य कानून कहते है, संसद या सम्राट के द्वारा बनाया हुआ नहीं है। बल्कि पुराने रीति–रिवाजों पर आधारित है तथा न्यायालयों के द्वारा उन्हें

मान्यता दी जाती है। अतः कानून का एकमात्र स्त्रोत सम्प्रभु नहीं, बल्कि रीति–रिवाज, परंपराएं, नैतिक धारणाएं आदि, जो कि लम्बे समय तक समाज के लिए उपयोगी सिद्ध, कानून के वास्तविक स्त्रोत है।

5) संप्रभुता अविभाज्य नहीं– ऑस्टिन की प्रभुसता की परिभाषा संप्रभुता को अविभाज्य बतलाती है अर्थात् इसे बांटा नही जा सकता, एक राज्य में दो या दो से अधिक संप्रभु नहीं हो सकते। बहुलवादियों के द्वारा इस विचार को सही नहीं माना गया। संघीय राज्यों में प्रभुसता केंद्र और राज्यों में बंटी होती है। अमरीका में यह संघीय कांग्रेस और राज्यों की विधानमण्डलों में बंटी हुई हैं। परन्तु ऑस्टिन के अनुयायी इस विचार से सहमत नहीं है। उनका कहना है कि संघ राज्यों में संप्रभुता का बंढवारा नहीं होता बल्कि सरकार के कार्यो का बंटवारा होता है। संघ राज्य की इकाईयां (राज्य अथवा प्रदेश) प्रभुसता सम्पन्न राज्य नहीं हाते बल्कि वे संघ राज्य के केवल अंश मात्र है।

लास्की, मैकाइवर आदि विचार संप्रभुता को राज्य और मानवीय समुदायों में विभाजित मानते है। वे मानते हैं कि मानव अपनी अनेक आवश्यकताओं–आर्थिक, सामाजिक, सांस्कृतिक, नैतिक, राजनीतिक आदि को पूरा करने के लिए विभिन्न समुदायों का गठन करता है। राज्य इन सभी समुदायों में से एक है। इसलिए वह उनके समान है उससे श्रेष्ठ नहीं। अतः उसे संपूर्ण शक्ति संपन्न नहीं माना जा सकता है। उसे शक्ति का प्रयोग अन्य समुदायों से मिलकर करना चाहिए। बहुतवादी राज्य को अधिक से अधिक समुदायों का समुदाय मानते हैं जिनमें समुदाय स्वायततः इकाइयों के रूप में है।

6) निश्चित श्रेष्ठ मानव का विचार लोक–प्रभुसता के विचार के विरूद्ध है– ऑस्टिन के प्रभुसता सिद्धांत की आलोचना इस आधार पर भी की जाती है कि यह लोक प्रभुसता के विचार के विरुद्ध है। ऑस्टिन ने प्रभुसता समाज में एक निश्चित श्रेष्ठ व्यक्ति में निहित की और समाज में जनसाधारण को संप्रभु के अधीन प्रजाजनों का दर्ज दिया। लोक–प्रभुसता के विचार के अनुसार संप्रभुता जनता में निवास करती है। लोक–प्रभुसता की धारणा लोकतंत्र की आधारशिला है। समाज मे एक निश्चित श्रेष्ठ व्यक्ति संप्रभु तथा जनसाधारण उसके अधीन है, यह विचार तथ जनता की सर्वोच्च सता का विचार दो विरोधी विचार है। ऑस्टिन केक प्रभुसता के विचार से निरंकुशवाद की बू आती है जो लोकतंत्रीय धारणा के विरुद्ध है। आधुनिक युग लोकतंत्र का युग है अतः ऑस्टिन का संप्रभुता का सिद्धांत जो कि लोकतंत्र का विरोधी है, सही नहीं माना जा सकता। लोकतंत्र तो यह मानकर चलता है कि अन्तिम शक्ति जनता से प्राप्त करते हैं तथा जनता के प्रति उत्तरदायी हैं। ऑस्टिन की प्रभुसता की धारणा में तानाशाही की प्रवृतियाँ दिखाई पड़ती हैं।

4. शक्ति पर माइकल फूको के विचारों का आलोचनात्मक परीक्षण कीजिए।

उत्तर – "सत्ता" की सामाजिक दृश्यघटना हेतु फूको का पहुँच मार्ग निम्नलिखित उद्धरण में स्पष्ट दिखाई देता हैः

हमें यह नहीं पूछना चाहिए कि क्यों कुछ लोग हावी होना चाहते हैं, वे किसकी फिराक में रहते हैं, उनकी समस्त रणनीति क्या है? हमें इसकी बजाय यह पूछना चाहिए कि वर्तमान अधीनीकरण के स्तर पर उन निरंतर और निर्बाध प्रक्रियाओं के स्तर पर घटनाक्रम कैसे चलता है, जो हमारी देहों को अधीन बनाती हैं, हमारे हाव–भाव को संचालित करती है, हमारे व्यवहार आदि को प्रेरित करती हैं। दूसरे शब्दों में, स्वयं से यह पूछने के बजाय कि अपने उदात पार्थक्य में संप्रभु हमें कैसा प्रतीत होता है हमें यह खोजने का प्रयास करना चाहिए कि ऐसा कैसे हुआ कि जनता प्राणियों, बलों, ऊर्जाओं, वस्तुओं, इच्छओं, विचारों, आदि की बहुलता के माध्यम से क्रमशः उत्तरोत्तर, वस्तुतः और भौतिक दृष्टि से गठित हुई।

फूको, इस प्रकार, सता की संप्रभुता–केनिद्रक (हॉब्सियन) धारणा से उसकी ओर चलते हैं, जिसे वह "अनुशासनात्मक शक्ति" अथवा सत्ता की सूक्ष्म क्रियाविधियों के नाम से पुकारते हैं–प्रभुत्व की तकनीकें एवं चालें – जो, अनुशासनात्मक जुल्मों की एक घनिष्ठता से जुड़ी झँझरी के रूप में, सामाजिक निकाय को एक स्थिर अवस्था (एक प्रसामान्यीकरण वाला समाज) प्रदान करती है। राज्य इस स्थिति में एक अलौकिक परा–शक्ति रखने के नए तरीके सुझाए हैं, उतने नहीं जितने कि प्रभुत्व और अधीनीकरण के सामाजिक रूप से विन्यस्त संबंधों के रूप में एक न्यायविधान–संबंधी संकल्पना सुझाती है।

फूको के अनुसार आम बोलचाल में, सत्ता को ह्रासवादी दृष्टि से देखा गया है। यही है, सर से पाँव तक अवलोकन जिसमें सत्ता को हमेशा एक प्रभावशाली बल और एक दृश्यमान व वास्तविक परा–शक्ति के रूप में देखा गया है। वे लोग जो शीर्ष पर सत्ताधारक हैं, पक्षपाती रूप से अनेक राजनीतिक तंत्रों व युक्तियों–विशेष तकनीकों, ज्ञान, राजनीतिक सत्ता के विहित क्रियाकलापों – का लाभ उठाने में लगे रहते है। दूसरे शब्दों में, उनके पास सत्ता के साधन होते हैं जिन तक उनकी पहुँच उनकी सामरिक स्थिति के कारण होती है। एक वरिष्ठ दफ्तरशाह अपने ओहदे की वजह से किसी योजना को आसानी से मंजूर करा सकता है, अथवा यदि किसी बात से वह संतुष्ट न हो तो उसे रुकवा सकता है।

फूको के विश्लेषण में, सत्ता–संबंधी सभी दृश्य घटनाओं का श्रेय विद्यमान सत्ता–तंत्रों को देना एक प्रकार अयथार्थवादी ह्रासवाद है। सत्ता उनकी दृष्टि में, वह और वहाँ। नहीं है, जैसा कि लोग सोचते हैं। वास्तव में, यह विभिन्न स्त्रोतों की एक भीड़ से आते विभिन्न प्रवाहों की व्यवस्था करती सैकड़ों सूक्ष्म प्रक्रियाओं की अभिव्यक्ति है। ह्रासवादी दृष्टिकोण इस बात को नहीं मानता कि राज्य अपने तंत्रों की संपूर्ण सर्वशक्तिशालिता के वास्ते, वास्तविक सत्ता–संबंधों के पूरे क्षेत्र को घेर पाने में सक्षम होने से दूर है, और इसके अतिरिक्त राज्य अन्य, पहले से ही विद्यमान, सत्ता–संबंधों के आधार पर नहीं चल सकता है।

सत्ता की वास्तविक प्रकृति को समझने के लिए संप्रभुता की न्यायविधान संबंधी–इमारत राज्य तंत्रों व साथ चल रही विचारधाराओं के परे जाना पड़ता है। इसकी बजाय ध्यान प्रभुत्व स्थापन एवं सता के भौतिक संचालकों पर दिया जाना चाहिए। हमें अधीनीकरण के प्रकार एवं स्थानीकृत व्यवस्थाओं के सुझाव व उपयोगों पर और राजनीतिक तंत्रों पर ध्यान केन्द्रित करना चाहिए। फूको इस सत्ता को ऐसी 'गैर–संप्रभु सत्ता' कहते हैं, जो संप्रभुता के विधान से बाहर रहती है। यह अनुशासनात्मक सत्ता होती है, जो सामाजिक निकाय की सम्बद्धता को

सुनिश्चित करने के आशय से अनुशासनात्मक बलप्रयागों की एक करीब से जुड़ी झँझरी का आकर ले लेती है। जैसा कि फूको ने उपदेश दिया : "हमें सत्ता के अध्ययन में लिवाइअॅथन मॉडल से दूर रहना चाहिए। हमें कानूनी संप्रभुता और राज्य संस्थाओं क सीमित क्षेत्र से निकलना चाहिए और इसकी बजाय सत्ता–संबंधी अपने विश्लेषण को प्रभुत्व स्थापना की तकनीकों व दाँव–पेंचों के अध्ययन पर आधारित करना चाहिए।"

खण्ड II

निम्नलिखित में किन्हीं चार प्रश्नों के उत्तर लगभग 250–300 शब्दों (प्रत्येक) में दीजिए। प्रत्येक प्रश्न 10 अंक का है। 4×10=40

5. नागरिकता के नारीवादी परिप्रेक्ष्य पर एक लेख लिखें।

Refer to Chapter-5, Q.No.-5

6. लोकतांत्रिक तरीकों से समाजवाद को लागू करने में क्या चुनौतियाँ और समस्याएँ है।

उत्तर – लोकतंत्र और समाजवाद के बीच के लेनिन–हैयक सिद्धांत में हमें उनके संयुक्त तर्कों को शक्ति को कम नहीं आंकना चाहिए। वे सक्षमतापूर्वक गंभीर परेशानियाँ और खतरों की ओर इशारा करते है। परन्तु वे इस असीाावना को सिद्ध करने में विफल रहते है। उनके अभियोग उत्कृष्ट होते हुए भी आधे सच है।

यह एक मजबूत तर्क है कि वे जो अपने विशेषाधिकार खो सकते है, संभव है हिंसात्मक विरोध में उठ खड़ें हों, जब पूर्णरूपेण समाजवादी वैधानिक मुद्दे एक लोकतांत्रिक विधायिका में समाजवाद के समर्थन में बहुमत का निर्माण करते है। इसका 1931 की स्पेनिश क्रांति के बाद प्रभावी उदाहरण मिलते हैं, जब नव–निर्वाचित संसद का लोकतांत्रिक बहुमत गणतंत्रीय सरकार का समर्थन के लिए पर्याप्त से मजबूत अपने निजी सशस्त्र बल तैयार करने से पहले सभी निहित स्वार्थो – राजतंत्रवादी, सेना, गिरिजाघर, बड़ें जमींदारों और उद्योगपतियों के विरुद्ध इस वैज्ञानिक निर्णय का कोई औचित्य नहीं है कि ऐसा ही भिड़न्न में संलग्न हो गया। तथापि, जब लोकतांत्रिक क्रियाविधियों से समाजवाद को आगे बढ़ाने का प्रयास किया जाए। इस समस्या एक अन्य प्रबल तर्क यह है, कि मजदूर वर्ग जिसने संसदीय बहुमत को जीता है, प्रत्यक्ष लाभों को तीव्रता से और युक्यियुक्त सीमाओं से परे प्राप्त करने की अपनी इच्छा में अधीर हो सकता है। इस खतरे का मुकाबला करने के लिए लोगों को पहले से ही शिक्षित करना आवश्यक होगा, जिससे उन्हें बहुमत की शक्तियों के अर्थ पूर्ण प्रयोग के लिए तैयार किया जा सके।

अन्ततः यह एक वजनदार तर्क है जब हैयक चेतावनी देतें हैं कि बहुमत के टूटने की संभावना रहती है, जब कभी भी योजना के बारे में प्रमुख निर्णय आवश्यक हो जाए। यदि पहले से ही खतरे को अच्छी तरह समझ लिया जाए तो उचित युक्ति का प्रयोग करके इस पर काबू पाना असंभव नहीं होगा। जैसे बड़ी योजनाओं को अधीन चालू आर्थिक निर्णय करने के लिए किसी

बोर्ड अथवा आयोग की शक्ति का प्रत्याभोजन करना।

इस प्रकार लोकतंत्र और समाजवाद के बीच सामंजस्य का प्रश्न अभी भी खुला हुआ है। यह विश्वास का उचित कारण है कि एकतंत्रवादी सड़क पर चलना आवश्यक है, यदि बहुमत का रुझान समाजवाद को निष्पादित करना हो जाए यद्यपि आर्थिक विधि निर्माण और प्रशासन की प्रक्रिया में कतिपय संशोधन आवश्यक होंगे।

समाजवाद और लोकतंत्र के मध्य सामंजस्य संबंधी एक विलक्षण और आशावादी राजनीतिक सिद्धांत की स्थापना उन किसी भी प्रकार की प्रवृतियों को प्रोत्साहन प्रदान कर सकता है, जो कि विद्यमान सोवियत रूप अथवा उसके कुछ अनुगामी देशों में जन्म ले सकती है। इससे लोकतंत्र और समाजवाद दोनों तथा दानों के सहअस्तित्व के बारे में अन्तर्राष्ट्रीय राजनीतिक चर्चाओं में एक अधिक मजबूत और स्पष्ट भाषा संभव होगी।

7. स्वयं (Self) की व्यक्तिवादी धारणा का परीक्षण कीजिए।

Refer to Chapter-7, Q.No.-2

8. फासीवाद के विभिन्न वैचारिक (Ideological) तत्वों का वर्णन करें।

Refer to Chapter-7, Q.No.-5&6

9. भूमंडलीकरण के अर्थ और आयामों की व्याख्या कीजिए।

Refer to Chapter-8, Q.No.-1

10. विकास से अधिकार पर एक लेख लिखें।

Refer to Chapter-8, Q.No.-8

खण्ड III

11. निम्नलिखित में से किन्हीं चार पर संक्षिप्त टिप्पणियाँ लगभग 100 शब्दों (प्रत्येक) में दीजिए। प्रत्येक के 5 अंक हैं। $4 \times 5 = 20$

1. विश्लेषण की एक तकनीक के रूप में राजनीति सिद्धांत

उत्तर – अरस्तू द्वारा कहे गए शब्द कि व्यक्ति एक राजनीतिक प्राणी है, राजनीति की प्राथमिकता और यह तथ्य दर्शाता है कि राजनीतिक चिन्तन विभिन्न स्तरों पर और भिन्न–भिन्न तरीकों से होता है। राजनीतिक इस प्रकार के दृष्टिकोण मे न केवल सर्वाकर्षक ही नहीं, बल्कि कार्रवाई का सर्वोच्च प्रकार भी हो जाता है। राजनीति एक सामूहिक जन–जीवन की प्रतीक है, जिसमें लोग ऐसी संस्थाएँ बनाते हैं जो कि उनके आम जीवन को नियमित करती है। यहाँ तक कि भ्रांतिजनक सरल साधारण बुद्धि प्रश्न और राजनीतिक मत भी उत्तर को योग्य बनाते हैं, उदाहरण के लिए, क्या सभी व्यक्ति समान है क्या राज्य व्यक्ति की अपेक्षा अधिक महत्वपूर्ण हैं। क्या राज्य व्यक्ति की अपेक्षा अधिक महत्वपूर्ण है राज्य द्वारा प्रयुक्त हिंसा को सही कैसे ठहराएँ? स्वतंत्रता और समानता के बीच क्या कोई अन्तर्रिहित तनाव है? बहुसंख्यकों के प्रति

आदेश जारी किए जाते समय क्या अल्पसंख्यकों को सही ठहराया जाता है और क्या इसका विपरीत भी सही है। इन कथनों के प्रति व्यक्ति की प्रतिक्रिया प्रायः यह प्रकट करती है कि मामला क्या होना चाहिए न कि मामला क्या है। यहाँ मूल्यों और आदर्शों के बीच विकल्प दाँव पर होता है। अपने अधिमानों का प्रयोग कर व्यक्ति अनजाने में किसी राजनीतिक चिंतन को स्वीकार कर लेता है, जिसका मतलब है कि प्रश्नों के उत्तर न केवल व्यक्तिगत मत के अनुसार विविध होंगे, बल्कि व्यक्ति के मूल्य अधिमानों पर निर्भर करते हुए भी भिन्न होंगे। ऐसा इस बुनियादी कारण से है कि राजनीतिक सिद्धांत को एक मुक्त समाज का हिस्सा बनना है, चूँकि यहाँ हमेशा उदारवादी और रुढ़िवादी जन होंगे, राजनीतिक सिद्धांत में प्रशिक्षण व्यक्ति को उपर्युक्त प्रश्नों का तार्किक रूप से, सैद्धांतिक रूप से और आलोचनात्मक रूप से उत्तर देने में मदद करती है।

2. यू.एस.ए. में उदारवाद

उत्तर – उदारवाद के अमेरिकी रूपांतर ने विचारों के कतिपय विशिष्ट निकाय को सामने रखा, जिसने वर्षानुवर्ष उदारवाद के विभिन्न रूपांतर जो प्रचलित हो गए थे के साथ अन्तर–क्रिया की। संयुक्त अमेरिका में, प्रतिनिधित्व का अधिकार ब्रिटेन की तरह वास्तविक नहीं था तथा यह राजनीतिक समुदाय के हितों से न जुड़कर कुल मिलाकर निर्वाचन क्षेत्र और उसके मतदाताओं की चिन्ताओं से जुड़ा हुआ था। इसेक अतिरिक्त, प्रतिनिधित्व पद्धति के माध्यम से लोगों में बेहतर किस्म की पहचान करने पर बल दिया गया था। संयुक्त राज्य अमेरिका में, सम्पति और स्थानीय हितों पर बल देना अपेक्षाकृत अधिक मजबूत था। इसके अलावा, शासन ने ब्रिटेन में दृश्यमान अहस्तक्षेप नीति सिद्धांत की अपेक्षा संयुक्त राज्य अमेरिका में उसे अधिकाधिक प्रतिरोधवादी शर्तो पर ग्रहण किया था। उसी समय लोकप्रिय संप्रभुता की धारणा, जिसे लोगों ने राजनीतिक समुदाय के रूप में निरंतर प्रयोग किया और उसका संरक्षण किया, संयुक्त राज्य अमेरिका में गहरे तक बैठ गई। उदारवाद की संस्थागत जटिलता पर भी विभिन्न तरीकों से जोर दिया गया। विभेदक संप्रभुता जिसने स्थानीयवाद को बढ़ावा दिया और केन्द्रिकता के खतरे को कम किया, ने ब्रिटेन की अपेक्षा संयुक्त राज्य अमेरिका में स्वतंत्र रूप से अधिक जोर दिया। नागरिक संघों ओर संयुक्त राज्य अमेरिका में उनके राजनीतिक महत्व का महान् फ्रैंच राजनीतिक दार्शनिक, एलेक्सिस ऐ, तॉकवी द्वारा उल्लेख किया गया। उन्होंने इसे लोकतांत्रिक तानाशाही के प्रति प्रतिभार के रूप में देखा, जिसे उन्होंने संयुक्त राज्य अमेरिका में संभाव्य खतरे के रूप में महसूस किया।

"यदि मानवों को सभ्य बने रहना है कि अथवा ऐसा होना है तो एक दूसरे के साथ जुड़ने की कला का उसी अनुपात में संवर्द्धन और सुधार होना चाहिए जिस अनुपात में समानता की शर्तों का विस्तार होता है", (ए.द. तौकवि, डैमोक्रेसी इन अमेरिका, न्यूयार्क,रैण्डम हाउस)

अमेरिकी उदारवाद ने बहुलवाद के अपने लाक्षणिक विचार को उखाड़ फेंका। इसका तर्क था कि राज्य भी अनेक संघों में एक संघ है, जो एक विशेष समय पर व्यक्ति को कार्यरत करता है। वही दूसरें भी संगठन हैं जिनके साथ व्यक्ति अपने हितों और वफादारियों के सापेक्षतः बँध जाता है तथा प्रत्येक संघ अपने निजी चुनिंदा क्षेत्र में उत्कृष्ट होता है। इस प्रकार,

राज्य के पास कोई अधिभासी शक्तियाँ नहीं होती और उसे अन्य संघों के साथ कार्य करना आवश्यक हो जाता है।

3. संप्रभुता पर नैतिक बंधन

उत्तर – अनेक पूर्वकालीन लेखकों का दावा था कि संप्रभु दैवी कानून द्वारा प्राकृत–कानून द्वारा अथवा नैतिक कानून द्वारा मर्यादित है। वे आमतौर पर धर्म, नैतिकता एवं न्याय के सिद्धांतों को स्वीकार करते थे, जो कि निस्संदेह संप्रभु के प्रयोग को प्रभावित करते हैं। परन्तु ईश्वरीय एवं प्राकृत कानूनों की मानव अभिकर्त्ताओं द्वारा व्याख्या की जानी जानी आवश्यक होती है वे अपने आप किसी संप्रभुता का प्रयोग नहीं करते। वे कानूनी मर्यादाएँ नहीं बल्कि उस बौद्धिक वातावरण का एक भाग मात्र हैं, जिसमें कानून बनाए जाते है। वे संप्रभु पर सिर्फ इस अर्थ में प्रतिबंध लगाते है कि एक अनुभव–सम्पन्न राज्य ऐसे कानून लागू नहीं करेगा। जो आमतौर पर स्वीकृत नैतिकता व न्याय संबंधी विचारों के विरुद्ध हों, विरोध के कारण ऐसे कानून पैदा होंगे जो उन्हें लागू करने में परेशानियाँ, यहाँ तक कि क्रांति समर्थन दिया प्रवृत कर सकते है। केवल ऐसे ही कानूनों को एक आम रायशुमारी द्वारा समर्थन दिया जाता है जिनकों सफलतापूर्वक लागू किया जा सकता है। आधुनिक राज्यों में जीवन के अनेक पहलुओं को सरकारी हस्तक्षेप से छूट प्राप्त है, और कोई भी राज्य जो मानव जीवन के कुछ निश्चित संबंधों में हस्तक्षेप हेतु अपनी कानूनी शक्ति का प्रयोग करने का प्रयास करेगा, उसे भारी विरोध का सामना करना पड़ेगा और यहाँ तक कि एक क्रांति के माध्यम से उसे उखाड़ फेंका भी जा सकता है।

4. क्रांति का मनोवैज्ञानिक परिप्रेक्ष्य

उत्तर – फ्रांसीसी क्रांति के समय से ही लोगों ने इस बात की मनौवैज्ञानिक व्याख्याएँ ढूँढ ली थीं कि क्रांतिकारी जो करते हैं, वह क्यों करते हैं। मनोवैज्ञानिक दृष्टिकोण का अनुसरण करती हुई क्रांति–संबंधी सभी पूर्व व्याख्याएँ यथा ल बौं (1960) दाँ मार्तें (1920) की, उस जनसाधारण के आभासी निनैतिक व्यवहार के इर्दगिर्द घूमतीं हैं, जो अनूठे व असाधारण तरीकों से काम करते है। जो कि बदले में द्रुत और दूरगामी परिवर्तनों की ओर इस प्रकार ले जाते है कि सामान्य परिस्थितियाँ असंभव होती है। ये सब व्याख्यायें तथापि, यह मानकर चलती है कि किसी क्रांतिकारी स्थिति में हर व्यक्ति एक ही तरीके से व्यवहार करता है और कि क्रांति का एक मनोवैज्ञानिक कारण होता है।

परन्तु फ्रायड के प्रभावाधीन क्रांति–संबंधी आधुनिक मनोवैज्ञानिक सिद्धांतों ने व्यक्ति की दूसरों के साथ अन्तर्क्रिया पर ध्यान आकृष्ट किया। कुछ उल्लेखनीय प्रकाशन रहे हैं, यथा *दि ॲथोरिटेनियन पर्सनॅलिटी* (एडोर्नो व अन्य 1964) द रिवॅलूशनरी पर्सनॅलिटी (वोल्फेन्वर, 1967), अथवा वाइ मैन रिवैल (टैड गर, 1970)। टैड गर की पुस्तक, विशेष रूप से, मनोवैज्ञानिक दृष्टिकोण में एक उच्च रूप से, औपचारिक प्रयोग हैं, हालाँकि इसमें मुख्य रूप से राजनीतिक हिंसा का ही संकेत है। गर द्वारा हिंसा–प्रयोग की दिशा में प्रेरणा एक सामाजिक–मनोवैज्ञानिक अवधारणा में पायी जाती है, जिसे 'सापेक्ष वंचन' कहा जाता है, और

जिसे उस तनाव को इंगित करने हेतु प्रयोग किया जाता। है जो सामूहिक मूल्य संतुष्टि संबंधी "होना चाहिए" और "है" के बीच एक भेद पैदा करता है मनोवैज्ञानिक दृष्टिकोण की भी कुछ अन्तर्गत सीमाएँ हैं, क्रांति के परिणामों को स्पष्ट करने का प्रयास करते–करते, शायद इसी कारण, गर मनोवैज्ञानिक से सामाजिक की ओर चले जाते है।

5. प्रोसिड्यूरल जस्टिस

Refer to Chapter-5, Q.No.-17

6. नव वामवाद

Refer to Chapter-6, Q.No.-14

7. वर्ग संघर्ष

Refer to Chapter-7, Q.No.-10

8. फ्रांस में सकारात्मक कार्य

उत्तर – सुरक्षात्मक भेदभाव की फ्रांसीसी संवैधानिक योजना संबंधित एक शब्द यहाँ अप्रासंगिक नहीं है। अमेरिका या भारत में सकारात्मक कार्यक्रम फ्रांसीसी समतुल्य का भातृत्व की अवधारणा है, जिसका उद्देश्य समाज के गरीब और वंचित सदस्यों को फायदा पहुँचाना है। 1793 की धारा 21 की घोषणा में सार्वजनिक सहायता एक पवित्र कर्ज है। समाज का फर्ज होता है, जो कार्य करने में असमर्थ हैं, उनकी मदद करें। अधिकारों के गिरोन्डिन प्रस्ताव में यह कथन अंतर्निहित था कि समानता सभी के अंदर समान अधिकारों का प्रयोग करने में समाहित है। यद्यपि समानता की प्रणाली को पाँचवें गणतंत्र में अपनाया गया है, और उसने फ्रांसीसी मानसिकता को सही दर्शाया है, यह विचित्र और विरोधात्मक है कि जितनी समानता को अमेरिकी और भारतीय प्रणाली में अपनाया गया है, उतनी फ्रांसीसी प्रणाली या तो सामाजिक–राजनीतिक वाद–विवादों या कॉनसेइल कान्सटिट्यूस्नेल में प्राप्त होने की उम्मीद कम है।

ई.पी.एस.–11 राजनीतिक विचार और विचारधाराएँ
दिसम्बर, 2006

नोट : (i) खण्ड I – किन्हीं दो प्रश्नों के उत्तर दीजिए।
(ii) खण्ड II – किन्हीं चार प्रश्नों के उत्तर दीजिए।
(iii) खण्ड III – किन्हीं चार प्रश्नों के उत्तर दीजिए।

खण्ड I

निम्नलिखित में से किन्हीं दो प्रश्नों के उत्तर लगभग 500 शब्दों (प्रत्येक) में दीजिए। प्रत्येक प्रश्न 20 अंक का है। ***2×20=40***

1. क्लासिकी पंरपरा में राजनीतिक तर्कों की प्रकृति पर चर्चा कीजिए।
Refer to Chapter-1, Q.No.-14

2. कंफ्यूशियन विचारधारा के उद्‌भव को रेखांकित कीजिए।
Refer to Chapter-2, Q.No.-7

3. राज्य–नागरिक समाज अंतःसम्बन्ध का आलोचनात्मक परीक्षण कीजिए।
उत्तर – राज्य समाज की अन्य संस्थाओं से भिन्न होता है, यथा सरकार, नागरिक समाज, समुदाय राष्ट्र आदि से। उदारवादी परम्परा के अनुसार राज्य से अपेक्षा होती है कि वह समाज के विकास में आने वाली बाधाएँ दूर करे, साथ ही समाज–कल्याण हेतु उपाय भी मुहैया कराये। दूसरी और, मार्क्सवादी परम्परा राज्य को धनी वर्गो के अन्धभक्त के रूप में देखती है। नागरिक समाज की अवधारणा को लोकप्रियता मिलने के साथ ही नागरिक समाज से राज्य के संबंध ने फिर से राजनीति सिद्धांत संबंधी बातचीत में एक महत्वपूर्ण स्थान बना लिया है। नागरिक समाज की उत्पति क्रम–विकास काफी कुछ उसे राज्य के साथ संबंध की वजह से हुआ है। नागरिक समाज और राज्य के बीच संबंध की प्रकृति राजनीति–सिद्धांत राजनीति–सिद्धांत में एक महत्वपूर्ण स्थान रखती है। नागरिक समाज की ओर हाल ही मे गया ध्यान सामाजिक आन्दोलन उद्‌भेदन अथवा राज्य के जन–असंतोश में भी देखा जा सकता है। नागरिक समाज वह स्थान है, जो समुदाय और राज्य के बीच होता है। इसका प्रतिनिधित्व उन संस्थाओं, गैर–सरकारी संगठनों के लोगों, पार्षद विद्वानों, बुद्धिजीतियों द्वारा किया जाता है। जो समाज में लोकतंत्र की स्थापना हेतु प्रयास करते रहते है। चूँकि नागरिक समाज संस्थाएँ राज्य और समुदाय के बीच स्थित होती हैं और राज्य का विरोध करती हैं, उन्हें आमतौर पर ऐसी संस्थाएँ कहा जाता है जो राज्य से दूर होती है। नागरिक समाज को संपूरक के साथ–साथ कभी–कभी राज्य संस्थाओं के लिए एक अनुकल्प के रूप में माना जाता है। सभ्य समाज के निर्माण का आधार धर्मनिरपेक्ष होता है। जाति और नातेदारी अनुबंध, धर्म

अथवा जनजातीय संघटन आदि नागरिक–समाज निर्माण के आधार नहीं होते। नीरा चंधोक के अनुसार, मूल संबंधों पर आधारित ये संगठन वस्तुतः "नागरिक समाज विरोधी" आन्दोलन होते है।

यह तथ्य कि क्या कोई नागरिक समाज होता है अथवा नहीं, उस संबंध की प्रकृति पर निर्भर करता है जो वह राज्य के साथ रखता है। संस्था संबंधों का बनना एक नागरिक समाज का संकेत है। नागरिक समाज बदले में लोकतंत्र को प्रतिबिम्बित करता है। फ्रांस में तॉकवि कहते हैं, कि अमेरिका से भिन्न, राज्य की स्वेच्छाचारी शासन अथवा अलोकतांत्रिक प्रवृति के कारण वहाँ नागरिक संस्था अथवा समाज का अभाव था।

जर्मन दार्शनिक हेगेल ने सबसे ज्यादा क्रमबद्ध रूप से नागरिक समाज और राज्य के बीच संबंध का अध्ययन किया है। अपनी पुस्तक 'फिलौसॅफि ऑफ राइट्स' में हेगेल नागरिक समाज को नैतिक जीवन के अवसरों में से एक मानते हैं, अन्य दो है परिवार और राज्य। नागरिक समाज को परिवार और राज्य दोनों से भिन्न माना जाता है। परिवार में, हेगेल का दावा है, विशिष्ट हित एक नैसर्गिक एवं अचिंतनशील एकता में अनुभवातीत होते है और सदस्यों के बीच कार्य–सम्पादन, प्रेम और गंभर दिलचस्पी, द्वारा निश्चित होता है जबकि राज्य में व्यापकता को संस्थागत किया जाता है क्योंकि नैतिक जीवन का सर्वोच्च रूप नैतिक विचार की वास्तविकता ही है।

परिवार की अंचितनशील चेतना से चैतन्य नैतिक जीवन के बीच एक महत्वपूर्ण चरण के रूप में नागरिक समाज ऐसा स्थल बन जाता है। जहाँ इस हेगेलियन दार्शनिक चिंता की विशिष्टता द्वारा व्यापकता मध्यस्थ हो–का अनुभव किया जा सकता है।

मार्क्सवादी परम्परा में नागरिक समाज धनी वर्गो पूँजीवादी वर्ग के हितों का प्रतिनिधत्व करता है। तथापि नागरिक समाज के लिहाज से मार्क्सवादी परम्परा में दो दृष्टिकोण हैं। एक है, पारम्परिक दृष्टिकोण। यह मार्क्स से संबंधित है जिन्होंने नागरिक–समाज विषयक हेगेलियन पहलू को उत्तराधिकार रूप में प्राप्त किया, परन्तु उन्होंने स्वयं व्यवस्था पर परिप्रश्न करने हेतु विश्लेषण को आगे बढ़ाया।

मार्क्सवादी आदर्श में दूसरे स्थान पर है ग्राम्सियन परम्परा। ग्राम्सी, हालाँकि अर्थव्यवस्था समेत, निजी अथवा गैर–राज्यीय क्षेत्र का संदर्भ लेने के लिए 'नागरिक समाज' का प्रयोग करते है। नागरिक समाज संबंधी उनका चित्रण मार्क्स के वर्णन से बहुत भिन्न है। ग्राम्सी के अनुसार, राजनीतिक समाज वह स्थान है, जहाँ राज्य का अवपीड़क तंत्र कारागारों, न्याय–प्रणाली, सशस्त्र सेनाओं व पुलिस में संकेन्द्रित रहता है। नागरिक समाज वह 'स्थान' है जहाँ राज्य षैक्षणिक, सांस्कृतिक धार्मिक पद्धतियों व अन्य संख्याओं के माध्यम से सत्ता के अदृश्य, अमूर्त व जटिल रूपों को प्रवलित करने के लिए काम करता है। वस्तुतः राज्य की अवज्ञा करने को ग्राम्सी द्वारा नागरिक समजा के आत्म–नियामक सहजगुणों के सम्पूर्ण विकास संबंधी शब्दों में पुनर्परिभाषित किया गया है।

जान लॉक ने बताया कि यह नागरिक समाज प्राकृत अवस्था के एक नागरिक समाज में परिवर्तित हो जाने के फलस्वरूप उभरा। उन्होंने नागरिक समाज को प्राकृत अवस्था और राजनीतिक समाज से अलग माना। यह नागरिक समाज अनुबंध के परिणामस्वरूप उभरे लोक

प्राधिकरण द्वारा बनाए गए कानूनों के मार्फत राजनीतिक समाज मे बदल जाता है।

उन्नीसवीं शताब्दी में जब हेगेल ने नागरिक समाज के विचार का विस्तार किया, लॉक के विचार को लगभग दो सदियाँ बीत चुकी थीं। परन्तु इन दो विचारकों द्वारा अभिकल्पित अवधारणाओं के बीच भेद थे। लॉकियन व्यवस्था में खास महत्व, व्यक्तियों के विशिष्टतादी अथवा आत्मपरक अधिकारों को दिया गया है। वह विशिष्टावादी अथवा व्यक्तिनिष्ठ अधिकारों एवं सर्वभौम अधिकारों के बीच संबंधों के विषय में कुछ भी नहीं कहते।

नागरिक समाज की अवधारणा को बीसवीं सदी में फिर से लोकप्रियता मिल गयी। 1980 के दशक में पूर्व–सोवियत संघ और पूर्वी यूरोप के विघटन ने इस अवधारणा में रुचि फिर से जगाई। राज्य की विफलता के कारण उसमें विश्वास खोने से नागरिक समाज में रुचि फिर से जगी। राज्य की धारणा टूटने लगी, ज्यादा सटीक रूप से, बीसवीं सदी के उत्तरार्ध में इसको राज्य के एक विकल्प के रूप में देखा जाने लगा।

साथ ही, चूँकि मार्क्सवादीजन नागरिक समाज को अन्धभक्त और असमान एवं विभेदकारी वर्ग–संबंधों को बढ़ाने में योगकारी मानते हैं, गैर–मार्क्सवादी जन नागरिक समाज को राज्य की विफलता हेतु एक रामबाण मानते है। नागरिक समाज संबंधी गैर–मार्क्सवादी आदर्श, जो इसे राज्य के एक विकल्प के रूप में देखते हैं, लोकतंत्र के सहाकारी प्रतिरूप से संबंध रखते है।

4. क्रांति के लक्षणों को इंगित कीजिए और उनका वर्णन कीजिए।

Refer to Chapter-4, Q.No.-14

खण्ड II

निम्नलिखित में से किन्हीं चार प्रश्नों के उत्तर लगभग 250–300 शब्दों (प्रत्येक) में दीजिए। प्रत्येक प्रश्न 10 अंक का है। *4×10=40*

5. अवसर की समानता से आप क्या समझते है।

उत्तर – अवसर की समानता का अर्थ है उन सभी अवरोधों को दूर करना जो व्यक्तिगत आत्म–विकास में बाधा डालते हैं। इसका अर्थ है कि पेशे या व्यवसाय प्रतिभावान व्यक्ति के लिए ही खुले होने चाहिए और तरक्कियाँ योग्यताओं पर आधारित होनी चाहिए। सामाजिक स्थिति, पारिवारिक संबंधों, सामाजिक पृष्ठभूमि व ऐसे ही अन्य कारकों का हस्तक्षेप नहीं होने देना चाहिए। अवसर की समानता एक अत्यन्त आकर्षक धारणा है, जो उस बात से संबंधित है जिसका जीवन के आरम्भ बिन्दु के रूप में वर्णन किया जाता है। निहितार्थ यह है कि समानता यह अपेक्षा रखती है कि सभी व्यक्ति एक समतल क्रीड़ा–स्थल से जीवन शुरू करें। तथापि यह जरूरी नहीं कि इसके परिणाम बिल्कुल भी समतावादी हों। यथार्थतः चूँकि हर व्यक्ति ने समान रूप से शुरूआत की, असमान परिणाम स्वीकार्य एवं वैध–सिद्ध होते है। इस असमानता को तब भिन्न–भिन्न नैसर्गिक प्रतिभाओं, कठोर श्रम–क्षमता अथवा भाग्य के भी शब्दों में स्पष्ट किया जाएगा।

यह लगता है कि इस तरह से बनी अवसर की समानता एक ऐसी व्यवस्था में प्रतिस्पर्धा करने का समान अवसर प्रदान करती है जो कि क्रम–परम्परागत रही है। अगर ऐसा है तो यह तत्वतः कोई समतावादी सिद्धांत प्रतीत नहीं होता। अवसर की समानता इस प्रकार, एक असमतावादी समाज की ओर इशारा करती है, यद्यपि वह योग्यता के उच्च आदर्श पर आधारित है। यह धारणा स्वयं को प्रकृति और परम्परा के बीच भिन्नता पर आधारित करती है। तर्क यह है कि वे भिन्नताएँ जो प्रतिभाओं, कौशलों, कठोर श्रम इत्यादि जैसे विभिन्न प्राकृतिक गुणों के आधार पर प्रकट होती है। नैतिक रूप से समर्थनीय है। तथापि वे भिन्नताएँ जो परम्पराओं अथवा गरीबी, आश्रयहीनता जैसे सामाजिक रूप से बने भेदों से पैदा होती है समर्थनीय नहीं है। सच्चाई, हालाँकि यह है कि यह एक विशिष्ट सामाजिक पक्षपात है जो समाज में भेदों को स्पष्ट करने के लिए सुन्दरता अथवा बुद्धिमता जैसी किसी प्राकृतिक भिन्नता को एक प्रासंगिक आधार बना देती है। तदनुसार हम देखते है कि प्रकृति व परम्परा के बीच भेद इतना सुस्पष्ट नहीं है जैसा कि समतावादी बतलाते है।

अवसर की समानता को प्रतिभाशाली व्यक्तियों के लिए पेशे या व्यवसाय खुले रखना, निष्पक्ष समान अवसर उपलब्ध कराना और सकारी–भेदभाव सिद्धांत विषयक अनेक विसामान्यताओं को स्वीकृति के माध्यम से संस्थापित किया जाता है। ये सब इस प्रकार काम करते है कि समानता की व्यवस्था तर्कसंगत और स्वीकार्य लगे। निहित धारणा यह है कि जब से प्रतिस्पर्धा निष्पक्ष हुई है लाभ अपने आप आलोचना से परे हो गया है। इस बात में कोई शक नहीं है कि इस प्रकार की व्यवस्था ऐसे लोगों को जन्म देगी, जो सिर्फ अपनी प्रतिभाओं एवं वैयक्तिक सहजगुणों पर ध्यान देंगे। यह बात उन्हें अपने लोगों के साथ किस भी सामुदायिक अनुभूति से वंचित करती है, क्योंकि वे सिर्फ प्रतिस्पर्धा की भाषा में ही सोच सकते है। शायद यह सिर्फ एक ऐसे समुदाय को जन्म दे सकती है जो एक ओर तो सफल व्यक्तियों का समुदाय होगा, और दूसरी और असफल व्यक्तियों को ऐसा समुदाय जो अपनी तथाकथित विफलता के लिए स्वयं को ही दोष देगा। तो भी अवसर की समानता के साथ एक और समस्या यह है कि वह एक पीढ़ी की सफलताओं व विफलताओं के बीच एक बनावटी वियोजन पैदा करने का प्रयास करती है।

इस प्रकार यह देखने में आता है कि समानता विषयक उदारवादी विचार अवसर की समानता पर आधारित है। यह वकालत समानता संबंधी किसी भी यथेष्ट धारणा के विरुद्ध है क्योंकि ये वो अवसर है जो असमान परिणामों की ओर ले जाते है। यह सिद्धांत इस प्रकार, परिणामों से असम्बद्ध है और सिर्फ प्रक्रिया में रुचि रखता है। यह पूरी तरह से इस उदारवादी विचार को कायम रखने के साथ है कि व्यक्तिजन समाज की बुनियादी इकाई है और समाज को अवश्य ही उनके लिए यह संभव बनाना होगा कि वे अपने निजी हितों को सिद्ध कर पाएँ।

क्या इसका मतलब यह हुआ कि समतावादी जन अवसर की समानता को अनदेखा करेंगे। उत्तर है स्पष्ट रूप से नहीं। तथापि, वे अवसर की समानता संबंधी एक अधिक व्यापक परिभाषा को लेकर चलेंगे, जो कि हर किसी को एक असंतोषजनक एवं पालययोग्य तरीके से अपने क्षमताओं को विकसित करने के साधन मुहैया करायेगी। एक समतावादी समाज कुछ लोगों को अपनी क्षमताएँ विकसित करने हेतु वास्तविक अवसर प्रदान देने से इंकार नही

करेगा। इस अवसर का निष्कपट समतावादी प्रयोग एक सार्थक जीवन की ओर प्रवृत करेगा। चूँकि यह सुनिश्चित करना सम्भव नहीं है कि हर व्यक्ति एक सार्थक जीवन बिताएं, ऐसी सामाजिक परिस्थितियों के लिए जो सभी व्यक्तियों को सार्थक जीवन व्यतीत करने का अवसर प्रदान करे, इस बात के लिए ही समतावादी जन प्रयास करेंगे।

6. प्रत्यक्ष लोकतंत्र पर एक लेख लिखें।

Refer to Chapter-2, Q.No.-2

7. अतिरिक्त मूल्य का सिद्धांत क्या है।

Refer to Chapter-7, Q.No.-9

8. संसदीय स्वराज के कुछ लक्षणों को इंगित कीऐजिए और उनका वर्णन कीजिए।

Refer to Chapter-7, Q.No.-16

9. सकारात्मक (Affirmative) कार्य के विभिन्न पहलुओं का आलोचनात्मक परीक्षण कीजिए।

उत्तर– सकारात्मक कार्य अन्य सभी गंभीर वाद–विवाद क मुद्‌दों जैसे बहु–संस्कृतिवाद, द्वि–भाषीय शिक्षा, आप्रवासन इत्यादि की तरह आधुनिक राजनीतिक सिद्धांत का अभिन्न अंग बन गया हैं। दृढ़ ध्रुवीकरण जो इन सैद्धांतिक वाद विवादो से उत्पन्न होता है, अक्सर यह देखने में असफल रहता है कि सच्चाई कहीं बीच में है। अतः विषय पर खुले और अपक्षतापूर्ण रैवेये की अधिक जरूरत है। वंचित और सकारात्मक कार्य की अवधारणा 1960 के दशक में अमेरिका में नागरिक अधिकार आन्दोलन के प्रयासों के परिणामस्वरूप उत्पन्न हुयी, जो अमेरिका को उसके मौलिक संतिदा– कि सभी व्यक्ति समान बनाये गये है– को मनवाने के लिए था। इसके अतिरिक्त राजभक्ति की शपथ में सभी के लिए स्वतंत्रता और न्याय का वादा किया गया था। यह आदर्शवाद सभी व्यक्तियों के साथ बिना रंग, राष्ट्रीयता, जाति, धर्म और लिंग का भेदभाव किये समान अवसर का वादा था, जिन्हें इतिहास में उक्त वक्त तक सम्मान नहीं दिया गया था। इस अदेय अधिकार के लिये नागरिक अधिकार आन्दोलन के संस्थापक और अनुयायी आगे बढ़े और मरे, और अंततः 1964 के नागरिक अधिकार अधिनियम को प्राप्त किया। जॉनसन प्रशासन ने संयुक्त राज्य कार्यपालिका आदेश। 11246 को जारी करते हुए 1965 में सकारात्मक कार्य को गले लगाया, बाद में कार्यपालिका ओदश 11375 के द्वारा इसमें संशोधन किया। आदेश के द्वारा संशोधन का उद्देश्य भूत और वर्तमान विभेद के प्रभाव को कम करना था। यह संघीय संविदाकार या उप–संविदाकार को किसी भी कर्मचारी या आवेदक के साथ जाति, रंग, धर्म, लिंग या राष्ट्रयीता के आधार पर भेदभाव करने से रोकता था।

ऐसे अन्याय को खत्म करने के क्रम में, विशेषकर आवास, शिक्षा रोजगार के क्षेत्र में कदम यह सुनिश्चित करने के लिए उठाये गये थे, जिन समूहों को ऐतिहासिक दृष्टि से सामाजिक

मान–सम्मान से परे रखा गया था या जिन तक उनकी सीमित पहुँच थी, उन्हें शामिल करने के लिए मौके दिये जायें। इस प्रकार यह सामाजिक नीतियाँ सामाजिक रूप से वंचित समूहों को प्रोत्साहित करने के उद्देश्य से संबंधित थीं, विशेषकर रोजगार, शिक्षा और आवास के क्षेत्र में बिना जाति, रंग, धर्म, लिंग या राष्ट्रयीता के आधार पर भेदभाव के। भेदभाव की ऐतिहासिक प्रवृति के विपरीत, योग्य व्यक्ति के लिए समान अवसर प्रदान करना ही अवधारणा का लक्ष्य था।

महिलाओं के साथ उनके लिंग के नकारात्मक अर्थ के कारण भेदभाव किया जाता है। इस प्रकार समाधान एक से अधिक जाति या लिंग नहीं हैं, बल्कि सांस्कृतिक रूप से स्वीकृत उन नीतियों के विनाश से, जो जाति/लिंग की श्रेष्ठता और पद की गरिमा की रक्षा करती है समाज का पुनर्गठन किया जा सकता है। इस प्रकार की रंगपूर्ण जाति प्रथा की प्रवृति का 1858 के एक अमेरिकी निबंध के निम्न अंश में पता लगाया जा सकता है।

'नीग्रो' बुद्धिजीवी की ऐसी कमी को उजागर करता है। उनकी (नैतिक) स्थिति इतनी गिरी हुई है कि उनकी मानवीयता पर भी संदेह किया जाता है। कामुकता उनकी सबसे महत्वपूर्ण इच्छा है, और इस प्रकार बलात्कार एक अति शीघ्र होने वाला आचरण है।

खास बिन्दू यह है कि यद्यपि यह 1858 के निबंध का अंश था, इसने शहर के अटॉर्नी के प्रशिक्षण और विरासत को प्रभावित किया। इस प्रकार का जातीय और सामाजिक भेदभाव कालों को गोरों से नीचा दिखाने के लिए किया जाता था। यह आज भी काले–गोरे के संबंधों की पूर्वचेतना या अचेतन चलन में विद्यमान है।

'स्वीकृत सर्वोच्चता की' सूक्ष्म–उग्रशील प्रवृति जातीय अंतःक्रियओं के संचालन और निर्णयों, प्रवेश संबंधी निर्णयों, सुनवाइयों और संयुक्त राज्य अमेरिका में मानव जीवन के प्रत्येक अन्य पहलुओं और संसार के विभिन्न भागों की विभिन्न उद्घोषणाओं और ढाँचों में झलकती है।

'अनामारिया लोया' मालडेफ के अटॉर्नी अवधारणा की इस रूप में व्याख्या करते है कि "सकारात्मक कार्य किसी भी पैमाने, नीति या कानून विविधता को बढ़ाने या भेदभाव का समाधान करने के लिए प्रयोग किया जाता है, जिससे कि योग्य व्यक्तियों को रोजगार, शिक्षा, व्यापार और अवसरों के संविदा की समान पहुँच हो।" वहीं, अबदीन नोबोआ कहते है कि "सकारात्मक कार्य लोगों को गिनने से संबंधित नहीं है, बल्कि लोगों को गिनने लायक बनाने से है।"

10. भारत में धर्मनिरपेक्षवाद पर टिप्पणी कीजिए।

Refer to Chapter-8, Q.No.-4

खण्ड III

11. यह प्रश्न अनिवार्य है। निम्नलिखित में से किन्हीं चार पर संक्षिप्त टिप्पणियाँ लगभग 100 शब्दों (प्रत्येक) में दीजिए। प्रत्येक के 5 अंक हैं। *4×5=20*

(1) ग्रैंड नैरेटिव्ज की समीक्षा

Refer to Chapter-8

(2) खलीफा के चुनाव की प्रक्रिया

Refer to Chapter-2, Q.No.-11

(3) संप्रभुता के लक्षण

Refer to Chapter-3, Q.No.-3

(4) राजनीतिक दायित्व की समस्या

Refer to Chapter-4, Q.No.-10&11

(5) सकारात्मक और नकारात्मक स्वतंत्रता

Refer to Chapter-5, Q.No.-10

(6) इंग्लैंड में लोकतांत्रिक समाजवाद

उत्तर– इंग्लैंड ने संसदीय संस्थाएं विकसित की जो समाजवाद के विकास की प्रेरक थीं। इग्लैंड समय के साथ लचा और उसने लोकतंत्र समाजवद के बीच सामंजस्य स्थापित किया। समाजवाद को शान्तिपूर्ण ढंग से उभारा गया, जिससे खूनी क्रांति की आवश्यकता न पड़े। लोकतंत्र ने सामाजिक सिद्धांतो के उत्थान को सहन किया।

ब्रिटेन में, मजदूरों को सरकार के विरुद्ध विशाल पैमाने पर विद्रोह की आवश्यकता नहीं थी, क्योंकि सरकार ने उनके हितों को प्रोन्नति के लिए स्वयमेव आवश्यक कदम उठाए। ब्रिटिश भूमि लोकतांत्रिक समाजवाद के विकास के लिए उपयुक्त थी, जबकि दूसरी तरफ रूप और चीन में, वातावरण अनुकूल नहीं था। क्योंकि सरकार ने गरीबों के हितों की अनदेखी की और उन्हें दबाने की कोशिश की। परिणामस्वरूप, क्रांतिकारी समाजवाद का उदय हुआ और इसकी लहर ने सरकार के पैर उखाड़ दिए।

लोकतांत्रिक समाजवाद में एकदलीय साम्यवाद की तरह कोई पादरी नहीं है। इधर मार्क्स अथवा लेकिन भी नहीं है। इंग्लैंड में सर्वाधिक प्रभावशील समाजवादी विचारक प्रायः किसी सरकारी पद पर नहीं रहे हैं। उनका प्रभाव उनके नैतिक प्राधिकार और सरल साहित्यिक शैली के कारण रहा है।

यह आन्दोलन रॉबर्ट ऑवेन, सिडनी तथा बिअर्ट्रिस वेब, आर.एच. टॉनी, जी.डी.एच. कोल, हैरॉल्ड लस्की तथा कई अन्य के विचारों के प्रति अधिक ऋणी हैं। परन्तु दर्शन अभी भी अपरिभाषित है। भक्तवत्सलम के अनुसार "लोकतांत्रिक समाजवद का स्वरूप और उसके घटक किसी भी माध्यम से परिभाषित नहीं किए जा सकते है। यह एक व्यापक फ्रेमवर्क है जिसमें हमें अपनी राजनीतिक पृष्ठभूमि और सांस्कृतिक तथा आध्यात्मिक विरासत के अनुरूप चलते हुए लोकतंत्र और समाज के अपने विचारों को उपयुक्त स्थान देना पड़ता है।" अतः लोकतांत्रिक समाजवाद का कोई निश्चित स्वरूप नहीं है। यह विभिन्न देशों में उनकी आवश्यकताओं और अन्य शर्तों के अनुसार अलग हो जाता है। तथापि, लाकतांत्रिक समाजवाद के कतिमय व्यापक सिद्धांतों की ओर हम इशारा कर सकते है।

(7) एम. के. गांधी को प्रभावित करने वाले लेख

Refer to Chapter-7, Q.No.-14

(8) भूमंडलीकरण और संस्कृति

उत्तर – वैश्वीकरण मूल्यों और संस्कृतियों के निरपेक्ष समांगीकरण की माँग करता है। सांस्कृतिक भूमण्डलीकरण निरनतर स्थानीय और राष्ट्रीय संस्कृतियों को मुख्यतः पश्चिम के आधिपत्य वाली भूमण्डलीय संस्कृति के साथ समेकन करने की माँग करता है। जब हम आर्थिक वैश्वीकरण के साथ सांस्कृतिक वैश्वीकरण पर दृष्टिपात करते हैं, यह स्पष्ट हो जाता है कि पूँजीवादी बाजार का विस्तार स्थानीय संस्कृतियों के भूमण्डलीय बदलाव की सहूलियत से स्थानीय बाजारों के समेकन पर लटका हुआ है/निर्भर है।

एक प्रसिद्ध समाजवादी, ऐंथानी गिड्डन्स महसूस करते हैं कि विश्व पूँजीवाद, उद्योगीकरण और आधुनिक राष्ट्र–राज्यों के संदर्भ में संगठनात्मक समूह भूमण्डलीय नेटवर्क का सार्वभौमीकरण करते है और समय–स्थान फासले को भी बढ़ा देते हैं, जिससे स्थानीय–भूमण्डलीय अन्तरसंबंध एक जटि समस्या बन जाता है। "तब वैश्वीकरण को विश्वव्यापी सामाजिक सम्बन्धों में वृद्धि के रूप में परिभाषित किया जा सकता है, जिससे दूरस्थ स्थल इस प्रकार जुड़ जाते हैं," ताकि स्थानीय घटनाएँ, कई मील दूर की घटनाएँ अथवा उसके प्रतिकूल नजर आएँ।

सांस्कृतिक अभिव्यक्ति के रूप में वैश्वीकरण विश्व के सिकुड़ने और कुल मिलाकर सम्पूर्ण विश्व की चेतना के विस्तार का हवाला देता है। सूचना युग के उत्थान को भूमण्डल के आरपार संस्कृतिकरण प्रक्रिया की सहवर्ती घटना के रूप में देखा जाना चाहिए। वैश्वीकरण के सभी आयाम पर्याप्त रूप से निम्न लक्षण सम्पन्न हैं– "सामग्री आदान–प्रदान भूमंडलीय होते है।"

ई.पी.एस.–11 राजनीतिक विचार और विचारधाराएँ
जून, 2007

नोट : (i) खण्ड I – किन्हीं दो प्रश्नों के उत्तर दीजिए।
(ii) खण्ड II – किन्हीं चार प्रश्नों के उत्तर दीजिए।
(iii) खण्ड III – किन्हीं चार प्रश्नों के उत्तर दीजिए।

खण्ड I

निम्नलिखित में से किन्हीं दो प्रश्नों के उत्तर लगभग 600 शब्दों (प्रत्येक) में दीजिए। प्रत्येक प्रश्न 20 अंक का है। *2×20=40*

1. 'राजनीति को समझने' से आपका क्या तात्पर्य है? चर्चा करें।
Refer to Chapter-1, Q.No.-2

2. राज्य और नागरिक समाज के अंतःसम्बन्ध की चर्चा करें।
Refer to Dec-06, Q.No.-3

3. इतिहास के विभिन्न चरणों में विकसित नागरिकता की अवधारणा को रेखांकित कीजिए।
Refer to Chapter-5, Q.No.-1

4. समाजवादी लोकतंत्र के मूल लक्षणों की चर्चा करें।
Refer to Chapter-6, Q.No.-10&11

खण्ड II

निम्नलिखित में से किन्हीं चार प्रश्नों के उत्तर लगभग 300 शब्दों (प्रत्येक) में दीजिए। प्रत्येक प्रश्न 10 अंक का है। *4×10=40*

5. संप्रभुता के सिद्धांत की आलोचनाओं को इंगित करें।
Refer to June-06, Q.No.-3

6. राजनीतिक दायित्व के लक्षणों की चर्चा करें।
Refer to Chapter-4, Q.No.-10

7. पश्चिमी उदारवादी लोकतंत्र के लक्षणों की चर्चा करें।

Refer to Chapter-6, Q.No.-9

8. समुदायवाद के लक्षणों की चर्चा करें।

उत्तर – समुदायवाद शब्द सबसे पहले माइकल सैण्डल द्वारा उनकी पुस्तक लिब्रलिज्म एण्ड द लिमिट्स ऑफ जस्टिस (1982) में प्रकाश में लाया गया, जिसमें उन्होंने जॉन रॉल्स के उदारवादी न्याय संबंधी सिद्धांत की उदारवादी व्यक्तिवादी की आलोचना को और अधिक परिभाषित किया। उदारवादी व्यक्तिवाद के कुछ अन्य समुदायवादी आलोचक है, ऐलिसड्यैर मैकइंटर, माइकल वॉल्जर तथा चार्ल्स टेलर। ये समुदायवादी चिंतक हेगेल और रूसों से बहुत अधिक प्रेरित है।

समुदायवादी जन सर्वप्रथम एवं सबसे महत्वपूर्ण रूप से समुदाय से संबंध रखते है। दो या उससे अधिक लोग एक समुदाय का निर्माण करते हैं जब वे हित संबंधी किसी आम अवधारणा में भागीदार होते हैं और इस हित को अपनी पहचान अथव स्वत्वों के अंशतः निर्माणकारी के रूप में देखते हैं। इस प्रकार का "निर्माणकारी समुदाय" कोई घनिष्ट मित्रता, पारिवारिक संबंध, पड़ोस अथवा कोई विस्तृत राजनीतिक समुदाय हो सकता है।

समुदायवादी जन इस बात पर जोर देते है कि व्यक्तियों के रूप मे हममें से प्रत्येक व्यक्ति जीवन में अपनी पहचान, प्रकृतिप्रदत्त योग्यताओं एवं व्यवसाय को सिर्फ एक समुदाय के प्रसंग में ही विकसित करे। हम स्वाभावतः सामाजिक प्राणी हैं। चूँकि समुदाय ही वैयक्तिक स्वभाव को निश्चित और आकार प्रदान करता है। राजनीतिक जीवन समुदाय से संबंध रखते हुए ही आरम्भ होना चाहिए न कि व्यक्ति से। दूसरे शब्दों में, आदर्श और न्यासंगत पर विचार करते हुए सैद्धांतिक चिंतन का केन्द्र समुदाय ही होना चाहिए, न कि व्यक्ति।

समुदायवादी चिंतकों के अनुसार उदारवादी का मुख्य दोष तब यह है कि वह भ्रम–जनित रूप से और अप्रतिकार्य रूप से व्यक्तिवादी है। व्यक्ति और राज्य के बीच संबंध की उदारवादी संकल्पना, समुदायवाद के अनुसार, अनुचित रूप से सीमित है और साथ ही समाज की यथार्थ प्रकृति की मिथ्या प्रतिनिधि भी। समुदायवादी दृष्टिकोण में, किसी द्वि–स्तरीय संबंध के लिहाज से एक स्तर पर व्यक्ति के साथ सोचना और दूसरे स्तर पर राज्य के साथ, इतना ही काफी नहीं है। समूह व समुदाय व्यक्ति व राज्य के बीच एक मध्यवर्ती स्थिति में हैं और उन्हें इस प्रकार के अधिकार–एवं कर्तव्य–धारक इकाइयों में गिना जाना चाहिए जिनके अन्तर्संबंधों की गवेषणा करनी हो। समुदायवादियों के अनुसार, समाज से ऊपर व्यक्तियों के अधिकारों एवं आजादी पर जोर देकर, उदारवादी व्यक्तिवाद सामाजिक एवं राजनीतिक जीवन हेतु समुदाय–सदस्यता एवं पहचान के महत्व को अनदेखा करता है। वह उस विस्तारक्षेत्र पर ध्यान नहीं देता जहाँ तक कि वह समाज/समुदाय जिसमें लोग रहते हैं, वे जो हैं को निरूपित करता है और उन मूल्यों को भीं, जो वे रखते हैं।

यद्यपि समुदायवादी आलोचकगण उदारवादी व्यक्तिवाद के विभिन्न पहलुओं पर ध्यान केन्द्रित करते हैं। उनमें से कुछ मुख्य प्रसंगों व तर्कों को पहचानना संभव हैं; जैसा कि स्वत्व संबंधी उदारवादी–व्यक्तिवाद अवधारणा की समालोचना तथा राज्य की प्रकृति एवं प्रकार्यों

संबंधी उसक समझ।

9. मार्क्सवाद की समालोचना करें।

उत्तर – मार्क्सवाद कठोर आलोचना का विषय रहा है। इसने समाज को दो वर्गों, जिनके पास कुछ और जिनके पास कुछ नहीं है में विभाजित किया है। यह वास्तविकता से दूर है। समाज बहुत जटिल होता है और कई समूहों में बंटा होता है। जैसे कि मार्क्सवाद की परिकल्पना है, वैसा कोई स्पष्ट का विभाजन नहीं होता है। ज्यादातर, इसमें विशाल मध्य वर्ग होता है। मार्क्सवादी विचारकों ने भविष्यवाणी की थी कि पूँजीवाद के विकास के साथ, मध्य वर्ग विलीन हो जाएगा और सर्वहारा वर्ग के साथ मिल जाएगा। लेकिन अभी तक ऐसा नहीं हुआ है। और ऐसा होने की कोई संभावना नहीं है। वास्तव में इसके विपरीत हुआ है; मध्य वर्ग ने अपनी स्थिति को मजबूत किया है और अपने आकार को बढ़ाया है। मार्क्सवादियों ने पूँजीपति वर्ग के सिमटने की बातें की थीं। यहाँ पुनः ठीक इसके विपरीत हुआ है। सिमटने के बदले पूँजीपति वर्ग का आधार विस्तृत हुआ है। मार्क्स ने पूँजी संग्रह की बात की थी, लेकिन पूँजी का बिखराव हो गया है। सर्वहारा वर्ग की स्थिति वैसी नहीं बिगड़ी है, जैसे कि मार्क्स ने भविष्यवाणी की थी। इस प्रकार पूँजीवाद की वास्तविक कार्यकारी प्रणाली ने वर्गों के मार्क्सवादी सिद्धांत को गलत साबित किया है।

मार्क्सवादियों ने भविष्यवाणी की थी कि पूँजीवाद अन्तर्विरोध के कारण बिखर जाएगा। लेकिन, अभी तक ऐसा घटित नहीं हुआ है। कोई विकसित पूँजीवादी व्यवस्था ध्वस्त नहीं हुई है। पूँजीवाद ने अपने लचीलेपन को साबित किया है। दूसरी ओर, समाजवादी व्यवस्था, दुनिया के विभिन्न भागों में ध्वस्त हो गयी है। पूँजीवाद के पास सामंजस्य बिठाने की अपार शक्ति है। यही इसके जीवन होने का मुख्य कारण है। मार्क्स पूँजीवाद का सही आंकलन करने में असफल रहे है।

मार्क्स के अनुसार सर्वहारा क्रांति के घटित और सफल होने का अवसर नहीं होता है। लेकिन वास्तव में यही घटित हुआ है। क्रांति सिर्फ सामंतवादी समाजों जैसे रूस, चीन, वियतनाम, क्यूबा इत्यादि देशों में हुई हैं। यह रूसी मार्क्सवादी के दो गुटों प्लैखनॉव के नेतृत्व में मैंशेविक्स और लेनिन के नेतृत्व में बॉलशेविक्स के बीच विवाद का मुख्य मुददा था। अंततः बॉलशेविक्स का मैनशेविक्स के ऊपर वर्चस्व रहा, लेकिन वे मार्क्स के विचारों के अधिक नजदीक थे। मार्क्स के अनुसार उनके, विचार सामाजिक विकास के जन्म की वेदना को कम कर सकते हैं, लेकिन किसी भी अवस्था को नजरअंदाज नहीं कर सकते। फिर भी लेनिन और ट्रॉटस्की ने रूस में और माओ ने चीन में पूँजीवाद की स्थापना की प्रक्रिया से गुजरे बिना सामंतवादी समाज में साम्यवाद की स्थापना की। इस प्रत्यक्ष विरोधाभास के समाधान के लिए ट्रॉटस्की ने थ्योरी ऑफ परमानेंट रिवॉल्युशन, को विकसित किया। उन्होंने अपने सिद्धांत में मध्यवर्ग की क्रांति को सर्वहारा की क्रांति के साथ मिला दिया। ये दोनों क्रांतियां ट्रॉटस्की में साथ–साथ घट सकती हैं। यद्यपि यह अधिक व्यवहारिक विचार प्रतीत होता है, यह मार्क्सवाद के बुनियादी सिद्धांतो को नहीं स्वीकार करता है। आर्थिक निर्धारकवाद के मार्क्सवादी सिद्धांत की कठोर आलोचना की गयी है। यह सिर्फ आर्थिक कारक ही नहीं होता है, बल्कि

दूसरे कारक भी सामाजिक परिवर्तन लाने में समान रूप से महत्वपूर्ण होते है। यदि अर्थव्यवस्था, राजनीतिक,समाज, नैतिकता, मूल्य प्रणाली इत्यादि को निर्धारित करती है, तब अर्थव्यवस्था भी अपने आप इनके द्वारा निर्धारित होती है। यह दो तरफा प्रक्रिया है। आर्थिक शक्तियाँ राजनीति, समाज, संस्कृति, धर्म, मूल्यों, आदर्शों इत्यादि के प्रभावों से अछूती नहीं है। यदि आधार या नींव अधिरचना को आकार देते हैं, तो अधिरचना भी नींव को आकार देती है। इस प्रकार आर्थिक निर्धारकवाद के सिद्धांत को स्वीकारा नहीं जा सकता है। बाद के मार्क्सवादी विचारकों, जैसे कि ग्रामसी ने अधिरचना की महत्वपूर्ण भूमिका को स्वीकार किया।

सर्वहारा का अधिनायकत्व और साम्यवाद की मार्क्सवादी अवधारणाओं में कई कमियाँ हैं। सर्वहारा क्रांति के बाद सर्वहारा मध्य वर्ग से राज्य की मशीनरी को छीन लेगा। साम्यवाद की स्थापना के बाद राज्य फालतू हो जाएगा और धीरे–धीरे विलीन हो जाएगा। यह घटित नहीं हुआ है। समाजवादी समाज में राज्य वास्तव में सर्व–शक्तिमान बन गया। कमजोर होने के बदले राज्य ने अपनी स्थिति दृढ़ बना ली है और इसके मुरझाने की कोई संभावना नहीं है। समाजवादी और मार्क्सवादी समाज में महत्वपूर्ण भूमिका निभाता रहेगा और इसे संग्रहालय को कभी भी सौंपे जाने की कोई संभावना नहीं है।

समाजवादी समाज की जहाँ कहीं भी स्थापना की गयीं है, या तो उतार फेंका गया या नजरअंदाज किया जाता है। जहाँ कहीं भी यह अभी भी जीवित है, इसे बहुत सारे परिवर्तन करने के लिए मजबूर होना पड़ा है, जो वर्गीय मार्क्सवाद की विचारधारा से मेल नहीं खाता है। पूर्वी यूरोप में साम्यवाद की असफलता रूस में बिखराव और चीन में आर्थिक सुधारों ने फ्रांसिस फुकुयामा सरीखे विचारकों को मार्क्सवाद की ऑबिटयुरी लिखने को बाध्य किया है। फुकुयामा ने अपनी प्रसिद्ध पुस्तक एण्ड ऑफ हिस्ट्री में शीतमुद्रा कालीन संसार में साम्वाद के ऊपर पूँजीवाद की विजय का दावा किया है। उनके अनुसार पूँजीवाद की साम्यवाद पर विजय इतिहास के अंत को दर्शाता है। यहाँ फुकुयामा हेगेल के अर्थ में इतिहास की बात करते हैं। पूँजीवाद के बाद आगे कोई आर्थिक और राजनीतिक विकास नहीं होगा। पूँजीवाद सबसे विवेकशील और पूर्ण प्रणाली है यह सबसे पूर्ण विचारधारा और दर्शन है। इसलिए वैचारिक और दार्शनिक विकास का अंत पूँजीवाद के उद्भव के साथ ही हो जाता है। इसका मुख्य चुनौतीकर्ता साम्यवाद पराजित हो गया है और यह आगे अपने दावों को साबित करता है कि यह मानवता द्वारा कभी भी विकसित प्रणालियों में से सबसे उतम सामाजिक आर्थिक, और राजनीतिक प्रणाली है।

10. भारत और यू.एस.ए. में सकारात्मक क्रिया (affirmative action) की चर्चा करें।

Refer to Chapter-8, Q.No.-11&12

11. आपके विचार में भारत के लिए धर्मनिरपेक्षवाद का उपयुक्त स्वरूप क्या है? तर्कों के साथ उत्तर दें।

Refer to Chapter-8, Q.No.-4

12. राजनीति के नवीन विज्ञान (new science of politics) के प्रमुख लक्षणों की चर्चा करें।

उत्तर – आधुनिक राजनीतिक विचारकों में जिनहोंने राजनीतिक दर्शनीकरण की ऊँचाइयों में उड़ान भरी है, **एरिक वोगलिन** का नाम सर्वाधिक प्रसिद्ध है। वह एक फलदायी लेखक हैं, यद्यपि उनकी शैली कुछ जटिल है तथा हमेशा उनका अनुसरण करना आसान नहीं है। वह राजनीतिक सिद्धांत और राजनीतिक विज्ञान के बीच अंतर नहीं करते–उनके अनुसार राजनीतिक सिद्धांत का अर्थ है राजनीति पर एक समालोचनात्मक प्रतिक्रया, जिसके बिना कोई राजनीति विज्ञान नहीं हो सकता। वोगेलिन का प्रबल मत है कि हमारे पास कभी भी सैद्धांतिक विश्लेषण में पूरी तरह आगे बढ़ने के लिए सामग्री की उपलब्धता तथा बौद्धिक वातावरण की उपयुक्तता नहीं थी, जैसा कि आजकल है। वोगेलिन आधुनिक दर्शन में तंत्र निर्माण के विरुद्ध हैं और मानते है कि तंत्र निर्माता अस्तित्व के मौलिक अनुभव से अनजान है।

वोगेलिन के अनुसार राजनीतिक सिद्धांतवादी का कर्तव्य है इतिहास के माध्यम से मनुष्य के अनुभवों की जाँच करना और उनका समालोचनात्मक मूल्यांकन करना, जिससे उस प्रकाश की तलाश की जा सके जिसे वे मानव समाज में व्यवस्था के लिए सत्य की अपनी खोज में प्रयोग कर सकें, ऐसा कार्य जिसे ग्रीक दार्शनिकों और ईसाई धर्म मीमांसकों द्वारा श्रेष्ठता से पूरा किया गया था। वोगेलिन उन आधुनिक राजनीतिक सिद्धांतवादियों से तीव्रता से असहमत हैं जो राजनीतिक सिद्धांत को आवश्यक रूप से प्रणाली विज्ञान के रूप में तथा उसके कार्य को मात्र घटनात्मक स्तर पर हस्त–अप्रयुक्त अनुसंधान को व्यवहारात्मक अनियमितताओं के रूप में "कारक के रूप में मानेंगें।" अपितु वह राजनीति विज्ञान को विद्यमान मानवीय व्यक्तित्व के सकल अनुभव पर आधारित सही क्रम वाली परीक्षणात्मक विज्ञान के रूप में मानंगें। वोगोलिन के अनुसार, राजनीतिक सिद्धांत का कार्य "अनुभवजनय और समालोचना के तौर पर व्यवस्था की उन समस्याओं को परिष्कृत करना है जो दार्शिनिकीय मानव विज्ञान से सत्ता मीमांसा के एक अंग के रूप में व्युत्पन्न होती है।"

ऐसे समय पर जब व्यवहारवादी लोकतंत्र की विशिष्टता धारणा को अपने "अनुप्रयुक्त" अध्ययनों और सांख्यिकीय आँकड़ों के संग्रहण के माध्यम से युक्तियुक्त और न्यायनिर्णीत करने की कोशिश कर रहे थे, उसी समय **क्रिस्टियन बे**, उत्कृष्ट राजनीतिक दार्शनिकों की सर्वोत्कृष्ट परम्परा के अनुरूप, उनकी "बृद्धिमता" पर प्रश्नचिह्न लगा रहे थे और पूछताछ की उन समस्याओं और परिप्रेक्ष्यों संबंधी कुछ मौलिक प्रश्न उठा रहे थे जो उनके द्वारा अनदेखे कर दी गई र्थी वह डेविड ईस्टन की राजनीति की परिभाषा वे प्रक्रियाएँ जिनके द्वारा सार्वजनिक मूल्य सता और प्राधिकार के माध्यम से प्रोन्नत एवं वितरित किए जाते है। से सहमत थे, परन्तु इस परिभाषा में मानवीय आवश्यकताओं और समस्याओं की राजनीति में सम्बद्धता के किसी प्रसंग की वास्तविक अनुपस्थिति पर उन्हें आपति थी। वह लिखते है कि आज राजनीति विज्ञान में व्यावहारिक अनुसंधान की मात्रा सामाजिक, राजनीतिक और आर्थिक मुद्दों पर मतदान तथा अभिमतों और दृष्टिकोणों पर ध्यान देती है। परन्तु हमें इस अनुसधांन में जिस राजनीतिक क्षितिज को हम समझ पाते हैं उसे ही राजनीतिक का पूरा दायरा नहीं समझ लेना चाहिए। ऐसा बहुत कुछ है जो उस समय ध्यान से चूक जाता है जब हम समाजशस्त्रीय

तकनीकों – उदाहरण के लिए राजनीतिक वचनबद्धता के अलग–अलग अर्थों – के मानक प्रकारों द्वारा तत्काल मापन पर ध्यान केन्द्रित करते है। वह लोकतंत्र के नियामक सिद्धांतों से व्यावहारिक आँकड़ों को अर्थपूर्ण ढंग से सम्बद्ध करने का प्रयास न करने के वर्तमान अनुसंधान में प्रचलित प्रवृति के कटु आलोचक थे। इस संबंध में उन्होंने आश्चर्यजनक रूप से लोकतांत्रिक सिद्धांत के उपयुक्त अपने आँकड़ों को लाने के सतही प्रयास के साथ राजनीतिक व्यवहार के जौखिम भरे विश्लेषण का उद्धरण दिया जिसे बैरलसन, लाजार्सफल्ड तथा मैकफी द्वारा उस समय किया गया था। जब उन्होंने यह निष्कर्ष निकाला कि लोकतंत्र की अमेरिकी प्रणाली "एक राजनीतिक संगठन को चलाने के लिए कतिपय अपेक्षाओं को पूरा नहीं करती है" और यह कि "यह प्रायः विशिष्टता के साथ कार्य करती है।" राजनीति की और अधिक पर्याप्त संकल्पना के साथ उन्होंने लिखा था, यह स्पष्ट हो आएगा, मेरा विश्वास है कि जो कुछ ये और राजनीतिक व्यवहार पर पुस्तकों के कई अन्य लेखक दृष्टिपात कर रहे हैं, आँकड़ों का मात्र एक सीमित दायरा है जिसे और अधिक वैज्ञानिक जिज्ञासा द्वारा तथा उस राजनीतिक सिद्धांत के अधिक व्यापक परीक्षण द्वारा भी बुरी तरह अनुपूरित किए जाने की आवश्यकता है जिसमें आवश्यकता, विकास तथा आम जनता की भलाई जो नाममात्र की है, जैसी संकल्पनाओं के लिए स्थान शामिल है। बे को एस.एम. जैसे परम आदरणीय लेखक के बारे में जानकर भारी धक्का लगा जिन्होंने बड़ी खुशी के साथ दाव किया कि लोकतंत्र 'स्वयमेव प्रचलन में एक अच्छा समाज है', अथवा यह कि 'एक स्वतंत्र समाज के आंतरिक संघर्षो का लेन–देन' श्रेष्ठतम था जिसकी मानव पृथ्वी पर रहते हुए आशा कर सकता था। कुछ और उदाहरणों की चर्चा करते हुए उन्होंने लिखा, "समाजशास्त्रीय तकनीकों को उपलब्ध आयुशाला का उपयोग करने के लिए संकल्पित इस अनुसंधान ने इस घटना को तनावयुक्त बना दिया है कि जिसकी राजनीति के और हटाने के लिए अपनी इच्छा में ये अन्वेषक नियामक जिज्ञासा से उस कार्य को लोकतंत्र जो मानवीय इच्छाओं को स्वयमेव अंत अथवा समान अस्पष्ट धारणाओं के माध्यम के रूप में है, की अपरिपकव धारणाओं और उसके बारे में कल्पनाओं से जोड़ते हैं"।

खण्ड III

13. निम्नलिखित में से किन्हीं चार पर संक्षिप्त टिप्पणियाँ लगभग 100 शब्दों (प्रत्येक) में दीजिए। प्रत्येक के 5 अंक हैं। 4×5=20

(i) कंफ्यूशन परंपरा

Refer to Chapter-2, Q.No.-7

(ii) राज्य की ग्रीक परंपरा

Refer to Chapter-2

(iii) मैक्स वेबर की डेविड बीथैम द्वारा समालोचना

उत्तर – आधुनिक युग में राजनीतिक व्यवस्थाओं एवं शासन–पद्धतियों की वैधता को समझने में प्राधिकार पद्धतियों संबंधी वैबर के वर्गीकरण को एक महत्वपूर्ण योगदान माना जाता है, खासकर उस तरीके से जिसमें प्राधिकार के आधुनिक रूप परम्परागत रूपों से भिन्न हैं। डैविड बीथम जैसे राजनीति–वैज्ञानिक, हालाँकि बताते है कि वैबर की तीनों तर्कसंगत सिद्ध होती धारणाएँ जबकि वे हमें ये समझने में मदद करती हैं कि प्राधिकार की पूर्वाधुनिक के मुकाबले आधुनिक पद्धतियों के बारे में क्या खास है, उन विभिन्न शासन–पद्धतियों के चरित्र–चित्रण हेतु अपर्याप्त हैं जो बीसवां शती के दौरान अस्तित्व में थीं।

वैबर, जो शासन–पद्धतियों को तीन प्रतीकात्मक व्याख्याओं में परखते और रखते हैं, अथवा विकल्पतः, शासन–पद्धतियों को दो नमूनों के मिश्रण के रूप में देखते हैं, से भिन्न बीथम आज्ञापालन की प्रक्रियाओं एवं आधारों की समझ हेतु एक विस्तृत प्राधार को ज्यादा पसंद करते हैं। उनके प्राधार में राजनीतिक प्राधिकार का समझने के लिए तीन स्तर अथवा मानक दिए गए है। बीथम कहते है, राजनीतिक प्राधिकार इस सीमा तक वैध हैं कि : (1) यह स्थापित नियमों के अनुसार अभीष्ट और व्यवह्रत होता है (वैधता) (2) ये नियम सामाजिक रूप से स्वीकृत धारणाओं के अनुसार दो विषयों में सही ठहराए जाते हैं। (क) प्राधिकार का वैध स्त्रोत, और (ख) सरकार के उचित साधन व मानक और (3) प्राधिकार की स्थिति स्पष्ट सहमति अथवा समुचित अधीनस्थों की अभिपुष्टि द्वारा, और दूसरे विधिसंगत प्राधिकारों से मान्यता द्वारा समर्थित होती है (वैधीकरण)।

ये तीन स्तर वैकल्पिक रूप अथवा मॉडल नहीं हैं, परन्तु तीनों मिलकर प्राधिकार के आज्ञापालन अथवा सहयोग हेतु लोगों को नैतिक आधार प्रदान करते हैं। इस प्रकार के प्राधार बीथम को लगता है इन कारणों का भी ज्ञान कराते है कि सता में वैधता का अभाव क्यों हो सकता है। यदि कहीं नियमों का उल्लघंन होता हो, तो अवैधता शब्द का प्रयोग होता है यदि नियम सामाजिक विश्वासों द्वारा दोषपूर्वक समर्थिक हैं, अथवा गहरे विवादित है तो हम कहते है कि यहाँ "वैधता अभाव" है और यदि सहमति अथवा मान्यता को सार्वजनिक रूप से वापस ले लिया जाता है अथवा स्थगित कर दिया जाता है, हम 'वैधता–त्याग' की बात करते है।

बीथम को लगता है कि इस प्रकार का प्राधार वैबरके विश्लेषण की एक और अपर्याप्तता को पूरा करता है। यह हमें लोग विरोध क्यों करते हैं यह समझने में, अथवा उन परिस्थितियों को समझने में मदद करता है जिनमें जन विरोध और उपद्रव राजनीतिक प्राधिकार को चुनौतियों के माध्यम से राजनीतिक परिवर्तन होता है। वैधता को एक वैधता में विश्वास से अधिक कुछ नहीं नहीं समझना जैसा कि वैबर ने किया, केवल सतासीन व्यक्तियों के दृष्टिकोण से वैधता निर्धारण पर ध्यान आकृष्ट करता है। बीथम का प्राधार, दूसरी ओर, उन प्रक्रियाओं को उजागर करता है जिनके माध्यम से शासित वर्ग मान्यता और आज्ञापालन प्रदान करता अथवा देने से इंकार करता है।

(iv) असमानता का उदारवादी समर्थन

उत्तर – उदारवादी जन लोगों से भिन्न व्यवहार किए जाने हेतु अनुकूल मानदण्डों के रूप में लिंग, प्रजाति, अथवा वर्ग को अस्वीकार करते हैं परन्तु वे यह जरूर मानते है कि यदि

असमानताएँ उनक भिन्न गुण–अवगुण अथवा योग्यता के आधार पर अर्जित एवं यथोचित हैं, तो यह बात न्यायसंगत और उचित है। तदनुसार, उदारवादी सिद्धांत हठात् यह दावा करता है कि जब तक भी असमानता को समाज हेतु विशेष गुणों व योग्यताओं अथवा विशेष योगदान के लिए पारितोषिक अथवा पुरसकार/दण्ड के आधार पर सही ठहराया जा सकता है, यह स्वीकार्य करेगा। यहाँ हम इस बात पर ध्यान दिए बगैर नहीं रह सकते कि समाज के लिए जो भी पुरस्करणीय विशेष अथवा योगदान स्वरूप है सभी उक्त समाज की विशिष्टताओं से सीमाबद्ध है। इसके अतिरिक्त, किसी व्यक्ति के योगदान के मूल्य को ताक पर रख देना बहुत मुश्किल है, और यदि कोई योगदान देने के बाद वापस ले जाता है, तो कया वह वाकई कोई योगदान कर रहा हैं? यह विचार समग्रता में बुनियादी उदारवादी विचार के विरुद्ध लगता है कि सभी व्यक्ति समान रूप से योग्य व सम्मान्य हैं, और लोगों को प्रतिभाओं व योग्यताओं की एक गठरी सा बना देता है।

आज के युग में तथापि रॉल्स एवं ड्वोर्कँ जैसे आधुनिक उदारवादियों ने असमानता को सही ठहराने के लिए मानदण्डों के रूप में योग्यता एवं गुण/अवगुण को नहीं माना है। वास्तव में, वे सभी जनों की भिन्न वैयक्तिक प्रतिभाओं व कौशलों पर ध्यान दिए बगैर उनके समान नैतिक गुण पर आधारित सम्मान की समानता की वकालत करते है। वे इस समानता को इस धारणा पर आधारित करते हैं कि सभी मनुष्य विकल्प चुनने एवं जीवन–योजना तैयार करने की योग्यता से समान रूप से सम्पन्न हैं। रॉल्स, उदाहरण के लिए, योग्यता अथवा प्रयास के अनुसार पारितोषिकों के वितरण को नैतिक रूप से याद च्छिक मानकर अस्वीकार करते हैं, क्योंकि योग्यताओं व कुशलताओं में अंतर वह तर्क देते हैं, सहज ही प्रकृति के तथ्य हैं और इन कुशलताओं व योग्यताओं की विद्यमानता अथवा अभाव के कारण किसी को लाभ अथवा हानि नहीं होनी चाहिए। इस कारण से, वह इन नैसर्गिक योग्यताओं के व्यवहार का सामाजिक गुण के रूप में समर्थन करते हैं, ताकि समाज का बुनियादी ढाँचा व्यवस्थित किया जा सके, ताकि ये संभाव्यताएँ सबसे खराब किस्मत वाले के लिए भी भलाई के काम करें।

तथाकथित भेद सिद्धांत जो कि रॉल्स स्पष्टता व्यक्त करते हैं, वह उनकी समझ में सर्वोत्तम सिद्धांत है, यह सुनिश्चित करने के लिए कि प्राकृतिक गुण अनुचित लाभों की ओर प्रवृत न करें। यह सिद्धांत अपेक्षा रखता है कि सामाजिक व आर्थिक असमानताएँ इस प्रकार व्यवस्थित हों कि ये दोनों शर्तें पूरी हों : (अ) ये न्यूनतम लाभांवितों के अधिकतम लाभार्थ हो और (ब) ये अवसर की उचित समानता संबंधी शर्तों के तहत सभी के लिए खुले उच्च्व पद व स्थानों से जुड़ी हों। यह तदनुसार परम्परागत उदारवादी अधिकारों से भिन्न समानता की एक अधिक व्यापक समझ है। असमान पारितोषिक भिन्न योग्यताओं के आधार पर नहीं वरन् प्रोत्साहन के रूप में न्यायोचित ठहराये गए हैं, ताकि वे न्यूनतम लाभांवितों को लाभ पहुँचायें। ड्वोर्के समानता विषयक परम्परागत उदारवादी विचारों से भी अहमति जताते है और कुछ पुनर्तितरण एवं कल्याणकारी नीतियों की आवश्यकता को स्वीकार करते है।

मैकफर्सन ने रॉल्सवादी समानता की इस आधार पर आलोचना की है कि वह वर्गों के बीच संस्थागत असमानताओं की अपरिहार्यता को मानते है। ऐसा करते हुए रॉल्स इस तथ्य से इंकार करते हैं कि वर्गाधारित असमानताएँ विभिन्न वर्गों क व्यक्तियों के बीच असमान

सत्ता–संबंधी को जन्म देती हैं और इस प्रकार, समानता के अन्य पहलुओं पर असर पड़ता है।

(v) सर्वहारा की तानाशाही

उत्तर – सर्वहारा क्रांति सर्वहारा के अधिनायकत्व की स्थापना करेगी। यह समाजवादी राज्य के नाम से भी जानी जाती है। मध्यवर्ग द्वारा उत्पन्न राज्य के अंग, सर्वहारा के दबाने वालों को, सर्वहारा मध्य वर्ग के विरुद्ध राज्य के यंत्र का इस्तेमाल करेगा। मध्य वर्ग पुरानी व्यवस्था को पुनः प्राप्त करने के लिए विरोधी–क्रांति करने की कोशिश करेगा और इस प्रकार राज्य की दमनकारी संस्थाओं द्वारा मध्य वर्ग को नियंत्रित करने की आवश्यकता होती है।

राज्य सदैव दमन का साधन रहा है। प्रभावी वर्ग ने आश्रित वर्ग पर दमन करने के लिए राज्य की उत्पति की है यह एक वर्ग साधन है। राज्य रक्षा करता है और अपने निर्माता के हितों का ख्याल करता है, जो सम्पति संपन्न वर्ग होता है। यह वर्ग सर्दव अल्पसंख्यक रहा हैं, चाहे वह स्वामी य सामंत या पूँजीपति हो। इस प्रकार अल्पंसख्यक बहुसंख्यक का शोषण करते रहे हैं, जैसे गुलामों या किसानों या सर्वहारा का राज्य के दमनकारी अंगों द्वारा। सर्वहारा के अधिनायकत्व के अंतर्गत पहली बार राज्य बहुसंख्यक के नियंत्रण में आता है। अब पहली बार राज्य के दमनकारी यंत्र का उपयोग बहुसंख्यक के विरुद्ध अल्पसंख्यक द्वारा होता है। मार्क्स के अनुसार सभी राज्यों का अधिनायकत्व रहा है। अतः समाजवादी राज्य कोई अपवाद नहीं है। यह भी एक अधिनायकत्व है। राज्य का इस्तेमाल सदैव एक वर्ग का दूसरे वर्ग को दबाने के लिए किया जाता रहा है। समाजवादी राज्य में सर्वहारा वर्ग राज्य के दमनकारी अंगों जैसे सेना, पुलिस, जेल, न्यायिक प्रणाली आदि का प्रयोग मध्य वर्ग के विरुद्ध करेगा। मार्क्स तर्क देते हैं कि यदि प्रजातंत्र का अर्थ बहुसंख्यक का शासन होता है तो सर्वहारा राज्य सबसे प्रजातांत्रिक राज्य है क्योंकि पहली बार इतिहास के वार्षिकी में सत्ता बहुसंख्यक के हाथों में आती है। सर्वहारा राज्य के पहले, सत्ता सदैव अल्पसंख्यकों के हाथा में रही है। इसलिए यदि बहुमत का शासन मापदंड हैं तो मात्र सर्वहारा राज्य ही प्रजातांत्रिक राज्य कहा जा सकता है।

(vi) राज्य पर रैल्फ मिलीबैंड के विचार

उत्तर – रैल्फ मिलिबैण्ड ने अपनी पुस्तक पूंजीवादी समाज में राज्य में उन विभिन्न तत्वों का पंजीयन करते हैं, जो एक साथ मिलकर राज्य का निर्माण करते हैं। पहला, परंतु किसी भी शर्त पर राज्य उपकरण का एकमात्र तत्व सरकार होती है। दूसरा प्रशासनिक तत्व, सिविल सेवा या नौकरशाही होता है। यह प्रशासनिक कार्यपालिका उदारवादी – प्रजातांत्रिक प्रणालियों में निष्पक्ष मानी जाती है तथा जो सत्ता में होते है, उन राजनीतिज्ञों के आदेश का पालन करती है। वास्तव में फिर भी नौकरशाही का अपना प्राधिकार हो सकता है और वह इसका प्रयोग कर सकती है। तृतीय, मिलिबैंड की सूची में है मिलिटरी और पुलिस आदेश–परिपालन या राज्य का दमनकारी अंग चतुर्थ न्यायपालिका आती है। किसी भी संवैधानिक व्यवस्था में, न्यायपालिका सरकारी शक्ति रखने वालों से स्वतंत्र मानी जाती है। यहउन पर नियंत्रण का कार्य करती हैं। पाँचवा उप केन्द्र या स्थानीय स्वशासन इकाइयाँ आते है। कुछ संघात्मक प्रणालियों में ये इकाइयाँ केन्द्रीय सरकार से काफी सीमा तक स्वतंत्रत हैं, शक्ति के अपने क्षेत्र का नियंत्रण

करती हुयी जहाँ सरकार संवैधानिक रूप से हस्तक्षेप से अलग रखी जाती है। केन्द्रीय और स्थानीय सरकार के बीच का संबंध एक महत्वपूर्ण राजनीतिक मुद्दा बन गया है। जैसा कि हाल में ब्रिटिश राजनीति में ग्रेटर लंदन कॉन्सिल और महानगर काउन्टियों को हटाने, स्थानीय सरकार को वित्त प्रदान संबंधी वाद–विवाद, कीमत निर्धारण और अन्य के ऊपर विवाद देखने देखने को मिले हैं। छटा और अंततः ब्रिटिश प्रणाली में प्रतिनिधि सभायें और संसद को सूची को शामिल किया जा सकता है। कोई राजनीतिक दलों की भी चर्चा कर सकता है, यद्यपि वे कम से कम उदारवादी प्रजातंत्र में, सामान्यतयाः राज्य मशीनरी के भाग नहीं होते हैं। वे प्रतिनिधि सभी में अपनी प्रत्यक्ष भूमिका निभाते हैं और वहाँ कम से कम अंशतः सरकार और विरोधी पक्ष के बीच प्रतिस्पर्धात्मक मुकाबले को संवादित किया जाना है।

ई.पी.एस.–11 राजनीतिक विचार और विचारधाराएँ
दिसम्बर, 2007

नोट : (i) खण्ड I – किन्हीं दो प्रश्नों के उत्तर दीजिए।
(ii) खण्ड II – किन्हीं चार प्रश्नों के उत्तर दीजिए।
(iii) खण्ड III – किन्हीं चार प्रश्नों के उत्तर दीजिए।

खण्ड I

निम्नलिखित में से किन्हीं दो प्रश्नों के उत्तर लगभग 500 शब्दों (प्रत्येक) में दीजिए। प्रत्येक प्रश्न 20 अंक का है।

प्रश्न 1. राजनीतिक सिद्धांत की मूल्यपरक (Normative) अवधारणाओं (Conceptions) पर एक निबंध लिखें।

प्रश्न 2. भारतीय राजनीतिक चिंतन के स्रोतों का वर्णन करें और उनकी कमियों और सीमाओं पर टिप्पणी करें।

प्रश्न 3. राज्य और अन्य संस्थाओं (Associations) के मध्य भेद की चर्चा करें।

प्रश्न 4. वैधीकरण संकट (Legitimation Crisis) पर जुर्गेन हेबरमास के विचारों की चर्चा करें।

खण्ड II

निम्नलिखित में से किन्हीं चार प्रश्नों के उत्तर लगभग 250–300 शब्दों (प्रत्येक) में दीजिए। प्रत्येक प्रश्न 10 अंक का है।

प्रश्न 5. उदारवादी नागरिकता की मार्क्सवादी समालोचना की चर्चा करें।

प्रश्न 6. प्रतिनिधि लोकतंत्र के मूल सिद्धांतों की संक्षिप्त व्याख्या करें।

प्रश्न 7. फासीवाद पर एक लेख लिखें।

प्रश्न 8. सत्याग्रह और निष्क्रिय प्रतिरोध (पैसिव रेसिस्टैंस) की तुलना करें और उनके विरोधाभासों को दर्शाएँ।

प्रश्न 9. भूमण्डलीकरण के युग में राज्य संप्रभुता पर टिप्पणी करें।

प्रश्न 10. भारत में सकारात्मक कार्य पर एक संक्षिप्त लेख लिखें।

खण्ड III

प्रश्न 11. निम्नलिखित में से किन्हीं चार पर संक्षिप्त टिप्पणियाँ लगभग 100 शब्दों (प्रत्येक) में दीजिए। प्रत्येक भाग के 5 अंक हैं।

(i) राजनीति की प्रकृति

(ii) प्राचीन भारतीय राजनीतिक चिंतन पर ऐथिक्स (ethics) का प्रभाव

(iii) राज्य के घटक तत्त्व

(iv) शक्ति (Power) के निहितार्थ (Implications)

(v) न्याय का कार्यविधिक (Procedural) सिद्धांत

(vi) नव वामपंथ (New Left)

(vii) नागरिकता की गाँधीवादी संकल्पना

(viii) राजनीतिक भूमंडलीकरण

ई.पी.एस.–11 राजनीतिक विचार और विचारधाराएँ
जून, 2008

नोट : (i) खण्ड I – किन्हीं दो प्रश्नों के उत्तर दीजिए।
(ii) खण्ड II – किन्हीं चार प्रश्नों के उत्तर दीजिए।
(iii) खण्ड III – किन्हीं चार प्रश्नों के उत्तर दीजिए।

खण्ड I

निम्नलिखित में से किन्हीं दो प्रश्नों के उत्तर लगभग 500 शब्दों (प्रत्येक) में दीजिए। प्रत्येक प्रश्न 20 अंक का है।

प्रश्न 1. क्या हमको राजनीतिक सिद्धांत की आवश्यकता है? वर्तमान स्थिति में इसके विकास में देखी गई विभिन्न प्रवृत्तियों पर प्रकाश डालते हुए उत्तर दीजिए।

प्रश्न 2. ''क्रांति का विचार केवल राजनीतिक को ही शामिल नहीं करता है बल्कि मानव जीवन के आर्थिक, सामाजिक और सांस्कृतिक आयामों को भी समाहित करता है।'' उदाहरणों सहित उत्तर दीजिए।

प्रश्न 3. मार्क्सवाद के मूल सिद्धांतों को स्पष्ट कीजिए।

प्रश्न 4. भूमण्डलीकरण के युग में राज्य पर होने वाली परिघटना पर आप एक राजनीतिक सिद्धांत के विद्यार्थी के रूप में अपने विचार लिखिए।

खण्ड II

निम्नलिखित में से किन्हीं चार प्रश्नों के उत्तर लगभग 250 शब्दों (प्रत्येक) में दीजिए। प्रत्येक प्रश्न 12 अंक का हैं।

प्रश्न 5. क्लासिकी अथवा आनुभविक परम्पराओं में राजनीतिक तर्कों की प्रकृति पर चर्चा कीजिए।

प्रश्न 6. भारतीय राजनीतिक चिंतन की प्रमुख विशेषताओं को स्पष्ट कीजिए।

प्रश्न 7. 'समुदायवाद' पर टिप्पणी लिखिए।

प्रश्न 8. सत्याग्रह के सिद्धांतों और प्रणालियों को स्पष्ट कीजिए।

प्रश्न 9. नागरिक समाज की विशेषताओं पर प्रकाश डालिए।

प्रश्न 10. विधिसम्मतन संकट पर हैबरमास के विचार स्पष्ट कीजिए।

प्रश्न 11. उदारवादी लोग समानता का विरोध क्यों करते हैं? उत्तर दीजिए।

प्रश्न 12. लोकतांत्रिक प्रक्रियाओं के माध्यम से समाजवाद को लागू करने में सामने आने वाली चुनौतियों की प्रकृति को स्पष्ट कीजिए।

खण्ड III

निम्न में से किन्हीं दो पर लगभग 100 शब्दों (प्रत्येक) में लघु लेख लिखें। प्रत्येक के 6 अंक हैं।

प्रश्न 13. धर्मनिरपेक्षवाद का उद्गम

प्रश्न 14. संयुक्त राज्य अमेरिका में सकारात्मक कार्य

प्रश्न 15. नागरिकता पर अरस्तु के विचार

प्रश्न 16. गांधीजी का संसदीय स्वराज

ई.पी.एस.–11 राजनीतिक विचार और विचारधाराएँ
दिसम्बर, 2008

नोट : (i) खण्ड I – किन्हीं दो प्रश्नों के उत्तर दीजिए।
(ii) खण्ड II – किन्हीं चार प्रश्नों के उत्तर दीजिए।
(iii) खण्ड III – किन्हीं चार प्रश्नों के उत्तर दीजिए।

खण्ड I

निम्नलिखित में से किन्हीं दो प्रश्नों के उत्तर लगभग 500 शब्दों (प्रत्येक) में दीजिए। प्रत्येक प्रश्न 20 अंक का हैं।

प्रश्न 1. 'राजनीतिक' से आप क्या समझते हैं? उदाहरण देकर स्पष्ट कीजिए।

प्रश्न 2. चीन के साम्राज्य शासन में कंफ्यूसियस परम्परा में मुख्य विचारों और उनकी भूमिका का वर्णन कीजिए।

प्रश्न 3. एक व्यक्ति को राज्यसत्ता का पालन क्यों करना चाहिए? राजनीतिक आभार के विभिन्न सिद्धांतों की चर्चा से उत्तर दीजिए।

प्रश्न 4. फासीवाद के सामाजिक आधारों पर टिप्पणी लिखिए।

खण्ड II

निम्नलिखित में से किन्हीं चार प्रश्नों के उत्तर लगभग 250 शब्दों (प्रत्येक) में दीजिए। प्रत्येक प्रश्न 12 अंक का हैं।

प्रश्न 5. रोम की राजनीतिक परम्पराओं की उपलब्धियों के सम्बन्ध में लिखिए।

प्रश्न 6. गांधीजी की राज्य के बारे में अवधारणाओं का वर्णन कीजिए।

प्रश्न 7. नागरिक समाज पर टिप्पणी लिखिए।

प्रश्न 8. क्रांति के उदारवादी सिद्धांत से मार्क्सवादी सिद्धांत का अन्तर बताइए।

प्रश्न 9. नागरिकता के विचार के साथ पैदा होने वाली विभिन्न परिघटनाओं का वर्णन कीजिए।

प्रश्न 10. किस प्रकार से मार्क्सवादी स्वतन्त्रता की संकल्पना उदारवादियों से विभेद करती है, वर्णन कीजिए।

प्रश्न 11. समुदायवाद को स्पष्ट कीजिए।

प्रश्न 12. विकास के अधिकार पर टिप्पणी लिखिए।

खण्ड II

निम्न में से किन्हीं दो पर लगभग 100 शब्दों (प्रत्येक) में लघु लेख लिखें। प्रत्येक भाग के 6 अंक हैं।

प्रश्न 13. राज्य पर रैल्फ मिलीबैंड

प्रश्न 14. एथेन्स का लोकतन्त्र

प्रश्न 15. वेबर के आदर्शवादी प्रकार

प्रश्न 16. पद्धति आधारित व्यक्तिवाद

ई.पी.एस.–11 राजनीतिक विचार और विचारधाराएँ
जून, 2009

नोट : (i) खण्ड I – किन्हीं दो प्रश्नों के उत्तर दीजिए।
(ii) खण्ड II – किन्हीं चार प्रश्नों के उत्तर दीजिए।
(iii) खण्ड III – किन्हीं चार प्रश्नों के उत्तर दीजिए।

खण्ड I

निम्नलिखित में से किन्हीं दो प्रश्नों के उत्तर लगभग 500 शब्दों (प्रत्येक) में दीजिए। प्रत्येक प्रश्न के 20 अंक हैं।

प्रश्न 1. राजनीतिक सिद्धांतों के प्रकार पर एक निबंध लिखे।

प्रश्न 2. राजनीतिक सिद्धांत और अंतर–सम्बंधीय शब्दों (terms) जैसे कि राजनीतिक विज्ञान, राजनीतिक दर्शन और राजनीतिक विचारधारा में भेद कीजिए।

प्रश्न 3. प्राचीन भारतीय राजनीतिक चिंतन के कुछ लक्षणों का वर्णन करें।

प्रश्न 4. उदारवादी बनाम मार्क्सवादी परंपरा का परीक्षण करें।

खण्ड II

निम्नलिखित में से किन्हीं चार प्रश्नों के उत्तर लगभग 250 शब्दों (प्रत्येक) में दीजिए। प्रत्येक प्रश्न के 12 अंक हैं।

प्रश्न 5. संप्रभुता की प्रकृति की चर्चा कीजिए।

प्रश्न 6. लोकतंत्र और नागरिक समाज के मध्य सम्बंध पर टिप्पणी कीजिए।

प्रश्न 7. शक्ति पर मिशेल फूको के क्या विचार थे?

प्रश्न 8. मैक्स वैबर की डेविड बीथैम द्वारा समालोचना पर टिप्पणी कीजिए।

प्रश्न 9. नागरिकता सिद्धांतवादियों में व्यक्ति बनाम समुदाय विवाद का परीक्षण करें।

प्रश्न 10. अवसर की समानता से आप क्या समझते हैं?

प्रश्न 11. राजनीतिक स्वतंत्रता के अर्थ की अपने शब्दों में व्याख्या करें।

प्रश्न 12. लोकतंत्र–लोकमत अंतः सम्बंध पर एक लेख लिखें।

खण्ड III

निम्नलिखित में से किन्हीं दो पर लगभग 100 शब्दों (प्रत्येक) में संक्षिप्त लेख लिखें। प्रत्येक प्रश्न के 6 अंक हैं।

प्रश्न 13. वर्ग संघर्ष

प्रश्न 14. गांधीवादी राजनीतिक चिंतन पर प्रभावों के स्रोत

प्रश्न 15. राजनीतिक विश्वीकरण

प्रश्न 16. विकास का मूल आवश्यकता सिद्धांत

ई.पी.एस.–11 राजनीतिक विचार और विचारधाराएँ
दिसम्बर, 2009

नोट : (i) खण्ड I — किन्हीं दो प्रश्नों के उत्तर दीजिए।
(ii) खण्ड II — किन्हीं चार प्रश्नों के उत्तर दीजिए।
(iii) खण्ड III — किन्हीं चार प्रश्नों के उत्तर दीजिए।

खण्ड I

निम्नलिखित में से *किन्हीं दो* प्रश्नों के उत्तर लगभग 500 शब्दों (प्रत्येक) में दीजिये। प्रत्येक प्रश्न के 20 अंक हैं।

प्रश्न 1. राजनीति क्या है? अपने शब्दों में व्याख्या कीजिये।

प्रश्न 2. टिप्पणी करें कि क्या राजनैतिक सिद्धांत मृत हो चुका है।

प्रश्न 3. नवीन उदारवाद पर एक निबंध लिखें।

प्रश्न 4. माओवाद के प्रमुख लक्षणों का वर्णन करें।

खण्ड II

निम्नलिखित में से *किन्हीं चार* प्रश्नों के उत्तर लगभग 250 शब्दों (प्रत्येक) में दीजिये। प्रत्येक प्रश्न के 12 अंक हैं।

प्रश्न 5. राज्य की अवधारणा की व्याख्या करें।

प्रश्न 6. संप्रभुता के सिद्धांत पर एक लेख लिखें।

प्रश्न 7. राजनैतिक दायित्व के मुद्दे की संक्षेप में चर्चा करें।

प्रश्न 8. क्रांति के लक्षणों का वर्णन करें।

प्रश्न 9. सर इसायला बर्लिन की स्वतंत्रता की अवधारणा पर एक लेख लिखें।

प्रश्न 10. वितरणीत न्याय (distributive justice) से आप क्या समझते हैं?

प्रश्न 11. प्रत्यक्ष लोकतंत्र क्या है? अपने शब्दों में व्याख्या करें।

प्रश्न 12. समाजवादी लोकतंत्र का वर्णन करें।

खण्ड III

निम्नलिखित में से *किन्हीं दो* पर लगभग 100 शब्दों (प्रत्येक) में दीजिये। प्रत्येक प्रश्न के 6 अंक हैं।

प्रश्न 13. राज्य के कार्यकलापों का व्यक्तिवादी मत।

प्रश्न 14. 1929 का आर्थिक संकट।

प्रश्न 15. साम्राज्यवाद का युग।

प्रश्न 16. विकास पर अमर्त्य सेन के विचार।

ई.पी.एस.–11 राजनीतिक विचार और विचारधाराएँ
जून, 2010

नोट : (i) खण्ड I – किन्हीं दो प्रश्नों के उत्तर दीजिए।
(ii) खण्ड II – किन्हीं चार प्रश्नों के उत्तर दीजिए।
(iii) खण्ड III – किन्हीं दो प्रश्नों के उत्तर दीजिए।

खण्ड I

निम्नलिखित में से किन्हीं दो प्रश्नों के उत्तर लगभग 500 शब्दों (प्रत्येक) में दीजिए। प्रत्येक प्रश्न के 20 अंक हैं।

प्रश्न 1. शक्ति के तर्कसंगत (legitimate) प्रयोग से आप क्या समझते हैं? वैधीकरण पर मैक्स वेबर के विचारों की चर्चा करें।

Refer to Chapter-1, Q.No.-4

प्रश्न 2. द ज़्यॉर (De Jure) संप्रभुता द फैक्टो (De Facto) संप्रभुता से कैसे भिन्न है?

उत्तर – संप्रभुता का यह पहलू अंतर्राष्ट्रीय कानून द्वारा लागू किया गया है। जब कभी भी किसी देश में राजनीतिक उथल–पुथल होती है अथवा कोई गृह–युद्ध होता है अथवा कोई इस प्रकार की स्थिति हो जाती है तो हमारे पास दो प्रकार की सरकार होती हैं–वैध सरकार, जो निर्मूल कर दी गई हो और नई सरकार, जो यद्यपि वैध नहीं है पर वास्तविक सत्ता रखती है। इस प्रकार की स्थिति में, (कौन–सी) सत्ता को मान्यता वाली माना जाए का प्रश्न उठता है। वैध संप्रभुता ऐसी सर्वसत्ता है जो राज्य को उच्चतम आदेश जारी करने हेतु कानूनन सक्षम है। इसको संप्रभु–शक्ति प्रयोग का कानूनी अधिकार होता है और जन–साधारण का स्वीकार्य। एक वास्तविक (डी फैक्टो) संप्रभुता ऐसी सर्वसत्ता है जिसके पास वास्तविक शक्ति होती है और जो उससे सहमत होने के लिए वास्तविक आदेश रखती है। उसका प्राधिकार शारीरिक बल और नियंत्रण में निहित होता है। वह एक राज्यापहरण करने वाला राजा, एक तानाशाह, एक पादरी, एक पैगम्बर, अपना एक करिश्माई नेता हो सकता है।

संप्रभुता के वास्तविक प्रयोग संबंधी उदाहरणों से इतिहास भरा पड़ा है। सन् 1649 में, इंग्लैंड में क्रौम्वैल लंबे समय से स्थायी संसद को भंग करके वास्तविक संप्रभु बन गया। नैपोलियन डायरैक्टॅरि को समाप्त कर फ्रांस का वास्तविक संप्रभु बना। सन् 1917 में, ज़ार निकोला को रूसी जनता द्वारा अपदस्थ कर दिया गया और वास्तविक संप्रभुता लैनिन के

नेतृत्व में बोल्शविक पार्टी के हाथों में आ गई। इसी प्रकार, 1949 में माओ–ज़ेदौंग के नेतृत्व में, वैध संप्रभु चियांग काइ–शेक को चीन की कम्युनिस्ट पार्टी द्वारा हटा दिया गया और वहाँ उसके नेतृत्व में समाजवादी राज्य वास्तविक बन गया। सन् 1975 में बांग्लादेश, 1976 में अर्जेन्टीना व लेबनान, 1977 में व फिर 2001 में पाकिस्तान, 1978 में अफगानिस्तान, 1979 में ईरान एवं 1980 में युगांडा में फौजी तख्ता–पलट के कारण इसी प्रकार की स्थितियाँ पैदा हुईं। किसी देश में जब कोई गृह–युद्ध होता है तो इसी तरह की स्थितियाँ उत्पन्न हो सकती है।

एक वास्तविक संप्रभु आगे चलकर एक वैध संप्रभु बन सकता है, क्योंकि उसके पास वास्तविक सत्ता होती है। वास्तविक संप्रभु का हमेशा यह प्रयास होता है कि स्वयं को एक वैध संप्रभु में तब्दील कर ले। चूँकि वास्तविक सत्ता वास्तविक संप्रभुता में ही निहित होती है, वह अपना दावा जतलाने और आगे चलकर एक कानूनी संप्रभुता के रूप में मान्य होने के लिए एक बेहतर स्थिति में होता है।

तथापि, कुछ न्यायशास्त्री यह कहते हैं कि संप्रभु महज एक कानूनी अवधारणा है और वास्तविक एवं वैध संप्रभु के बीच भेद एक राजनीतिक गल्प कथा (Fiction) है, क्योंकि एक वास्तविक संप्रभुता का प्राधिकार अवैध होता है। परंतु यह एक बात अवश्य समझ लेनी चाहिए, यथा वास्तविक एवं वैध के बीच भेद अधिकार प्रयोग के संबंध में ही होता है। यह बात मुख्यतः अंतर्राष्ट्रीय कानून एवं लोकतंत्र के दृष्टिकोण से महत्त्वपूर्ण है। यह प्रश्न एक राज्य में केवल किसी क्रांति, राज्य–विप्लव, गृह–युद्ध आदि के उदाहरण में ही महत्त्वपूर्ण होता है क्योंकि ऐसे मामलों में संप्रभुता हेतु बहुत अधिक संख्या में राजनीतिक दावे उभरकर आते हैं।

प्रश्न 3. क्रांति के उदारवादी और मार्क्सवादी सिद्धांतों का परीक्षण करें।

Refer to Chapter-4, Q.No.-15 & 16

प्रश्न 4. विकासशील और विकसित राष्ट्रों के परिप्रेक्ष्य से विश्वीकरण का परीक्षण करें।

Refer to Chapter-8, Q.No.-3

खण्ड II

निम्नलिखित में से किन्हीं चार प्रश्नों के उत्तर लगभग 250 शब्दों (प्रत्येक) में दीजिए। प्रत्येक प्रश्न के 12 अंक हैं।

प्रश्न 5. आधुनिक विश्व में कंफ्यूशियन विचारधारा की क्या स्थिति है?

Refer to Chapter-2, Q.No.-9

प्रश्न 6. राज्य और अन्य संस्थानों के मध्य भेद कीजिए।

Refer to Chapter-3, Q.No.-1

प्रश्न 7. प्राधिकार की अवधारणा की चर्चा कीजिए।

Refer to Chapter-4, Q.No.-3

प्रश्न 8. राजनीतिक दायित्व के निर्देशात्मक सिद्धांत का परीक्षण कीजिए।

उत्तर – इस सिद्धांत के अनुसार, राजनीतिक प्राधिकार और उसका सम्मान "रिवाजी अधिकारो" के सिद्धांत पर आधारित है। प्राधिकार विधिसंगत होता है, यदि वह लंबे समय से चले आ रहे रिवाज अथवा परंपरा द्वारा अनुमोदित है। लोग अपने शासकों का आज्ञापालन करते हैं क्योंकि आज्ञापालन–संबंधी वास्तविकता एक सुस्थापित परिपाटी का रूप ले चुकी है। परंपरावादी जन राज्य को वर्षों में जाकर तैयार हुए एक उत्कृष्ट प्राधार के रूप में देखते हैं, जो एक विवादास्पद हित–संतुलन को दर्शाता है। राज्य जैसी संस्थाएँ क्रमिक रूप से विकसित होती हैं और धीरे–धीरे परिवर्तन के प्रति अनुकूलित हो जाती है, इस प्रकार यह कर्त्तव्य बनता है कि केवल क्रमिक शांतिपूर्ण परिवर्तन हेतु काम करते समय राज्य प्राधिकार को स्वीकार किया जाए और उसका आज्ञापालन

किया जाए। राजनीतिक प्राधिकार संबंध इस रूढ़िवादी सिद्धांत की हैगेल अपने लेखों में अभिपुष्टी करते हैं, जो यह मानते हैं कि नैतिकता की धारणाएँ राज्य के रीति–रिवाजों एवं संस्थाओं में विकसित होती हैं और चूँकि इस प्रक्रिया में अंतिम चरण वर्तमान स्थापित व्यवस्था ही है, इसे हमारा आज्ञापालन प्राप्त करने का अधिकार है। इसके अतिरिक्त, चूँकि राज्य ही एक लंबे समय में विकसित और प्रथागत नैतिकता है, यह हर व्यक्ति का फर्ज बनता है कि वह उस काम को करे जिसकी राज्य उससे अपेक्षा करता है।

बक रूढ़िवाद के सबसे प्रसिद्ध प्रवक्ताओं में एक हैं, जिनका मत है कि मनुष्य के लिए रीति–रिवाजों व परंपराओं का पूरी तरह निरादर करना बुद्धिमानी नहीं है। राजनीतिक दायित्व की वास्तविकता परंपरा को अटल सम्मान दिए जाने में निहित है, जो कि एक परमपावन कार्य है। इस प्रकार, उन्होंने अमेरिकी उपनिवेशकों के विद्रोह का समर्थन किया, जो अंग्रेजों के पारंपरिक अधिकारों के पक्ष में था, परंतु फ्रांसीसी क्रांति का विरोध किया क्योंकि वह "राष्ट्रीय परंपराओं से पृथक्त" व्यक्ति के दुर्बोध अधिकारों द्वारा प्रेरित थी।

प्रोफेसर एम. ओक्शौट दायित्व–संबंधी परंपरावादी दृष्टिकोण के एक समकालीन समर्थक हैं। उनके अनुसार, राजनीतिक कार्यवाहियाँ कभी भी परंपरागत के सिवा और कुछ नहीं हो सकतीं क्योंकि राजनीतिक विचार राजनीति गतिविधि से पहले आ ही नहीं सकता। राजनीति एक कौशल है, जो अभ्यास से सीखा जाता है न कि सैद्धांतिक सूत्रों अथवा पद्धतियों के माध्यम से। इस प्रकार, हम जब कभी भी दूसरे लोगों की राजनीति को पूरी तरह से समझने का प्रयास करते हैं, तो वह हमेशा हमारे अपने तानेबाने के भीतर ही होता है।

प्रश्न 9. आधुनिक नागरिकता के प्रमुख लक्षणों और इसकी सीमाओं का वर्णन कीजिए।

उत्तर – नागरिकता–संबंधी धारणा के उद्गमों का पता आमतौर पर प्राचीन यूनानी व रोमन गणतंत्रों में मिलता है। यह शब्द स्वयं लैटिन शब्द 'सिविस' (civis) तथा इसके ग्रीक समानार्थी 'पॉलिटीस' (polities) से पैदा हुआ है, जिसका अर्थ है पॉलिस (polis) अथवा शहर का सदस्य। पूँजीवाद एवं उदारवाद का विकास के साथ ही, अपनी जाति, वर्ग, प्रजाति, लिंग, नृजाति आदि पर ध्यान दिए बगैर अधिकार धारण करने वाले एक व्यक्ति के रूप में नागरिक–संबंधी धारणा संस्थापित हो गई। 1980 के दशक से ही तथापि, भूमंडलीकरण एवं बहुसंस्कृतिवाद ने ऐसे प्रसंग प्रदान किए हैं, जिनमें रहकर नागरिकता की धारणा को चुनौती दी गई है। इस प्रकार, अब राष्ट्र को सदस्यता की एक मात्र इकाई के रूप में नहीं देखा जाता और विश्व नागरिकता एवं मानवाधिकार संबंधी धारणाओं की उत्सुकतापूर्वक चर्चा होती है। इसी प्रकार, नागरिकता सिद्धांत के मर्म के रूप में व्यक्ति को हटा दिया गया है और सांस्कृतिक समुदायों व समूहों के अधिकारों ने स्थान लेना शुरू कर दिया है। तदनुसार, यह कहा जा सकता है कि नागरिकता–संबंधी धारणा अनेक ऐतिहासिक कालों से गुजरकर विकसित हुई है। इसका रूप और तात्पर्य एक ही नहीं रहे हैं, बल्कि विशिष्ट ऐतिहासिक प्रसंगों के अनुसार बदले हैं। विभिन्न रूप जो ऐतिहासिक रूप से नागरिकता ने धारण किए, हालाँकि, पूरी तरह लुप्त नहीं हुए हैं। उन्होंने सिर्फ नागरिकता के आधुनिक अर्थों को ही प्रभावित नहीं किया है, वे नागरिकता को घेरे अर्थों के अम्बार के भीतर विभिन्न सूत्रों के रूप में भी विद्यमान हैं। उन्नीसवीं सदी में उदारवाद का प्रभाव बढ़ा और पूँजीवादी बाजार संबंधों का विकास भी होने लगा। कानूनी दर्जे के रूप में नागरिकता, जिसने नागरिक को राज्य–हस्तक्षेप से बचाव सुनिश्चित करते कुछ अधिकार प्रदान किए, राज्य व राजनीति संबंधी उदारवादी समझ से अभिन्न थी।

पूँजीवाद के साथ नागरिकता के विकास तथा विवाद व मिली–भगत, जो नागरिकता उसके साथ करती है, के विशिष्ट संबंध का विश्लेषण किया है। पूँजीवादी समाज के एक पहलू, सामाजिक वर्ग की समानता के विरुद्ध समानता–प्रसार प्रक्रिया के रूप में वह एक 250 वर्ष की अवधि में आद्योपांत नागरिकता के विकास का वर्णन करते हैं। मार्शल अधिकारों के तीन सूत्रों अथवा पोटलियों की पहचान करते हैं, जिसमें शामिल हैं : नागरिक–संबंधी, राजनीतिक तथा सामाजिक। मार्शल के अनुसार, इन तीनों सूत्रों में से प्रत्येक एक भिन्न इतिहास रखता है और हर एक सूत्र का इतिहास एक विशिष्ट शताब्दी से जुड़ा है। नागरिक अधिकार जो 18वीं सदी में विकसित हुए, मार्शल द्वारा, "वैयक्तिक स्वतंत्रता हेतु आवश्यक अधिकारों" के रूप में परिभाषित किए गए हैं।

18वीं शताब्दी में इंग्लैंड में अधिकारों के ऐतिहासिक विकास संबंधी मार्शल की योजना को बहरहाल अन्य समाजों के लिए सत्य नहीं माना जा सकता। नागरिक अधिकार, उदाहरण के लिए, पूर्व–उन्नीसवीं सदीं तक अधिकांश यूरोपीय देशों में पूरी तरह लागू नहीं किए गए थे।

जहाँ कहीं भी वे आमतौर पर प्राप्त हुए थे, कुछ समूहों की उपेक्षा की गई थी। इस प्रकार, यद्यपि संविधान द्वारा इस प्रकार के अधिकार अधिकांश यूरोपियन राज्यों को सौंपे जाने से काफी पहले से ही अमेरिकियों को दिए जा चुके थे, अश्वेतों को उनसे वंचित रखा गया। गृह–युद्ध (Civil War) बाद भी, जब अश्वेतों को औपचारिकतः ये अधिकार दिए गए, वे उन्हें प्रयोग करने में समर्थ नहीं थे। अधिकारों से लैटिन अमेरिका, अफ्रीका तथा एशिया के उपनिवेशित लोगों को वंचित रखा गया। 20वीं सदी के पहले चतुर्थांश तक अधिकांश देशों में महिलाओं को वोट देने का अधिकार नहीं था, जिनमें इंग्लैंड शामिल था।

नागरिकता–संबंधी आधुनिक धारणा, स्वतंत्र व समान नागरिक नियुक्त करने का प्रयास करती है। यह स्वतंत्रता व समानता, जो आधुनिक नागरिकता में निहित होती हैं, आरोप्य असमानताओं व भिन्नताओं (संस्कृति, जाति, लिंग, प्रजाति, आदि संबंधी) को दूर करके प्राप्त करने का प्रयास करती है। तदनुसार, नागरिकों को अन्य नागरिकों के समान ही अधिकार धारण करने व प्रयोग करने वालों के रूप में समझा जाता है।

प्रश्न 10. प्रत्यक्ष लोकतंत्र के गुण और अवगुणों का विश्लेषण करें।

Refer to Chapter-6, Q.No.-2 & 4

प्रश्न 11. फासीवादी राज्य और समाज के प्रमुख लक्षणों का वर्णन करें।

Refer to Chapter-7, Q.No.-6

प्रश्न 12. विकास के अधिकार का क्या अर्थ है? 1991 की विश्व विकास रिपोर्ट इसके विषय में क्या कहती है?

Refer to Chapter-8, Q.No.-8

खण्ड III

निम्न में से किन्हीं दो के उत्तर लगभग 100 शब्दों (प्रत्येक) में दीजिए। प्रत्येक के 6 अंक हैं।

प्रश्न 13. नागरिक समाज से आप क्या समझते हैं?

Refer to Chapter-3, Q.No.-6

प्रश्न 14. औपचारिक समानता पर एक संक्षिप्त लेख लिखें।

उत्तर – अंग्रेजी दार्शनिक जॉन लॉक मनुष्य की नैसर्गिक समानता पर आधारित समानता–संबंधी विचार के सर्वाधिक वाक्पटु समर्थकों में से एक हैं। कैन्ट ने इस सार्वभौम मानवता के एक

निष्कर्ष रूप में सार्वत्रिकता और समानता के बारे में बात कर इस विचार को और मजबूती प्रदान की। इस प्रकार, औपचारिक समानता का अर्थ हो गया – अपनी सर्वमान्य मानवता के बल पर सभी व्यक्तियों से समान रूप से व्यवहार किया जाए।

इस विचार की सबसे महत्त्वपूर्ण अभिव्यक्ति है – विधिसंगत समानता अथवा कानून के समक्ष समानता का सिद्धांत। कानून के द्वारा सभी लोगों से समान रूप से व्यवहार किया जाना चाहिए, बेशक उनकी जाति, प्रजाति, वर्ण, लिंग, धर्म, सामाजिक पृष्ठभूमि, इत्यादि कुछ भी हो। जबकि यह प्रजाति, लिंग, सामाजिक पृष्ठभूमि व इसी प्रकार के अन्य मानदंडों पर आधारित विशेषाधिकारों के खिलाफ संघर्ष में एक स्वागतयोग्य कदम था, अपने आय में यह एक बहुत सीमित धारणा है। यह सिद्धांत इस तथ्य से इंकार करता है कि जाति, लिंग व सामाजिक पृष्ठभूमि द्वारा डाली गई अड़चनें इतनी दुर्दमनीय हो सकती थीं कि व्यक्ति उस औपचारिक समानता का लाभ उठाने में भी समर्थ नहीं होता, जो कि कानून सभी व्यक्तियों को प्रदान करता है।

प्रश्न 15. लोकतंत्र पर इंटरनेट के प्रभाव पर एक लेख लिखें।

Refer to Chapter-6, Q.No.-8

प्रश्न 16. स्वराज को परिभाषित करें।

Refer to Chapter-7, Q.No.-15

दूसरों को खुशी देना सर्वोत्तम दान है।

ई.पी.एस.–11 राजनीतिक विचार और विचारधाराएँ
दिसम्बर, 2010

नोट : (i) खण्ड I – किन्हीं दो प्रश्नों के उत्तर दीजिए।
(ii) खण्ड II – किन्हीं चार प्रश्नों के उत्तर दीजिए।
(iii) खण्ड III – किन्हीं दो प्रश्नों के उत्तर दीजिए।

खण्ड I

निम्नलिखित में से किन्हीं दो प्रश्नों के उत्तर लगभग 500 शब्दों (प्रत्येक) में दीजिए। प्रत्येक प्रश्न के 20 अंक हैं।

प्रश्न 1. एक व्यवहारिक गतिविधि के रूप में राजनीति की अवधारणा का परीक्षण कीजिए।

प्रश्न 2. राज्य के उदारवादी सिद्धांत के प्रमुख लक्षणों का विश्लेषण करें।

प्रश्न 3. लोकतांत्रिक प्रक्रियाओं में महिलाओं की निम्न राजनीतिक सहभागिता और प्रतिनिधित्व की समस्याओं का परीक्षण करें।

प्रश्न 4. समानता और न्याय की अवधारणाओं के सिद्धांतिक आधार की चर्चा कीजिए।

खण्ड II

निम्नलिखित में से किन्हीं चार प्रश्नों के उत्तर लगभग 250 शब्दों (प्रत्येक) में दीजिए। प्रत्येक प्रश्न के 12 अंक हैं।

प्रश्न 5. भारतीय राजनीतिक परंपरा पर एक लेख लिखें।

प्रश्न 6. कानूनी और राजनीतिक संप्रभुता के मध्य आप भेद कैसे करेंगे?

प्रश्न 7. वैधीयकता (legitimacy) के संकट की जुर्गेन हेबरमास की समझ की चर्चा कीजिए।

प्रश्न 8. असमानता के उदारवादी मत (justification) पर एक लेख लिखें।

प्रश्न 9. प्रतिनिधि लोकतंत्र के मूल सिद्धांतों का वर्णन करें।

प्रश्न 10. सर्वोदय के मूलभूत तत्त्वों का परीक्षण करें।

प्रश्न 11. धर्मनिरपेक्षवाद भारत में कैसे अपनी जड़ जमा रहा है?

प्रश्न 12. पूँजीवाद के उद्भव और विकास की अवधारणा के मध्य संपर्क सूत्रों (linkages) को रेखांकित कीजिए।

खण्ड III

निम्न में से किन्हीं दो पर लगभग 100 शब्दों (प्रत्येक) में संक्षिप्त लेख लिखें। प्रत्येक प्रश्न के 6 अंक हैं।

प्रश्न 13. बौद्ध संघ की लोकतांत्रिक प्रकृति

प्रश्न 14. एथेंस का लोकतंत्र

प्रश्न 15. नागरिकता की गाँधीवादी संकल्पना

प्रश्न 16. सकारात्मक कार्य (Affirmative Action)

भाग्यशाली वह हैं जो दूसरों को देख उनकी विशेषताओं से सीखते हैं, ईर्ष्या नहीं करते।

ई.पी.एस.–11 राजनीतिक विचार और विचारधाराएँ
जून, 2011

नोट : (i) खण्ड I – चार में से किन्हीं दो प्रश्नों के उत्तर दीजिए।
(ii) खण्ड II – आठ में से किन्हीं चार प्रश्नों के उत्तर दीजिए।
(iii) खण्ड III – चार में से किन्हीं दो प्रश्नों के उत्तर दीजिए।

खण्ड I

निम्नलिखित में से किन्हीं दो प्रश्नों के उत्तर दीजिए। प्रत्येक प्रश्न के 20 अंक हैं।

प्रश्न 1. राजनीतिक सिद्धांत के प्रकारों पर एक निबंध लिखें।
Refer to Chapter-1, Q.No.-17

प्रश्न 2. एरिक वोगलिन और क्रिश्चियन बे के विचारों के संदर्भ में राजनीति के नवीन विज्ञान की चर्चा करें।
Refer to June-07, Q.No.-12

प्रश्न 3. भारतीय राजनीतिक चिंतन के प्रमुख लक्षणों का वर्णन करें।
Refer to June-06, Q.No.-2

प्रश्न 4. उदारवादी और मार्क्सवादी चिंतन की तुलना करें और उनके विरोधाभाषों को दर्शायें।
Refer to Chapter-2, Q.No.-15

खण्ड II

निम्नलिखित में से किन्हीं चार प्रश्नों के उत्तर दीजिए। प्रत्येक प्रश्न के 12 अंक हैं।

प्रश्न 5. राज्य और अन्य संस्थाओं के मध्य भेद कीजिए।
Refer to Chapter-3, Q.No.-1

प्रश्न 6. संप्रभुता के लक्षणों पर एक लेख लिखें।
Refer to Dec-06, Q.No.-11(3)

प्रश्न 7. अपने शब्दों में शक्ति की अवधारणा की व्याख्या कीजिए।
Refer to June-06, Q.No.-4

प्रश्न 8. मैक्स वैबर की डेविड बीथैम द्वारा समालोचना का परीक्षण कीजिए।
Refer to June-07, Q.No.-13(iii)

प्रश्न 9. नागरिकता की नारीवादी अवधारणा की चर्चा कीजिए।
Refer to June-06, Q.No.-5

प्रश्न 10. अवसर की समानता पर एक लेख लिखें।
Refer to Dec-06, Q.No.-5

प्रश्न 11. प्रत्यक्ष लोकतंत्र से आप क्या समझते हैं? अपने शब्दों में समझायें।
Refer to Chapter-6, Q.No.-2

प्रश्न 12. प्रतिनिधि लोकतंत्र के मूल सिद्धांतों का वर्णन करें।
Refer to Chapter-6, Q.No.-6

खण्ड III

निम्नलिखित में से किन्हीं दो के उत्तर दीजिए। प्रत्येक के 6 अंक हैं।

प्रश्न 13. फासीवाद के वैचारिक तत्त्व (Ideological Strands)
Refer to June-06, Q.No.-8

प्रश्न 14. ऐतिहासिक भौतिकवाद (Historical Materialism)
Refer to Chapter-7, Q.No.-8

प्रश्न 15. विश्वीकरण, राज्य और बहुराष्ट्रीय कंपनियाँ
Refer to Chapter-8, Q.No.-1, Chapter-3, Q.No.-1

प्रश्न 16. धर्मनिरपेक्षवाद का पश्चिमी संदर्भ

उत्तर – यूरोप के इतिहास में अनेक वस्तुएँ अथवा परिस्थितियाँ हैं जिनमें से बोधगम्यता के दो सिद्धांत धर्मनिरपेक्ष विचार के संबंध में उभरते हैं। यूरोप ने मध्यकालीन युगों और 17वीं शताब्दी के मध्य तक रोमन कैथोलिक गिरजाघर और तत्कालीन राज्यों (संस्था के रूप में

राज्य) के बीच सर्वोच्चता के लिए एक प्रमुख संघर्ष देखा। इन उच्चस्तरीय संगठित और शक्तिशाली दोनों प्रकार की, दो प्रमुख संस्थाओं के बीच सर्वोच्चता के लिए संघर्ष, गिरजाघर बनाम राज्य विवाद के रूप में जाना गया है। तब, प्रतिवादी मत के उत्थान (रोमन कैथोलिक के पोप के विरुद्ध उपदेश करने वाले लूथर और कैल्विन के साथ) के समय 16वीं शताब्दी के मध्य से रोमन कैथोलिक गिरजाघर और प्रोटेस्टेंट मत के बीच असहिष्णु विवाद की स्थिति पैदा हुई। यह विवाद आगे चलकर 17वीं शताब्दी के प्रारंभ में दोनों के बीच एक प्रमुख युद्ध में बदल गया जो 30 वर्षों के लंबे समय तक चलता रहा जिसमें यूरोप भर में करोड़ों लोगों की हत्या तथा अपंगता हुई। इसे 30 वर्ष वाले युद्ध अथवा कट्टरपंथी युद्ध के नाम से जाना गया। यह युद्ध वेस्टफेलिया की संधि के साथ समाप्त हुआ, जो दो युद्धरत ग्रुपों के बीच 'आरजी समझौते' के बाद हो पाई थी। यह आरजी समझौता धीरे–धीरे आगे चलकर राजनीतिक व्यवस्था के एक सिद्धांत में बदल गया और इसका राजनीतिक वर्ग में प्रसार किया गया। धर्मनिरपेक्षवाद एक ऐसा सिद्धांत बना जो राज्य और गिरजाघर के बीच पृथकीकरण की स्पष्ट व्यवस्था देता है। दूसरी महत्त्वपूर्ण बात धर्म का व्यक्तिगत मामले में परिवर्तन था जो उस समय पृथकीकरण सिद्धांत के प्रवर्तन में व्याप्त रहा। प्रोटेस्टेंट आंदोलन के बीच, कई गिरजाघर उभर रहे थे जिनके अपने विशिष्ट सिद्धांत तथा प्रबल अवधारणाएँ थी। यह स्वीकार किया गया कि कोई भी इस बात पर आपत्ति नहीं करेगा कि विशेष व्यक्ति किस गिरजाघर से संबंध रखता है। विश्वास किसी की अंतरात्मा का मामला था जो व्यष्टि का कुछ सीमा तक व्यक्तिगत तथा निजी मामला था। एक व्यक्ति विशेष के निजी मामले के रूप में अंतरात्मा के सिद्धांत के साथ एक तरफ गिरजाघर/धर्म तथा दूसरी तरफ राज्य/राजनीति को रखने का सिद्धांत एक मत के रूप में धर्मनिरपेक्षता के उदय का आधार बना। दूसरे शब्दों में, धर्म को सार्वजनिक कार्यों और नीति निर्माण से अलग रखना था जो राजनीतिक और राज्य का अनन्य क्षेत्र था।

डंडे और पत्थरों से हड्डियाँ टूट जाती हैं
लेकिन शब्दों से अक्सर रिश्ते टूट जाते हैं।

ई.पी.एस.–11 राजनीतिक विचार और विचारधाराएँ
दिसम्बर, 2011

नोट : (i) खण्ड I – चार में से किन्हीं दो प्रश्नों के उत्तर दीजिए।
(ii) खण्ड II – आठ में से किन्हीं चार प्रश्नों के उत्तर दीजिए।
(iii) खण्ड III – चार में से किन्हीं दो प्रश्नों के उत्तर दीजिए।

खण्ड I

निम्न में से किन्हीं दो प्रश्नों के उत्तर लगभग 500 शब्दों (प्रत्येक) में दीजिए। प्रत्येक प्रश्न के 20 अंक हैं।

प्रश्न 1. एक व्यावहारिक गतिविधि के रूप में राजनीति पर टिप्पणी कीजिए।

प्रश्न 2. राजनीतिक सिद्धांत और संबंधित शब्दों (terms) पर एक निबंध लिखें।

प्रश्न 3. नवीन उदारवाद के प्रमुख लक्षणों का वर्णन करें।

प्रश्न 4. राज्य के गाँधीवादी सिद्धांत के प्रमुख लक्षण क्या हैं?

खण्ड II

निम्न में से किन्हीं चार प्रश्नों के उत्तर लगभग 300 शब्दों (प्रत्येक) में दीजिए। प्रत्येक प्रश्न के 12 अंक हैं।

प्रश्न 5. लोकतंत्र और नागरिक समाज के मध्य संबंध पर एक लेख लिखें।

प्रश्न 6. मैक्स वेबर के प्राधिकार के वर्गीकरण का वर्णन करें।

प्रश्न 7. वैधीकरण संकट (legitimation crisis) पर जुर्गेन हेबरमास के विचारों की संक्षेप में चर्चा करें।

प्रश्न 8. स्वतंत्रता पर कुछ सामयिक विचारों की चर्चा करें।

प्रश्न 9. सामाजिक न्याय की अवधारणा की व्याख्या करें।

प्रश्न 10. प्रत्यक्ष लोकतंत्र पर एक लेख लिखें।

प्रश्न 11. लोकतंत्र और लोकमत के अंतःसंबंध पर टिप्पणी कीजिए।

प्रश्न 12. समुदायवाद (communitarianism) की अवधारणा की संक्षेप में व्याख्या कीजिए।

खण्ड III

निम्न में से किन्हीं दो पर लगभग 100 शब्दों (प्रत्येक) में संक्षिप्त लेख लिखें। प्रत्येक भाग के 6 अंक हैं।

प्रश्न 13. द्वंद्वात्मक भौतिकवाद (Dialectical Materialism)

प्रश्न 14. गाँधीवादी राजनीतिक चिंतन पर प्रभाव

प्रश्न 15. विश्वीकृत संसार में राज्य संप्रभुता को खतरा

प्रश्न 16. संयुक्त राष्ट्र और विकास की अवधारणा

ई.पी.एस.–11 राजनीतिक विचार और विचारधाराएँ

जून, 2012

नोट : (i) खंड I – किन्हीं दो प्रश्नों के उत्तर दें।
(ii) खंड II – किन्हीं चार प्रश्नों के उत्तर दें।
(iii) खंड III – किन्हीं दो प्रश्नों के उत्तर दें।

खंड I

निम्न में से किन्हीं दो प्रश्नों के उत्तर लगभग 500 शब्दों (प्रत्येक) में दें। प्रत्येक प्रश्न के 20 अंक हैं।

प्रश्न 1. हम राजनीति विज्ञान का अध्ययन क्यों करते हैं? चर्चा करें।

प्रश्न 2. पश्चिमी उदारवादी–मार्क्सवादी परंपराओं का वर्णन करें।

प्रश्न 3. मैक्स वेबर ने प्रभुत्व (Domination) की व्यवस्थाओं के किन प्रकारों को इंगित किया है?

प्रश्न 4. भारत में धर्म निरपेक्षता की आवश्यकता के ऐतिहासिक समाजशास्त्र का परीक्षण करें।

खंड II

निम्न में से किन्हीं चार प्रश्नों के उत्तर लगभग 250 शब्दों (प्रत्येक) में दीजिए। प्रत्येक प्रश्न के 12 अंक हैं।

प्रश्न 5. रोमन राजनीतिक परंपराओं की उपलब्धियों का वर्णन करें।

प्रश्न 6. राज्य की उत्पत्ति के बौद्धिक (Buddhist) सिद्धांत का वर्णन करें।

प्रश्न 7. संप्रभुता के प्रमुख लक्षणों का वर्णन करें।

प्रश्न 8. मैक्स वेबर की डेविड बीथैम द्वारा समालोचना पर एक लेख लिखें।

प्रश्न 9. स्वतंत्रता की सकारात्मक और नकारात्मक अवधारणाओं में मध्य भेद कीजिए।

प्रश्न 10. लोकतंत्र के कार्यान्वयन में जन धारणा क्या भूमिका निभाती है?

प्रश्न 11. फासीवाद के उद्भव के लिए कौन से वैचारिक तत्त्व जिम्मेदार थे?

प्रश्न 12. सकारात्मक क्रिया (Affirmative action) के विरुद्ध प्रतिभा तर्क (Merit Arguments) का परीक्षण करें।

खंड III

निम्न में से किन्हीं दो का उत्तर लगभग 100 शब्दों (प्रत्येक) में दीजिए। प्रत्येक के 6 अंक हैं।

प्रश्न 13. नागरिकता पर अरस्तु के विचारों पर एक संक्षिप्त लेख लिखें।

प्रश्न 14. एथेनियन लोकतंत्र क्या था? टिप्पणी करें।

प्रश्न 15. विकास के अधिकार का संक्षेप में वर्णन करें।

प्रश्न 16. मार्क्स के वर्ग संघर्ष के सिद्धांत पर एक लेख लिखें।

जो हर्षितमुख है, वह स्वयं भी प्रसन्न रहता है और दूसरों के चेहरे पर भी मुस्कान ले आता है।

ई.पी.एस.–11 राजनीतिक विचार और विचारधाराएँ
दिसम्बर, 2012

नोट : (i) खंड I – किन्हीं दो प्रश्नों के उत्तर दें।
(ii) खंड II – किन्हीं चार प्रश्नों के उत्तर दें।
(iii) खंड III – किन्हीं दो प्रश्नों के उत्तर दें।

खंड I

निम्न में से किन्हीं दो प्रश्नों के उत्तर लगभग 500 शब्दों (प्रत्येक) में दें। प्रत्येक प्रश्न के 20 अंक हैं।

प्रश्न 1. भारतीय राजनीतिक चिंतन के महत्त्वपूर्ण लक्षणों का वर्णन कीजिए।

प्रश्न 2. राज्य और अन्य संस्थाओं के मध्य विभेदों का परीक्षण करें।

प्रश्न 3. जॉन रॉल्स के न्याय के सिद्धांत का वर्णन करें।

प्रश्न 4. गाँधी की स्वराज की अवधारणा के मूल तत्त्वों का परीक्षण करें।

खंड II

निम्न में से किन्हीं चार प्रश्नों के उत्तर लगभग 250 शब्दों (प्रत्येक) में दें। प्रत्येक प्रश्न के 12 अंक हैं।

प्रश्न 5. राजनीति विज्ञान के अध्ययन के दार्शनिक परिप्रेक्ष्य पर एक लेख लिखें।

प्रश्न 6. नागरिक समाज से आप क्या समझते हैं?

प्रश्न 7. चीन में सम्राट और उसके अफसरों के मध्य क्या संबंध थे?

प्रश्न 8. प्राधिकार के विभिन्न प्रकारों का वर्णन करें।

प्रश्न 9. समानता और स्वतंत्रता के मध्य संबंध का विश्लेषण करें।

प्रश्न 10. प्रतिनिधि लोकतंत्र पर एक लेख लिखें।

प्रश्न 11. राज्य तटस्था के विचार की समुदायवादी समालोचना का परीक्षण करें।

प्रश्न 12. स्वतंत्रता विकास के रूप में संकल्पना से आप क्या समझते हैं?

खंड III

निम्न में से किन्हीं दो का लगभग 100 शब्दों (प्रत्येक) में उत्तर दें। प्रत्येक के 6 अंक हैं।

प्रश्न 13. संप्रभुता पर अंतर्राष्ट्रीय सीमाओं पर एक लेख लिखें।

प्रश्न 14. प्राधिकार का क्या अर्थ है?

प्रश्न 15. सर्वहारा की तानाशाही से आप क्या समझते हैं?

प्रश्न 16. नागरिकता की गाँधीवादी संकल्पना का संक्षेप में वर्णन करें।

ई.पी.एस.–11 राजनीतिक विचार और विचारधाराएँ
जून, 2013

नोट : (i) खंड I – किन्हीं दो प्रश्नों के उत्तर दें।
(ii) खंड II – किन्हीं चार प्रश्नों के उत्तर दें।
(iii) खंड III – किन्हीं दो प्रश्नों के उत्तर दें।

खंड I

निम्न में से किन्हीं दो प्रश्नों के उत्तर लगभग 500 शब्दों (प्रत्येक) में दें। प्रत्येक प्रश्न के 20 अंक हैं।

प्रश्न 1. राजनीतिक सिद्धांत की प्रासंगिकता पर एक निबंध लिखें।

प्रश्न 2. राजनीतिक सिद्धांत संबंधी हाल ही की घटनाओं की चर्चा करें।

प्रश्न 3. प्राचीन चीन में विभाजित निष्ठा (परिवार विरुद्ध सम्राट) के मुद्दे की चर्चा करें।

प्रश्न 4. समतावादी उदारवाद क्या है? अपने शब्दों में व्याख्या करें।

खंड II

निम्न में से किन्हीं चार प्रश्नों के उत्तर लगभग 300 शब्दों (प्रत्येक) में दें। प्रत्येक प्रश्न के 12 अंक हैं।

प्रश्न 5. राज्य के गाँधीवादी परिप्रेक्ष्य के प्रमुख लक्षणों को इंगित करें।

प्रश्न 6. लोकतंत्र और नागरिक समाज के मध्य संबंध की चर्चा करें।

प्रश्न 7. शक्ति पर माइकल फूको के विचारों का विश्लेषण करें।

प्रश्न 8. राजनीतिक दायित्व के मार्क्सवादी मत का परीक्षण करें।

प्रश्न 9. जे.एस.मिल की स्वतंत्रता के विचार की चर्चा करें।

प्रश्न 10. सामाजिक न्याय की अवधारणा की व्याख्या करें।

प्रश्न 11. जेंडर (gender) और लोकतंत्र पर एक लेख लिखें।

प्रश्न 12. समाजवाद के क्रियान्वयन से संबंधित समस्याओं की चर्चा करें।

खंड III

प्रश्न 13. निम्न में से किन्हीं दो पर लगभग 100 शब्दों (प्रत्येक) में संक्षिप्त लेख लिखें। प्रत्येक भाग के 6 अंक हैं।

(a) धर्म–निरपेक्षवाद की पश्चिमी अवधारणा

(b) गाँधी के राजनीतिक चिंतन को दिशा देने वाले प्रभाव

(c) विकास का अधिकार

(d) फ्रांस में सकारात्मक क्रिया

ई.पी.एस.–11 राजनीतिक विचार और विचारधाराएँ
दिसम्बर, 2013

नोट : (i) खंड I – किन्हीं दो प्रश्नों के उत्तर दें।
(ii) खंड II – किन्हीं चार प्रश्नों के उत्तर दें।
(iii) खंड III – किन्हीं दो प्रश्नों के उत्तर दें।

खंड I

निम्न में से किन्हीं दो प्रश्नों के उत्तर लगभग 500 शब्दों (प्रत्येक) में दें। प्रत्येक प्रश्न के 20 अंक हैं।

प्रश्न 1. विश्वीकरण के विभिन्न आयामों को इंगित करें।

प्रश्न 2. भारत के लिए धर्म–निरपेक्षवाद के उपयुक्त रूप पर एक निबंध लिखें।

प्रश्न 3. फासीवाद के प्रमुख लक्षणों का वर्णन करें।

प्रश्न 4. मार्क्सवाद का आलोचनात्मक परीक्षण करें।

खंड II

निम्न में से किन्हीं चार प्रश्नों के उत्तर लगभग 300 शब्दों (प्रत्येक) में दीजिए। प्रत्येक प्रश्न के 12 अंक हैं।

प्रश्न 5. एक प्रत्यक्ष लोकतंत्र के रूप में ग्रीक लोकतंत्र पर टिप्पणी कीजिए।

प्रश्न 6. प्रतिनिधि लोकतंत्र के कुछ परिप्रेक्ष्यों की चर्चा कीजिए।

प्रश्न 7. उदारवादी नागरिकता की मार्क्सवादी समालोचना का परीक्षण करें।

प्रश्न 8. समानता एवं स्वतंत्रता के मध्य संबंध का विश्लेषण करें।

प्रश्न 9. वैधता (legitimacy) पर कार्ल मार्क्स के क्या विचार थे? व्याख्या करें।

प्रश्न 10. एक क्रांति के लक्षणों की चर्चा करें।

प्रश्न 11. राज्य के उदारवादी सिद्धांत के प्रमुख लक्षणों का वर्णन करें।

प्रश्न 12. वैधिक (legal) और राजनीतिक संप्रभुत्व के मध्य भेद करें।

खंड III

प्रश्न 13. निम्न में से किन्हीं दो पर लगभग 100 शब्दों (प्रत्येक) में संक्षिप्त लेख लिखें। प्रत्येक भाग के 6 अंक हैं।

(a) बौद्ध धर्म में सही दावेदारी (righteousness) का सिद्धांत

(b) खलीफा की नियुक्ति की योग्यताएँ

(c) क्लासिकस् (classics) की सामयिक प्रासंगिकता

(d) नियंत्रित (Manipulated) सहमति

ई.पी.एस.–11 राजनीतिक विचार और विचारधाराएँ
जून, 2014

नोट : (i) खंड I – किन्हीं दो प्रश्नों के उत्तर दें।
(ii) खंड II – किन्हीं चार प्रश्नों के उत्तर दें।
(iii) खंड III – किन्हीं दो प्रश्नों के उत्तर दें।

खंड I

निम्न में से किन्हीं दो प्रश्नों के उत्तर लगभग 500 शब्दों (प्रत्येक) में दें। प्रत्येक प्रश्न के 20 अंक हैं।

प्रश्न 1. राजनीतिक सिद्धांत से आप क्या समझते हैं? इसके विकास की विभिन्न प्रवृत्तियों का वर्णन करें।

प्रश्न 2. मानव जीवन के राजनीतिक, सामाजिक, आर्थिक और सांस्कृतिक आयामों को क्रांति का विचार कैसे समाहित करता है? विस्तार से बताएँ।

प्रश्न 3. एक समाजवादी लोकतंत्र के मुख्य लक्षण क्या हैं? व्याख्या करें।

प्रश्न 4. सकारात्मक क्रिया (Affirmative Action) के अर्थ को समझाएँ। संयुक्त राज्य अमेरिका में इस प्रक्रिया का विकास कैसे हुआ है?

खंड II

निम्न में से किन्हीं चार प्रश्नों के उत्तर लगभग 300 शब्दों (प्रत्येक) में दें। प्रत्येक प्रश्न के 12 अंक हैं।

प्रश्न 5. राज्य पर रैल्फ मिलीबैंड के विचारों का वर्णन करें।

प्रश्न 6. 'व्यक्तिजनों की संप्रभुता' की अवधारणा का परीक्षण करें।

प्रश्न 7. सत्ता की मार्क्सवादी संकल्पना उदारवादी से किस प्रकार भिन्न है? व्याख्या करें।

प्रश्न 8. अवसर की समानता से आप क्या समझते हैं? विस्तार से बताएँ।

प्रश्न 9. नागरिकता की नारीवादी संकल्पना का परीक्षण करें।

प्रश्न 10. प्रत्यक्ष लोकतंत्र की खूबियों और खामियों का वर्णन करें।

प्रश्न 11. समुदायवाद से आप क्या समझते हैं? चर्चा करें।

प्रश्न 12. विश्वीकरण की प्रक्रिया का परीक्षण करें।

खंड III

निम्न में से किन्हीं दो पर लगभग 100 शब्दों (प्रत्येक) में संक्षिप्त लेख लिखें। प्रत्येक प्रश्न के 6 अंक हैं।

प्रश्न 13. ऐतिहासिक भौतिकवाद

प्रश्न 14. गाँधी का स्वराज का विचार

प्रश्न 15. औपचारिक समानता

प्रश्न 16. वितरणकारी (Distributive) न्याय

ई.पी.एस.–11 राजनीतिक विचार और विचारधाराएँ
दिसम्बर, 2014

नोट : (i) भाग I – किन्हीं दो प्रश्नों के उत्तर दीजिए।
(ii) भाग II – किन्हीं चार प्रश्नों के उत्तर दीजिए।
(iii) भाग III – किन्हीं दो प्रश्नों के उत्तर दीजिए।

भाग I

निम्न में से किन्हीं दो प्रश्नों के उत्तर लगभग 500 शब्दों (प्रत्येक) में दीजिए। प्रत्येक प्रश्न के 20 अंक हैं।

प्रश्न 1. राजनीतिक सिद्धांत, राजनीतिक दर्शन और राजनीतिक विचारधारा से कैसे और किन तरीकों से भिन्न है? विस्तार से बताइए।

प्रश्न 2. धर्म–निरपेक्षवाद से आप क्या समझते हैं? किन विभिन्न तरीकों से यह शब्द समझा गया है? चर्चा कीजिए।

प्रश्न 3. समानता और न्याय के अर्थ का वर्णन कीजिए। दोनों किस प्रकार से संबंधित हैं?

प्रश्न 4. वैश्वीकरण क्या है? यह विकासशील देशों में राजनीतिक और आर्थिक प्रक्रियाएँ कैसे प्रभावित कर रहा है?

भाग II

निम्न में से किन्हीं चार प्रश्नों के उत्तर लगभग 300 शब्दों (प्रत्येक) में दीजिए। प्रत्येक प्रश्न के 12 अंक हैं।

प्रश्न 5. राज्य और अन्य संस्थाओं के मध्य कैसे भेद किया जाता है? व्याख्या कीजिए।

प्रश्न 6. नागरिक समाज के मूल लक्षणों का वर्णन कीजिए।

प्रश्न 7. सत्याग्रह के मूल सिद्धांतों और तरीकों की चर्चा कीजिए।

प्रश्न 8. फासीवादी राज्य और समाज के मुख्य लक्षणों का परीक्षण कीजिए।

प्रश्न 9. मूल्यात्मक (Normative) और वस्तुपरक (Empirical) राजनीतिक सिद्धांत के मध्य विभेद कीजिए।

प्रश्न 10. राजनीति में प्राधिकार के निहितार्थों का परीक्षण कीजिए।

प्रश्न 11. लोकतांत्रिक प्रक्रियाओं के माध्यम से समाजवाद की स्थापना में चुनौतियों की व्याख्या कीजिए।

प्रश्न 12. वैश्वीकरण के संदर्भ में बहु–राष्ट्रीय निगमों (MNCs) की भूमिका का परीक्षण कीजिए।

भाग III

निम्न में से किन्हीं दो पर लगभग 100 शब्दों (प्रत्येक) में संक्षिप्त लेख लिखिए। प्रत्येक प्रश्न के 6 अंक हैं।

प्रश्न 13. वर्ग संघर्ष

प्रश्न 14. राजनीतिक वैधता

प्रश्न 15. समतावाद (Egalitarianism)

प्रश्न 16. संप्रभुता

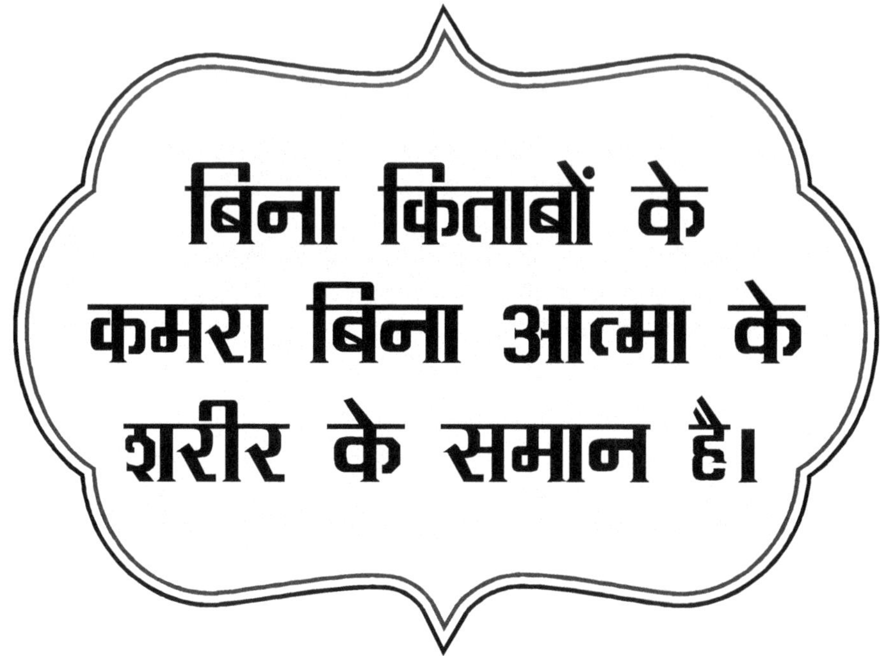

ई.पी.एस.–11 राजनीतिक विचार और विचारधाराएँ
जून, 2015

नोट : (i) भाग I – किन्हीं दो प्रश्नों के उत्तर दीजिए।
(ii) भाग II – किन्हीं चार प्रश्नों के उत्तर दीजिए।
(iii) भाग III – किन्हीं दो प्रश्नों के उत्तर दीजिए।

भाग I

निम्नलिखित में से किन्हीं दो प्रश्नों के उत्तर लगभग 500 शब्दों (प्रत्येक) में दीजिए। प्रत्येक प्रश्न के 20 अंक हैं।

प्रश्न 1. राजनीतिक सिद्धांत की अनुभवजन्य और नियामक संकल्पनाओं के बीच अंतर स्पष्ट कीजिए।

प्रश्न 2. प्राचीन भारतीय राजनीतिक परंपरा में राज्य की प्रकृति की चर्चा कीजिए।

प्रश्न 3. माओवाद की संकल्पना का आलोचनात्मक विश्लेषण कीजिए।

प्रश्न 4. राज्य के गाँधीवादी सिद्धांत की प्रमुख विशेषताओं की समीक्षा कीजिए।

भाग II

निम्नलिखित में से किन्हीं चार प्रश्नों के उत्तर लगभग 250 शब्दों (प्रत्येक) में दीजिए। प्रत्येक प्रश्न के 12 अंक हैं।

प्रश्न 5. राजनीतिक सिद्धांत में शक्ति की संकल्पना पर टिप्पणी कीजिए।

प्रश्न 6. स्वतंत्रता पर ईसाह बर्लिन (Isaiah Berlin) के विचारों का वर्णन कीजिए।

प्रश्न 7. नागरिकता की आधुनिक धारणा की चर्चा कीजिए।

प्रश्न 8. अवसरों की समानता पर समानतावादी स्थिति की व्याख्या कीजिए।

प्रश्न 9. आप असंबद्ध (विसंबंधन) (alienation) के सिद्धांत से क्या समझते हैं? चर्चा कीजिए।

प्रश्न 10. मार्क्सवाद की समकालीन प्रासंगिकता की समीक्षा कीजिए।

प्रश्न 11. संसदीय स्वराज की गाँधीवादी संकल्पना की चर्चा कीजिए।

प्रश्न 12. भारत में धर्मनिरपेक्षवाद के लिए आवश्यकता का आलोचनात्मक विश्लेषण कीजिए।

भाग III

प्रश्न 13. निम्नलिखित में से किन्हीं दो प्रश्नों के उत्तर लगभग 100 शब्दों (प्रत्येक) में दीजिए। प्रत्येक प्रश्न के 6 अंक हैं।

(क) भारत में सकारात्मक क्रिया की नीति पर संक्षिप्त टिप्पणी लिखिए।

(ख) राज्य पर राल्फ मिलिबैंड (Ralph Miliband) के विचारों पर टिप्पणी कीजिए।

(ग) नव वामपंथ क्या है? स्पष्ट कीजिए।

(घ) स्वतंत्रता के रूप में विकास की अवधारणा से आप क्या समझते हैं?

ई.पी.एस.–11 राजनीतिक विचार और विचारधाराएँ
दिसम्बर, 2015

नोट : (i) भाग I – किन्हीं दो प्रश्नों के उत्तर दीजिए।
(ii) भाग II – किन्हीं चार प्रश्नों के उत्तर दीजिए।
(iii) भाग III – किन्हीं दो प्रश्नों के उत्तर दीजिए।

भाग I

निम्नलिखित में से किन्हीं दो प्रश्नों के उत्तर लगभग 500 शब्दों (प्रत्येक) में दीजिए। प्रत्येक प्रश्न के 20 अंक हैं।

प्रश्न 1. राजनीतिक अध्ययन के दार्शनिक और एकीकृत दृष्टिकोण के बीच अंतर स्पष्ट कीजिए।

प्रश्न 2. नव उदारवाद की संकल्पना का आलोचनात्मक विश्लेषण कीजिए।

प्रश्न 3. क्रांति के प्रश्न के मार्क्सवादी दृष्टिकोण की चर्चा कीजिए।

प्रश्न 4. नागरिक समाज से आप क्या समझते हैं? इसके राज्य से संबंधों की समीक्षा कीजिए।

भाग II

निम्नलिखित में से किन्हीं चार प्रश्नों के उत्तर लगभग 250 शब्दों (प्रत्येक) में दीजिए। प्रत्येक प्रश्न के 12 अंक हैं।

प्रश्न 5. राज्य के उदार सिद्धांत की प्रमुख विशेषताएँ क्या हैं? विस्तृत विवरण दीजिए।

प्रश्न 6. राज्य के मार्क्सवादी सिद्धांत की चर्चा कीजिए।

प्रश्न 7. स्वतंत्रता के विचार के विकास की खोज कीजिए।

प्रश्न 8. न्याय के जॉन रॉल्स के सिद्धांत पर टिप्पणी लिखिए।

प्रश्न 9. जेंडर (gender) और लोकतंत्र पर आलोचनात्मक टिप्पणी लिखिए।

प्रश्न 10. सामाजिक न्याय क्या है? इसकी किस आधार पर आलोचना की जाती है?

प्रश्न 11. पश्चिमी उदार लोकतंत्र की प्रमुख विशेषताओं की समीक्षा कीजिए।

प्रश्न 12. लोकतांत्रिक समाजवाद की संकल्पना पर टिप्पणी लिखिए।

भाग III

प्रश्न 13. निम्नलिखित में से किन्हीं दो प्रश्नों के उत्तर लगभग 100 शब्दों (प्रत्येक) में दीजिए। प्रत्येक प्रश्न के 6 अंक हैं।

(क) राज्य तटस्थता के विचार की कम्यूनिटेरियन (Communitarian) आलोचना की समीक्षा कीजिए।

(ख) विकास पर अमर्त्य सेन के विचारों पर टिप्पणी कीजिए।

(ग) भूमंडलीकरण के विभिन्न आयामों की चर्चा कीजिए।

(घ) गाँधीवादी सत्याग्रह की संकल्पना का विश्लेषण कीजिए।

ई.पी.एस.–11 राजनीतिक विचार और विचारधाराएँ
जून, 2016

नोट : (i) भाग I – किन्हीं दो प्रश्नों के उत्तर दीजिए।
(ii) भाग II – किन्हीं चार प्रश्नों के उत्तर दीजिए।
(iii) भाग III – प्रश्न संख्या 13 के किन्हीं दो भागों के उत्तर दीजिए।

भाग I

निम्नलिखित में से किन्हीं दो प्रश्नों के उत्तर लगभग 500 शब्दों (प्रत्येक) में दीजिए। प्रत्येक प्रश्न के 20 अंक हैं।

प्रश्न 1. वैधीकरण (Legitimation) की अवधारणा पर एक निबंध लिखिए।
Refer to Chapter-1, Q.No.-4

प्रश्न 2. एरिक वोगलिन (Eric Voegelin) तथा क्रिश्चियन बे (Christian Bay) के विचारों के संदर्भ में राजनीति के नवीन विज्ञान की चर्चा कीजिए।
Refer to June-2007, Q.No.-12

प्रश्न 3. भारतीय राजनीतिक परंपराओं में बौद्ध चिंतन के योगदान का वर्णन कीजिए।
Refer to Chapter-2, Q.No.-4

प्रश्न 4. उदारवादी और मार्क्सवादी राजनीतिक परंपराओं की तुलना कीजिए।
Refer to Chapter-2, Q.No.-15

भाग II

निम्नलिखित में से किन्हीं चार प्रश्नों के उत्तर लगभग 250 शब्दों (प्रत्येक) में दीजिए। प्रत्येक प्रश्न के 12 अंक हैं।

प्रश्न 5. राज्य को परिभाषित कीजिए और उसके अर्थ की व्याख्या कीजिए।
Refer to Chapter-3, Q.No.-1

प्रश्न 6. संप्रभुता के लक्षणों का वर्णन कीजिए।
Refer to Chapter-3, Q.No.-3

प्रश्न 7. शक्ति पर मिशेल फूको (Foucault) के विचारों की चर्चा कीजिए।
Refer to June-2006, Q.No.-4

प्रश्न 8. मैक्स वेबर की डेविड बैंथम द्वारा की गई समालोचना का परीक्षण कीजिए।
Refer to June-2007, Q.No.-13(3)

प्रश्न 9. नागरिकता के आधुनिक उदारवादी विचार के विकल्पों का आलोचनात्मक विश्लेषण कीजिए।
Refer to Chapter-5, Q.No.-3

प्रश्न 10. अवसर की समानता क्या है? व्याख्या कीजिए।
Refer to Dec-2006, Q.No.-5

प्रश्न 11. एक प्रत्यक्ष लोकतंत्र के रूप में प्राचीन ग्रीक लोकतंत्र पर टिप्पणी कीजिए।
उत्तर– यूनान (ग्रीस) के प्राचीन नगर–राज्यों में प्रत्यक्ष प्रकार का लोकतंत्र था। सार्वजनिक मामलों के प्रबंधन में राज्यों के नागरिक प्रत्यक्ष भागीदार होते थे। प्रत्यक्ष लोकतंत्र में नागरिक राज्य की नीति तथा क्रियान्वयन के कार्यक्रम के असली निर्माता होते हैं। राज्य का शासनादेश सीधे–सीधे उन्हीं के द्वारा तैयार किया जाता था, उनके द्वारा चुने गए प्रतिनिधियों द्वारा नहीं। प्रत्यक्ष लोकतंत्र कुछ ऐसी शर्तों के अस्तित्व को भी स्वीकार करता है जिनके आधुनिक राज्य में कोई मायने नहीं हैं। यह एक छोटे नागरिक–संगठन वाले छोटे राज्य को भी स्वीकार करता है। आज नगर–राज्यों को आधुनिक शहरी राज्यों में विकसित करते हुए तथा सार्वभौमिक मताधिकार को लागू करते हुए प्रत्यक्ष लोकतंत्र को प्राप्त नहीं किया जा सकता। आज स्विट्जरलैंड में तथा संयुक्त राज्य अमेरिका के कुछ राज्यों में कुछ प्रत्यक्ष लोकतांत्रिक परीक्षण जैसे कि जनमत संग्रह तथा उपक्रमण प्रयोग में लाए जा रहे हैं। इन राज्यों में प्रतिनिध्यात्मक लोकतंत्र का प्रचलन है, किंतु इसके दोषों का पता लगाया जाता है, ताकि प्रत्यक्ष लोकतंत्र के इन परीक्षणों के माध्यम से उन्हें दूर किया जा सके। सोवियत संविधान भी जनमत संग्रह के लिए अवसर प्रदान करता है; लेकिन अभी तक इसका क्रियान्वयन नहीं किया गया है।

प्रश्न 12. व्यवहार में (in practice) प्रतिनिधि लोकतंत्र पर एक लेख लिखिए।
Refer to Chapter-6, Q.No.-5

भाग III

प्रश्न 13. निम्नलिखित में से किन्हीं दो पर लगभग 100 शब्दों (प्रत्येक) में संक्षिप्त टिप्पणियाँ लिखिए। प्रत्येक भाग के 6 अंक हैं।
(क) व्यक्तिवाद
Refer to Chapter-7, Q.No.-1

(ख) विकासवादी और क्रांतिकारी समाजवाद

उत्तर– विकासवादी समाजवाद क्रांति में विश्वास नहीं रखता और समाजवाद को शांतिप्रिय ढंग से प्राप्त करना चाहता है। विकासवादी समाजवादियों का विश्वास संसदीय प्रजातंत्र में है और वे सामाजिक परिवर्तन मतदान के माध्यम से लाना चाहते हैं। वे हिंसा को त्यागते हैं और इस प्रकार हिंसायुक्त क्रांति के विरोधी हैं। वे सर्वहारा वर्ग के अधिनायकत्व को भी नहीं स्वीकारते हैं और वर्गयुक्त समाज से वर्गविहीन समाज तक को शांतिप्रिय प्रजातांत्रिक परिवर्तन से लाना चाहते हैं। विकासवादी समाजवाद के विभिन्न प्रकार फेबियन समाजवाद, जितड़ (Guild) समाजवाद और प्रजातांत्रिक समाजवाद हैं।

दूसरी तरफ क्रांतिकारी समाजवाद वर्ग–संघर्ष, क्रांति तथा सर्वहारा वर्ग के अधिनायकत्व में विश्वास रखता है। उसके अनुसार सामाजिक परिवर्तन शांतिप्रिय ढंग से नहीं हो सकता है, इसे हिंसात्मक होना चाहिए। शांतिप्रिय क्रांति अपने आप में विरोधाभास पैदा करती है। क्रांति सामाजिक परिवर्तन की जननी है और इस क्रांति को अवहम हिंसात्मक होना चाहिए। क्रांतिकारी मार्क्सवाद, कार्ल मार्क्स के वैज्ञानिक समाजवाद के समकक्ष, सामान्यतया समझा जाता है। श्रमिक संघवाद भी क्रांतिकारी समाजवाद का एक रूप है।

विकासवादी समाजवाद भी काल मार्क्स और एंगेल्ज की विचारधाराओं में अपने मूल को ढूंढ़ते हैं। उन्होंने राज्य के अपने आप समाप्त होने की बातें की हैं। विकासवादी समाजवाद के प्रतिपादकों ने राज्य के स्वतः विनष्टता के सिद्धांत का प्रतिपादन किया है और तर्क दिया है कि शांतिप्रिय माध्यम से धीरे–धीरे सामाजिक परिवर्तन को प्रभावित किया जा सकता है और शोषणविहीन और वर्गविहीन समाज की स्थापना की जा सकती है। फिर भी विकासवादी समाजवाद के आलोचक इस धारणा को स्वीकार नहीं करते हैं और तर्क देते हैं कि राज्य के स्वतः विनाश की विचारधारा सिर्फ समाजवादी राज्य या सर्वहारा वर्ग के अधिनायकत्व पर लागू होती है और पूँजीवादी राज्य पर नहीं। यह स्वतः विनष्ट नहीं होगा। इसे हिंसात्मक क्रांति के द्वारा नष्ट किया जाना चाहिए।

(ग) भूमंडलीकरण और संस्कृति

Refer to Dec-2006, Q.No.-11(8)

(घ) विकास पर अमर्त्य सेन

उत्तर– अमर्त्य सेन के अनुसार, स्वतंत्रता के विस्तार को विकास के प्राथमिक उद्देश्य के साथ–साथ मुख्य लक्ष्य के रूप में भी देखा जाता है। विकास, इसलिए, अस्वतंत्रता के मुख्य स्रोतों को दूर किए जाने की अपेक्षा करता है, यथा गरीबी, तानाशाही, निकृष्ट आर्थिक अवसर, योजनाबद्ध सामाजिक, वंचित दशा, जन–सुविधाओं की उपेक्षा, असहिष्णुता अथवा दमनकारी राज्यों की अतिसक्रियता। अमर्त्य सेन भी इस विचार का विरोध करते हैं कि

राजनीतिक स्वतंत्रताओं को तब तक स्थापित रखना चाहिए, जब तक कि सामाजिक–आर्थिक विकास अस्तित्व में न आ जाए। उनका तर्क है कि राजनीतिक स्वतंत्रताएँ तथा ऐसी ही अन्य स्वतंत्रताएँ, जैसे रोग और अज्ञानता से मुक्ति, विकास के अनिवार्य घटक हैं। सेन 'सहायक स्वतंत्रताओं' की पाँच श्रेणियों की पहचान करते हैं जो विकास को मिलकर बढ़ावा देती हैं। ये 'सहायक स्वतंत्रताएँ' हैं–**(a) राजनीतिक स्वतंत्रताएँ**–जो सरकार बनाने और उसकी नीतियों को प्रभावित करने की भागीदारी हेतु लोगों को सक्षम करती हैं। **(b) आर्थिक स्वतंत्रताएँ**–जिनमें संसाधन प्रयोग हेतु लोगों के लिए अवसर होते हैं। **(c) सामाजिक स्वतंत्रताएँ**–जो स्वास्थ्य रक्षा एवं शिक्षा हेतु समाज के भीतर उन व्यवस्थाओं की ओर संकेत करती हैं, जो राजनीतिक व आर्थिक जीवन में भागीदारी हेतु सहायता करती हैं। **(d) पारदर्शिता संबंधी गारंटियाँ**–इन गारंटियों का संकेत जन–आस्था की शर्तों की ओर हैं, जो सार्वजनिक मामलों में पारदर्शिता के माध्यम से प्राप्त की जाती हैं। **(e) शरण्य सुरक्षा**–यह सहायक स्वतंत्रता सामाजिक सुरक्षा एवं निर्भयता प्रदान करती है जो लोगों को गरीब और अभावग्रस्त होने से बचाती है।

अपने ज्ञान के प्रति जरूरत से अधिक यकीन करना मूर्खता है,
यह याद दिलाना जरूरी है कि सबसे
मजबूत कमजोर हो सकता है, और
सबसे बुद्धिमान भी गलती कर सकता है।

ई.पी.एस.–11 राजनीतिक विचार और विचारधाराएँ
दिसम्बर, 2016

नोट : (i) भाग I – किन्हीं दो प्रश्नों के उत्तर दीजिए।
(ii) भाग II – किन्हीं चार प्रश्नों के उत्तर दीजिए।
(iii) भाग III – प्रश्न संख्या 13 के किन्हीं दो भागों के उत्तर दीजिए।

भाग I

निम्नलिखित में से किन्हीं दो प्रश्नों के उत्तर लगभग 500 शब्दों (प्रत्येक) में दीजिए। प्रत्येक प्रश्न के 20 अंक हैं।

प्रश्न 1. भूमंडलीकरण ने धनाढ्य (rich) और निर्धन के मध्य खाई कैसे गहराई है? चर्चा कीजिए।

Refer to Chapter-8, Q.No.-3

प्रश्न 2. भारत में धर्मनिरपेक्षवाद पर एक निबंध लिखिए।

Refer to Chapter-8, Q.No.-4

प्रश्न 3. मार्क्सवाद पर एक बृहद् दृष्टि डालिए।

उत्तर– मार्क्सवाद कठोर आलोचना का विषय रहा है। इसने समाज को दो वर्गों, जिनके पास कुछ (the haves) और जिनके पास कुछ नहीं है (the have nots) में विभाजित किया है। यह वास्तविकता से दूर है। समाज बहुत जटिल होता है और कई समूहों में बँटा होता है। जैसे कि मार्क्सवाद की परिकल्पना है, वैसा कोई स्पष्ट वर्गों का विभाजन नहीं होता है। ज्यादातर, इसमें विशाल मध्य वर्ग होता है। मार्क्सवादी विचारकों ने भविष्यवाणी की थी कि पूँजीवाद के विकास के साथ, मध्य वर्ग विलीन हो जाएगा और सर्वहारा वर्ग के साथ मिल जाएगा लेकिन अभी तक ऐसा नहीं हुआ है और ऐसा होने की कोई संभावना नहीं है। वास्तव में इसके विपरीत हुआ है; मध्य वर्ग ने अपनी स्थिति को मजबूत किया है और अपने आकार को बढ़ाया है। मार्क्सवादियों ने पूँजीपति वर्ग के सिमटने की बातें की थीं। यहाँ पुनः ठीक इसके विपरीत हुआ है। सिमटने के बदले पूँजीपति वर्ग का आधार विस्तृत हुआ है। मार्क्स ने पूँजी संग्रह की बात की थी, लेकिन पूँजी का बिखराव हो गया है। सर्वहारा वर्ग की स्थिति वैसी नहीं बिगड़ी है, जैसे कि मार्क्स ने भविष्यवाणी की थी। इस प्रकार, पूँजीवाद की वास्तविक कार्यकारी प्रणाली ने वर्गों के मार्क्सवादी सिद्धांत को गलत साबित किया है।

मार्क्सवादियों ने भविष्यवाणी की थी कि पूँजीवाद अंतर्विरोध के कारण बिखर जाएगा।

लेकिन, अभी तक ऐसा घटित नहीं हुआ है। कोई विकसित पूँजीवादी व्यवस्था ध्वस्त नहीं हुई है। पूँजीवाद ने अपने लचीलेपन को साबित किया है। दूसरी ओर, समाजवादी व्यवस्था, दुनिया के विभिन्न भागों में ध्वस्त हो गई है। पूँजीवाद के पास सामंजस्य बिठाने की अपार शक्ति है। यही इसके जीवंत होने का मुख्य कारण है। मार्क्स पूँजीवाद का सही आँकलन करने में असफल रहे हैं।

मार्क्स के अनुसार, सर्वहारा क्रांति तभी होगी, जब पूँजीवाद परिपक्व हो जाएगा। पिछड़े सामंतवादी समाज में सर्वहारा क्रांति के घटित और सफल होने का अवसर नहीं होता है। लेकिन वास्तव में यही घटित हुआ है। क्रांति सिर्फ सामंतवादी समाजों, जैसे—रूस, चीन, वियतनाम, क्यूबा इत्यादि देशों में हुई है। यह रूसी मार्क्सवादियों के दो गुटों, प्लैखनॉव (Plekhnov) के नेतृत्व में मैंषेविक्स (Mensheviks) और लेनिन के नेतृत्व में बॉल्शेविक्स (Bolsheviks) के बीच विवाद का मुख्य मुद्दा था। अंततः बॉल्शेविक्स का मैनषेविक्स के ऊपर वर्चस्व रहा, लेकिन वे मार्क्स के विचारों के अधिक नजदीक थे। मार्क्स के अनुसार, उनके विचार सामाजिक विकास के जन्म की वेदना को कम कर सकते हैं, लेकिन किसी भी अवस्था को नजरअंदाज नहीं कर सकते। फिर भी लेनिन और टॉट्स्की ने रूस में और माओ ने चीन में पूँजीवाद की स्थापना की प्रक्रिया से गुजरे बिना सामंतवादी समाज में साम्यवाद की स्थापना की। इस प्रत्यक्ष विरोधाभास के समाधान के लिए टॉट्स्की ने *थ्योरी ऑफ परमानेंट रिवॉल्युशन* को विकसित किया। उन्होंने अपने सिद्धांत में मध्य वर्ग की क्रांति को सर्वहारा की क्रांति के साथ मिला दिया। ये दोनों क्रांतियाँ टॉट्स्की की दृष्टि में साथ–साथ घट सकती हैं। यद्यपि यह अधिक व्यावहारिक विचार प्रतीत होता है, यह मार्क्सवाद के बुनियादी सिद्धांतों को नहीं स्वीकार करता है।

आर्थिक निर्धारकवाद के मार्क्सवादी सिद्धांत की कठोर आलोचना की गई है। यह सिर्फ आर्थिक कारक ही नहीं होता है, बल्कि दूसरे कारक भी सामाजिक परिवर्तन लाने में समान रूप से महत्त्वपूर्ण होते हैं। यदि अर्थव्यवस्था, राजनीति, समाज, नैतिकता, मूल्य प्रणाली इत्यादि को निर्धारित करती है, तब अर्थव्यवस्था भी अपने आप इनके द्वारा निर्धारित होती है। यह दो–तरफा प्रक्रिया है। आर्थिक शक्तियाँ राजनीति, समाज, संस्कृति, धर्म, मूल्यों, आदर्शों इत्यादि के प्रभावों से अछूती नहीं हैं। यदि आधार या नींव अधिरचना को आकार देते हैं, तो अधिरचना भी नींव को आकार देती है। इस प्रकार आर्थिक निर्धारकवाद के सिद्धांत को स्वीकारा नहीं जा सकता है। बाद के मार्क्सवादी विचारकों, जैसे कि ग्रामसी ने अधिरचना की महत्त्वपूर्ण भूमिका को स्वीकार किया।

सर्वहारा का अधिनायकत्व और साम्यवाद की मार्क्सवादी अवधारणाओं में कई कमियाँ हैं। सर्वहारा क्रांति के बाद सर्वहारा मध्य वर्ग से राज्य की मशीनरी को छीन लेगा। साम्यवाद की स्थापना के बाद राज्य फालतू हो जाएगा और धीरे–धीरे विलीन हो जाएगा। यह घटित नहीं हुआ है। समाजवादी समाज में राज्य वास्तव में सर्वशक्तिमान बन गया। कमजोर होने के

बदले राज्य ने अपनी स्थिति दृढ़ बना ली है और इसके मुरझाने की कोई संभावना नहीं है। राज्य समाजवादी और मार्क्सवादी समाज में महत्त्वपूर्ण भूमिका निभाता रहेगा और इसे संग्रहालय को कभी भी सौंपे जाने की कोई संभावना नहीं है।

समाजवादी समाज की जहाँ कहीं भी स्थापना की गई है या तो उसे उतार फेंका गया या नजरअंदाज किया गया है। जहाँ कहीं भी यह अभी भी जीवित है, इसे बहुत सारे परिवर्तन करने के लिए मजबूर होना पड़ा है, जो वर्गीय मार्क्सवाद की विचारधारा से मेल नहीं खाता है। पूर्वी यूरोप में साम्यवाद की असफलता, रूस में बिखराव और चीन में आर्थिक सुधारों ने फ्रांसिस फुकुयामा सरीखे विचारकों को मार्क्सवाद की ऑबिटयुरी (obituary) लिखने को बाध्य किया है। फुकुयामा ने अपनी प्रसिद्ध पुस्तक *एण्ड ऑफ हिस्ट्री में* शीतमुद्रा कालीन संसार (post-coldwar) में साम्यवाद के ऊपर पूँजीवाद की विजय का दावा किया है। उनके अनुसार पूँजीवाद की साम्यवाद पर विजय, इतिहास के अंत को दर्शाता है। यहाँ फुकुयामा हेगेल के अर्थ में इतिहास की बात करते हैं। पूँजीवाद के बाद आगे कोई आर्थिक और राजनीतिक विकास नहीं होगा। पूँजीवाद सबसे विवेकशील और पूर्ण प्रणाली है। यह सबसे पूर्ण विचारधारा और दर्शन है। इसलिए, वैचारिक और दार्शनिक विकास का अंत पूँजीवाद के उद्‌भव के साथ ही हो जाता है। इसका मुख्य चुनौतीकर्त्ता साम्यवाद पराजित हो गया है और यह आगे अपने दावों को साबित करता है कि यह मानवता द्वारा कभी भी विकसित प्रणालियों में से सबसे उत्तम सामाजिक, आर्थिक और राजनीतिक प्रणाली है।

फुकुयामा के द्वारा दिए गए सिद्धांत को स्वीकार करना बहुत ही कठिन है। मार्क्सवाद की प्रमुखता दो क्षेत्रों में निहित है। सर्वप्रथम, इसे सामाजिक विश्लेषण का एक कारक बनाया गया है। द्वितीय, यह आवाजविहीन को आवाज देता है। यह गरीबों, उत्पीड़ित और दमित लोगों का दर्शन है। यदि मार्क्सवाद की देन का विश्लेषण इन दोनों क्षेत्रों के संदर्भ में किया जाए, तो हम इस निष्कर्ष पर पहुँचेंगे कि यह अभी भी प्रासंगिक है और फिजूल नहीं है, जैसा कि उदारवादी आलोचकों द्वारा दावा किया जाता है। सामाजिक विश्लेषण के एक आयाम के रूप में मार्क्सवाद आज भी प्रासंगिक है, जैसा कि यह पहले था। सामाजिक विश्लेषण की एक विधि के रूप में इसका महत्त्व कभी भी समाप्त नहीं होगा, चाहे समाजवादी राज्य जीवित रहता है या समाप्त हो जाता है।

मार्क्सवाद एक विचारधारा के रूप में अपनी श्रेष्ठता निश्चियतया खो चुका है, लेकिन यह पूरी तरह से फालतू नहीं है। जब तक शोषण रहेगा, लोगों का दमन और उत्पीड़न होता रहेगा, मार्क्सवाद प्रासंगिक बना रहेगा। मार्क्सवाद, शोषित और उत्पीड़ित के दर्शन के रूप में उनकी मुक्ति के लिए जनता को प्रेरित करता रहेगा। इसलिए, इसकी पराजय और अप्रासंगिकता सिद्धांतों पर संगठित नहीं थी। वे मार्क्सवादी–लेनिनवाद और स्टालिनवाद से अलग थीं। इसलिए ये लेनिनवादी–स्टालिनवादी प्रणालियाँ हैं, जो यूरोप और जहाँ कहीं भी वे हैं, बिखर चुकी हैं और जो वर्गीय मार्क्सवाद नहीं है।

मार्क्सवाद एक आयाम के रूप में सामाजिक विश्लेषण के लिए विद्वानों के द्वारा उपयोग किया जाता रहेगा और शोषित–दमित लोग अपनी मुक्ति के लिए मार्क्सवादी दर्शन का समर्थन करते रहेंगे। यहाँ मार्क्सवाद कभी भी अप्रासंगिक नहीं बनेगा। यह सदैव उदारवाद का वैकल्पिक दर्शन बना रहेगा। मार्क्सवाद उदारवाद के अत्याचारों पर प्रभावकारी रोक के रूप में भी कार्य करेगा। यह पूँजीवादी प्रणाली की कठोरता को कम करेगा।

प्रश्न 4. संसदीय स्वराज क्या है? विस्तार से बताइए।

उत्तर– राष्ट्रीय राजनीतिक स्वतंत्रता स्वराज की उनकी धारणा का एक अनिवार्य अर्थ थी, गाँधीजी का तर्क था कि यह उसका मात्र एक आंशिक अथवा अपूर्ण अर्थ अथवा संघटक है। उनके दृष्टिकोण में, स्वराज की अधिक पूर्ण और गहरी धारणा "अनंततः अधिक महान है और उसमें स्वतंत्रता शामिल है।" स्वराज की अधिक पूर्ण धारणा में राष्ट्रीय राजनीतिक स्वतंत्रता के अलावा, निम्नलिखित अतिरिक्त घटक शामिल हैं–एक "संसदीय अथवा लोकतांत्रिक स्वराज" तथा "दूसरों की सेवा से आत्म–अनुभूति के रूप में स्वराज"।

1931 में, गाँधीजी ने घोषणा की कि वे "प्रौढ़ मताधिकार से संयोजित थे।" एक अन्य अवसर पर उन्होंने कहा, "लोक स्वराज का अर्थ है–व्यष्टियों का समग्र स्वराज (स्व–शासन)।" उन्होंने निम्नलिखित शब्दों में इसका वर्णन किया–

स्वराज से मेरा तात्पर्य है–लोगों की सहमति से भारत की सरकार जैसा भी प्रौढ़ जनसंख्या, पुरुष अथवा महिला, मूल निवासी अथवा अधिवासी के अधिकांश द्वारा अभिनिश्चित की जाए.... (वा)स्तविक स्वराज कुछ लोगों द्वारा सत्ता प्राप्त करने से नहीं आएगा, अपितु यह सभी के द्वारा उस क्षमता के प्राप्त करने पर आएगा जिससे उस सत्ता का विरोध किया जा सके जब इसका दुरुपयोग हो रहा हो। दूसरे शब्दों में, स्वराज जनसमुदाय को इस प्रकार शिक्षित करके प्राप्त किया जाना चाहिए जिससे उसे सत्ता के विनियमन और नियंत्रण करने की अपनी क्षमता का बोध हो।

उपरोक्त परिच्छेद में उस आदर्श को संप्रेषित किया गया है जिसे गाँधीजी ने "संसदीय अथवा लोकतांत्रिक स्वराज" कहकर पुकारा और जिसकी प्राप्ति के लिए उन्होंने अपने राजनीतिक जीवन का अधिकांश अर्पित कर दिया।

हिन्द स्वराज (1990) में, गाँधीजी ने आधुनिक सभ्यता नामतः संसद, कानून–अदालतें, पुलिस, सेना, मशीनरी, अस्पताल, रेलवे आदि के प्रतिष्ठानों के मूल्य अथवा भूमिका का अत्यधिक नकारात्मक दृष्टिकोण लिया था। उन्होंने कहा कि आधुनिक सभ्यता के ये प्रतिष्ठान नैतिकता से दूर चले गए थे, जबकि इसके विपरीत, "भारतीय सभ्यता की प्रवृत्ति नैतिकता के उत्थान की है।" तदनुसार, आधुनिक पाश्चात्य सभ्यता के प्रतिष्ठानों के स्थान पर उन्होंने सत्य और अहिंसा के आध्यात्मिक मूल्यों के अनुसार व्यष्टियों द्वारा "वास्तविक स्व–शासन.... (नामतः) स्वयं पर शासन और स्वयं पर नियंत्रण" का एक वैकल्पिक आदर्श प्रस्तुत किया।

उन्होंने कहा कि उनका *हिन्द स्वराज* अंधकारमय अनजाने युगों की तरफ वापस जाने के प्रयास के रूप में नहीं लिया जाना चाहिए, अपितु उसे "सदाचार के पैमाने में" "आधुनिक सभ्यता की जाँच के लिए प्रयास के रूप में लिया जाना चाहिए। उन्होंने घोषणा की कि अपने आदर्श स्वराज के नाम पर वे स्वप्न नहीं देखेंगे जैसा करने का उन पर आरोप था, "कोई रेलवे नहीं, कोई मशीनरी नहीं, कोई सेना नहीं, कोई कानून नहीं और कोई अदालत नहीं।" अपितु वे उनका पुनर्गठन करेंगे, जिससे वे "लोगों के कल्याण के लिए" कार्य कर सकें, न कि आजकल की तरह वे जनसमुदाय को परेशान रखें। अब उन्होंने "संसदीय" अर्थात् "लोकतांत्रिक स्वराज" को एक व्यापक स्वराज की अपनी धारणा के एक बहुत आवश्यक और मूल्यवान घटक के रूप में देखा। उन्होंने 1920 में लिखा था, "जहाँ तक मैं देखता हूँ, स्वराज लोगों द्वारा चुनी हुई एक ऐसी संसद होगी जिसका वित्त, पुलिस, थल सेना, जल सेना, अदालतों और शिक्षण संस्थानों पर पूर्ण अधिकार होगा।"

"संसदीय स्वराज" के संगठनात्मक लक्षणों के बारे में गाँधीजी ने इसे ग्राम्य आधारित, विकेंद्रीकृत ढाँचे के रूप में प्राथमिकता दी, जिसमें सभी अपितु सरकार को निम्नतम स्तर उसके तत्काल निम्नतर स्तर द्वारा अप्रत्यक्ष रूप से निर्वाचित हों। यह विकेंद्रित, ग्राम्य आधारित संसदीय/लोकतांत्रिक स्वराज का नमूना वह नमूना नहीं था, जिसका कांग्रेस द्वारा पक्ष लिया गया था और जिसे भारतीय संविधान द्वारा अपनाया गया। तथापि, संविधान में कुछ तथाकथित गाँधीवादी प्रतिष्ठान शामिल किए गए हैं, जैसे–ग्राम पंचायत। पुनश्च, व्यक्तिगत और नागरिक स्वतंत्रता तथा संविधान के उदारवादी–लोकतांत्रिक राजनीतिक दर्शन के लोकतांत्रिक आधिकारिक घटक गाँधीजी के निजी नैतिक–राजनीतिक दर्शन के मौलिक रूप में हैं।

भाग II

निम्नलिखित में से किन्हीं चार प्रश्नों के उत्तर लगभग 250 शब्दों (प्रत्येक) में दीजिए। प्रत्येक प्रश्न के 12 अंक हैं।

प्रश्न 5. प्रत्यक्ष लोकतंत्र की क्या सीमाएँ हैं? व्याख्या कीजिए।

Refer to Chapter-6, Q.No.-4

प्रश्न 6. जेंडर लोकतंत्र अंत:संबंध की चर्चा कीजिए।

उत्तर– स्त्रीवादियों ने लंबे समय से तर्क दिया है कि जिस ढंग से लोकतंत्र की व्याख्या, सैद्धांतीकरण और प्रैक्टिस की जाती है, उसमें अनेक समस्याएँ हैं। उदारवादी राजनीतिक सिद्धांत सार्वजनिक और निजी क्षेत्र के बीच विभाजन पर आधारित है। इस ढाँचे के अंतर्गत पुरुष घर के प्रमुख होते हैं और सार्वजनिक जीवन में मूर्त व्यक्तियों की तरह सक्रिय होते हैं,

जबकि महिलाओं को परंपरा की तरह निजी जिंदगी तक सीमित रखा जाता है। अतः 'राजनीतिक' को एक अति गंभीर अर्थ में पुल्लिंग की तरह माना जाता है।

व्यावहारिक तौर पर, लोकतंत्रों में जिस तरीके से राजनीतिक गतिविधियाँ संचालित होती हैं और जिस प्रकार का महिलाओं का आमतौर पर स्वभाव होता है कि वे खासकर परंपरावादी राजनीतिक गतिविधियों के उच्च स्तरों पर पुरुषों की तुलना में बहुत कम भाग लेती हैं, जैसे–

• अनेक महिलाएँ राजनीति की शैली और सार को रुकावट मानती हैं।

• यदि वे राजनीतिक जीवन अपनाने का निर्णय करती हैं, तो अक्सर विजयी होने वाली सीट पर भी पार्टी सूची में जगह पाने में कठिनाइयाँ महसूस करती हैं।

• इसके अलावा, सार्वजनिक जीवन के दूसरे क्षेत्रों की ही तरह महिलाएँ निजी जीवन में अपनी जिम्मेदारियों की वजह से परंपरावादी राजनीतिक गतिविधि में पुरुषों के समानार्थ हिस्सा नहीं ले पाती हैं।

यह कहना गलत होगा कि लोकतंत्र की प्रकृति पर सहमति है। लेनिन ने तर्क दिया था कि उदारवादी लोकतंत्र एक स्क्रीन है, जो जनता के शोषण और दमन को छिपाता है। हाल में कैरोल पेटमैन ने तर्क दिया है कि लोकतंत्र को कार्यस्थल तक लागू होना चाहिए–जहाँ अधिक लोग अपने दिन का अधिकांश समय बिताते हैं–इससे पहले कि हम यह कहें कि हम प्रजातांत्रिक शर्तों के अनुसार जी रहे हैं।

लोकतंत्र की आलोचना का एक विभिन्न प्रकार यह तर्क देता है कि लोकतंत्र भी खतरनाक रूप से गलत हो सकता है। अरस्तू ने हमें बताया था कि लोकतंत्र के उचित ढंग से संचालन के लिए उसे एक स्थिर कानून व्यवस्था की जरूरत होती है, अन्यथा लोकतंत्र अनेक लोगों के दमनात्मक निरंकुश तंत्र के रूप में भीड़ का शासन बन सकता है। इसी तरह का विचार द टॉकवी का था कि लोकतंत्र एक नए प्रकार का अधिनायकवाद (बहुमत का अधिनायकवाद) की संभावना को उत्पन्न करता है। मेडिसन ने वर्गवाद के खतरे से आगाह किया था, जिसके अंतर्गत एक बड़ा या छोटा समूह लोगों के आत्म–हित से कोई संबंध नहीं रखता है और जिसका प्रयास अपने हितों के लिए प्रजातांत्रिक प्रणाली से विमुख होना होता है।

प्रश्न 7. नागरिकता सिद्धांत की स्थिति का संक्षेप में परीक्षण कीजिए।

Refer to Chapter-5, Q.No.-4

प्रश्न 8. स्वतंत्रता की मार्क्सवादी समालोचना क्या है? व्याख्या कीजिए।

उत्तर– स्वतंत्रता संबंधी मार्क्सवादी संकल्पना उदारवादी विचारों से भिन्न है। ये भिन्नता संबंधी मुख्य बातें व्यक्ति व समाज संबंधी मार्क्सवादी समझ, दोनों के बीच संबंध एवं पूँजीवादी समाज संबंधी मार्क्सवादी समीक्षा से सामने आती हैं। यद्यपि उदारवादी दृष्टिकोण व्यक्ति एवं उसकी स्वतंत्रता की केंद्रिकता पर आधारित है, मार्क्सवादी जन स्वतंत्रता की

धारणा को परतंत्रता की शर्तों के रूप में व्यक्ति व समाज संबंधी उदारवादी धारणा पर आधारित देखेंगे। मार्क्सवादियों के अनुसार, व्यक्ति विकल्प के स्वतंत्र प्रयोग हेतु स्वायत्त स्थानों की सीमाओं द्वारा समाज में अन्य व्यक्तियों से विलग नहीं है। इसकी बजाय वे परस्पर निर्भरता में एक साथ बँधे हैं। व्यक्तित्व संबंधी धारणा उसी तौर से एक धनी व्यक्तित्व संबंधी धारणा में बदल गई, जो कि व्यक्ति की सामाजिक संलग्नता पर जोर देती है और इस धारणा में भी कि व्यक्तिजन रचनात्मक उत्कृष्टता की स्थिति में पहुँच सकते हैं और ऐसे समाज में अपनी क्षमताएँ विकसित कर सकते हैं जो अपने सभी सदस्यों की उन्नति का प्रयास करता है। मार्क्सवादियों के अनुसार, इसी कारण स्वतंत्रता रचनात्मक व्यक्तित्व के विकास में निहित होती है और ऐसे पूँजीवादी समाज में प्राप्त नहीं की जा सकती जहाँ व्यक्तिजनों को स्वार्थ की सीमाओं द्वारा अलग–अलग कर दिया जाता है और जहाँ वे स्वयं के स्वतंत्र होने की कल्पना मात्र कर सकते हैं जबकि वास्तव में वे शोषणकारी प्राधारों से बँधे होते हैं। सिर्फ ऐसे समाज में जो निजी हितों के स्वार्थपूर्ण प्रोत्साहन से मुक्त हो, ही स्वतंत्रता की स्थिति विद्यमान रह सकती है। स्वतंत्रता, इस प्रकार, एक पूँजीवादी समाज में प्राप्त नहीं की जा सकती।

ये विचार फ्रेड्रिक एन्जिल्स कृत *एन्ट्री–ड्यूरिंग* एवं कार्ल मार्क्स कृत *इकॉन्मिक एण्ड फिलॅसॉफिक मैन्युस्क्रिप्ट्स ऑफ 1844* में स्पष्टतया व्यक्त है। एन्जिल्स स्वतंत्रता संबंधी धारणा की चर्चा आवश्यकता से स्वतंत्रता तक अवस्थांतर गमन की स्थिति के रूप में करते हैं। आवश्यकता संबंधी अवस्था को उस स्थिति द्वारा सही निरूपित किया जाता है जिसमें व्यक्ति दूसरे की इच्छा के अधीन होता है। एन्जिल्स बताते हैं कि इंसान में उन शक्तियों को पहचानने व समझने की क्षमता होती है, जो उसके जीवन को अनुकूलित व निश्चित करती हैं। मनुष्य ने इस प्रकार उन प्राकृत कानूनों के विषय में वैज्ञानिक जानकारी प्राप्त की जो उसके अस्तित्व को निर्धारित करते हैं और यह भी जाना कि इन कानूनों के साथ यथासंभव सर्वश्रेष्ठ तरीके से किस प्रकार रहें। विडंबना ही है कि मनुष्य अब तक उन उत्पादन बलों के बंधन से मुक्त नहीं हो पाया है जिन्होंने उसे ऐतिहासिक रूप से अधीनता में रखा है या अन्य शब्दों में, उसे आवश्यकता के कार्यक्षेत्र में ही सीमित रखा है। स्वतंत्रता की स्थिति में पहुँचने के लिए, मनुष्य को न सिर्फ मानव इतिहास की जानकारी ही, बल्कि उसे बदल डालने की क्षमता भी रखनी पड़ती है। वैज्ञानिक समाजवाद की ही मदद से मनुष्य आवश्यकता के कार्यक्षेत्र को छोड़ने तथा स्वतंत्रता के कार्यक्षेत्र में घुसने की आशा कर सकता है। स्वतंत्रता *कम्युनिस्ट मैनिफैस्टो* में मार्क्स व एन्जिल्स द्वारा निर्धारित साम्यवादी समाज संबंधी धारणा का एक महत्त्वपूर्ण अवयव है। एक साम्यवादी समाज में ही, जहाँ कोई वर्ग शोषण नहीं होगा, वहाँ स्वतंत्रता प्राप्त होगी।

अपनी पुस्तक *मैन्युस्क्रिप्ट्स* में कार्ल मार्क्स दृढ़तापूर्वक कहते हैं कि पूँजीवादी समाज व्यक्ति को अमानवीय बना रहा है। वह न सिर्फ व्यक्ति को उसके यथार्थ व्यक्तित्व से विमुख कर देता

है, वह उसको समाज की रचनात्मक प्रवर्तक शक्तियों से भी पृथक् कर देता है। मार्क्स प्रस्ताव करते हैं कि उन परिस्थितियों को बदलकर ही, जिनमें पृथक्करण होता है, स्वतंत्रता पुनर्प्राप्त की जा सकती है। तदनुसार, सिर्फ ऐसे ही एक साम्यवादी समाज में, जहाँ उत्पादन साधन सामाजिक रूप से रखे जाते और समाज का प्रत्येक सदस्य सभी की उन्नति के लिए दूसरे के साथ सहयोग में काम करता तो सच्ची आजादी हासिल की जा सकती थी। इस प्रकार, मार्क्स की सामाजिक व्यवस्था में स्वतंत्रता को आत्म–सिद्धि व आत्म–बोध अथवा व्यक्ति के सच्चे स्वभाव की अनुभूति को द्योतित करते एक सकारात्मक अर्थ में देखा जाता है। मार्क्स ने स्वतंत्रता के यथार्थ कार्यक्षेत्र को 'उसके अपने लिए ही स्वतंत्रता का परिवर्धन' के रूप में देखा। इस प्रयोज्य संसाधन की अनुभूति, मार्क्स का मानना था, अपनी आवश्यकताओं को पूरा करने हेतु दूसरों के साथ काम करते हुए, सिर्फ रचनात्मक उद्योग के अनुभव से ही की जा सकती है। इस सामाजिक व्यवस्था के तहत, रॉबिन्सन क्रूसो, जिसने कि जिस सीमा तक अधिक–से–अधिक संभव था नकारी स्वतंत्रता का उपभोग किया, उसके द्वीप पर उसे रोकने अथवा बाध्य करने वाला अन्य कोई भी नहीं था, अविकसित और इसी कारण परतंत्र व्यक्ति था, जो कि उन सामाजिक संबंधों से वंचित था जिनके माध्यम से मनुष्यजन पूर्णता हासिल करते हैं। स्वतंत्रता संबंधी यह धारणा मार्क्स की 'पृथक्करण' संबंधी अवधारणा में स्पष्टतः प्रकट होती है।

प्रश्न 9. सत्ता और प्राधिकार के मध्य विभेद कीजिए।

Refer to Chapter-4, Q.No.-4

प्रश्न 10. राजनीतिक दायित्व (political obligation) के लक्षणों का वर्णन कीजिए।

Refer to Chapter-4, Q.No.-10

प्रश्न 11. राज्य के गाँधीवादी सिद्धांत के प्रमुख लक्षणों का परीक्षण कीजिए।

उत्तर– गाँधीजी ने राज्य की प्रकृति को किस प्रकार परिकल्पित किया–इसकी सूक्ष्म रूप से जाँच करने से पहले, हमें इस बात पर ध्यान देना चाहिए कि गाँधीवादी परिकल्पना उदारवादी व मार्क्सवादी पहलुओं में पाई जाने वाली राज्य संबंधी अवधारणा के साथ समानताएँ व भिन्नताएँ दर्शाती हैं। यद्यपि यह राज्य विषयक भारतीय विचारधारा से जन्मी है, यह इस विषय पर कुछ पाश्चात्य विचारों का भी प्रभाव दर्शाती है।

सबसे पहले, गाँधीजी राज्य की आवश्यकता को स्वीकार करते हैं; यद्यपि अहिंसा के एक समर्थक के रूप में वे यह जरूर देखते हैं कि राज्य का निहितार्थ है–हिंसा प्रयोग अथवा अवपीड़न। ऐसा इसलिए है कि गाँधीजी इस विचार को मानते हैं कि मनुष्य स्वभावतः अहिंसात्मक है और कि यह आदर्श अर्थ में मनुष्य पर लागू होता है। एक यथार्थवादी

दृष्टिकोण से, वे इस बात से सहमत हैं कि राज्य की कुछ आवश्यकताएँ होती हैं क्योंकि व्यवहारतः मनुष्य में अहिंसा और सामाजिकता संबंधी आदर्श गुण नहीं भी हो सकते। परंतु यह बात कहकर, गाँधीजी यह भी बात रखते हैं कि हिंसा की एक संस्था के रूप में राज्य सीमित अवश्य होना चाहिए। अन्य शब्दों में, गाँधीजी अल्पतम राज्य को मानते हैं।

दूसरे, गाँधीजी का सुझाव है कि राज्य कुछ कसौटियों के आधार पर सीमित होना चाहिए। एक ओर, राज्य का प्राधिकार सत्ता के विकेंद्रीकरण पर आधारित किसी व्यवस्था द्वारा घटा दिया जाना चाहिए, जिसमें राज्य से नीचे स्तर के समुदायों के पास ज्यादा स्वायत्तता और केंद्रीय राज्य से स्वतंत्रता होनी चाहिए। इस प्रकार की स्वायत्तता संबंधी एक इकाई ग्राम समुदाय होनी चाहिए। उस समुदाय को स्वयं एक सर्वसम्मति की प्रक्रिया द्वारा ग्रामीण समुदाय को प्रभावित करने वाले सभी निर्णयों को तय करना चाहिए। गाँधीवादी दृष्टिकोण यह है कि जहाँ तक कि महत्त्वपूर्ण स्थानीय समुदाय संबंधी निर्णय उस स्तर पर लिए जाते हैं, केंद्रीय राज्य अल्पतम होगा, जो समग्र अपने क्षेत्राधिकार के अंतर्गत संपूर्ण क्षेत्र की रक्षा, विदेश संबंध एवं समग्र राज्यक्षेत्र को प्रभावित करने वाली कोई भी अन्य समस्याएँ से अनुमानतः संबद्ध रहेगा। रीति–रिवाजों व परंपराओं के माध्यम से समग्र समाज में निहित नैतिक मानदंडों द्वारा गाँधीवादी विचार में राज्य की शक्ति भी अल्पकृत होती है।

तीसरे और केवल अहिंसात्मक रूप से, राज्य वैयक्तिक "सद्विवेक" (Conscience) अथवा "अंतर्रात्मा की आवाज" से उठती नैतिक चुनौतियों द्वारा भी परिसीमित है। अपनी महान श्रेण्य कृति, *हिन्द स्वराज* में उन्होंने कहा कि इस तरह की राज व्यवस्था जिसमें राजनीतिक शक्तियों को एक बड़ी संख्या में स्व–शासन ग्राम समुदायों में विभाजित कर दिया जाता है, स्वराज शासन प्रणाली है। गाँधीजी का दावा था कि यह भारत में सदियों से चलकर विकसित हुई एक ईमानदारी से भारतीय राजनीतिक व्यवस्था है। तथापि, गाँधीवादी राज्य को उसकी आर्थिक व सामाजिक व्यवस्थाओं से विलग नहीं किया जा सकता। इसी कारण, स्वराज अथवा स्व–शासन संबंधी संकल्पना आर्थिक व सामाजिक व्यवस्थाओं को छूती है। स्वयं ग्रामीण समुदाय के भीतर, गाँधीजी व्यक्तियों से ऊपर समूहों के महत्त्व पर जोर देते हैं।

इस प्रकार, गाँधीजी को एक अराजकतावादी कहना गलत होगा, यदि उससे तात्पर्य एक ऐसे विचारक से है जो कि राज्य की आवश्यकता से इंकार करता हो। निश्चिततः, वे राज्य को परिसीमित करते हैं, परंतु इसका मतलब यह नहीं कि वे इसे छूट देते हैं। अल्पतम राज्य का मामला यह है कि इसमें अल्पतम हिंसा शामिल है और इसका अर्थ स्वराज संबंधी गाँधीवादी राजनीतिक सिद्धांत की स्वीकृति भी है जबकि वैयक्तिक सद्विवेक पर गाँधीजी का जोर वैयक्तिक अधिकारों पर उदारवादी महत्त्व दिए जाने जैसा ही है, इसको वैयक्तिक अधिकार की धारणा से अलग समझा जाना चाहिए। गाँधीवादी अधिकार व्यक्ति को व्यक्तिवाद के उदारवादी आधार पर नहीं, बल्कि नैतिक आधार पर दिए जाते हैं, यथा–यह दावा कि नैतिक रूप से कार्य करना हमारा कर्त्तव्य है। सत्याग्रह संबंधी गाँधीवादी धारणा अथवा विरोध प्रदर्शन

संबंधी राजनीतिक कार्यवाही अथवा असत्य का विरोध एक नैतिक अधिकार, एक कर्त्तव्य है और गाँधीवादी राज्य भी इस प्रकार की कार्यवाही का उद्देश्य है।

गाँधीजी की राज्य संबंधी अवधारणा मार्क्सवादी राज्य से इस संदर्भ में मिलती–जुलती है कि दोनों ही राज्य को एक हिंसा तंत्र के रूप में लेते हैं। अपने नैतिक पहलू के मद्देनजर, गाँधीजी भी कर्त्तव्यों पर जोर देते हैं, न कि अधिकारों पर। इसके अलावा गाँधीवादी राज्य वैयक्तिक इच्छाओं की सामूहिकता संबंधी किसी धारणा की बजाय एक नैतिक, साम्यवादी मतैक्य पर ज्यादा आधारित है। अनेक तरीकों से, गाँधीवाद राज्य राज्य का एक विशिष्ट रूप से भारतीय रूप है।

प्रश्न 12. नागरिक समाज के विशिष्ट लक्षणों पर एक टिप्पणी लिखिए।

Refer to Chapter-3, Q.No.-7

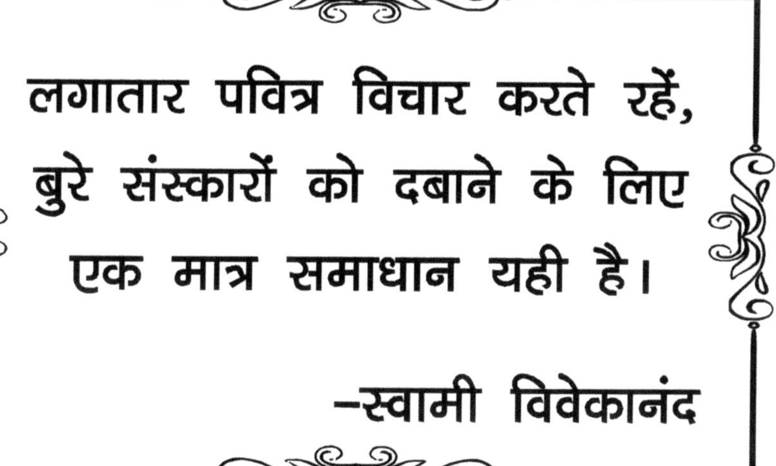

ई.पी.एस.–11 : राजनीतिक विचार और विचारधाराएँ
जून, 2017

नोट : (i) भाग I – किन्हीं दो प्रश्नों के उत्तर दीजिए।
(ii) भाग II – किन्हीं चार प्रश्नों के उत्तर दीजिए।
(iii) भाग III – कोई दो संक्षिप्त टिप्पणियाँ लिखिए।

भाग I

निम्नलिखित में से किन्हीं दो प्रश्नों के उत्तर लगभग 500 शब्दों (प्रत्येक) में दीजिए। प्रत्येक प्रश्न के 20 अंक हैं।

प्रश्न 1. ऐसा क्यों कहा जाता है कि समसामयिक काल में राष्ट्रीय संप्रभुता को खतरा है?

Refer to Chapter-8, Q.No.-2

प्रश्न 2. क्लासिकी उदारवाद की नागरिक समाज और राज्य की क्या संकल्पना है?

उत्तर– जॉन लॉक (1632–1704) एक केंद्रीय आकृति है। उसका विचारों और मनोभावों के एक सापेक्षतः संसक्त निकाय के साथ, विलय हुआ। इसने अब तक अभ्यस्त तरीकों की तुलना में उल्लेखनीय विभिन्न तरीकों से सामाजिक और राजनीतिक प्रक्रिया के मार्ग की ओर उन्मुक्त किया और उसका दिशा–निर्देशन किया। इसने विभिन्न मानदंडों और मूल्यों को लोगों के मन में बिठाया और उन्हें प्रोन्नत किया। इसने लोक संस्थाओं के लाक्षणिक गुणों का वर्णन किया तथा उन्हें अपने स्वयं के सिद्धांतों की संतीक्षा (Scrutiny) के अधीन कर दिया। इसने इसके विचारों और मनोभावों द्वारा उत्प्रेरित जीवन की राह और आम जानकारों को लोकाचार बनाने का प्रयास किया। इसने इस कार्यसूची को आगे बढ़ाने के लिए प्रेरक तत्त्वों को पुनः प्राप्त करने की चेष्टा की और इसके लिए, उपलब्ध वसीयतों (Legacies) पर ध्यान दिया।

क्लासिकी उदारवाद ने कतिपय व्यष्टिगत अधिकारों, जैसे–जीवन, स्वतंत्रता और संपत्ति पर ध्यान दिया, जबकि इन अधिकारों की बोधगम्यता पर महत्त्वपूर्ण मतभेद थे, प्राकृतिक नियम जिसने मानवीय सत्ता को सूचित किया, की अभिव्यक्ति के रूप में उनकी बोधगम्यता के लिए प्रबल प्रवृत्ति थी। कई विचारकों, जिन्होंने इस रूपांतर को स्वीकार किया था, का तर्क था कि मानव सत्ता को समाज में बदला गया तथा उसे एक सामाजिक संविदा के माध्यम से एक सार्वजनिक इच्छा और प्राधिकार के तहत नियंत्रित किया गया। इस प्रकार के रचना विन्यास में, मानवीय प्रकृति को संघात्मक बंधनों और संबंधों में और के माध्यम से गठित करने के बजाय पूर्व–सामाजिक के रूप में ग्रहण किया गया। मानवीय प्रकृति को इस रूपांतर के द्वारा

एक समय रहित और सार्वभौमिक मानदंड के माध्यम से एक ऐतिहासिक और संदर्भाधीन एकांतवास से हटाकर एक रूप दिया गया। क्लासिकी उदारवाद, विशेषकर इसके रूपांतर का विश्वास था कि निजी संपत्ति नागरिक समाज द्वारा पैदा नहीं की गई थी, अपितु वह इससे पहले नागरिक समाज और राज्य को इसमें हस्तक्षेप का कोई अधिकार नहीं था। इस रूपांतर में, स्वतंत्रता में प्रतिरोध न होने की स्थिति में नकारात्मक अनुभव के रूप में ग्रहण की गई थी। क्लासिकी उदारवाद ने नागरिक समाज और राज्य को मूल रूप से अधिकारों के संरक्षक के रूप में देखा। अतः राज्य कुछ अन्य मूल्यों को प्रोन्नत करने के नाम पर अधिकारों में दखल नहीं दे सकता था अथवा अधिकारों के क्षेत्र पर सीमा अधिरोपित नहीं कर सकता था, जब तक अधिकारों के संरक्षण को स्वयमेव ऐसी दखलंदाजी की आवश्यकता न हो। इसने एक सीमित शासन का समर्थन किया। इसने शासन को सीमाओं के भीतर रखने के लिए कई तरीकों का प्रस्ताव किया। अधिकारों के क्षेत्र ने एक नागरिक समाज को जन्म दिया जो कि विभिन्न संघों और समूहों से बना था और राज्य की गतिविधि पर निरंतर नियंत्रण और निगरानी रखता था। विभिन्न स्वतंत्रताओं के होने से नागरिक समाज शासन के विभिन्न अंगों पर अविरल और सतत् निगरानी रखने में सक्षम हुआ। एक प्रतिनिधि विधायिका, शक्ति का पृथकीकरण, सार्वजनिक प्राधिकार का फैलाव सुनिश्चित करना और आवधिक निर्वाचन इस रूपांतर के मनोभाव के केंद्र में थे। इसने बहुमत के शासन की बजाय बहुमत की सहमति स्वीकार की। इसने अपने मत के द्वारा अपनी प्रतिनिधिक प्राथमिकता को व्यक्त करने के लिए प्रत्येक प्रौढ़ की अपेक्षा की। वास्तविक प्रतिनिधित्व अर्थात् इस प्रकार कार्य करने के लिए हकदार लोगों का प्रतिनिधित्व पर्याप्त था।

इस रूपांतरण का आर्थिक प्रतिस्थायी युक्त बाजार और अहस्तक्षेप नीति थी। वस्तुतः उत्कृष्ट उदारवाद प्रशंसनीय तौर पर उभरते हुए नागरिक वर्ग के लिए निजी संपत्ति पर अपने स्वभावगत बल, सीमित और औपचारिक स्वीकृत स्वतंत्रता तथा व्यापार की स्वतंत्रता पर बल के साथ एक विचारधारा के रूप में रास आया। बाजार में अभिव्यक्त विनिमय की स्वतंत्रता विनिमय दर उत्पाद के उचित मूल्य नियत करने के लिए वांछित थी। इसके अर्थानुसार, राज्य को मुकाबले रखा गया था।

प्रश्न 3. विकास के अधिकार से आप क्या समझते हैं?

Refer to Chapter-8, Q.No.-8

प्रश्न 4. राज्य की प्रकृति और कार्यों का व्यक्तिवादी सिद्धांत क्या है?

उत्तर– राज्य की प्रकृति एवं प्रकार्यों संबंधी व्यक्तिवादी सिद्धांत स्वतंत्र, समझदार एवं आत्म–निर्माणकारी के रूप में स्वत्व की संकल्पना पर आधारित है। व्यक्तिवाद के अनुसार, चूँकि व्यक्तिजन स्वतंत्र, समझदार एवं आत्म–निर्णयन सक्षम हैं, उनके हितों को इस बात से

बेहतर बढ़ावा मिलता है कि उन्हें स्वयं चुनने दें कि वे किस प्रकार का जीवन व्यतीत करना चाहते हैं। उत्तम जीवन संबंधी किसी दृष्टिकोण विशेष को लागू किए जाने हेतु राज्य द्वारा किए जाने वाले प्रयासों से वैयक्तिक हितों को नुकसान पहुँचता है। व्यक्तिवादी दृष्टिकोण में स्वतंत्र, समझदार एवं आत्म–निर्णयकारी के रूप में स्वत्व की संकल्पना को राज्य की संकल्पना तटस्थ एवं न्यूनतमवादी हो, ऐसी अपेक्षा होती है। व्यक्तिवाद के लिए राजनीतिक व्यवस्था में अग्रिम मूल्य तब राज्य की उदासीनता ही होना चाहिए। वस्तुतः उदारवादी व्यक्तिवाद का एक विशेष लक्षण है—एक तटस्थ एवं न्यूनतम राजनीतिक सत्ता के रूप में राज्य पर उसका जोर दिया जाना।

एक तटस्थ राज्य को एक ऐसे राज्य के रूप में परिभाषित किया जा सकता है जो हित संबंधी किसी भी वैयक्तिक संकल्पना विशेष का पक्ष नहीं लेता, न ही उसको संरक्षण देता है, न ही बढ़ावा देता है अथवा विपरीततः उसके विरुद्ध भेदभाव करता है अथवा उसे कानूनन दंडनीय बनाता है बल्कि इस प्रकार का राज्य एक ऐसा तटस्थ ढाँचा प्रदान करता है जिसके भीतर हित संबंधी विभिन्न एवं संभाव्यतः परस्पर विरोधी संकल्पनाओं की खोज की जा सकती है। वह अपने नागरिकों द्वारा मन में रखे जाने वाले उत्तम जीवन संबंधी विभिन्न दृष्टिकोणों एवं संकल्पनाओं को बिना विरोध सहने के प्रति वचनबद्ध होता है। दूसरे शब्दों में, तटस्थ राज्य उत्तम जीवन संबंधी किसी संकल्पना विशेष को नहीं थोपता। इसकी बजाय वह अपना जीवन व्यतीत करने के सबसे अच्छे तरीके के विषय में लोगों के फैसलों से दूर ही रहता है, जिससे वह हित अथवा जीवन रीति संबंधी अपनी संकल्पना के अनुशीलन हेतु प्रत्येक व्यक्ति स्वतंत्र (एक यथासंभव सीमा तक) हो जाता है।

Refer to Chapter-7, Q.No.-3

भाग II

निम्नलिखित में से किन्हीं चार प्रश्नों के उत्तर लगभग 250 शब्दों (प्रत्येक) में दीजिए। प्रत्येक प्रश्न के 12 अंक हैं।

प्रश्न 5. एथेंसी लोकतंत्र की प्रमुख कमियाँ क्या थीं?

Refer to Chapter-6, Q.No.-4

प्रश्न 6. समाजवादी लोकतंत्र के मूल ज्ञान–बोध (प्रवृत्तियाँ) क्या हैं?

Refer to Chapter-6, Q.No.-11

प्रश्न 7. उन्नीसवीं और बीसवीं शताब्दियों में विकास के संदर्भ में नागरिकता के आधुनिक विचार का परीक्षण कीजिए।

उत्तर– उन्नीसवीं सदी में उदारवाद के बढ़ते प्रभाव और पूँजीवादी बाजार संबंधों के विकास के साथ ही, हालाँकि नागरिकता संबंधी प्राचीन गणतंत्रवादी समझ पृष्ठभूमि की ओर पहुँचती देखी गई। निजी हितों को संरक्षण व प्रोत्साहन देने हेतु कुछ अधिकारों को धारण करते–उपयोग करते व्यक्ति के रूप में नागरिकगण संबंधी उदारवादी धारणा को वरीयता मिल गई। कानूनी दर्जे के रूप में नागरिकता, जिसने नागरिक को राज्य हस्तक्षेप से बचाव सुनिश्चित करते कुछ अधिकार प्रदान किए, राज्य व राजनीति संबंधी उदारवादी समझ से अभिन्न थी।

पूँजीवादी समाज के एक पहलू, सामाजिक वर्ग की समानता के विरुद्ध समानता–प्रसार प्रक्रिया के रूप में वे एक 250 वर्ष की अवधि में आद्योपांत नागरिकता के विकास का वर्णन करते हैं। मार्शल अधिकारों के तीन सूत्रों अथवा पोटलियों की पहचान करते हैं, जिसमें शामिल हैं–नागरिक संबंधी, राजनीतिक तथा सामाजिक। मार्शल के अनुसार, इन तीनों सूत्रों में से प्रत्येक एक भिन्न इतिहास रखता है और हर एक सूत्र का इतिहास एक विशिष्ट शताब्दी से जुड़ा है। नागरिक अधिकार जो अठारहवीं सदी में विकसित हुए, मार्शल द्वारा, 'वैयक्तिक स्वतंत्रता हेतु आवश्यक अधिकारों' के रूप में परिभाषित किए गए हैं। ये इस अर्थ में 'नकारी' अधिकार थे कि वे सरकारी सत्ता प्रयोग को सीमित अथवा नियोजित करते थे और इनमें शामिल थे–भाषण आंदोलन, धर्म ज्ञान संबंधी स्वतंत्रताएँ, कानून के समक्ष समानता का अधिकार और संपत्ति रखने का अधिकार। राजनीतिक अधिकार, नामतः वोट देने का अधिकार, चुनावों हेतु खड़े होने का अधिकार और सरकारी पद धारण करने का अधिकार, आमतौर पर उन्नीसवीं सदी में विकसित हुए और व्यक्ति को समुदाय के राजनीतिक जीवन में भाग लेने का अवसर प्रदान किया। सामाजिक अधिकार, जो व्यापकतः एक बीसवीं सदी की चीज थी, ने व्यक्ति को एक न्यूनतम आर्थिक/सामाजिक दर्जे की गारंटी दी और नागरिक व राजनैतिक, दोनों ही अधिकारों के प्रयोग का आधार प्रदान किया। मार्शल कहते हैं कि सामाजिक अधिकार 'समाज में प्रचलित मानदंडों के अनुसार एक सभ्य मनुष्य का जीवन जीने हेतु' 'सकारी' अधिकार है। जीवन के ये मानदंड एवं समाज का सामाजिक उत्तराधिकार समाज सेवाओं (कल्याणकारी राज्य) तथा शिक्षा व्यवस्था के रूप में राज्य द्वारा सक्रिय हस्तक्षेप के माध्यम से ही लोकार्पित किए जाते हैं।

अठारहवीं सदी से इंग्लैंड में अधिकारों के ऐतिहासिक विकास संबंधी मार्शल की योजना को बहरहाल अन्य समाजों के लिए सत्य नहीं माना जा सकता। नागरिक अधिकार, उदाहरण के लिए, पूर्व उन्नीसवीं सदी तक अधिकांश यूरोपीय देशों में पूरी तरह लागू नहीं किए गए थे। जहाँ कहीं भी वे आमतौर पर प्राप्त हुए थे, कुछ समूहों की उपेक्षा की गई थी। इस प्रकार, यद्यपि संविधान द्वारा इस प्रकार के अधिकार अधिकांश यूरोपियन राज्यों को सौंपे जाने से काफी पहले से ही अमेरिकियों को दिए जा चुके थे, अश्वेतों को उनसे वंचित रखा गया। गृह युद्ध (Civil War) के बाद भी, जब अश्वेतों को औपचारिकतः ये अधिकार दिए गए, वे उन्हें प्रयोग करने में समर्थ नहीं थे। अधिकारों से लैटिन अमेरिका, अफ्रीका तथा एशिया के

उपनिवेशित लोगों को वंचित रखा गया। बीसवीं सदी के पहले चतुर्थांश तक अधिकांश देशों में महिलाओं को वोट देने का अधिकार नहीं था, जिनमें इंग्लैंड शामिल था।

नागरिकता संबंधी आधुनिक धारणा, स्वतंत्र व समान नागरिक नियुक्त करने का प्रयास करती है। यह स्वतंत्रता व समानता, जो आधुनिक नागरिकता में निहित होती है, आरोप्य असमानताओं व भिन्नताओं (संस्कृति, जाति, लिंग, प्रजाति आदि संबंधी) को दूर करके प्राप्त करने का प्रयास करती है। तदनुसार, नागरिकों को अन्य नागरिकों के समान ही अधिकार धारण करने व प्रयोग करने वालों के रूप में समझा जाता है। समानता संबंधी शर्तें, यथा– वे शर्तें जिनके तहत नागरिकगण समान रूप से अपने अधिकारों के प्रयोग में समर्थ होते हैं, नागरिकता अधिकारों के प्रयोग हेतु अनुपयुक्त असमानता, यथा–प्रजाति, नृजाति, लिंग, जाति आदि संबंधी ब्यौरे तैयार करके सुनिश्चित की जाती है। नागरिक ही, इस प्रकार, वह अधिकारधारक व्यक्ति होता है जिसकी जाति, प्रजाति, लिंग, नृजाति आदि को नागरिकता के दर्जे से असंबद्ध के रूप में देखा जाता है। इस तरीके से देखे जाने पर नागरिकता एक अति वशवर्ती (overarching) पहचान बनाती है, जो अन्य सभी पहचानों को गुप्त रखती है ताकि उनको उत्पन्न किया जा सके जिन्हें राष्ट्र के छिपे/अनदेखे (और इसीलिए) 'समान' नागरिक कहा जाता है। बीसवीं सदी के अधिकतर वर्षों में अधिकांश उदारवादी सिद्धांत में निजी हितों के पीछे पड़े वैयक्तिक अधिकारधारक नागरिक के पक्ष में पूर्व प्रवृत्ति बनी ही रही।

प्रश्न 8. अवसर की समानता से आप क्या समझते हैं?

Refer to Dec-2006, Q.No.-5

प्रश्न 9. सत्ता की अवधारणा का क्या अर्थ है?

Refer to Chapter-4, Q.No.-1

प्रश्न 10. राजनीतिक दायित्व के विभिन्न सिद्धांतों का विश्लेषण कीजिए।

Refer to Chapter-4, Q.No.-11 & 13 and Refer to June-2010, Q.No.-8

प्रश्न 11. राज्य के मार्क्सवादी सिद्धांत के प्रमुख लक्षण क्या हैं?

Refer to Chapter-3, Q.No.-2

प्रश्न 12. ग्राम्सियन (Gramscian) परिप्रेक्ष्य से राज्य और नागरिक समाज के मध्य संबंध का विश्लेषण कीजिए।

उत्तर– ग्राम्सी, हालाँकि अर्थव्यवस्था समेत, निजी अथवा गैर–राज्यीय क्षेत्र का संदर्भ लेने के लिए 'नागरिक समाज' का प्रयोग करते हैं, नागरिक समाज संबंधी उनका चित्रण मार्क्स के

वर्णन से बहुत भिन्न है। ग्राम्सी का मुख्य प्रस्ताव यह है कि राज्य को नागरिक समाज के बोध के बिना नहीं समझा जा सकता है। ग्राम्सी के अनुसार, नागरिक समाज महज कोई वैयक्तिक आवश्यकताओं का क्षेत्र नहीं है वरन् संगठनों का क्षेत्र है और युक्तियुक्त आत्म–नियमन व स्वतंत्रता की संभावना रखता है। ग्राम्सी इसके जटिल संगठन पर जोर देते हैं, क्योंकि 'जीवों की समष्टि' को आमतौर पर 'निजी' कहा जाता है जहाँ आधिपत्य और 'स्वैच्छिक सहमति' सुव्यवस्थित रूप में होते हैं जबकि मार्क्स राज्य और नागरिक समाज के बीच अलगाव पर जोर देते हैं, ग्राम्सी यह तर्क देते हुए दोनों के बीच अंतर्संबंध पर जोर देते हैं कि हाँ राज्य शब्द के साधारण, संकीर्ण प्रयोग का अभिप्राय सरकार से हो सकता है, संकुचित रूप से सरकार के रूप में समझे जाने वाले राज्य को अवपीड़क राज्य तंत्र द्वारा अभिपुष्ट प्रबल वर्ग के आधिपत्य द्वारा संरक्षण प्रदान किया जाता है। ग्राम्सी के अनुसार, राजनीतिक समाज वह स्थान है, जहाँ राज्य का अवपीड़क तंत्र कारागारों, न्याय प्रणाली, सशस्त्र सेनाओं व पुलिस में संकेंद्रित रहता है। नागरिक समाज वह 'स्थान' है जहाँ राज्य शैक्षणिक, सांस्कृतिक, धार्मिक पद्धतियों व अन्य संख्याओं के माध्यम से सत्ता के अदृश्य, अमूर्त व जटिल रूपों को प्रवलित करने के लिए काम करता है। वस्तुतः राज्य की अवज्ञा करने को ग्राम्सी द्वारा नागरिक समाज के आत्म–नियामक सहज गुणों के संपूर्ण विकास संबंधी शब्दों में पुनर्परिभाषित किया गया है।

इसका सबसे पहले जॉन लॉक के लेखों में उल्लेख किया गया था। नागरिक समाज प्राकृत अवस्था के एक नागरिक समाज में परिवर्तित हो जाने के फलस्वरूप उभरा। उन्होंने नागरिक समाज को प्राकृत अवस्था और राजनीतिक समाज से अलग माना। यह नागरिक समाज अनुबंध के परिणामस्वरूप उभरे लोक प्राधिकरण द्वारा बनाए गए कानूनों के मार्फत राजनीतिक समाज में बदल जाता है। नागरिक समाज एक (राजनीतिक) समाज है, जहाँ व्यक्तियों के अधिकारों को प्राथमिकता मिलती है। नागरिक समाज इस अर्थ में अन्य संस्थाओं से भिन्न होता है कि पूर्ववर्ती से भिन्न, यह वैयक्तिक अधिकारों को प्राथमिकता देता है। इसका स्थान राज्य से बाहर नहीं है, बल्कि यह (नागरिक समाज) राज्य की विद्यमानता से ही उभरा है। इसका मतलब कि वे लोग जो प्राकृत अवस्था में रह रहे थे, जीवन स्वतंत्रता व स्वामित्व के नैसर्गिक अधिकारों का उपभोग कर रहे थे, एक आम जन प्राधिकरण के तहत एक सामाजिक अनुबंध में शामिल हुए, जो कि एक ऐसे न्यायोचित समाज की स्थापना के लिए एक–दूसरे के साथ हुआ था, जिसमें हर व्यक्ति के अधिकारों की रक्षा की जा सकती थी। इस लोक प्राधिकरण को जनता अथवा नागरिक समाज विषयक कानून बनाने का अधिकार होता है। यह नागरिक समाज प्राकृत अवस्था से भिन्न था, जहाँ लोग समान नैसर्गिक अधिकारों का उपभोग करते थे परंतु उन्हें दोषियों को दंडित करने का कोई अधिकार नहीं था। सामाजिक अनुबंध तैयार किए जाने से पहले समाज एक अनागरिक समाज के रूप में विद्यमान था। इस प्रकार, नागरिक समाज में प्रत्येक व्यक्ति के अधिकारों की रक्षा की जाती है।

भाग III

प्रश्न 13. निम्नलिखित में से किन्हीं दो पर लगभग 100 शब्दों (प्रत्येक) में संक्षिप्त टिप्पणियाँ लिखिए। प्रत्येक भाग के 6 अंक हैं।

(क) कन्फ्यूशियन (Confucian) साम्राज्यवादी विचारधारा की समाप्ति

Refer to Chapter-2, Q.No.-9

(ख) यू.एस.ए. में उदारवादी परंपरा

उत्तर– उदारवाद के अमेरिकी रूपांतर ने विचारों के कतिपय विशिष्ट निकाय को सामने रखा, जिसने वर्षानुवर्ष उदारवाद के विभिन्न रूपांतर जो प्रचलित हो गए थे, के साथ अंत:क्रिया की। संयुक्त राज्य अमेरिका में, प्रतिनिधित्व का अधिकार ब्रिटेन की तरह वास्तविक नहीं था तथा यह राजनीतिक समुदाय के हितों से न जुड़कर कुल मिलाकर निर्वाचन क्षेत्र और उसके मतदाताओं की चिंताओं से जुड़ा हुआ था। इसके अतिरिक्त, प्रतिनिधित्व पद्धति के माध्यम से लोगों की 'बेहतर किस्म' की पहचान करने पर बल दिया गया था। संयुक्त राज्य अमेरिका में, संपत्ति और स्थानीय हितों पर बल देना अपेक्षाकृत अधिक मजबूत था। इसके अलावा, शासन ने ब्रिटेन में दृश्यमान अहस्तक्षेप नीति सिद्धांत की अपेक्षा संयुक्त राज्य अमेरिका में उसे अधिकाधिक प्रतिरोधवादी शर्तों पर ग्रहण किया था। उसी समय, लोकप्रिय संप्रभुता की धारणा, जिसे लोगों ने राजनीतिक समुदाय के रूप में निरंतर प्रयोग किया और उसका संरक्षण किया, संयुक्त राज्य अमेरिका में गहरे तक बैठ गई। उदारवाद की संस्थागत जटिलता पर भी विभिन्न तरीकों से जोर दिया गया। विभेदक संप्रभुता, जिसने स्थानीयवाद को बढ़ावा दिया और केंद्रिकता के खतरे को कम किया, ने ब्रिटेन की अपेक्षा संयुक्त राज्य अमेरिका में स्वतंत्र रूप से अधिक जोर दिया। नागरिक संघों और संयुक्त राज्य अमेरिका में उनके राजनीतिक महत्त्व का महान फ्रेंच राजनीतिक दार्शनिक, एलेक्सिस ए. तॉकवी द्वारा उल्लेख किया गया। उन्होंने इसे लोकतांत्रिक तानाशाही के प्रति प्रतिभार के रूप में देखा, जिसे उन्होंने संयुक्त राज्य अमेरिका में संभाव्य खतरे के रूप में महसूस किया।

"यदि मानवों को सभ्य बने रहना है कि अथवा ऐसा होना है तो एक–दूसरे के साथ जुड़ने की कला का उसी अनुपात में संवर्द्धन और सुधार होना चाहिए जिस अनुपात में समानता की शर्तों का विस्तार होता है।"

अमेरिकी उदारवाद ने बहुलवाद के अपने लाक्षणिक विचार को उखाड़ फेंका। इसका तर्क था कि राज्य भी अनेक संघों में एक संघ है, जो एक विशेष समय पर व्यक्ति को कार्यरत करता है। वहीं दूसरे भी संगठन हैं जिनके साथ व्यक्ति अपने हितों और वफादारियों के सापेक्षत: बँध जाता है तथा प्रत्येक संघ अपने निजी चुनिंदा क्षेत्र में उत्कृष्ट होता है। इस प्रकार, राज्य के पास कोई अधिभासी शक्तियाँ नहीं होतीं और उसे अन्य संघों के साथ कार्य करना आवश्यक हो जाता है।

(ग) राजनीतिक सिद्धांत के अध्ययन के कारण

उत्तर– राजनीतिक सिद्धांत के अध्ययन के कई कारण हैं। पहला, राजनीतिक सिद्धांत आदर्श प्रकार के साथ एक स्तर पर कार्य करता है। दूसरा, राजनीतिक सिद्धांतकारों ने न्याय, स्वतंत्रता और अन्य वांछनीय अंतियों को प्राप्त करने के लिए समाज को सर्वोत्तम तरीके से संगठित करने के तरीके के बारे में गंभीरता से विचार किया है। निश्चित रूप से, कोई समाज सही नहीं हो सकता है, लेकिन एक राजनीतिक समाज के सैद्धांतिक आधार के बारे में सोचने से समाज में क्या महत्त्वपूर्ण है पर ध्यान केंद्रित किया जा सकता है। एक अन्य संबंधित कारण यह है कि राजनीतिक सिद्धांतकार सरकार के उचित लक्ष्यों के बारे में सोचते हैं और लिखते हैं। यह एक ऐसा सवाल है जिसे आसानी से वास्तविक दुनिया की राजनीति में अनुवाद किया जाता है। उदाहरण के लिए, यदि आर्थिक समानता एक ऐसा लक्ष्य है जिसे एक अच्छी सरकार द्वारा बढ़ावा दिया जाना चाहिए, तब नीतियों और राजनेताओं का समर्थन किया जा सकता है, जो इस लक्ष्य को लाने के उद्देश्य हैं। अगर स्वतंत्रता की रक्षा करना सरकार का मुख्य उद्देश्य है, तो हम ऐसे उपायों का विरोध कर सकते हैं, भले ही वे मानवीय आधार पर उचित हों। संक्षेप में, राजनीतिक सिद्धांत लोगों और सरकार के बीच और साथ–साथ एक–दूसरे के बीच उचित संबंध के बारे में कालातीत प्रश्नों के साथ जुड़ा हुआ है। यह हमें सत्ता, अधिकार, नैतिकता और स्वतंत्रता (अन्य बातों के अलावा) के बारे में सोचने के लिए मजबूर करता है और इन अवधारणाओं को वास्तविक विश्व सरकार के आकार के रूप में उभारता है।

(घ) कानूनी और राजनीतिक संप्रभुता

Refer to Chapter-3, Q.No.-4

ई.पी.एस.-11 : राजनीतिक विचार और विचारधाराएँ
दिसम्बर, 2017

नोट : (i) भाग I – किन्हीं दो प्रश्नों के उत्तर दीजिए।
(ii) भाग II – किन्हीं चार प्रश्नों के उत्तर दीजिए।
(iii) भाग III – कोई दो संक्षिप्त टिप्पणियाँ लिखिए।

भाग I

निम्नलिखित में से किन्हीं दो प्रश्नों के उत्तर लगभग 500 शब्दों (प्रत्येक) में दीजिए। प्रत्येक प्रश्न के 20 अंक हैं।

प्रश्न 1. ऐसा क्यों माना जाता है कि वैश्वीकरण की विश्व को दो खेमों में बाँटने की प्रवृत्ति है?

प्रश्न 2. उदारवादी परंपरा की मार्क्सवादी से तुलना कीजिए और विरोधाभास बताइए।

प्रश्न 3. विकास में संयुक्त राष्ट्र क्या भूमिका निभाता है?

प्रश्न 4. समुदायवादियों के अनुसार व्यक्तिवाद की प्रमुख कमियाँ क्या हैं?

भाग II

निम्नलिखित में से किन्हीं चार प्रश्नों के उत्तर लगभग 250 शब्दों (प्रत्येक) में दीजिए। प्रत्येक प्रश्न के 12 अंक हैं।

प्रश्न 5. प्रतिनिधिक लोकतंत्र के विभिन्न विचार क्या हैं?

प्रश्न 6. लोकतंत्र और समसामयिक समाजवाद के मध्य कड़ी (link) का विश्लेषण कीजिए।

प्रश्न 7. नागरिकता की गाँधीवादी संकल्पना (धारणा) क्या है?

प्रश्न 8. असमानता के उदारवादी तर्क क्या हैं?

प्रश्न 9. "वैधता संकट" से हैबरमास का क्या तात्पर्य है?

प्रश्न 10. क्रांति के विभिन्न सिद्धांतों का विश्लेषण कीजिए।

प्रश्न 11. राज्य के गाँधीवादी सिद्धांत के प्रमुख लक्षण क्या हैं?

प्रश्न 12. लोकतंत्र और नागरिक समाज के मध्य क्या संपर्क सूत्र (linkage) है?

भाग III

प्रश्न 13. निम्नलिखित में से किन्हीं दो पर लगभग 100 शब्दों (प्रत्येक) में संक्षिप्त टिप्पणियाँ लिखिए। प्रत्येक भाग के 6 अंक हैं।

(क) मानव और राज्य की प्रकृति पर सिसरो (Cicero) के विचार

(ख) भारत में उदारवादी परंपरा

(ग) राजनीतिः एक व्यावहारिक गतिविधि के रूप में

(घ) विधितः और वस्तुतः संप्रभुता

ई.पी.एस.-11 : राजनीतिक विचार और विचारधाराएँ
जून, 2018

नोट : (i) भाग I - किन्हीं दो प्रश्नों के उत्तर दीजिए।
(ii) भाग II - किन्हीं चार प्रश्नों के उत्तर दीजिए।
(iii) भाग III - कोई दो संक्षिप्त टिप्पणियाँ लिखिए।

भाग I

निम्नलिखित में से किन्हीं दो प्रश्नों के उत्तर लगभग 500 शब्दों (प्रत्येक) में दीजिए। प्रत्येक प्रश्न के 20 अंक हैं।

प्रश्न 1. हमें राजनीतिक सिद्धांत का अध्ययन करने की आवश्यकता क्यों है? चर्चा कीजिए।

Refer to Chapter-1, Q.No.-10

प्रश्न 2. भारतीय राजनीतिक चिंतन के महत्त्वपूर्ण लक्षणों का वर्णन कीजिए।

Refer to Chapter-2, Q.No.-1

प्रश्न 3. सामाजिक न्याय की अवधारणा पर एक निबंध लिखिए।

उत्तर– न्याय की धारणा सबसे पेचीदा और उलझी हुई है। इसकी सटीक परिभाषा देना कठिन है क्योंकि इस अवधारणा की प्रकृति समय के साथ बदलती रहती है। कुछ विद्वान न्याय शब्द का प्रयोग गलत क्या है, सही क्या है, को जानने के अर्थ में करते हैं। यह कुछ निश्चित मूल्यों व मापदंडों पर आधारित होती है, जो वक्त गुजरने के साथ-साथ बदलती रहती है। इस प्रकार अतीत में जो न्याय था, वर्तमान में अन्याय हो सकता था। जैसे-प्राचीन काल में बाल-विवाह करना कानूनन अपराध है। ठीक इसी प्रकार अतीत में विधवा विवाह का समाज में निषेध था किंतु आधुनिक काल में विधवा विवाह को कानूनी मान्यता प्रदान है।

अत: जो कार्य समाज के नैतिक मूल्यों व राज्य के कानून पर खरी उतरती है, वह न्यायसंगत कही जाती है अर्थात् वही न्याय है।

सामाजिक न्याय से तात्पर्य यह है कि समाज के सभी व्यक्ति चाहे वह किसी वर्ग या समुदाय के हों, रूप-रंग, जाति, धर्म और लिंग के आधार पर उनसे भेदभाव नहीं किया जाएगा। समाज में सभी व्यक्ति बराबर और सम्मान योग्य हैं। समाज सभी के लिए उचित सुविधाएँ प्रदान करता है। किसी भी विशेष वर्ग या समुदाय के साथ वह पक्षपात नहीं करता है। यही समाज न्याय संगत समाज कहलाता है। उदाहरण के लिए, भारत की स्वतंत्रता के पश्चात् भारतीय संविधान के अंतर्गत अस्पृश्यता निवारण, महिलाओं के लिए उचित सुविधा का प्रबंध कई कानून बनाए। पिछड़े व दलित वर्गों को सरकारी नौकरियों में आरक्षण प्रदान करके जीवन स्तर को ऊपर उठाने की कोशिश की

गई है।

वास्तव में, सामाजिक न्याय का मुख्य उद्देश्य समाज में रहने वाले सभी प्रकार के व्यक्तियों को समान स्तर पर लाना तथा उनके बीच परस्पर भाइचारे व सम्मान का भाव जगाना है। राष्ट्रपिता महात्मा गाँधी भी सामाजिक न्याय की माँग करते हैं। उन्होंने कहा कि समाज में विद्यमान निम्न जाति का उतना ही महत्त्व है जितना कि उच्च जाति का। यदि हरिजन जूता बनाना छोड़ दे तो उच्च वर्ग को नंगे पाँव रहना पड़ेगा। अतः सभी के कार्य महत्त्वपूर्ण हैं। इसे हीन दृष्टि से नहीं देखना चाहिए।

प्रश्न 4. राज्य पर गाँधी के विचार का परीक्षण कीजिए।

उत्तर– गाँधीवादी परिप्रेक्ष्य–राज्य के गाँधीवादी परिप्रेक्ष्य (राष्ट्रपिता मोहन दास करम चन्द गाँधी - 1869-1948) में राज्य क्या है और यह क्या होना चाहिए इसके अनुपम सम्मिश्रण का प्रावधान है।

गाँधीजी ने पश्चिमी देशों में जिस तरह का राज्य देखा था उसकी निंदा की और उन्होंने राम राज्य नाम से लोकप्रिय राजनीतिक व्यवस्था को पसंद किया। वे ऐसा ही राज्य चाहते थे।

सभी अराजकतावादियों की ही तरह गाँधीजी भी राजनीतिक शक्ति के अलावा अन्य सभी प्रकार की शक्तियों पर अविश्वास करते थे। गाँधीजी की धारणा के अनुसार कोई भी शक्ति स्वाभाविक रूप से दमनकारी और अनिवार्य होती है। यह थोपी जाती है, रुकावटें डालती हैं, खुफियागिरी करती है। इसके अस्तित्व में रहने का तात्पर्य है स्वतंत्र इच्छा अंतरमन तथा व्यक्ति में विद्यमान आंतरिक इच्छा का अभाव। गाँधीजी के शब्दों में राज्य केंद्रित तथा संगठित रूप में हिंसा का प्रतिनिधित्व करता है। व्यक्ति में आत्मा होती है परंतु राज्य आत्माहीन एक मशीन है। इसका अस्तित्व ही हिंसा से निकला है और यह हिंसा से कभी मुक्त नहीं रह सकता।

परंतु गाँधीजी अराजकतावादी नहीं थे। वे केवल इस हद तक अराजकतावादी थे जिस हद तक उन्होंने घोषित किया था राज्य शक्ति की प्रतिमूर्ति है। एक प्रकार से वे वर्गवादी व्यक्तियों के अथवा हमारे काल के नव दक्षिणपंथी स्वेच्छावादियों के बहुत निकट हैं। उन्होंने राज्य की अखंडवादी वकालत नहीं की बल्कि न्यूनतम कार्यों वाले राज्य की वकालत की। उनकी राय में जब तक समाज आत्म नियमन करने वाला तथा आत्मविकास वाला नहीं हो जाता और जब तक व्यक्तिपूर्ण नहीं हो जाता तब तक राज्य आवश्यक रहेगा। वे थ्योरम के इस विचार का पूर्ण रूप से समर्थन करते हैं कि सर्वोत्तम सरकार वह है जो कम से कम शासन करती है।

कुछ हद तक गाँधीजी मार्क्स के काफी निकट थे, जैसे उन्होंने इस प्रकार के समाज के बारे में विचार व्यक्त किया जो कि स्वरूप में राज्यविहीन हो। किसी भी मार्क्सवादी की ही तरह गाँधीजी राज्य की ऐसी संस्था का विरोध करते थे जो दमन और शोषण का एक माध्यम हो। सभी मार्क्सवादियों की तरह निजी संपत्ति में उन्होंने सभी बुराइयाँ पाईं। सभी मार्क्सवादियों की तरह पक्षपात करने वाले राज्य की निंदा की लेकिन उसी समय गाँधीजी ने अपने राम राज्य की परिकल्पना में ऐसे समाज की बात कही, जो बिना दमन का हो और जिस पर बल प्रयोग न किया जाता हो।

धारणा के अनुसार गाँधीजी अध्यात्मवादी थे और इसलिए गाँधीजी में गैर भौतिकवादिता विद्यमान है। उनके अनुसार वास्तविक स्वराज्य केवल राजनीतिक स्वतंत्रता की प्राप्ति ही नहीं अपितु उसकी अपेक्षा और बहुत कुछ है। उनके अनुसार स्वराज्य व्यक्ति से शुरू होता है। यह आत्मा का नियम है। यह आत्म विकास और आत्म नियमन का मामला है, इसमें वास्तविक शक्ति व्यक्ति में अंतर्निहित होती है। ज्यों-ज्यों शक्ति आगे बढ़ती है त्यों-त्यों यह विकेंद्रित हो जाती है। गाँधीजी के राम राज्य में व्यक्ति से केंद्रीय राजनीति तक समूची प्रणाली अपने आप चलती है, बिना कोई दबाव डाले, बिना किसी अनिवार्यता के। उनका राम राज्य बिना किसी दबाव का राज्य और उस हद तक वह राज्यहीन है। यह राज्य एक स्वतंत्र और विमुक्त राज्य है किंतु इसमें हिंसा का इस्तेमाल नहीं होता।

भाग II

निम्नलिखित में से किन्हीं चार प्रश्नों के उत्तर लगभग 250 शब्दों (प्रत्येक) में दीजिए। प्रत्येक प्रश्न के 12 अंक हैं।

प्रश्न 5. प्राधिकार के मैक्स वेबर के वर्गीकरण का वर्णन कीजिए।

Refer to Chapter-4, Q.No.-8

प्रश्न 6. जे.एस. मिल की स्वतंत्रता की संकल्पना की व्याख्या कीजिए।

उत्तर– स्वतंत्रता संबंधी जे.एस.मिल के विचार–उदारवादी लेखक जे.एस. मिल अपनी पुस्तक 'ऑन लिबर्टी' में स्वतंत्रता संबंधी विचार प्रस्तुत करते हैं। स्वतंत्रता संबंधी विचार में वह व्यक्तिवादी दिखाई पड़ते हैं। समाज तथा राज्य द्वारा बनाए गए कानून के प्रति वह नफरत की भावना रखते हैं। उनके अनुसार कानून वह कथन है, जो व्यक्ति के सर्वांगीण विकास में रुकावट पैदा करता है। वह व्यक्ति को पूर्ण स्वतंत्रता देने के पक्ष में हैं। इन्होंने आर्थिक क्षेत्र में लेज-फेयर सिद्धांत को लागू करने पर जोर दिया। इन्होंने देखा कि सामाजिक और आर्थिक क्षेत्र में मजदूर वर्ग की स्वतंत्रता का हनन हो रहा है। इसलिए उन्होंने मजदूर वर्ग की स्वतंत्रता की सुरक्षा की माँग की। जे.एस.मिल व्यक्ति के कार्यों को दो प्रमुख रूपों में विभाजित करते हैं–(1) आत्म-सम्मानजनक और अन्य सम्मानजनक। आत्म-सम्मानजनक कार्य व्यक्ति-विशेष के व्यक्तिगत कार्यों से जुड़ा होता है। इसका प्रभाव केवल व्यक्ति तक सीमित होता है जबकि दूसरा, अन्य सम्मानजनक कार्य जो व्यक्ति द्वारा किया जाता है, का प्रभाव अन्य लोगों पर भी दिखाई पड़ता है। इसका प्रभाव सकारात्मक व नकारात्मक दोनों रूपों में हो सकता है। जे.एस. मिल लिखते हैं कि "अपने ऊपर, अपने शरीर और मस्तिष्क के ऊपर व्यक्ति का पूर्ण अधिकार है।" इस प्रकार हम देखते हैं कि जे.एस. मिल पूर्ण रूप से व्यक्ति की स्वतंत्रता के पक्षधर हैं।

कुछ विद्वान मिल के विचारों से असहमत हैं। इनके अनुसार जे.एस. मिल व्यक्ति की स्वतंत्रता के माँग में अंधे हो गए हैं, जो उचित नहीं है। ये विद्वान मिल की कमी को उजागर करते हुए कहते हैं कि समाज में प्रचलित मान्यताएँ व प्रथाएँ व्यक्ति और समाज के हित में बनाई गई हैं तो वह कैसे व्यक्ति-विकास में बाधक बन सकती हैं। राज्य द्वारा बनाए गए कानून कल्याणकारी सिद्धांत

पर आधारित होते हैं। अतः ये कभी गलत और अनुचित नहीं हो सकते हैं।

जिस प्रकार से मिल आत्म-सम्मानजनक कार्य के अंतर्गत व्यक्ति को स्वतंत्रता प्रदान करते हैं, वह अनुचित है क्योंकि प्रत्येक व्यक्ति द्वारा स्वयं के पक्ष में किया गया कार्य भी दूसरों पर प्रत्यक्ष या अप्रत्यक्ष रूप में प्रभाव डालता है।

प्रश्न 7. नागरिकता की नारीवादी संकल्पना से आप क्या समझते हैं?

Refer to Chapter-5, Q.No.-5

प्रश्न 8. फासीवादी राज्य के मूल लक्षणों का वर्णन कीजिए।

Refer to Chapter-7, Q.No.-5, 6

प्रश्न 9. न्याय की मार्क्सवादी और उदारवादी अवधारणाओं के मध्य विभेद कीजिए।

उत्तर– न्याय के मार्क्सवादी सिद्धांत के मुख्य समर्थक मार्क्स, लेनिन, मिलर आदि हैं। मार्क्सवादी समाज को दो वर्गों में बँटा हुआ मानते हैं–शोषक वर्ग तथा शोषित वर्ग। राज्य की सत्ता का प्रयोग शोषक वर्ग ने अपने हितों की पूर्ति के लिए तथा शोषित वर्ग को न्याय से वंचित रखने के लिए किया। मार्क्सवादियों की न्याय की अवधारणा पूँजीपतियों की अवधारणा से मेल नहीं खाती, किंतु उनकी न्याय की अवधारणा है, इसमें कोई संदेह नहीं है। लास्की ने कहा है, "यदि कॉर्ल मार्क्स के हृदय को टटोला जाए, तो पता चलेगा कि न्याय के प्रति उसमें कितना आवेग था।" न्याय के मार्क्सवादी सिद्धांत इस प्रकार हैं–

मार्क्स राज्य को वर्गीय संस्था मानता है। उनके अनुसार आदिम साम्यवादी समाज में वर्ग-संघर्ष नहीं था, क्योंकि निजी संपत्ति का अभाव था। प्राकृतिक वस्तुओं पर सभी व्यक्तियों का समान स्वामित्व था और वे अपनी आवश्यकताओं को मिल-जुलकर पूर्ण कर लेते थे। इस अवस्था में शोषण नहीं था, परंतु धीरे-धीरे उत्पादन के साधनों में सुधार हुआ, निजी संपत्ति का जन्म हुआ और समाज दो वर्गों में बँट गया। पूँजीवादी समाज में न्याय और समानता की बात व्यर्थ है, क्योंकि यह मानव असमानता पर आधारित है। मार्क्सवाद के अनुसार सभी व्यक्ति बराबर हैं, लेकिन पूँजीवादी व्यवस्था में श्रमिक वर्ग को न्याय नहीं मिलता, जो वास्तविक उत्पादनकर्त्ता हैं। अतः न्याय की मार्क्सवादी अवधारणा, न्याय की पूँजीवादी अवधारणा का विलोम है। मार्क्सवादियों के अनुसार न्याय की स्थापना के लिए पूँजीवादी राज्य को समाप्त करना आवश्यक है। इसके लिए श्रमिक वर्गों को संगठित होना पड़ेगा। इसे नष्ट करके उत्पादन के साधनों का समानाधिकरण कर दिया जाए और आधुनिक न्यायपूर्ण समाज की स्थापना हो। मार्क्सवाद उत्पादन के साधनों के निजी स्वामित्व व्यवस्था के विध्वंस के माध्यम से आदर्श पंचायती राज्यवादी समाज बना चाहता है। मार्क्स के पंचायती राज्यवादी समाज में न्यायसंगत वितरण सिद्धांतों को समाज के प्रति असंगत बनाने वाली न्याय की स्थितियाँ हैं।

इसके अतिरिक्त जॉन रॉल्स प्रमुख रूप से उदारवादी विचारक हैं। उनके विचार इस प्रकार हैं–

Now, Refer to Chapter-5, Q.No.-16

प्रश्न 10. प्रतिनिधि लोकतंत्र के मूल सिद्धांतों का परीक्षण कीजिए।

Refer to Chapter-6, Q.No.-6

प्रश्न 11. सत्याग्रह के सिद्धांतों एवं तरीकों की व्याख्या कीजिए।

Refer to Chapter-7, Q.No.-18

प्रश्न 12. शक्ति पर मिशेल फोकॉल्ट (Michel Foucault) के विचारों का परीक्षण कीजिए।

Refer to June-2006, Q.No.-4

भाग III

प्रश्न 13. निम्नलिखित में से किन्हीं दो पर लगभग 100 शब्दों (प्रत्येक) में संक्षिप्त टिप्पणियाँ लिखिए। प्रत्येक भाग के 6 अंक हैं।

(क) वर्ग संघर्ष

Refer to Chapter-7, Q.No.-10

(ख) धर्मनिरपेक्षता की पश्चिमी संकल्पना

Refer to June-2011, Q.No.-16

(ग) वैधिक और राजनीतिक संप्रभुता

Refer to Chapter-3, Q.No.-4

(घ) सकारात्मक क्रिया (Affirmative Action)

Refer to Chapter-8, Q.No.-10 & Q.No.-11

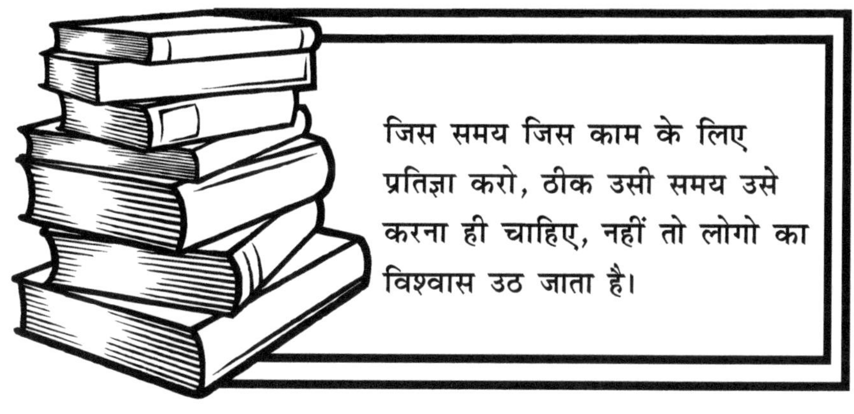

ई.पी.एस.-11 : राजनीतिक विचार और विचारधाराएँ
दिसम्बर, 2018

नोट : (i) भाग I – किन्हीं दो प्रश्नों के उत्तर दीजिए।
(ii) भाग II – किन्हीं चार प्रश्नों के उत्तर दीजिए।
(iii) भाग III – प्रश्न सं. 13 के किन्हीं दो भागों पर संक्षिप्त टिप्पणियाँ लिखिए।

भाग I

निम्नलिखित में से किन्हीं दो प्रश्नों के उत्तर लगभग 500 शब्दों (प्रत्येक) में दीजिए। प्रत्येक प्रश्न के 20 अंक हैं।

प्रश्न 1. राजनीति शब्द से आप क्या समझते हैं? इसे मानव स्थिति का एक अनिवार्य लक्षण क्यों माना जाता है?

प्रश्न 2. 19वीं शताब्दी में एशियन राष्ट्रवाद पर एक निबंध लिखिए।

प्रश्न 3. राज्य के मार्क्सवादी सिद्धांत के विशिष्ट लक्षणों की व्याख्या कीजिए।

प्रश्न 4. वैश्वीकरण से आप क्या समझते हैं? इसके तहत संप्रभुता को चुनौतियों की चर्चा कीजिए।

भाग II

निम्नलिखित में से किन्हीं चार प्रश्नों के उत्तर लगभग 250 शब्दों (प्रत्येक) में दीजिए। प्रत्येक प्रश्न के 12 अंक हैं।

प्रश्न 5. नागरिकता की नारीवादी धारणा की चर्चा कीजिए।

प्रश्न 6. मैक्स वेबर के प्राधिकार प्रतिपादन की डेविड बैंथम की समालोचना का वर्णन कीजिए।

प्रश्न 7. सामाजिक न्याय से आप क्या समझते हैं?

प्रश्न 8. सर्वोदय के आवश्यक तत्त्वों का परीक्षण कीजिए।

प्रश्न 9. जेंडर (Gender) और लोकतंत्र पर एक टिप्पणी लिखिए।

प्रश्न 10. जे.एस. मिल की स्वतंत्रता की धारणा से आप क्या समझते हैं?

प्रश्न 11. संप्रभुता के मूल लक्षणों की व्याख्या कीजिए।

प्रश्न 12. एकलवादी (Individualist) सिद्धांत में राज्य की भूमिका की चर्चा कीजिए।

भाग III

प्रश्न 13. निम्नलिखित में से किन्हीं दो पर लगभग 100 शब्दों (प्रत्येक) में संक्षिप्त टिप्पणियाँ लिखिए। प्रत्येक भाग के 6 अंक हैं।

(क) प्राधिकार

(ख) नागरिक समाज

(ग) धर्मनिरपेक्षता का पश्चिमी संदर्भ

(घ) औपचारिक समानता

ई.पी.एस.-11 : राजनीतिक विचार और विचारधाराएँ
जून, 2019

नोट : (i) अनुभाग I – किन्हीं दो प्रश्नों के उत्तर दीजिए।
(ii) अनुभाग II – किन्हीं चार प्रश्नों के उत्तर दीजिए।
(iii) अनुभाग III – किन्हीं दो पर संक्षिप्त लेख लिखिए।

अनुभाग–I

निम्न में से किन्हीं दो प्रश्नों के उत्तर लगभग 500 शब्दों (प्रत्येक) में दीजिए। प्रत्येक प्रश्न के 20 अंक हैं।

प्रश्न 1. Eric Vaeglin और Christian Bay के राजनीति के नए विज्ञान पर विचारों का परीक्षण कीजिए।
Refer to June-2007, Q.No.-12

प्रश्न 2. प्राधिकार व्यवस्थाओं के मैक्स वेबर प्रकार (Typology) का वर्णन कीजिए।
Refer to Chapter-4, Q.No.-3

प्रश्न 3. प्रतिनिधि लोकतंत्र के मूल सिद्धांतों का वर्णन कीजिए।
Refer to Chapter-6, Q.No.-6

प्रश्न 4. विकासशील और विकसित देशों के परिप्रेक्ष्य से विश्वीकरण की चर्चा कीजिए।
Refer to Chapter-8, Q.No.-3

अनुभाग–II

निम्न में से किन्हीं चार प्रश्नों के उत्तर 250 शब्दों (प्रत्येक) में दीजिए। प्रत्येक प्रश्न के 12 अंक हैं।

प्रश्न 5. राज्य और अन्य संस्थाओं के मध्य विभेद कीजिए।
Refer to Chapter-3, Q.No.-1

प्रश्न 6. स्वतंत्रता के कुछ सामयिक विचारों की चर्चा कीजिए।
Refer to Chapter-5, Q.No.-13

प्रश्न 7. राज्य की गाँधी की संकल्पना की चर्चा कीजिए।
Refer to June-2018, Q.No.-4

प्रश्न 8. सकारात्मक क्रिया (Affirmative Action) से आप क्या समझते हैं? व्याख्या कीजिए।

Refer to Chapter-8, Q.No.-10&11

प्रश्न 9. लोकतंत्र और नागरिक समाज के मध्य संबंध की चर्चा कीजिए।

Refer to Chapter-3, Q.No.-6

प्रश्न 10. क्रांति से आप क्या समझते हैं? यह विद्रोह से कैसे भिन्न है?

Refer to Chapter-4, Q.No.-14

क्रांति–संबंधी विचार में न सिर्फ राजनीतिक, बल्कि मानव जीवन के आर्थिक, सामाजिक व सांस्कृतिक आयाम भी आते हैं। इस शब्द की एक सटीक परिभाषा में परिवर्तन के निहितार्थ विषयक विभिन्न शाखा विस्तार हैं, वह चाहे शांतिपूर्ण हो अथवा हिंसक, समग्र हों अथवा आंशिक, छोटा हो या बड़ा। राजनीति–सिद्धांत में, संबद्ध संस्थाओं एवं प्राधारों में परिवर्तन के साथ–साथ सरकार में फेरबदल का एक विशिष्ट संकेतार्थ का भी स्थान होता है। अपने मूल अर्थ में, 'इसमें–स्थापित राजनीतिक और पूर्व–व्यवस्था और उससे बुनियादी रूप से भिन्न एक नई व्यवस्था की स्थापना की चुनौती शामिल होती है।'

इस अभिपुष्टि के साथ कि जहाँ विद्रोह व क्रांति दोनों वर्तमान व्यवस्था में एक आकस्मिक, झटके से और महत्त्वपूर्ण परिवर्तन का संकेत देते हैं और पूर्ववर्ती परवर्ती की भाँति 'गहन परिवर्तन' की धारणा को समाविष्ट नहीं करता, दोनों के बीच भेद की एक सीमारेखा खींची जा सकती है। एक आकस्मिक, बड़ा और गहन परिवर्तन लाने में प्रयुक्त साधन विशुद्ध संवैधानिक अथवा अहिंसात्मक से लेकर पूरी तरह हिंसात्मक और उग्रवादी तक हो सकते हैं। जब कोई क्रांति किसी क्रांति के परिणामों को बिगाड़ देने के लिए होती है तो "प्रति–क्रांति" की अवधारणा जन्म लेती है; उदाहरण के लिए, चीनी साम्यवादी पार्टी ने 1927 में एक क्रांति की और चियांग के–शेक के अधीन 'राष्ट्रवादियों' द्वारा उसके दमन को एक 'प्रति क्रांति' का नाम दिया गया। इस प्रकार, एक क्रांति निश्चित रूप से अधीनता के प्राधार को बदल डालने पर अभिलक्षित होती है।

प्रश्न 11. भारत के लिए धर्मनिरपेक्षवाद के उपयुक्त प्रारूप का परीक्षण कीजिए।

Refer to Chapter-8, Q.No.-4

प्रश्न 12. फासीवाद राज्य और समाज के विशिष्ट लक्षणों का वर्णन कीजिए।

Refer to Chapter-7, Q.No.-6

अनुभाग–III

निम्न में से किन्हीं दो पर लगभग 100 शब्दों (प्रत्येक) में संक्षिप्त लेख लिखिए। प्रत्येक भाग के 6 अंक हैं।

प्रश्न 13. (i) दंड धर्म अंतः संबंध

धर्म और दंड—भिक्खू पारेख के अनुसार, हिंदू राजनीतिक विचारकों ने राजनीतिक जीवन का दो मुख्य अवधारणाओं में वैचारीकरण किया— धर्म और दंड। दोनों ही एक दूसरे पर निर्भर हैं। 'दंड' शब्द का अर्थ है अनुशासन, बल प्रयोग, निग्रह, दमन अथवा सजा। 'धर्म' वो है जो समाज को बाँधे रखता है। इसकी उत्पत्ति संस्कृत के मूल शब्द ध्र से हुई जिसका अर्थ है पकड़ के रखना से हुई और समाज एकजुट रह सकता है जब प्रत्येक व्यक्ति और समूह अपने–अपने विशिष्ट कर्त्तव्यों का पालन करते हैं। इसको वर्णाश्रम धर्म का पालन करके प्राप्त करने का प्रयास किया गया। वर्ण धर्म का अर्थ है उस समूह के सदस्य के रूप में अपने कर्त्तव्यों का कड़ाई से पालन करना, जिससे हम संबंध रखते हैं, यथा भारतीय संदर्भ में जाति। इसीलिए, यह राजा का कर्त्तव्य था कि वर्ण धर्म को कायम रखे। वर्ण संकट, यथा विभिन्न वर्णों का मिश्रण, किसी भी कीमत पर टाला जाना है। इस बारे में विविध वर्णन मिलते हैं कि क्या होता है यदि विभिन्न वर्णों से ताल्लुक रखने वाले सदस्य धर्मशास्त्र, धर्मशस्त्र, अर्थशास्त्र व महाभारत में दिए गए अपने–अपने वर्णों से जुड़े नहीं रहते।

धर्मशास्त्र लेखकों ने व्यक्तियों एवं सामाजिक समूहों, सरकार समेत, के धर्म पर ध्यान लगाया। उन्होंने हालाँकि छानबीन के एक भिन्न एवं स्वायत्त विषय के रूप में राजनीतिक धर्म को मुहैया कराने का प्रयास नहीं किया। जो उन्होंने किया, वो था सबसे सबको एक आचार संहिता प्रदान करना। राजनीति इस मुख्य धारा के प्रति प्रासंगिक थी।

धर्मशास्त्रों के अभिगम को तुलना में अर्थशास्त्र के लेखक दंड की व्यवस्था और प्रक्रिया में अधिक रुचि रखते थे। कौटिल्य का अर्थशास्त्र सरकार की प्रकृति व संघटन, दमनकारी शक्ति के प्रयोग की प्रकृति व विधि, सत्ता कैसे हासिल की जाए संबंधी रणनीतियों व सत्ता कायम रखने की क्रियाविधि, वर्णों को संभावित खतरा, राज्य की प्रकृतियाँ या तत्त्व तथा उनके साथ क्रियाव्यापार का सर्वोत्तम तरीका आदि के विषय में विस्तृत जानकारी देता है। अर्थशास्त्र के लेखकों की पुस्तकें विशेषतः राजनीतिक थीं।

धर्मशास्त्रों व अर्थशास्त्रों के दो अभिगम मुख्य तौर पर अपनी विषयवस्तु में भिन्न थे। एक धर्म के दृष्टिकोण से राजनीतिक जीवन का अन्वेषण करता है, तो दूसरा दंड के दृष्टिकोण से। धर्मशास्त्र विधिवादी और धर्मोन्मुखी थे, जबकि अर्थशास्त्र संस्थाओं एवं राजनीति पर ध्यान केंद्रित करते थे और अवस्थिति में धर्मनिरपेक्ष थे। कोई भी अभिगम अपने आप में परिपूर्ण नहीं था, न ही अपने अनुयायियों द्वारा पूरी तरह से कोई प्रशंसा प्राप्त। ये दोनों मिलकर ही राजनीतिक चिंतन की हिंदू परंपरा का निर्माण करते हैं।

(ii) स्वराज

Refer to Chapter-7, Q.No.-15

(iii) विकास का अधिकार

Refer to Chapter-8, Q.No.-8

(iv) द्वंद्वात्मक भौतिकवाद

Refer to Chapter-7, Q.No.-7

ई.पी.एस.-11 : राजनीतिक विचार और विचारधाराएँ
दिसम्बर, 2019

नोट : प्रत्येक भाग से निर्देशानुसार प्रश्नों के उत्तर दीजिए।

खंड–I

निर्देशः निम्नलिखित में से किन्हीं दो प्रश्नों के उत्तर लगभग 500 शब्दों (प्रत्येक) में दीजिए। प्रत्येक प्रश्न के 20 अंक हैं।

प्रश्न 1. नव–उदारीकरण के सिद्धांत का आलोचनात्मक विश्लेषण कीजिए।

उत्तर– नया उदारवाद—नये उदारवाद के कई विचार, जिन्होने स्वयंमेव 19वी शताब्दी के अंत तक उदारवाद के एक विशिष्ट रूपांतर के रूप में समेकन किया, आरंभ में जौं जाक रूसों (1712–1778) द्वारा व्यवस्थित किए गए। उनके लिए स्वतंत्रता मात्र चुनिन्दा स्वतंत्रता नहीं थी, अपितु लोगों की रचनात्मक योग्यता है जो मानव की सत्ता को महसूस कर सके। समुदाय के कार्यों में भागीदारी से किसी एक की जिम्मेदारी पर एकमात्र संसाधन जिसकी समाज–पूर्व राज्य में मौजूदगी दर्ज की जा सकती थी, के प्रति सामूहिक संसाधनों को रखकर पर्याप्त रूप से रचनात्मक संभावनाओं का विस्तार किया। राजनीतिक समुदाय और उसकी प्रक्रियाओं में सहभागिता से वास्तविक इच्छा को तलाश करने तथा विगत और विलंबित विशेषाधिकारों की आकास्मिकताओं को बहा देने की क्षमता आई।

नया उदारवाद, जर्मन ज्ञान जागरण (**Enlightenement**) के विचार, विशेषकर, एम्मैनुएल कांत और एफ.डब्ल्यू.जी. हेगल के विचारों से अत्यधिक प्रभावित हुआ। कांत ने एक वास्तविक, और बुद्धिपरक व्यक्तित्व, जिन्हें वह इन्द्रियों द्वारा उत्तेजित किए जाने पर इच्छाओं द्वारा प्रेरित–एक उन्नत और एक अवनत व्यक्तित्व के रूप में मानते थे, के बीच अंतर किया। उन्नत आत्मा स्वतंत्रता का सही मार्ग था। कांत के लिए सच्ची स्वतंत्रता पराधीनता की अधीनता से स्वतंत्रता थी। कान्त ने लिखा,'' ऐसी स्वतंत्रता कठोरतम स्थिति अर्थात लोकोत्तर भाव से स्वतंत्रता कही जाती हैं।

यह शुद्ध स्वायत्त बुद्धिपरक इच्छा की स्वतंत्रता है, जो सही तौर पर शुद्धतः औपचारिक नैतिक नियम जो स्वयं पर लागू किया जाता है, के अनुसार है। रुचि की संतुष्टि अथवा सीमाओं की बाधा ऐसी स्वतंत्रता पर बाधा नहीं है। अपितु प्रत्येक ऐसी बात है, जो शुद्ध कारण के आधार पर नैतिक जीवन में बाधा डालती है। हेगल ने कांत की स्वतंत्रता को एक सामाजिक और राजनीतिक अभिव्यक्ति देने की माँग की। उसका तर्क था कि विशेष और सीमित प्रयत्न के क्षेत्र में अभिव्यक्त स्वतंत्रता स्वयमेव स्वतंत्रता के रूप में भ्रमित करती है। उन्होनें तर्क दियाः "राज्य, एक संपूर्ण नैतिकता है, जो वास्तविकता का वह स्वरूप है जिसमें व्यक्ति की अपनी

स्वतंत्रता होती है और वह उसका आनंद लेता हैं, परंतु उसके पहचाने जाने की शर्त पर, उस पर विश्वास करके यह इच्छा करनी पड़ती है जो सर्वनिष्ठ है।"

थॉमस हिल ग्रीन (1836–1882) ने नये उदारवाद रूपांतर की रचना विन्यास किसी अन्य की अपेक्षा अधिक व्यवस्थित किया। उन्होंने राजनीतिक समुदाय की गुणवत्ता और उसकी संस्थाओं की ओर ध्यान आकर्षित करके उत्कृष्ट उदारवाद की शब्दावली को उलट क्रम में करने का प्रयास किया, जिससे उस तरह की प्राथमिकता के लिए सक्षम हो जाएँ जो वैसा करना चाहे/उनका तर्क था कि ऐसा समुदाय जिसका अपना कानून और शासन है और जो ताकत पर विश्वास नहीं करता अपितु अपने नागरिकों की सहमति पर विश्वास करना है, स्वतंत्रता के लिए अपरिहार्य शर्त है। ऐसे समुदाय के सदस्य एक–दूसरे के प्रति आभार महसूस करते हैं और यह ऐसे चिंतन और समर्थन हैं, जिससे कोई भी उस प्रकार की रुचियाँ कर सकता है जो वह चाहता है। इस अनिवार्यता के अधीन नागरिक राज्य और अन्य नागरिकों के प्रति अपनी जिम्मेदारियों को स्वीकार करते हैं, क्योंकि इस प्रक्रिया में उनके निजी जीवन और स्वतंत्रता में सम्मान प्राप्त होता है और उसे प्रोन्नत किया जाता है।

नए उदारवादियों के लिए स्वतंत्रता ऐसा मूल्य है, जिसका पोषण किया जाना चाहिए। तथापि, इस प्रकार के मूल्य का बनाए रखने के लिए विशेष प्रकार का राज्य और समाज पूर्व शर्ते हैं। स्वतंत्रता के लिए नैतिक रूप से निर्मित व्यष्टियों की आवश्यकता होती है और सामाजिक संस्थाएँ ऐसे व्यष्टियों का निर्माण संभव बनाती है। ये संस्थाएँ वस्तुतः अपने सदस्यों के क्रियाकलाप की अभिव्यक्ति हैं।

ग्रीन की व्यवस्था में अधिकार और कानून स्वतंत्रता के अंतरंग थे। अधिकार उन स्वतंत्रताओं की रक्षा करते हैं, जिसे व्यष्टि और सामाजिक ग्रुप अपने लिए दावा करते हैं और उसकी दूसरों को संस्वीकृति देते हैं। कानून में, राजनीतिक हितों से ऊपर उठ रहे हैं और प्रतिबंधों को लागू कर रहे हैं। विधितंत्र नागरिकों के अधिकारों की रक्षा करता है। राज्य बाधाओं को दूर करता है और नैतिक विकास के पक्ष में हालात तैयार करता हैं। राज्य एक समाज के मात्र सरकारी और कानूनी संस्थाएँ ही नही है, अपितु नागरिकों और स्वतंत्र संघों को शामिल करता है, जो शासकीय निर्णयों और नीतियों के निर्माण और कार्यान्वयन में भागीदारी निभा रहे हैं।

नये उदारवाद ने मानव स्वभाव को काल रहित होने की बजाए गतिपूर्ण होने के लिए पुनः संकल्पना की। मानव स्वभाव विशिष्ट प्रकार के नियमों द्वारा सुगठित अथवा कुगठित होता है तथा उस पोषण का समर्थन करता है तथा बदले में उसका और उन नियमों का पोषण करता है, उस प्रकार की माननीय सत्ता को प्रतिबिम्बित करता है जो उनको स्थायित्व प्रदान करती हैं।

नये उदारवाद ने आर्थिक प्रतिराधवादी नीतियों, कल्याण उपायों और धन के पुनः वितरण मे लिए मार्ग खोल दिया। इसमें बेरोजगारी और गरीबी की समस्याओं से निपटने के लिए दलीलें और न्याययुक्तता मुहैया कराई गई। उसने और अधिक समानतावाद तथा सहकारी समाज की

माँग की। हृष्ट–पुष्ट नागरिक वर्ग के निर्माण के लिए पूर्वापेक्षा के रूप में संस्थाओं के स्वास्थ्य पर नए उदारवादियों द्वारा जोर देने एक राज्य के निर्माण के लिए एक शक्तिशाली स्पंदन था।

प्रश्न 2. समानता और स्वतंत्रता के बीच के संबंध की व्याख्या कीजिए।

Refer to Chapter-5, Q.No.-9 (Pg. No.-103)

प्रश्न 3. फासिज्म (तानाशहीवाद) के सामान्य निरूपण (अर्थ) का परीक्षण कीजिए।

उत्तर–फासिज्म के सामान्य स्पष्टीकरण एवं लक्षण–फासिज्म की व्याख्या बहुविध तरीको से की गई है। एक पसंदीदा मार्क्सवादी नजरिया है इसका व्याख्या एकाधिकार वित्त पूँजी (monopoly finance capital) के एक उग्र, निरंकुष साधन के रूप में करना, जो कि वर्ग–संघर्ष के तीव्रीकरण काल और पूँजीवादी अर्थव्यवस्था में तीक्ष्ण संकटकाल में श्रमिक अधिकरों पर निर्मम प्रहार के रूप में उभरा। एक अन्य व्याख्या फासिज्म को प्रथम विष्वयुद्ध की बर्बरता और असभ्य अवस्था के परिणामों में सांस्कृतिक एवं नैतिक अभिभव के उत्पादन के रूप में देखती है। कार्ल पोलैन्यी कृत द ग्रेट ट्रांस्फॉर्मेशन के अनुसार, प्रथम विश्वयुद्ध ने 19वीं शताब्दी यूरोप की बूनियादों को ध्वस्त कर दिया और युद्ध–संघटन, सुविधाहीनता और विस्थापन द्वारा इंगित एक दीर्घ संकटकाल को उन्मुक्त किया। ऑस्वाल्ड स्पैंगलर ने अपनी डिक्लाइन ऑफ द वैस्ट की रचना 1918 में की और सिद्ध किया कि पाष्चात्य सभ्यता, जो कि उद्योगवाद द्वारा अभिलक्षित है, 20वीं शताब्दी में पतन के कगार कर पहुँच चुकी थी। स्पैंगलर ने एक विकल्प के रूप में 'जीवन दर्षन' का प्रचार करने के लिए आधुनिकता संबंधी तर्कणापरक प्रवृत्तियों की तीखी आलाचना की। विलहैम रीष, एक नव–मनोविष्लेषक अपनी 'मास–साइकोलोजि ऑफ फैसिज्म' में फासीवाद का नितांत स्नायु–संबंधी अथवा रोगात्मक आवेगों के परिणाम के रूप में स्पष्ट करते हैं, जो कि पितृसत्तात्मक परिवार व्यवस्था में प्रस्तुत अवस्था में रहते हैं। एक अन्य उदारवादी व्याख्या फासीवाद को जन समाज के एक उत्पाद के रूप सामने रखती है जहॉ नातेदारी, धर्म, व्यवसाय या श्रेणी एवं आवास पर आधारित परंपरागत असली पहचानें खत्म हो जाती हैं और एक नए आकारहीन जन–समाज का जन्म होता है। कुछ अन्य जन इसे एकाधिकार व्यापार–गृहों के लाभ–उद्देष्य के विरुद्ध मध्यवर्गीय अतिवाद की एक अनोखी अभिव्यक्ति से जोडते हैं। अन्ततः, इसको किन्हीं विशेष वर्ग–हितों अथवा वर्ग–प्रभुत्व से स्वतंत्र किसी करिष्माई नेता के नेतृत्व में एक प्रकार के बॉनापार्टिज्म (Bonapartism) अथवा एक स्वायत्त सत्तावादी राज्य के रुप में देखा गया हैं।

फासीवाद उदारवाद, लाकतंत्र एवं मार्क्सवादी समाजवाद के परित्यजन पर आधारित एक क्रांतिक आन्दोलन के रूप में सामने आया। तथापि, यह रूढिवादी सत्तावादी समूहों से भिन्न था। रूढिवादी दक्षिण–पंथ ने पारंपरिक वैधताओं का आह्वान किया जो कि चर्च, राजतंत्र, नातेदारी आदि पर निर्भर थी, जबकि फासीवादी एक क्रांतिक सांस्थानिक परिवर्तन चाहते थे

और लोंगों को आंगिक राष्ट्रवाद (Organic Nationalism) के नाम पर संगठित करते थे, जो कि अन्य सभी प्रकार की मानव–पहचानों से ऊपर विषेशधिकार प्राप्त राष्ट्र की सुसंगत सामूहिकता में एक विष्वास है। जैसा कि मानव–शरीर में होता है, शरीर के विभिन्न अवयवों अथवा अंगो का एक दूसरे से संरचनात्मक संबंध सिर्फ उनकी भूमिकाओं को परिभाषित करने और सीमा–निर्धारण करने का उद्देष्य पूरा करता है, अतः फासीवादी राज्य के आंगिक दृष्टिकोण में, राज्य राष्ट्रीय साकार रूप में व्यक्तिजनों की पहचानों और अधिकारों पर पूर्ववर्तिता कायम करेगा। यह दृष्टिकोण अंतरराष्ट्रीयवाद और अंतरराष्ट्रीयवाद पर आधारित आन्दोलनों, जैसे– साम्यवाद, फ्रीमैसनरी (मुक्त राजगीरी), लीग ऑफ नेशन्स तथा बहुराष्ट्रीय यहूदी समुदाय, के प्रति फासिज्म की पक्की शत्रुता हेतु भी जिम्मेदार हैं। आमतौर पर, फासिज्म ज्ञानोदय व उसके विचारों, जैसे– हेतुवादी भौतिकवाद, व्यक्तिवाद और बहुवाद का सिद्धांत, से विरासत में मिली राजनीतिक संस्कृति के परित्यजन का प्रतीक हैं। लोकतांत्रिक–बुर्जुआई संस्थाओं एवं मूल्यों के प्रति फासीवादी विरोध–प्रदर्षन ने राजनीति के व्यापक, संवैधानिक तथा जनमत–संग्रह आदि रूपों के प्रयोग को वर्जित नहीं किया, अपितु उन्होंने इन लोकतांत्रिक संस्थाओं का प्रयोग केवल उन्हें अंदर ही अंदर नष्ट करने और उनकी महत्ता को गुप्त रूप से क्षति पहुँचानें के लिए किया। फासिज्म अपने सभी रूपों में बहुलवाद, वैयक्तिक स्वायत्तता तथा नागरिक व राजनैतिक अधिकारों का सम्मान किए जाने पर आधारित लोकतंत्र की धारणा का विरोध करता था।

फासीवादियों का जल–संघटन राजनीति के सैन्यकरण प्रतिमान पर आधारित था। उन्होंने अपने संघटन में सैन्य प्रतीक और परिभाषिकी का प्रयोग किया। जिस प्रकार सैन्य–संगठन अधिकार व आदेष के बहुत्व अभाव और हाईकमान के प्रति सामान्य सैनिक समुदाय के पूर्ण अधीनीकरण पर आधारित होता है, उसी प्रकार फासिज्मी संगठन भी पवित्रप्राय प्रतिमूर्ति स्वरूप अपना नेता रखते थे – इटली में ड्यूस (Duce) और जर्मनी में फ्यूरर (Fuhrer) जिसकी इच्छा सभी मामलों में सर्वोच्च होती थी।

राष्ट्रवाद की भावना को मजबूत करने के लिए और अपनी तानाषाहियों के विरोध को पूरी तरह समाप्त कर देने के लिए एक पार्टी सहायक सेना का प्रायः प्रयोग किया जाता था। फासिज्मी विचारधारा में पुरूषोचित सिद्धांत, अर्थात पुरूष–प्रधानता और युवाओं के उत्कर्षण पर अत्यधिक जोर दिया जाना भी राजनीति के इसी सैन्यकरण से संबंधित था।

फासिज्म का एक अन्य महत्त्वपूर्ण लक्षण था – एक प्रकार के नियमित, वर्ग–सहयोगवादी, एकीकृत राष्ट्रीय–आर्थिक प्राधार का संगठन। एक वर्ग–संघर्ष से मुक्त जन–समुदाय के रूप में समष्टिवाद (Corporatism) की धारणा व्यक्तिवाद की बढ़वार और नए सिरे से केन्द्रकृत होते राज्यों के प्रति अनुक्रिया स्वरूप ही उभरी। यह निजी दायित्वो के निगुढ़ (mystical) 'समाधिकार' संबंधी सामन्तिक विचारधारा का एक अवषिष्टांष (residue) था। परन्तु धीरे–धीरें इसने एक आधुनिक, वर्ग–सहयोगवादी रूप अख्तियार कर लिया। सामाजिक समष्टिवाद की

विचारधारा नगर–निगमों/पालिकाओं को पूर्ण स्वायत्तता दिए जाने में विष्वास करती थी, परन्तु फासीवादी विचारधारा राज्य की आवष्यकताओं एवं अपेक्षाओं के प्रति नगर–पालिकाओं के संपूर्ण अधीनीकरण पर जोर देती थी।

प्रश्न 4. समानाधिकारवादी उदारतावाद क्या है? समझाइए।

Refer to Chapter-2, Q.No.-16 (Pg. No.-53)

खंड–II

निर्देश: निम्नलिखित में से किन्ही चार प्रश्नों के उत्तर लगभग 250 शब्दों (प्रत्येक) में दीजिए। प्रत्येक प्रश्न के 12 अंक हैं।

प्रश्न 5. भारतीय राजनीतिक परंपरा पर संक्षिप्त में एक लेख लिखिए।

Refer to Chapter-2, Q.No.-4 (Pg. No.-36)

प्रश्न 6. जे.एस. मिल की स्वतंत्रता की धारणा की व्याख्या कीजिए।

Refer to June-2018, Q.No.-6 (Pg. No.-269)

प्रश्न 7. अधिकार और वैधता के बीच के संबंध को समझाइए।

Refer to Chapter-4, Q.No.-5 (Pg. No.-75)

प्रश्न 8. नारीवादियों ने नागरिकता को कैसे नए सिरे से परिभाषित किया?

उत्तर– नारी–अधिकारवादियों की नागरिकता संबंधी की पुनर्परिभाषा–सभी मारचों के नारी–अधिकारवादियों ने नागरिकता–सिद्धांत की लिंगभद–शून्यता व लिंगभेद–अज्ञानता, तथा इनका ध्यान रखने में उसकी विफलता की आलोचना की है: (क) आधुनिक समाजों का पितष्सत्तात्मक स्वभाव, और (ख) वह तरीका जिससे लिंगभेद नागरिकता–अधिकारों तक पहुँच निर्धारित करता है।

नारी–अधिकारवादियों ने बताया है कि नागरिकता संबंधी अधिकांश ऐतिहासिक वैचारिकताएँ महिलाओं के प्रति विद्वेषी रही हैं, या तो उन्हें प्राचीन परंपरा की भाँति नागरिकता से पूरी तरह दूर रखकर, या फिर उन्हें, फ्रांसीसी परंपरा में जैसा होता था, परोक्ष और असमान रूप से नागरिक पत्नियों अथवा नागरिकों (यथा, पुरूष) की सहचरियों के रूप में जोड़कर। कैरोल पेटमैन कहती है कि आधुनिक उदारवादी नागरिकता जबकि महिलाओं को पूरी तरह से वर्जित न करते हुए, उन्हें उनकी सामाजिक रूप से उपयोगी जैविक रूप से निर्धारित स्थिति (यथा, उनकी जैविक संनचना एवं संबंधित भूमिकाएँ, नामतः संतानोत्पत्ति एवं पालन–पोषण)। (देखें कैरोल, द सैक्सुअल कॉन्ट्रैक्ट, पॉलिटि प्रैस, कैम्ब्रिज, 1988; गीजेला बुक एवं सुजन

जेम्स सं., बियॉन्ड इक्वालिटि एण्ड डिफरॅन्स, रूटलिज, लंदन, 1992 में कैरोल पेअमैन, 'इक्वाजिटि, डिफरॅन्स सबऑर्डिनेशन द पॅलिटिक्स ऑफ मदरहुड एंड विमेन' ज सिटिजनशिप') इस तरह से समावेशन महिलाओं को राजनीति के क्षेत्र से बाहर रखते हुए, और उन्हें शिक्षा, संपत्ति, नौकरी अवसर आदि, जो लोगों राजनीतिक भागीदारी हेतु आवश्यक वस्तुओ से लैस करते हैं, संसाधनों से दूर रखकर उन्हें माँओं व पत्नियों के रूप में पराधीन भूमिकाओं में बाँट देता है।

नागरिकता सिद्धांत की लिंगभेद–अज्ञानता इतनी व्यापक रही है, नारी–अधिकारवादी जन कहते हैं, कि नागरिकता के क्रम–विकास संबंधी कोई भी विवरण केवल महिलाओं को सामान्य प्रवत्तिमे मतिभ्रंशों के रूप मे हाशियों पर धकेलकद ही अपनी संबंद्धता कायम रख सकता है। अर्सला वोगल इसको नागरिकता –संबंधी मार्शल के विश्लेषण का संदर्भ लेकर स्पष्ट करती है। अधिकारों के क्रमिक सामान्यीकरण/सार्वभौमीकरण के रूप मे नागरिकता के प्रसार संबंधी मार्शल की 'मुख्य कथा', वोगल कहती हैं, सिर्फ महिलाओं को ऐतिहासिक असंगतियों के रूप में, यथा ऐसे व्यक्तियों के रूप मे जिनकी स्थिति 'विशिष्ट' एवं मुख्य कथा हेतु अप्रासंगिक थी, 'शामिल करके' ही अखंड रह सकती थी। (देखें अर्सला वागल एवं माइकल मोरां सं., द फ्रन्टियर्स ऑफ सिटिजनशिप, सेन्ट मार्टिन प्रैस, न्यूयॉर्क, 1991 में अर्सला वोगल, 'इज सिटिजनशिप जैंडर स्पिसिफिक') नारी–अधिकारवादियों ने नागरिकता संबंधी लिंग–विभेदित वैचारीकरण की सिर्फ आलोचना ही नहीं की है, उन्होंने उक्त अवधारण के विस्तारीकरण हेतु अपील भी की है ताकि इसमें उन गतिविधियों का शामिल कर सकें जिनको निजी प्रभाव क्षेत्र से संबंधित के रूप में देखा जाता है। यह विचार सिर्फ उन सत्ता–संबंधों पर ध्यान आकृष्ट करने के लिए नहीं है जो निजी मामलों (विवाह, परिवार, लैंगिकता) के क्षेत्राधिकार में परिव्याप्त होते हैं, बल्कि निजी कार्यक्षेत्र की गतिविधियों के अवमूल्यन पर प्रश्न करने के लिए भी है। सार रडिक एवं जाँ एल्स्तें जैसे मातृसत्तावादी तदनुसार, पुरुष व्यक्तियों एवं लक्षणों पर आधारित नागरिकता को ढा जाना चाहते हैं। वे इसके स्थान पर जीवनके पुरुष (सार्वजनिक) एवं स्त्री (असार्वजनिक) पहलुओं के बीच भेद को इस प्रक्रिया में भंग करते हुए, 'अवधान संबंधी स्त्रीसुलभ नीतिशास्त्र' (feminist ethics of care) यथा प्रेम व दया संबंधी स्त्रियोचित लक्षणों पर आधारित नागरिकता संबंधी एक नयी नैतिक व माननीय अवधारणा विकसित किए जाने की सिफारिश करती हैं।

प्रश्न 9. सत्याग्रह के मूलभूत सिद्धांतो और पद्धतियों को समझाइए।

उत्तर– (1) सत्य–गाँधी जी सत्य के बड़े आग्रही थे, वे सत्य को ईश्वर मानते थे। एक बार वॉयसराय लॉर्ड कर्जन ने कहा था कि सत्य की कल्पना भारत में यूरोप से आई है। इस पर गाँधी जी बड़े ही क्षुब्ध हुए और उन्होंने वॉयसराय को लिखा, "आपका विचार गलत है। भारत में सत्य की प्रतिष्ठा बहुत प्राचीन काल से चली आ रही है। सत्य परमात्मा का रूप माना जाता है।"

"सत्य मेरे लिए सर्वोपरी सिद्धांत है। मैं वचन और चिंतन में सत्य की स्थापना करने का प्रयत्न करता हूँ। परम सत्य तो परमात्मा हैं। परमात्मा कई रूपों में संसार में प्रकट हुए हैं। मैं उसे देखकर आश्चर्यवकित और अवाक हो जाता हूँ। मैं सत्य के रूप में परमात्मा की पूजा करता हूँ। सत्य की खोज में अपने प्रिय वस्तु की बली चढ़ा सकता हूँ।"

(2) अहिंसा—अहिंसा पर गाँधी जी ने बड़ा सूक्ष्म विचार किया है। वे लिखते हैं, "अहिंसा की परिभाषा बड़ी कठिन है। अमुक काम हिंसा है या अहिंसा यह सवाल मेरे मन में कई बार उठा है। मैं समझता हूँ कि मन, वचन और शरीर से किसी को भी दुख न पहुँचाना अहिंसा है। लेकिन इस पर अमल देहधारी के लिए असंभव है।

साँस लेने में अनेकों सूक्ष्म जीवों की हत्या हो जाती है। आँख की पलक उठाने, गिराने से ही पलकों पर बैठे जीव मर जाते हैं। साँप। बिच्छु को भी न मारें, पर उन्हें पकड़कर दूर तो फेंकना ही पड़ता है। इससे भी उन्हें थोड़ी बहुत पीड़ा तो होती ही है।

मैं जो भी खाता हूँ, जो कपड़े पहनता हूँ, यदि उन्हें बचाऊँ तो मुझसे जिन्हें ज्यादा जरूरत है, वे उन गरीबों के लिए काम आ सकते हैं। मेरे स्वार्थ के कारण उन्हें ये चीजें नहीं मिल पाती। इसलिए मेरे उपयोग से गरीब पड़ोसी के प्रति थोड़ी हिंसा होती है। जो वनस्पति मैं अपने जीने के खाता हूँ, उससे वनस्पति जीवन की हिंसा होती है। बच्चों को मारने, पीटने, डाँटने में हिंसा ही तो है। क्रोध करना भी सूक्ष्म हिंसा है।

(3) ब्रह्मचर्य—जो मन, वचन और काया से इंद्रियों को अपने वश में रखता है, वही ब्रह्मचारी है। जिसके मन के विकार नष्ट नहीं हुए हैं उसे पूरा ब्रह्मचारी नहीं कहा जा सकता। मन, वचन से भी विकारी भाव नहीं जागृत होने चाहिए। ब्रह्मचर्य की साधना करने वालों को खान–पान का संयम रखना चाहिए। उन्हें जीभ का स्वाद छोड़ना चाहिए और बनावट तथा श्रृंगार से दूर रहना चाहिए। संयमी लोगों के लिए ब्रह्मचर्य आसान है।

(4) अस्तेय (चोरी न करना)—यह पाँच व्रतों में से एक है। दूसरे की चीज उसके इजाजत के बिना लेना चोरी है। जो चीज हमें जिस काम के लिए मिली हो उसके सिवाय दूसरे काम में उसे लेना या जितने समय के लिए मिली हो, उससे ज्यादा समय तक उसे काम में लेना भी चोरी है। अपनी कम से कम जरूरत से ज्यादा मनुष्य जितना लेता है वह चोरी है। अस्तेय और अपरिग्रह मन की स्थितियाँ हैं। सबके लिए इतनी बारीकी से उसका पालन करना कठीन है। पर जैसे–जैसे मनुष्य अपने शरीर की आवश्यकताएँ घटाता जाएगा, वैसे–वैसे अस्तेय और परिग्रह की गहराई में पहुँच जाएगा।

(5) अपरिग्रह—जिस प्रकार चोरी करना पाप है उसी प्रकार जरूरत से ज्यादा चीजों का संग्रह करना भी पाप है। इसलिए हमें खाने की आवश्यक चीजें, कपड़े और टेबल, कुर्सी आदि चीजें आवश्यकता से ज्यादा इकट्ठा करना अनुचित है। उदाहरण के लिए यदि आपका काम दूसरी तरह चल जाए तो कुर्सी रखना व्यर्थ है।

(6) प्रार्थना—महात्मा जी को प्रार्थना में अटूट विश्वास था। दक्षिण अफ्रीका में रहते समय से

ही उन्होंने सार्वजनिक रूप से प्रार्थना प्रारंभ कर दी थी। प्रार्थना का मूल अर्थ माँगना है। पर गाँधीजी प्रार्थना का अर्थ ईश्वरीय स्तुति, भजन, कीर्तन, सत्संग, आध्यात्म और आत्मशुद्धि मानते थे। अंग्रेजी के कवी टेनिसन ने लिखा है, "प्रार्थना से वह सब कुछ संभव हो जाता है, जिसकी संसार कल्पना नहीं कर सकता।" गाँधीजी का भी कुछ–कुछ ऐसा विश्वास था।

ईश्वर को किसी ने नहीं देखा है। उसे हमें ह्रदय में अनुभव करना है, इसी के लिए हमें प्रार्थना करनी चाहिए। गाँधी जी सत्य को ईश्वर मानते थे। वे सत्य का अर्थ परमात्मा निरूपित करते थे जो संसार में प्रारंभ से ही था अभी है और भविष्य में भी रहेगा। आराधना ही प्रार्थना है। प्रार्थना में सत्य से एकाकार होने की ईच्छा रखनी चाहिए। जिस प्रकार विषयी अपने विषयों में एकरस होने को व्याकुल हो जाता है, उसी प्रकार हमें भी उस परम सत्य में एक रस होने के लिए व्याकुल हो जाना चाहिए। प्रार्थना में व्याकुलता आनी चाहिए।

(7) स्वास्थ्य–महात्मा जी ने आजीवन स्वास्थ्य की चिंता की और उसके लिए तरत–तरह की चिंताओं का अवलंबन किया। वे औषधियों के घोर विरोधी थे। उन्होंने कुने की जी चिकित्सा जुष्ट की प्रकृति की ओर लौटो और साल्ट की शाकाहार आदि पुस्तकें पढ़कर उसमे बतलाए हुए नियमों का पालन किया।

Now, Refer to Chapter-7, Q.No.-18 (Pg. No.-162)

प्रश्न 10. ऐतिहासिक भौतिकवाद पर एक लेख लिखिए।

Refer to Chapter-7, Q.No.-8 (Pg. No.-146)

प्रश्न 11. विकास के अधिकार से आप क्या समझते हैं? समझाइए।

Refer to Chapter-8, Q.No.-8 (Pg. No.-175)

प्रश्न 12. सकारात्मक कार्यवाही (अधिनियम) की नीति पर संक्षिप्त में एक लेख लिखिए।

Refer to Chapter-8, Q.No.-11 (Pg. No.-179)

खंड–III

निर्देश: निम्नलिखित में से किन्हीं दो पर लगभग 100 शब्दों (प्रत्येक) में संक्षिप्त टिप्पणियाँ लिखिए। प्रत्येक टिप्पणी के 6 अंक हैं।

(क) समानाधिकारवाद

Refer to Chapter-6, Q.No.-11 (Pg. No.-133)

(ख) नागरिक समाज

Refer to Chapter-3, Q.No.-6 (Pg. No.-67)

(ग) खिलाफत

उत्तर– 632 ईसवी में पैगम्बर मोहम्मद की मृत्यु के बाद, खिलाफत सत्ता में आया। खिलाफत का शाब्दिक अर्थ है, किसी पूर्व अधिकारी व्यष्टि अथवा ग्रुप (कौम) का उत्तराधिकार अथवा उस प्रयोजनार्थ विभिन्न पैगम्बरों के लिए कुरान में सामान्य अर्थ में यथा प्रयुक्त पूर्ववर्ती शासक का उत्तराधिकार। तकनीकी रूप से खिलाफत ने कुरान और सुन्नाह, जिसने पैगम्बर मुहम्मद की मौत के बाद जनता (उम्माह) के कार्यों की देखभाल करने और शरियत का शासन स्थापित करने का उद्देश्य से धर्म का प्रवर्तन किया, के आधार पर शासन की इस्लामी संस्था के गूणार्थ को ग्रहण किया। सूरा (परिषद) और इजमा (सहमति) के दो सिद्धांतों के आधार पर, मुस्लिमों ने 632 ईसवी में पैगम्बर मुहम्मद की मृत्यु के बाद अबू बकर को पहले खलीफा के रूप में चुना।

634 ईसवी में अबू बकर की मृत्यु के बाद, उभर को खलीफा के रूप में निर्वाचित किया गया। 645 ईसवी में उमर के देहांत के बाद उस्मान को निर्वाचित किया गया और तत्पश्चात् 654 ईसवी में उस्मान की मृत्यु होने पर अली को खलीफा के रूप में चुना गया और वह 661 ईसवी में अपनी हत्या होने तक खलीफा बने रहे। अली के देहांत के बाद खिलाफत संस्था का अंत हो गया।

(घ) सामाजिक न्याय

उत्तर– सामाजिक न्याय के बारे में रामविलास शर्मा अपने विचार व्यक्त करते हुए कहते है– "सामाजिक न्याय का मतलब है कि समाज मे सभी मनुष्यों को चाहे वे स्त्री हो या पुरुष, इस धर्म के हों या उस धर्म के, इस जाति के हो या उस जाति के सबको समाज रूप से जीने और अपना विकास करने के अवसर मिलने चाहिए।" सुरेन्द्र कटारिया सामाजिक न्याय के अंतर्गत अपनी परिभाषा को व्यक्त करते है– "सभी व्यक्ति जन्म से एक समान है और सभी में मानवीय गरिमा तथा गौरव का भाव है। किसी एक व्यक्ति के व्यक्तित्व को अन्य व्यक्तियों के व्यक्तित्त्व का साधन मात्र नहीं समझा जा सकता है। धर्म, वंश, प्रजाति, नस्ल, जाति, लिंग तथा अन्य आधारों पर व्यक्ति–व्यक्ति के बीच भेद करना, सामाजिक न्याय के विरूद्ध है।" सामाजिक व्यवस्था के अंतर्गत कुछ व्यक्तियों के समान अवसर प्रदान न करके असमानता का भेदभाव किया जाता है। जिसमें अन्याय का जन्म होता है। समाज में अवसरों से वंचित रखे जाने पर एवं अन्याय से मुक्ति पाने के लिए सामाजिक न्याय की माँग की जाती है। आर.एन. त्रिवेदी सामाजिक न्याय के मत के बारे में अपने कथन को प्रस्तुत करते है– "मनुष्य–मनुष्य के बीच सामाजिक स्थिति के आधार पर किसी प्रकार का भेदभाव न माना जाए, प्रत्येक व्यक्ति को अपनी शक्ति के समुचित विकास के समान अवसर उपलब्ध हों, किसी व्यक्ति का किसी रूप में शोषण न हों, समाज के प्रत्येक व्यक्ति की जीवन की न्यूनतम आवश्कताएँ पूरी हों, आर्थिक सत्ता चंद हाथों में केंद्रित न हों, समाज का कमजोर वर्ग अपने को असहाय महसूस न करे।"

ई.पी.एस.-11 : राजनीतिक विचार और विचारधाराएँ
जून, 2020

नोटः भाग–**I** किन्हीं दो प्रश्नों के उत्तर दीजिए।
भाग–**II** किन्हीं चार प्रश्नों के उत्तर दीजिए।
भाग–**III** प्रश्न संख्या 12 के किन्हीं दो भागों के उत्तर दीजिए।

भाग–I

निम्नलिखित प्रश्नों में से किन्हीं दो प्रश्नों के उत्तर लगभग 500 शब्दों (प्रत्येक) में दीजिए। प्रत्येक प्रश्न के 20 अंक हैं।

प्रश्न1. राजनीति अध्ययन के लिए दार्शनिक और इसके संघटित दृष्टिकोण में अंतर बताइए।

प्रश्न 2. मैक्स वेबर के प्राधिकरण व्यवस्था की डेविड बेंथम द्वारा की गई समालोचना क्या है? विस्तार से बताइए।

प्रश्न 3. एक कार्यात्मक लोकतंत्र की मुख्य विशेषताओं को समझाइए।

प्रश्न 4. धर्मनिरपेक्षतावाद के भारतीय दृष्टिकोण की व्याख्या कीजिए।

भाग–II

निम्नलिखित प्रश्नों में से किन्हीं चार प्रश्नों के उत्तर लगभग 250 शब्दों (प्रत्येक) में दीजिए। प्रत्येक प्रश्न के 12 अंक हैं।

प्रश्न 5. राजनीतिक सिद्धांत के एतिहासिक अवधारणा की व्याख्या कीजिए।

प्रश्न 6. बौद्ध सिद्धांत के संदर्भ में राज्य की उत्पत्ति को समझाइए।

प्रश्न 7. लिंग (जेंडर) और लोकतंत्र के बहस (तर्क) को विस्तार से समझाइए।

प्रश्न 8. क्रांति के मुख्य विशेषताओं का वर्णन कीजिए।

प्रश्न 9. प्रत्यक्ष लोकतंत्र के गुण और अवगुण को समझाइए।

प्रश्न 10. वैश्वीकरण के मद्देनजर राज्य की संप्रभूता के खतरों की व्याख्या कीजिए।

प्रश्न 11. समाजवादी लोकतंत्र की मुख्य विशेषताओं को समझाइए।

भाग–III

प्रश्न 12. निम्नलिखित में से किन्हीं दो पर लगभग 100 शब्दों (प्रत्येक) में संक्षिप्त टिप्पणियाँ लिखिए। प्रत्येक भाग के 6 अंक हैं।

(क) नागरिकता पर अरस्तु

(ख) अवसर की समानता

(ग) स्वराज

(घ) सकारात्मक अधिनियम

ई.पी.एस.-11 : राजनीतिक विचार और विचारधाराएँ
फरवरी, 2021

नोटः (i) भाग–I किन्हीं दो प्रश्नों के उत्तर दीजिए।

(ii) भाग–II किन्हीं चार प्रश्नों के उत्तर दीजिए।

(iii) भाग–III कोई दो संक्षिप्त टिप्पणियाँ लिखिए।

भाग–I

निम्नलिखित में से किन्हीं दो प्रश्नों के उत्तर लगभग 500 शब्दों (प्रत्येक) में दीजिए। प्रत्येक प्रश्न के 20 अंक हैं।

प्रश्न 1. शक्ति के वैध उपयोग पर एक टिप्पणी लिखिए।

प्रश्न 2. राजनीति का नया विज्ञान क्या है? समझाइए।

प्रश्न 3. प्रारंभिक भारतीय राजनीतिक चिंतन के स्रोत की त्रुटियों और सीमाओं का वर्णन कीजिए।

प्रश्न 4. उदारवादी की तुलना में मार्क्सवादी राजनीतिक परंपरा का परीक्षण कीजिए।

भाग–II

निम्नलिखित में से किन्हीं चार प्रश्नों के उत्तर लगभग 300 शब्दों (प्रत्येक) में दीजिए। प्रत्येक प्रश्न के 12 अंक हैं।

प्रश्न 5. राज्य के गाँधीवादी सिद्धांत की चर्चा कीजिए।

प्रश्न 6. संप्रभुता के सिद्धांत पर आक्षेपों का परीक्षण कीजिए।

प्रश्न 7. शक्ति और इससे संबंधित शब्द (**terms**) – अधिकार, प्रभाव इत्यादि में अंतर स्पष्ट कीजिए।

प्रश्न 8. वैधीकरण संकट के संदर्भ में जर्गेन हैबरमास के विचारों को विस्तार से बताइए।

प्रश्न 9. समकालीन नागरिकता सिद्धांत में विभाजन रेखाओं (चिह्नों) को समझाइए।

प्रश्न 10. समानता और स्वाधीनता **(liberty)** के अंतर्संबंध का अनुरेखण कीजिए।

प्रश्न 11. प्रत्यक्ष लोकतंत्र क्या है? समझाइए।

प्रश्न 12. प्रतिनिधिक लोकतंत्र पर विभिन्न दृष्टिकोणों की चर्चा कीजिए।

भाग–III

प्रश्न 13. निम्नलिखित में से किन्हीं दो पर लगभग 100 शब्दों (प्रत्येक) में संक्षिप्त टिप्पणियाँ लिखिए। प्रत्येक भाग के 6 अंक हैं।

(क) व्यक्तिवाद

(ख) फासीवाद

(ग) संप्रभुता: वैश्वीकरण के दौर में

(घ) विकास का अधिकार

ई.पी.एस.-11 : राजनीतिक विचार और विचारधाराएँ
जून, 2021

नोट : (i) खंड–I किन्हीं दो प्रश्नों के उत्तर दीजिए।
(ii) खंड–II किन्हीं चार प्रश्नों के उत्तर दीजिए।
(iii) खंड–III प्रश्न संख्या 13 के किन्हीं दो भागों के उत्तर दीजिए।

खंड–I

नोट : निम्नलिखित में से किन्हीं दो प्रश्नों के उत्तर लगभग 500 शब्दों (प्रत्येक) में दीजिए। प्रत्येक प्रश्न के 20 अंक हैं।

प्रश्न 1. वैश्वीकरण के विभिन्न आयामों की चर्चा कीजिए।

प्रश्न 2. भारत के लिए धर्मनिरपेक्षता के उपयुक्त संस्करण पर एक टिप्पणी लिखिए।

प्रश्न 3. मार्क्सवाद का आलोचनात्मक मूल्यांकन कीजिए।

प्रश्न 4. एम. के. गाँधी के संसदीय स्वराज की विशेषताओं का वर्णन कीजिए।

खंड–II

नोटः निम्नलिखित में से किन्हीं चार प्रश्नों के उत्तर लगभग 250 शब्दों (प्रत्येक) में दीजिए। प्रत्येक प्रश्न के 12 अंक हैं।

प्रश्न 5. ग्रीन लोकतंत्र को प्रत्यक्ष लोकतंत्र के रूप में समझाइए।

प्रश्न 6. व्यावहारिक प्रथा में प्रतिनिधि लोकतंत्र पर एक टिप्पणी लिखिए।

प्रश्न 7. उदारवादी नागरिकता पर मार्क्सवादी आलोचना को विस्तार से समझाइए।

प्रश्न 8. स्वाधीनता पर समकालीन विचारों की चर्चा कीजिए।

प्रश्न 9. शक्ति क्या है? समझाइए।

प्रश्न 10. वैधता पर कार्ल मार्क्स के विचार को विस्तार से बताइए।

प्रश्न 11. राज्य और संघों के बीच अंतर समझाइए।

प्रश्न 12. संप्रभुता की विशेषताओं का वर्णन कीजिए।

खंड–III

प्रश्न 13. निम्नलिखित में से किन्हीं दो पर लगभग 100 शब्दों (प्रत्येक) पर संक्षिप्त टिप्पणियाँ लिखिए। प्रत्येक भाग के 6 अंक हैं।

(क) कंफ्यूशियस राजनीतिक परंपरा

(ख) राज्य के यूनानी सिद्धांत

(ग) प्रत्यक्षवादी दृष्टिकोण

(घ) राजनीतिक सिद्धांत का पुनरुथान

ई.पी.एस.-11 : राजनीतिक विचार और विचारधाराएँ
दिसम्बर, 2021

नोट : (i) अनुभाग–**I** : किन्हीं दो प्रश्नों के उत्तर दीजिए।
(ii) अनुभाग–**II** : किन्हीं चार प्रश्नों के उत्तर दीजिए।
(iii) अनुभाग–**III** : किन्हीं दो पर संक्षिप्त लेख लिखिए।

अनुभाग–I

नोट : निम्नलिखित में से किन्हीं दो प्रश्नों के उत्तर लगभग 500 शब्दों (प्रत्येक) में दीजिए। प्रत्येक प्रश्न के 20 अंक हैं।

प्रश्न 1. भारतीय राजनीतिक चिंतन के मुख्य लक्षणों का वर्णन कीजिए।

प्रश्न 2. जे.एस. मिल के स्वतंत्रता पर विचार का आलोचनात्मक परीक्षण कीजिए।

प्रश्न 3. राज्य के गाँधीवादी सिद्धांत की मुख्य विशेषताओं का वर्णन कीजिए।

प्रश्न 4. संप्रभुता के विशिष्ट लक्षणों का वर्णन कीजिए और कानूनी और राजनीतिक संप्रभुता के बीच भेद बताइए।

अनुभाग–II

नोटः निम्नलिखित में से किन्हीं चार प्रश्नों के उत्तर लगभग 250 शब्दों (प्रत्येक) में दीजिए। प्रत्येक प्रश्न के 12 अंक हैं।

प्रश्न 5. राजनीति के क्लासिक साहित्य की समकालीन प्रासंगिकता पर एक लेख लिखिए।

प्रश्न 6. मध्यकालीन साहित्य में पाए जाने वाले राजा के स्वरूप और कर्त्तव्यों की संक्षिप्त में व्याख्या कीजिए।

प्रश्न 7. डेविड बेंथम की मैक्स वेबर की आलोचना का वर्णन कीजिए।

प्रश्न 8. राज्य और नागरिक समाज के बीच संबंध का परीक्षण कीजिए।

प्रश्न 9. अवसर की समानता के समानाधिकारवादी अर्थ का परीक्षण कीजिए।

प्रश्न 10. इंटरनेट ने लोकतंत्र को कैसे प्रभावित किया है?

प्रश्न 11. व्यक्तिवाद और साम्यवाद के बीच मूलभुत अंतर क्या है?

प्रश्न 12. गाँधी के स्वराज के चार बुनियादी घटक क्या हैं?

अनुभाग–III

प्रश्न 13. निम्नलिखित में से किन्हीं दो पर लगभग 100 शब्दों (प्रत्येक) पर संक्षिप्त टिप्पणियाँ लिखिए। प्रत्येक भाग के 6 अंक हैं।

(क) एथेनियन लोकतंत्र

(ख) राजनीतिक वैश्वीकरण

(ग) सकारात्मक क्रिया

(घ) द्वंद्वात्मक भौतिकवाद

ई.पी.एस.-11 : राजनीतिक विचार और विचारधाराएँ
जून, 2022

नोटः (i) भाग–I किन्हीं दो प्रश्नों के उत्तर दीजिए।

(ii) भाग–II किन्हीं चार प्रश्नों के उत्तर दीजिए।

(iii) भाग–III कोई दो संक्षिप्त टिप्पणियाँ लिखिए।

भाग–I

निम्नलिखित में से किन्हीं दो प्रश्नों के उत्तर लगभग 500 शब्दों (प्रत्येक) में दीजिए। प्रत्येक प्रश्न के 20 अंक हैं।

प्रश्न 1. मार्क्सवादी के साथ उदारवादी परंपरा की तुलना कीजिए और अंतर बताइए।

प्रश्न 2. जॉन राल्स के न्याय के सिद्धांत की चर्चा कीजिए।

प्रश्न 3. नागरिकता की आधुनिक धारणा की महत्त्वपूर्ण विशेषताएँ क्या हैं?

प्रश्न 4. फासीवाद से आप क्या समझते हैं? इसकी विशेषताओं की व्याख्या कीजिए।

भाग–II

निम्नलिखित में से किन्हीं चार प्रश्नों के उत्तर लगभग 250 शब्दों (प्रत्येक) में दीजिए। प्रत्येक प्रश्न के 12 अंक हैं।

प्रश्न 5. राजनीतिक सिद्धांत के दो इस्तेमालों (usages) की चर्चा कीजिए।

प्रश्न 6. खिलाफत से आप क्या समझते हैं?

प्रश्न 7. लोकप्रिय संप्रभुता से क्या अभिप्राय है?

प्रश्न 8. गाँधी ने निष्क्रिय प्रतिरोध और सत्याग्रह के बीच अंतर कैसे किया?

प्रश्न 9. अधिकार (प्राधिकार) और वैधता के बीच संबंध को समझाइए।

प्रश्न 10. बहुसंस्कृतिवाद पर एक लेख लिखिए।

प्रश्न 11. प्रतिनिधि लोकतंत्र से आप क्या समझते हैं?

प्रश्न 12. वैश्वीकरण के अर्थ और उसकी कार्यप्रणाली पर एक लेख लिखिए।

भाग–III

प्रश्न 13. निम्नलिखित में से किन्हीं दो पर लगभग 100 शब्दों (प्रत्येक) में संक्षिप्त टिप्पणियाँ लिखिए। प्रत्येक भाग के 6 अंक हैं।

(क) भारत में उदार परंपरा

(ख) धर्मनिरपेक्षता का पश्चिमी सिद्धांत

(ग) विकास का अधिकार

(घ) अवसर की समानता

ई.पी.एस.-11 : राजनीतिक विचार और विचारधाराएँ
दिसम्बर, 2022

नोटः (i) भाग–I किन्हीं दो प्रश्नों के उत्तर दीजिए।
(ii) भाग–II किन्हीं चार प्रश्नों के उत्तर दीजिए।
(iii) भाग–III कोई दो संक्षिप्त टिप्पणियाँ लिखिए।

भाग–I

निम्नलिखित में से किन्हीं दो प्रश्नों के उत्तर लगभग 500 शब्दों (प्रत्येक) में दीजिए। प्रत्येक प्रश्न के 20 अंक हैं।

प्रश्न 1. राजनीतिक सिद्धांत के अध्ययन के महत्त्व पर एक निबंध लिखिए।

प्रश्न 2. संप्रभुता की मुख्य विशेषताओं का वर्णन कीजिए तथा कानूनी और राजनीतिक संप्रभुता के बीच अंतर स्पष्ट कीजिए।

प्रश्न 3. नागरिकता की अवधारणा को मार्क्सवादियों और नारीवादियों ने किस प्रकार पुनर्परिभाषित किया है?

प्रश्न 4. सामाजिक लोकतंत्र की प्रमुख विशेषताओं का वर्णन कीजिए।

भाग–II

निम्नलिखित में से किन्हीं चार प्रश्नों के उत्तर लगभग 250 शब्दों (प्रत्येक) में दीजिए। प्रत्येक प्रश्न के 12 अंक हैं।

प्रश्न 5. भारतीय राजनीतिक परंपरा पर एक टिप्पणी लिखिए।

प्रश्न 6. राज्य के गाँधीवादी विचार की मुख्य विशेषताओं का परिगणन कीजिए।

प्रश्न 7. शक्ति को अधिकार से किस प्रकार अलग किया जाता है?

प्रश्न 8. समानता और स्वाधीनता के बीच संबंध का विश्लेषण कीजिए।

प्रश्न 9. प्रत्यक्ष लोकतंत्र की सीमाओं की चर्चा कीजिए।

प्रश्न 10. समुदायवाद की अवधारणा की संक्षिप्त में व्याख्या कीजिए।

प्रश्न 11. देर के पूँजीवाद के चरण से आप क्या समझते हैं?

भाग–III

प्रश्न 12. निम्नलिखित में से किन्हीं दो पर लगभग 100 शब्दों (प्रत्येक) में संक्षिप्त टिप्पणियाँ लिखिए। प्रत्येक भाग के 6 अंक हैं।

(क) द्वंद्वात्मक भौतिकवाद

(ख) बौद्ध संघ

(ग) राजनीतिक वैश्वीकरण

(घ) संयुक्त राष्ट्र और विकास

www.ingramcontent.com/pod-product-compliance
Ingram Content Group UK Ltd.
Pitfield, Milton Keynes, MK11 3LW, UK
UKHW021706190726
13853UKWH00001B/448

9 789381 690024